清华国学书系

朱芳圃文存
ZHUFANGPU WENCUN

清华大学国学研究院 主编
李辉 选编

江苏人民出版社

图书在版编目(CIP)数据

朱芳圃文存/清华大学国学研究院主编；李辉选编
.—南京：江苏人民出版社，2017.11
（清华国学书系）
ISBN 978-7-214-19366-7

Ⅰ.①朱… Ⅱ.①清… ②李… Ⅲ.①国学-文集
Ⅳ.①Z126-53

中国版本图书馆CIP数据核字(2016)第183980号

书　　　　名	朱芳圃文存
主　　　　编	清华大学国学研究院
选　　　　编	李　辉
责 任 编 辑	史雪莲
装 帧 设 计	姜　嵩
责 任 监 制	王列丹
出 版 发 行	江苏人民出版社
出版社地址	南京市湖南路1号A楼,邮编：210009
出版社网址	http://www.jspph.com
照　　　　排	江苏凤凰制版有限公司
印　　　　刷	江苏凤凰新华印务有限公司
开　　　　本	652毫米×960毫米　1/16
印　　　　张	31.25　插页2
字　　　　数	441.6千字
版　　　　次	2018年1月第1版　2018年1月第1次印刷
标 准 书 号	ISBN 978-7-214-19366-7
定　　　　价	64.00元

（江苏人民出版社图书凡印装错误可向承印厂调换）

朱芳圃照片

朱芳圃印章

总　序

晚近以来，怀旧的心理在悄悄积聚，而有关民国史的各种著作，也渐次成为热门的读物。——此间很重要的一个原因，当然是在蓦然回望时发现：那尽管是个国步艰难的年代，却由于新旧、中西的激荡，也由于爱国、救世的热望，更由于文化传承的尚未中断，所以在文化上并不是空白，其创造的成果反而相当丰富，既涌现了制订规则的大师，也为后来的发展开辟了路径。

此外还应当看到，这种油然而生的怀旧情愫，又并非只意味着"向后看"。正如斯维特兰娜·博伊姆在《怀旧的未来》中所说："怀旧不永远是关于过去的；怀旧可能是回顾性的，但是也可能是前瞻性的。"——由此也就启发了我们：在中华文明正走向伟大复兴、正祈望再造辉煌的当下，这种对过往史料的重新整理和对过往历程的从头叙述，都典型地展现了坚定向前的民族意志。

正是在这样的背景下，本院早期既昙花一现、又光华四射的历程就越发引起了世人的瞩目。简直令人惊异的是，一个仅存在过四年的学府，竟能拥有像梁启超、王国维、陈寅恪、赵元任、李济、吴宓这样的导师，拥有像梁漱溟、林志钧、马衡、钢和泰及赵万里、浦江清、蒋善国这样的教师，乃至拥有像王力、姜亮夫、陆侃如、姚名达、谢国桢、吴其昌、高亨、刘盼遂、徐中舒这样的学生……而且，无论是遭逢外乱还是内耗，这个如流星般闪过的学府，以及它的一位导师为另一位导师所写的、如今已是斑驳残损的碑文内容——"独立之精神，自由之思想"，都在激励后学们去保持操守、护持文化和求索真理，就算不必把这一切全都看成神话，但它们至少也是不可多得的佳话吧？

可惜在相形之下，虽说是久负如此盛名，但外间对本院历史的了解，总体说来还是远远不够的，尤其对其各位导师、其他教师和众多弟子的总体成就，更是缺少全面深入的把握。缘此，本院自恢复的那一天起，便大规模地启动了"院史工程"，冀能在深入研究的基础上，最终以每人一卷的形式，和盘托出院友们的著作精选，以作为永久性的追思缅怀，同时也对本院早期的学术成就，进行一次总体性的壮观检阅。

就此的具体设想是，这样的一项"院史工程"，将会对如下四组接续的梯队，进行总览性的整理研究：其一，本院久负盛名的导师，他们无论道德还是文章，都将长久地垂范于学界；其二，曾以各种形式协助过上述导师、后来也卓然成家的早期教师，此一群体以往较少为外间所知；其三，数量更为庞大、很多都成为学界中坚的国学院弟子，他们更属于本院的骄傲；其四，等上述工作完成以后，如果我们行有余力，还将涉及某些曾经追随在梁、王、陈周围的广义上的学生，以及后来在清华完成教育、并为国学研究做出突出贡献的其他学者。

这就是本套"清华国学书系"的由来！尽管旷日持久、工程浩大、卷帙浩繁，但本院的老师和博士后们，却不敢有丝毫的懈怠，而如今分批编出的这些"文存"，以及印在其前的各篇专门导论，也都凝聚了他们的辛劳和心血。此外，本套丛书的编辑，也得到了多方的鼎力支持；而各位院友的亲朋、故旧和弟子，也都无私地提供了珍贵的素材，这让我们长久地铭感在心。

为了最终完成这项任务，我们还在不停地努力着。因为我们深知，只有把每位院友的学术成就，全都搜集整理出来献给公众，本院的早期风貌才会更加逼真地再现，而其间的很多已被遗忘的经验，也才有可能有助于我们乃至后人,去一步一步地重塑昔日之辉煌。在这个意义上,这套书不仅会有很高的学术史价值,也会是一块永久性的群英纪念碑。——形象一点地说,我们现在每完成了一本书,都是在为这块丰碑增添石材,而等全部的石块都叠立在一起,它们就会以一格格的浮雕形式,在美丽的清华园里,竖立起一堵厚重的"国学墙",供同学们来此兴高采烈地指认:你看这是哪一位大师,那又是哪一位前贤……

我们还憧憬着:待到全部文稿杀青的时候,在这堵作为学术圣地的"国学墙"之前,历史的时间就会浓缩为文化的空间,而眼下正熙熙攘攘的学人们,心灵上也就多了一个安顿休憩之处。——当然也正因为那样,如此一个令人入定与出神的所在,也就必会是恢复不久的清华国学院的重新出发之处,是我们通过紧张而激越的思考,去再造"中国文化之现代形态"的地方。

清华大学国学研究院
2012年3月16日

选编说明

本"文存"之选编,力求完整展现朱芳圃先生之治学成就,故尽可能辑录先生已发表之学术论文,收录《中国古代神话与史实》全书("西王母"一节与《西王母考》重,未收),选录《殷周文字释丛》。《述先师王静安先生治学之方法及国学上之贡献》《新丰轮遇险记》《雁荡记游》等为撰辑、记游之作,本"文存"未作收录,《孙诒让年谱》因篇帙宏大,亦未收录。

本"文存"所收论文,以发表时间为序编排,原文缺空之字作"□";原件残泐不清、难以识别者,则以"■"标之。原文有因排版、形近而显讹者,"文存"迳改不出校记。

本"文存"之选编,得到朱芳圃先生家属尤其是令孙女朱宜媛女士的慷慨帮助,在此表示谢忱!

目 录

导论:朱芳圃的生平与学术　1

《陇西行》新释　43
训诂释例　45
佛经原本与翻译　53
联绵字概说　69
评卫聚贤古史研究　92
释优　102
潘耒音论　105
珂罗倔伦谐声原则与中国学者研究古声母之结论　118
晋代方言考　148
述王国维之考证学　166
汉时今文本诸经传考　174
汉时今文本诸经传考(续)　180
汉时今文本诸经传考(续)　184
照穿神审禅古读考　195
殷契卜暯考　211
镫锭考　216
程瑶田年谱初稿　223
楚公逆镈铭跋　246

阳甲考　249
女娲考　252
周代铸器所用金属考　255
殷卜辞中所见先公先王再续考　260
王皇名号溯源　268
耒耜答问　277
西王母考　281
土方考　297
《名原》述评　309
殷顽辨　317
《殷周文字释丛》（选录）　322
　　吉　322
　　虡　323
　　象　324
　　亞　325
　　王　326
　　白　326
　　辛　辛　327
　　龍　328
　　鳳　330
　　香　333
　　商　334
　　參　335
　　帝　335
　　㡀　336
　　皇　338
　　易　339
　　揚　339
　　對　340
　　圉　342
　　能　343
　　黃　344
　　桓　345
　　叀　346

畐 349

亯 350

公 351

品 352

區 353

司 353

曾 354

卯 355

苜 356

病 357

晨 358

莽 360

夔 361

臭 362

冪 364

方 365

甹 365

趣 367

媊 367

覅 368

我 370

戉 371

今 372

器 373

枭 曅 374

禽 375

《中国古代神话与史实》 377

 洪水 377

 共工 句龙 382

 鲧和禹 391

 冯夷 395

 讙头 丹朱 398

 伯夷 皋陶 许由 402

 女魃 听訞 409

3

玄冥 410
虞幕　句望 413
夏启 415
夷羿 419
互人国 424
神农 425
燕乙　玄鸟 428
郊禖　高禖 430
昌意　伯益 431
封豨　伯封 435
吉量 435
开明　麒麟 439
并封 440
三苗　九黎 442
举父　夸父 451
涂山女 453
夙沙 456
肃慎 457
黄帝 458
炎帝 467
帝尧 468
帝舜 471
西王母（存目） 476

朱芳圃先生年谱 477

导论：朱芳圃的生平与学术

朱芳圃(1895—1973)，号耘僧，1895年6月25日出生于湖南省醴陵县(今株洲县)渌口镇。1926年9月考入清华大学国学研究院，师从王国维先生，主治小学、古文字学。先后任教于中山大学、湖南大学、东北大学、河南大学、开封师范学院、河南省历史研究所，任九三学社社员、山西省土木建筑学会第三届理事长、中国建筑学会第四届理事。先生一生勤奋，学识广博，在古文字、音韵、训诂、历史、考古、神话等诸多领域卓有研究，尤其是在甲骨学、殷商史研究方面，成绩最为卓著，为学术界所称道。先生著述颇丰，出版有《甲骨学文字编》《甲骨学商史编》《孙诒让年谱》《殷周文字释丛》《中国古代神话与史实》等专著及多篇学术论文，并有《宗彝图铭考释》《殷墟卜辞释丛》《周金铭辞释丛》《穆天子校释》《山海经补注》《古史新铨》《说文音系》《周书王会篇释》等多部遗稿①。而出于诸种原因，朱先生的著述久未再版、整理，本书尽可能全地搜集朱先生已发表之论文，并从诸专著中节选富有创见之部分章节，以俾学界对朱先生的治学路径与学术成就有更深更全面的认识。

---

① 据朱芳圃自传。

一

朱家以耕种为业,世居湖南醴陵县高沙洲葛藤坡(今株洲县南阳桥乡周家埠村)。至朱芳圃之父朱宗燧,始移居渌口镇,经营碓坊生意。该镇位于渌水流入湘江之口,是当时一个主要的粮食市场,人烟稠密,商务繁盛。朱芳圃在这里度过了童年。朱芳圃七岁入私塾,诵读《三字经》、《杂字便用》及《四书》。两年后辍学,被父亲送入一家鞭炮作坊当学徒,十分艰辛,遂又要求父亲送他念书。1906年,朱芳圃进入渌口镇初级小学校,1909年又转入长沙明德小学,1912年考入湖南长郡中学。少年时代,朱芳圃受刘师陶、彭国均等老师进步思想的影响,意气风发,感于时艰,立志以读书修身、济世兴业为宏愿。

1915年,朱芳圃中学毕业,本想报考工科以实业报国,因家计困难,改报学膳费一应俱免的湖南高等师范学校文史专修班。同学中有邓中夏、蔡和森等进步有识青年,朱芳圃与之相亲近。1917年,湖南高等师范学校停办,并入武昌国立师范学校。朱芳圃于本年夏高师毕业,拟进大学再求深造,因西南护法军骚乱而不果。由于人事生疏,未能觅到满意职业,遂回乡闭户勤学,"自修于春穆草堂治经,私淑其乡皮锡瑞之说,守家法,通大义,不为支离破碎之学,见清儒焦循《易通释》诸书,深得洁净精微之旨,好之尤笃,如是者盖二年"①。

1919年,朱芳圃又回长沙觅职。当时,易培基(长沙人,北洋军阀时任教育部总长,南京政府成立后任农业部部长,继任故宫博物院院长)正在高师旧校址岳麓书院筹备成立湖南大学,经其介绍,朱芳圃得以居住于此。当时毛泽东等同志也居于此,正编辑出版《湘江评论》,朱芳圃与之结识。后易培基任湖南第一师范校长,聘毛泽东为附属小学部主任,朱芳圃任师范部文牍员,旋即辞去,转任长郡中学国文教员。1923年春,

---

① 《清华学校研究院同学录》,国立清华大学校长办公处1937年印行。参夏晓虹、吴令华编《清华同学与学术薪传》,北京:三联书店,2009年。

朱芳圃应醴陵县立渌江中学之聘,回乡任国文、历史教员,颇受学生欢迎。但由于当时教育界风气败坏,新旧各派互相攻击,乱象丛生,朱芳圃不善应付人事,郁郁不得志,常"每于月夕,偕同好泛一叶扁舟,容与渌江中心,怡意适一生之娱乐"①。后结交萍乡萧廆麓,萧君持身谨严,朱芳圃受其感染,励志进取,决意抽身北上,继续求学,遂于1926年报考清华国学研究院。这成为朱芳圃走上学术研究之路的重要人生抉择。

清华学校研究院成立于1925年,因研究院最初仅设国学门一科,通称之为清华国学研究院。清华国学研究院不仅拥有雄厚的师资,导师王国维、梁启超、赵元任、陈寅恪、李济均为当时学界一时之选;在培养模式上还仿旧日书院及英国大学制度,导师专任指导,注重个人自修,凡国内外大学毕业生,或具有同等学力者,具有学识及经验的各校教员,或学术机关服务人员,对经史小学等具有根柢的各地自修之士,均可报考。这些都引得当时有志学术的青年学子十分神往,朱芳圃即其中之一。

1926年9月8日,朱芳圃入学,成为清华国学院第二届学生。这一学年,王国维先生讲授《仪礼》、《说文》;梁启超先生讲授儒家哲学、历史研究法;陈寅恪先生讲授:西人之东方学之目录学、《梵文〈金刚经〉之研究》;赵元任先生讲授音韵练习;李济先生讲授普通人类学、人体测验。各导师所指导学科范围更是涵盖经、史、子、集传统国学各科及现代语言学、域外历史语言、考古学、人种学等新学科。这对学生建构健全的学科知识、掌握学术方法都起到了建设性的指导作用。

在此敦厚谨严学术气氛的熏染下,朱芳圃学术大有进益,格局为之一新。他早年曾从孙季虞习文字学,"于此科心得为多"②,入国学院后,朱芳圃根据自己兴趣志向学力之所近,师从王国维,主攻音韵、训诂、古文字之学,确定以《声义溯源》为专题研究题目。据《清华学校研究院同学录》中谢念灰所述,可略知其思路、构想:

---

① 参夏晓虹、吴令华编《清华同学与学术薪传》,北京:三联书店,2009年。
② 参夏晓虹、吴令华编《清华同学与学术薪传》,北京:三联书店,2009年。

以为文字孳乳声义递嬗,出诸叠韵(编者按:当作"双声")转变者较少,出于双声(编者按:当作"叠韵")迤易者为多①。爰取材于《尔雅》《方言》《广雅》三书,略仿戴氏《声类表》、王氏《雅诂表》之例,经声纬韵,先成长编,然后归纳其意义,寻绎其条理,上以溯声义之源,下以穷训诂之变,勒为一书,名曰《声义溯源》,期以三年完成之云。②

《声义溯源》一文今无从查得,不过其主要观点、例证在《联绵字概说》(《民铎杂志》第9卷第5期)一文中可知其大概,其文云:"合二字而成一语,谓之联绵字。此等复语,因应用之日广,声义之递嬗,变化纷歧,至于不可胜穷,然细考之,皆各有其公共之源。"遂从联绵字之分化、类别、词性分而论之,并于文末附声韵表,以使"声义相关之故,一目了然"。全文引证丰富,条理清晰,可见朱芳圃于"声义溯源"之题上用力之深。

1927年6月1日,国学院举行第二届学生毕业典礼,朱芳圃完成专题研究课题,经王、梁、陈、赵四教授分别审阅,准予毕业。国学院学制本为一年,为求进一步深造,朱芳圃与刘盼遂、吴其昌、刘节、戴家祥等11位同学申请留校继续研究一年。毕业典礼上,国学院师生叙别畅谈,据学生柏生(即刘节)记述:"座中(王国维)先生为吾侪言蒙古杂事甚畅,其雍容淡雅之态,感人甚深。"③但不想就在典礼后第二天,6月2日,王国维自沉于颐和园昆明湖。恩师遽逝,大厦倾欹,国学院上下悲痛不已,师生们纷作挽联、挽诗以表痛悼之情,朱芳圃亦与其中,谨执弟子礼。后,朱芳圃又专门撰写了《述先师王静安先生治学之方法及国学上之贡献》(《东方杂志》1927年第24卷第19号)一文,曰:"先师治学,缜密严谨,奄有清二百余年文字、声韵、训诂、目录、校勘、金石、舆地之长而变化之,恢宏之。其所见新出史料亦最夥。又精英、日、法诸国文字,深通科学方

---

① 朱芳圃《联绵字概说》云:"联绵字虽变化无端,然总其要,无外乎双声之转变,与叠韵之移迤。大抵本于双声之转变者较少,本于叠韵之移迤者为多。"据此,《同学录》所云应有误。
② 参夏晓虹、吴令华编《清华同学与学术薪传》,北京:三联书店,2009年。
③ 柏生:《记王静安先生自沉始末》,《国学月报》第2卷8、9、10号合刊,1927年10月31日,第537页。

法,故每树一义,考一事,精赅无伦,得未曾有。其著述之量,虽稍逊清代大儒,然新得之富,创获之多,谓之前无古人可也。"①详细评述了恩师治学之方法与国学上之贡献,分门别类,条序综论。可见朱芳圃对师法师说浸润、理解之深,这也深刻影响了其日后之治学方法与学术格局。

1927—1928学年,梁启超开设"儒家哲学""历史研究法",陈寅恪开设"梵文文法",赵元任开设"方言学"(吴语),李济开设"考古学",林志钧开设"人生哲学"。但因为梁启超多病,赵元任常赴南方调查方言,李济则忙于考古调查发掘,故"常川住院"、任教授及指导之事的主要是陈寅恪教授。据姜亮夫回忆,当时陈寅恪讲《金刚经》,用十几种语言来做对比研究,考察中国译本哪些地方正确,哪些地方还有出入,哪些地方简直是错误。② 陈先生学问广博深邃,给学生们留下深刻印象,朱芳圃也不例外。1928年,朱芳圃发表《佛经原本与翻译》(《东方杂志》第25卷第10期),想必就深得陈师之启发、指导。

在国学院期间,朱芳圃同学中有王力、姜亮夫、谢国桢、刘节、陆侃如、杨鸿烈、卫聚贤、戴家祥等,皆为一时新秀翘楚。朱芳圃为人"气象和易,言语简质"(谢念灰语),与同学相与问学,切磋琢磨,多有进益。如,戴家祥撰成《商周字例》,曾请朱芳圃批评指正,朱芳圃认为新颖独到,遂抄录了《重复例的例证法》,后《商周字例》一书丢失,幸赖此得以留存一丝鸿爪。③ 同时,戴家祥也曾著《评朱芳圃〈孙诒让年谱〉》《评朱芳圃〈甲骨学文字编〉》二文,评述朱芳圃学术,二人结下了纯粹的学术友谊。又,同门姜亮夫之专题研究题目为《诗骚连绵字考》,与朱芳圃《声义溯源》立意多有相同,二人亦当有所交流。另,诸同学中,朱芳圃与王耘庄、谢念

---

① 朱芳圃:《王静安的贡献》,上海:商务印书馆,1933年,第1页。按,《述先师王静安先生治学之方法及国学上之贡献》一文,1933年由上海商务印书馆以《王静安的贡献》为书名出版,本文所引据此书。
② 姜亮夫:《忆清华国学研究院》,参夏晓虹、吴令华编《清华同学与学术薪传》,北京:三联书店,2009年,第397页。
③ 戴家祥:《戴家祥学述》,参夏晓虹、吴令华编《清华同学与学术薪传》,北京:三联书店,2009年,第254页。

灰、陶国贤同住一室,其中,王耘庄是共产党员,朱芳圃与之过从既多,遂经王耘庄介绍加入中国共产党。1928年夏,共产党员遭遇国民党政府清洗,朱芳圃于国学院毕业后,顿感时局危险,遂决计离开北京,匆匆束装南归,于七月间回乡。时值醴陵一带农民斗争失败,满目疮痍,朱芳圃心灰意冷,遂不愿意再从事政治活动。

1928秋,朱芳圃由学长余永梁(清华国学院首届学生,时任中山大学教授)介绍,任中央研究院历史语言研究所助理员。1929年春,中山大学教授杨筠如因病请假,托朱芳圃代课。秋,又由王耘庄介绍到温州任浙江省立第十中学国文教员,在此任教两年。朱芳圃对晚清硕儒孙诒让素表敬仰,在温州两年间,通览孙诒让著述,稽考微言往迹,撰成《孙诒让年谱》(上海商务印书馆,1934年)一书。温州山川明媚,朱芳圃常携伴登游,曾作《雁荡记游》(《时事月报》1931年第4卷),记雁荡山之胜景。

1931年夏,经同学刘节(浙江永嘉人)介绍赴河南大学国文系、历史系任教,开设文字学、训诂学、甲骨学、国学概论等课程,并与张邃青、马非百及尹达、石璋如、许敬参等学生参加河南安阳殷墟考古发掘和甲骨文的研究工作。"校中当局以甲骨出土于安阳,关系乡邦文化至为重大,议定专设一科,俾诸生得以从事研习",因此在傅斯年、董作宾先生的推荐下,朱芳圃开设了"甲骨学"课程,"旧学重温,藉收教学相长之益","博采诸家著述,参考异同,择善而从,删其违牾",对日后成为史学大家的石璋如、尹达等学生有重要影响。讲义随写随印,分发诸生、学友相研参。友人巫仲祥谓"诸家著述或高文大册,价重连城,或东鳞西爪,散见杂志,承学之士,苦无津逮也久矣。君既囊括群言,汇为一书,分门别类,咸秩无紊,希亟付梓,以惠来学"①。受此鼓励,朱芳圃将讲义交上海商务印书馆,于1933年出版《甲骨学文字编》,1934年又由上海中华书局出版《甲骨学商史编》。以一人之力,成此巨帙,足见朱芳圃于甲骨学用功之勤。二书荟萃诸家之说,又能发

---

① 朱芳圃:《甲骨学序例》,《甲骨学文字编》,台北:台湾商务印书馆,2011年,第1页。

以己义,在甲骨学研究史上具有重要地位。

1932年7月,朱芳圃回湘,任湖南大学国文系教授兼省立第一中学国文教员。1937年春,经高亨介绍,受东北大学之聘,任教授。该校初由北京迁到开封,万事草创,勉强开课。"七七事变"后,迁到西安。1938年夏,又随校再迁四川三台县。1939年冬,经高亨介绍,朱芳圃再度应聘到河南大学任教。时开封已沦陷,朱芳圃随校迁到河南西部嵩县潭头。据《河南大学抗日流亡办学纪实》载:

> 潭头时期,朱芳圃体态瘦弱,面目清癯,讲授古书校读法、经学、目录学和声韵学。他讲课一丝不苟,长于考据,条分缕析,操着他那一生不改的湖南乡音,悄声细语,且极有条理地讲着深奥的甲骨学,将本来挺枯燥的课程讲得生动有趣,大大激发了学生的学习积极性。①

1944年5月,日寇进攻豫西,潭头沦陷,朱芳圃与师生一起,经庙子、栾川、翻越摩天岭、过西坪,历时月余,到达河南西南部淅川荆紫关。1945年3月,日寇攻占南阳,河南大学难以在荆紫关存留,又西迁陕西宝鸡武成寺。直到抗战胜利,朱芳圃与学校师生一起度过了六年的流亡生活,流离转徙,困厄山林,艰辛备尝。但即使如此,朱芳圃仍继续一面教书,一面研究,在《国立河南大学文学院学术丛刊》上发表了《镫锭考》《程瑶田年谱初稿》等学术论文。他的手稿总是用一块蓝布包着系于手臂,流亡之际其他东西几乎完全丢失,唯手稿完好保存下来,足见其心心念念在于学术,造次颠沛,未尝忘也。

抗战胜利后,已经卓然成家的朱芳圃与河南大学师生一起返回开封,把全部身心都投入到教学与研究中,在原有课程外,又开设了"商周史"《说文》研究""诗文研究""青铜器铭文研究""子书专著选读"(主要讲《庄子》《荀子》)等新课程,还与丁乃通、张长弓、张邃青、任访秋等学者一起在河南大学开展民俗学研究,着手对北宋现存史迹如相国寺、繁塔、

---

① 陈宁宁:《河南大学抗日流亡办学纪实》,开封:河南大学出版社,2012年,第71页。

开封府旧址、宋太祖画像、一赐药教遗迹等做考察、研究。① 1951年1月31日，创办了新中国成立后最早的一份史学刊物《新史学通讯》(《史学月刊》前身)，朱芳圃任编委并题写刊名，字迹端庄劲正。当时参加编委编辑工作的还有郭晓棠、张邃青、宋泽生、刘绍盈、孙海波、孙作云、毛健予、史苏苑、郭人民、王存华、王云海等专家教授。1953年，河南大学院系调整，被命名为河南师范学院，分开封、新乡两个校区，称为一院、二院。1956年，一院、二院各自独立，分别称为开封师范学院、新乡师范学院。朱芳圃任开封师范学院教授。1957年8月20日，朱芳圃加入九三学社，被选为开封市政协委员。1958年3月，河南省历史研究所成立，由郑州大学校长嵇文甫、开封师范学院院长赵纪彬兼任正、副所长，研究所分为考古、专题断代史、地方史、思想史四个研究室，所址设于开封师范学院。朱芳圃调任研究所研究员，以便集中精力从事金甲文字与古代史的研究。8月，"古籍整理出版规划小组"征询河南历史研究所意见，朱芳圃覆信，建议整理出版陈逢衡《穆天子补注》，金正炜《战国策补释》，王先谦《诗三家义集疏》、《汉书补注》，毕沅《山海经校注》，江有诰《音学十书》，杨筠如《尚书覈诂》及燕京大学出版的各种引得。涉及经学、史学、小学、神话等学科，从中亦可见出朱芳圃之学术视野和兴趣。

1962年，中华书局出版《殷周文字释丛》三卷，该书采用王国维提倡的"二重证据法"，综合利用古文字学、考古学、训诂学、音韵学等多种学科知识，集十余年研究甲骨吉金文字之心得而成，收录了朱芳圃在甲骨文、金文考释方面的不少成果，共释181个字，其中新识之字，甲骨文41个，金文18个，余皆纠正旧说，另创新解。该书问世后受到学界好评，而且还被翻译成日文介绍到日本。

1963年，朱芳圃任山西省土木建筑学会第三届理事长，并于1966年3月，任中国建筑学会第四届理事。1965年12月，湖北江陵楚墓出土越王勾践剑，朱芳圃参与鉴定，当时参与鉴定的共有12位国内知名专家：

---

① 河南大学校史修订组编：《河南大学校史》，开封：河南大学出版社，2012年，第98、99页。

郭沫若、于省吾、唐兰、容庚、商承祚、徐中舒、夏鼐、陈梦家、胡厚宣、苏秉琦、朱芳圃、史树青。

1968年,朱芳圃患气喘病、白内障,目已不能视物,回湖南老家养病。1971年秋,在湖南医学院做眼科手术,经过几个月的治疗,视力有所恢复,拟在家休养一段时间,再回研究所继续学术研究。但由于年老体衰,病魔缠身,未能如愿。1973年9月,病重住进株洲县人民医院。24日,因脑溢血辞世,终年七十八岁。生前好友陈粹劳曾作诗悼念,云:"绩学名天下,精工独契文。青毡尘不染,黄卷墨恒新!开创殷商史,风同魏晋人。广陵琴绝响,遗恨别终身。"①足见朱芳圃其人其学之精神风貌。

1974年4月,朱芳圃之藏书、书稿遗赠给河南省历史研究所。河南省历史研究所组织人员对其遗著进行整理,据其弟子王珍说:"1973年,朱芳圃写信给我们,说他还有未完成的主要著作有《殷墟卜辞丛考》、《宗彝图铭考释》、《山海经补注》、《穆天子传校释》、《古史新铨》等。"②1982年,王珍整理出版其遗著《中国古代神话与史实》,但后继乏人,其"穷四十年之功所著"的多部遗著至今仍是草稿,未能整理出版。

朱芳圃为人和易,不立崖岸,平生淡泊守中,又善作篆字,尤长垂露之体,古拙婀娜,一时独步,然性谦退,非故交旧好,不肯落笔。朱芳圃既不趋附权势,也不介入政治,洁身自好,唯闭户著书,究心学术而已。朱芳圃与毛泽东主席是同学,由于他在甲骨文研究方面的成绩,曾引起毛泽东主席的注意,曾托嵇文甫(时任河南省人民政府主席,曾任河南大学校长)代为问好。但朱芳圃从来不以此自居,恪守学人本分,认认真真做一个平凡的学者。据传,毛主席曾写信给朱芳圃,朱回信只有五个字"不与显贵交"。后来在徐特立的安排下,两人才见了一面。

2005年,朱芳圃诞辰110周年之际,河南省社会科学院组织召开了

---

① 朱德莹:《青毡尘不染,黄卷墨恒新——回忆我的父亲朱芳圃》,《株洲文史》第10辑,1986年,第181页。
② 参见纪洋《中国古文字学家朱芳圃》,夏晓虹、吴令华编《清华同学与学术薪传》,北京:三联书店,2009年,第233页。

"朱芳圃与甲骨学殷商史研究学术座谈会",四方学者汇集中原,纪念这位饮誉海内外的甲骨学、殷商史大家。

二

朱芳圃一生流离转徙,家国多难,能专心致志做学问的时间十分鲜少,但颠沛之际仍心系学术,念兹在兹,在音韵训诂学、古文字学、古史神话学等领域做出了卓著的学术成就。而综观朱芳圃之学术格局与治学路径,我们也能十分清晰地发现清华国学院尤其是导师王国维对他的深刻影响。

(一) 音韵训诂学

朱芳圃在入清华国学院之前,曾从湘潭孙季虞研习文字学,而真正得窥小学阃奥,还是要在进入清华国学院之后。入学不久,需填报"专修学科",朱芳圃报的就是"小学",师从王国维先生。当时同届的同学中主治小学的还有刘盼遂、姜亮夫、戴家祥、黄淬伯、冯国瑞、何士骥等,再计以其他几届学生,小学可谓是国学院最为主要的专修学科,足见当时国学院师友间研习小学风气之盛。

朱芳圃在国学院做的专题研究是《声义溯源》,前已有述及。据谢念灰之概述,可知朱芳圃所做"声义溯源",乃是以叠韵、双声字为语料素材,往回追溯、探析文字孳乳、声义递嬗的线索和基本规律,"归纳其意义,寻绎其条理,上以溯声义之源,下以穷训诂之变"。这一思路和具体论证,在后来发表的《联绵字概说》一文中有更具体的呈现。王国维 1921 年曾撰《联绵字谱》分"双声""叠韵""非双声叠韵之字"三部,以首字之母为次,将先秦两汉典籍中诸联绵字做了十分赅博详实的裒辑。[1] 朱芳圃

---

[1] 王国维:《联绵字谱》,《王国维全集》第六卷,杭州:浙江教育出版社、广州:广东教育出版社,2009 年。

《联绵字概说》则在此基础之上,意在厘清联绵字中的孳乳假借现象,从声义上寻绎其迹,使之条理秩然。比如,踌犹、踌预、踌躇、犹预、夷犹、容与、狐疑、嫌疑,声义皆相关,"踌犹、踌预为叠韵,踌躇、犹预为双声,其义为不行之貌。转之则曰夷犹,曰容与,皆双声字。狐疑、嫌疑,亦一声之转也。鼫鼠五技而穷,其行迟缓,故亦得夷由之名矣"。由此可知,联绵字的分化、转变主要有双声、叠韵二端。朱芳圃广泛征引《诗经》《尚书》《楚辞》《尔雅》等二十余种典籍中语例,并分名词、动词、静词、状词四种词性加以举例论证,如名词之"秸鞠",声转为结诰,又转而为布谷、搏谷、获谷、击谷。击谷又声转为郭公,布谷又声转为拨谷,分别由双声、叠韵发生转变、移迤。可见联绵字之变化多端,要之,皆可从双声、叠韵上探寻到声义变化的痕迹。为此,朱芳圃于文末又特制了声韵表,致使联绵字"声义相关之故,一目了然"。

在清华国学院时期,朱芳圃还发表了《训诂释例》,这也是一篇颇有分量的训诂学论文。古书训释,前儒代有论述,其例甚繁,"大抵零篇碎义,散见书中,鲜有概括叙述者",朱芳圃之作此文,即是意在揭示古人诸种训诂用语的潜在含义和一般规律,共归纳出二十三类。在诸种训诂语例中,朱芳圃细致区分其异同,如谓:"凡云'之言'者,皆通其音义以为训诂,非如'读为'之易其字、'读如'之定其音。"同一训诂语例中,朱芳圃也细致分析其不同意义,如"也"为"语已断定之辞",但又可分为音训、同训、复训、反训、连及、以今释古、以本字释借字、以共名释别名、以雅言释方言、义训十类,足见朱芳圃之谨严细致。又,训诂中常有以今语释古语之例,朱芳圃归纳出"犹""今谓某为某""若今""古字某同""古声某同"等例,都可表示这一训诂功能。另外,值得一提的是,"今某为某,声如某"一例的举证和结论,朱芳圃基本全袭王国维《书〈尔雅〉郭注后》中的论断[1],这可见师生间的师承关系。

古书训诂语例的分析,不仅可以准确理解音义训诂的特征、功能,还

---

[1] 王国维:《观堂集林》,石家庄:河北教育出版社,2002年,第136页。

可以借此了解汉字之形音义、名物制度、雅言方言的发展流变。《训诂释例》即是这样一篇提纲挈领性的总结之文,而以此为指南,朱芳圃又作了《晋代方言考》一文,其立意即是从晋代郭璞《尔雅注》《方言注》"以今释古,以俗训雅"的训诂中,摭拾、分析涉及晋代方言的信息,由此"明古今义训之因革,与汉、晋方言之变迁"。这一研究思路,正是明晓训诂之例法后推行到具体的语言史研究的有益尝试。当然,我们发现,朱芳圃的这一创识,也是有得于导师王国维的启发。王国维《书郭注〈尔雅〉后》认为,郭璞之注音,"皆音于所举今语之下,则其音自为注作而不为经作,为今语作而不为古语作"①。又,《书郭注〈方言〉后一》亦曰:"景纯注《方言》时,全以晋时方言为根据,故于子云书时有补正。读子云书可知汉时方言,读景纯注并可知晋时方言。"②朱芳圃定是阅读了王国维此二文,熟谙业师旨意,在《述先师王静安先生治学之方法及国学上之贡献》中,朱芳圃就说:"先师始发其覆,不可谓非郭氏之功臣也","持此以读《方言》,怡然理顺矣。"③《晋代方言考》就是缘此而作,广而论之。我们来看王国维《书郭注〈方言〉后二》所云:

> 晋时方言,较子云时固已有变迁,故注中往往广子云之说,其例有广地,有广言。就广地言之,有子云时一方之言,至晋时为通语者。……又汉时此方之语,晋时或见于彼方。……至于广言则亦有二例。一,今语虽与古语同,而其义广狭迥异,或与之相涉,则亦著之。……至义同而语异者,景纯亦随时记于注中。

朱芳圃亦沿袭了这一论证框架,其中"晋代通语,其因袭前代,无变易者",即王国维"广地"之第一例;"意义与古语相符,而音读有变易者""意义变易,而音读与古语相符者",即"广语"二例。至"汉时此方之语,晋时或见于彼方",朱芳圃则未有论及,而增添了"有为汉以后发生之新语,而

---

① 王国维:《观堂集林》,石家庄:河北教育出版社,2002年,第139页。
② 王国维:《观堂集林》,石家庄:河北教育出版社,2002年,第143页。
③ 朱芳圃:《王静安的贡献》,上海:商务印书馆,1933年,第38页。

前无所承袭者"一例。以上诸例,朱芳圃都从《尔雅注》《方言注》中做了十分广博的征引。同时,对于汉、晋间方言的这些变化,朱芳圃做了历史的分析,认为是在汉末之丧乱与三国之纷争时代,盖中经大乱,人民迁徙,互相融化之结果。其中,值得注意的一个现象是,汉代方言到晋代变为通语的,都是北燕、朝鲜、东齐、海岱、燕代、关西等边地方言,其中又尤以三楚为多,中原方言,几无一焉。对此,朱芳圃参引史籍,认为:

> 战乱相寻,人民困于兵革之祸,大抵向距离政治中枢较远之地迁徙。远适他乡,主客杂居,往来酬酢,一齐众咻,虽欲不互相融化,岂可得乎?及时平后,重返故乡,而客地方言,沿习既久,视为固然。是以边地方言得以成为通语,此为重要原因之一,可断言也。

这样的分析,将语言现象置于历史变迁的大背景上加以考察,较之王国维,又有更深的挖掘。除此之外,朱芳圃还对晋代方言做了分区域考察,有江东方言、荆楚方言、东齐方言、巴蜀方言、关西方言、河北方言,尤其对江东方言的流变情况及原因做了深入论述。① 诸如此类,都能在师说师法的框架上有所超拔,难能可贵。

朱芳圃在国学院的两年时间里,陈寅恪先生开设了"梵文《金刚经》之研究""梵文文法"二课。在陈寅恪先生指导下,朱芳圃撰写发表了《佛经原本与翻译》(《东方杂志》1928年第25卷第10期)一文。在文中,他首先批评了前人(包括释子)不习梵文,而妄解梵词这一陋习;再参考西方学者对于印度中亚古语言的研究成果,提出学者需留意语源及变化、语言与思想、文法之结构三个问题;需区分译者自言原本之来历、经籍之性质、音译、意译四项,通过这四项去伪存真;呼吁进行中梵、梵藏、中藏、蒙藏,在条件允许时,进行月支、龟兹等文经典之比较,以发现各系译经之漏误,还原佛经原本。朱芳圃此说,对于今天东方学、梵汉对音研究仍有重要参考价值。

---

① 朱芳圃对方言学多有论述,除《晋代方言考》外,还曾参撰《醴陵县志》方言卷。参杨树达《积微翁回忆录》,北京:北京大学出版社,2007年,第280页。

朱芳圃是较早介绍高本汉学说的中国学者之一,早年便翻译了日人满田新照《评珂罗倔伦 Karlgren 中国古韵研究之根本思想》一文,译文前有弁言谓:"其中评论珂氏之失,如:第二章言《切韵》非据隋代一种方音而作;第四章言推理多,实例少,是其缺点,颇中肯綮。至第五章谓研究中国古音,当以日本、朝鲜等音为基础,此种黄烈论调,不脱帝国主义之色彩。"于此可见朱芳圃在学术及民族大义问题上之谨严持正。这里还有一段佳话。朱芳圃在译完此文后,请陈寅恪先生推荐发表在《燕京学报》上,获取稿酬,以应急需之用。急人之急的陈寅恪立即驰书容庚,云:"清华研究院学生朱君芳圃译有日人评论高本汉中国音韵学一文,欲登载《燕京学报》,请弟介绍与尊处。弟以为高本汉之音韵学风靡一世,评论其书之文尚不多见,似宜介绍于中国学术界。惟朱君卖文之意欲于短期内得现款以应急需。若能登载于最近将出版之《燕京学报》方可。前闻斐云兄言,此次《燕京学报》佳稿甚多,有美不胜收之概,恐已无余地再容纳他稿,如待至下期则又不能救朱君之急,因此踌躇不决,特此奉询。如今年六月出版之《燕京学报》尚可容纳,弟即嘱其即日缮就送呈,以备公鉴定去取,或先将抄写完毕之部分送上亦可。"①用语委婉,十分殷切,足见陈寅恪提携后进、惜才爱才之心。惜未如愿,后此文发表于《国立第一中山大学语言历史学研究所周刊》1929年第67—68期上。同年,朱芳圃又自撰《珂罗倔论谐声原则与中国学者研究古声母之结论》(《东方杂志》1929年第26卷第21期),则是他系统介绍高本汉谐声原则及与中国学者研究对比的文章。这篇文章以寻找"古音中有已遗失之声母"为纲,将高本汉之观点与中国学者的观点进行比较。如高本汉将中古喻母的上古来源分为两类,d-与g-,正与曾运乾之"喻三归匣,喻四归定"相合;舌尖音的研究中,高本汉提出一系列的谐声原则,正与钱大昕"舌音类隔之说不可信"(古无舌上音、古人多舌音)、黄侃"照二归精,照三归端"等说类似,所不同之处,即高本汉认为书母(审三)不与章组其他声母谐声,

---

① 陈寅恪:《陈寅恪集·书信集》,北京:三联书店,2001年,第8页。

黄侃则认为其属透母一类;高本汉认为中古喻母羊类上古来源为 z-,与邪母相当,而林语堂则认为这类喻母字应来自与山母(审二)相对应的浊擦音,并从音理上有一定解释,朱芳圃先生更赞同林说。

自钱大昕"舌音类隔之说不可信"中"古人多舌音",黄侃"照三归端"提出以来,对于章组(照三)的归属,一般认为其属端组,但前人所提供例证尚少。1937 年朱芳圃发表《照穿神审禅古读考》(《国立武汉大学文哲季刊》第 6 卷第 4 期),则是对这一问题提供了重要补充。该篇大体以钱大昕的文章为基础,补充了 142 条异文类证据,以证明钱大昕之说。其中在审母古读上着墨最多,以证明审母上古亦属端组一类。

朱芳圃又有《释佹》(《国立第一中山大学语言历史学研究所周刊》1929 年第 70 期)一文,《说文》释"佹"为"小貌",引《春秋国语》"佹饭不及一食"以为说,而《国语》韦注则云:"佹,大也;大饭谓盛馔。"对此出入,段玉裁、王筠等都认为韦注为是,《说文》"小"当为"大"之讹,朱芳圃不以为然,认为"光声之字,虽多训大;然光声之转,如孤、寡、惢、鳏,则多独义",故佹反训亦可有小义,并以湖南方言"无菜助餐曰佹饭,无菜佐饮曰佹酒"为证。此外,朱芳圃还有《潘耒音论》(《国立第一中山大学语言历史学研究所周刊》1929 年第 71 期)一文,对清初音韵学家潘耒的《音论》六篇作了综述,梳理其脉络,评骘其得失,颇有益于学界了解潘氏之学。

(二) 古文字学

清华国学院自来十分注重详尽占有史料,尤其重视对出土材料的搜集、考释。王国维在《最近二三十年中中国新发见之学问》中谓:"古来新学问起,大都由于新发见。"[①]殷墟甲骨文字即当代四大新发见之一种。《古史新证·总论》又谓:"吾辈生于今日,幸于纸上之材料外,更得地下之新材料,由此种材料,我辈固得据以补正纸上之材料,亦得证明古书之

---

① 王国维:《最近二三十年中中国新发见之学问》,《静安文集续编》,《王国维全集》第十四卷,杭州:浙江教育出版社、广州:广东教育出版社,2009 年,第 239 页。

某部分全为实录,即百家不雅驯之言亦不无表示一面之事实。此'二重证据法'惟在今日始得为之。虽古书之未得证明者不能加以否定,而其已得证明者,不能不加以肯定,可断言也。"①所谓"二重证据法"之关键,即在对地下新材料的研究,以此打开传统文献研究的新局面。陈寅恪也十分重视新材料,主张"一时代之学术,必有其新材料与新问题。取用此材料,以研求问题,则为此时代学术之新潮流。治学之士,得预于此潮流者,谓之预流。其未得预者,谓之未入流。"②在诸种新材料中,甲骨、金文无疑是当时最重要新材料之一。

王国维自1925年9月至1927年6月,给清华国学院学生开设过"古史新证""古金文字""《说文》练习"等古文字学相关的课程。"古史新证"是王国维运用"二重证据法"研究古史的典范,主要以《殷墟卜辞中所见先公先王考》《续考》《殷周制度论》《三代地理小记》等以往论著为纲要,分总论、禹、殷之先公先王、商诸臣、商之都邑及诸侯,共五章。"古金文字"则讲授了虢叔旅钟、克钟、克鼎、兮甲盘、宗周钟、小盂鼎、噩侯驭方鼎等金文。"《说文》练习"主要讲授许慎《说文解字》部首,间以金文、甲骨文及三体石经等材料参证之,该课前后讲了两学年,学生深受教益,"惊其妙解"(姚名达语),朱芳圃亦躬逢其盛。而前二课虽然在朱芳圃入学时已讲完,但王国维的研究方法、学术观点以及国学院上下重视新材料的学术风气,都对朱芳圃有莫大的熏陶。

而朱芳圃正式转治古文字学,还是在1931年任教河南大学时,应学校教学之需要,始"旧学重温",开设"甲骨学"课程。此处值得一表的是,"甲骨文"在早期,曾有"龟甲""龟甲兽骨""龟版文""骨刻文""契""殷契""殷虚书契""贞卜文""卜辞"等称谓,并无定名。直到1921年,陆懋德才开始提出"甲骨文",此后,"甲骨文"逐渐成为学界通用的称呼。而"甲骨学"一名的提出,较之"甲骨文"一名又晚了十年。1931年,周予同在《中

---

① 王国维:《古史新证》,北京:清华大学出版社,1994年,第2页。
② 陈寅恪:《陈垣敦煌劫余录序》,《金明馆丛稿二编》,北京:三联书店,2001年,第266页。

学生杂志》上发表《关于甲骨学》,第一次提出"甲骨学"。① 与周氏几乎同时,朱芳圃也在1931年开设"甲骨学"课程,而且,还提出具体的学科构想:

> 一曰导言,二曰文字,三曰文例,四曰事类,五曰商史,六曰卜法,七曰器物,八曰余论。……取前稿重加增订,并卜法于商史,合三四为例类,二七两篇仍旧,一八附诸卷末,综为四篇,一曰文字,二曰例类,三曰商史,四曰器物。

包括了甲骨学研究的基本内容和范围,这对"甲骨学"学科的建设和发展无疑有着重大意义。1933年,朱芳圃整理旧稿,先出版了《甲骨学文字编》。据胡厚宣《五十年甲骨学论著目》,这是率先以"甲骨学"用于标题的论著。

在朱芳圃《甲骨学文字编》之前,融汇诸家之说的甲骨文字典,以商承祚《殷虚文字类编》最为赅博精良,是书出版于1923年,主要依据王国维、罗振玉的考释,将甲骨文以《说文》次序加以编排,计收单字790字,重文3340字,凡诸解说,均依王、罗立说,其自释者约十之一二。至1933年,甲骨文研究又积十年之功,诸家创获颇丰,但如戴家祥《评朱芳圃〈甲骨学文字编〉》(《天津大公报图书副刊》1934年8月4日)所言:"考文说字,有系统之作,自商承祚《殷虚文字类编》外,十年于兹,未闻有述焉,岂非考古者之遗憾乎?"朱芳圃《甲骨学文字编》之作,正可补此遗憾。朱芳圃博采诸家著述,凡20家57篇(其中专著32,单篇25),参考异同,择善而从。全书正文凡十四卷,又辑录合书、分书、倒书为附录上,辑录罗、王《殷虚书契考释序》、容庚《甲骨文字之发现及其考释》(节录)、郭沫若《甲骨文字研究序》、董作宾《甲骨文研究之扩大》(节录)为附录下。1934年再版,又增《补遗》一卷。全书以《说文》部首次序来编次,集可识之字凡834字(据《补遗》删订),较罗振玉《增订殷虚书契考释》增274字,商承祚

---

① 参王宇信:《中国甲骨学》,上海:上海人民出版社,2009年,第116页。

《殷虚文字类编》增43字;重文3469字,比罗氏多2157字,比商氏多129字,不唯在参考诸家成果上更为丰富,在考释立论上也有突破,可谓后来居上。诚如戴家祥所评:"今朱氏顿八弦以掩之,则凡片言只字之善,尽萃无遗,其于商氏《类编》,不啻《说文》之有段注,然则朱氏此书,誉之为初学津梁可也,誉之为斯道大成,亦未始不可也。"

再来看《甲骨学文字编》之纂辑体例,朱芳圃于《凡例》中曰:"诸家考释见解正确者,则录全文,瑕瑜互见者,从善删述,至于谬误显然,无待辨证者,概削不录。""诸家著述互相因袭者,只录一家说,可两通者,则并存之。"①可见朱芳圃取舍之间,十分谨严,有其自家法度。又曰:"诸书刊本或铅植或木刻,别风淮雨,讹误颇多,本书皆精校原文,一一改正。"②对此,戴家祥在审读后说:

> 摹写古篆,皆精校原文(凡例自云)。余尝取四十余字,以证罗氏影印《殷虚书契前后编》,未见歧异之迹。新增之字,不仅取诸新印材料而已,即罗氏、商氏所曾穷搜极讨者,朱氏亦尝苦索一翻,故为补漏不少。然则凡例所云"本书皆精校原文,一一更正",绝非自夸过甚之词也。

足见朱芳圃撰述之精审。当然,戴家祥也指出朱书之微瑕:

> 所惜朱氏成书太骤,谬误显然,无待辨证者,未能尽赴凡例之所愿。例如胡光炜、丁山释"亡爻"为"无尤",郭沫若释𠂤为宰,董作宾也释𠂤为编,叶玉森释𩁹为雷之类。于字例均有未安。又如郭沫若训午为驭马之辔,训南为镈钟之类之乐器,丁山训𠕇为斧斨,训九为肘之类,只可认为假定之义,朱氏冒然信之,似非多闻缺疑之旨。若乃并存数家之说,不知前后矛盾(郭沫若、叶玉森最多),陈陈相因,一无阐发者,而为悬疣附赘(如天字存陈柱之说),更有湮没启发之

---

① 朱芳圃:《甲骨学文字编》,台北:台湾商务印书馆,2011年,第2页。
② 朱芳圃:《甲骨学文字编》,台北:台湾商务印书馆,2011年,第2页。

功,致后之作者,有掠美之嫌。……凡此诸端,未免笔削之旨,与鄙意微有不同,而旁搜博讨之功,固览者所宜知也。

采辑某家之说,取舍之间,容其见仁见智,而并存数家之说又前后矛盾,或悬疣附赘者,则确属体例未精,难逃其责。然而瑕不掩瑜,《甲骨学文字编》确乎代表了当时甲骨文研究的最新最博的成就,屡为当时学界参阅、引用。其中,颇值一提者为杨树达先生。杨树达为朱芳圃湖南同乡前辈,朱芳圃求学清华国学院期间,杨树达任清华学校大学部国文系教授,当时,朱曾拜谒过杨。① 而后朱芳圃《甲骨学文字编》出版,杨树达曾研读几过,《积微翁回忆录》中提到过数条:

1934年7月17日,读朱芳圃《甲骨学文字编》,此文余治甲文之始。

1934年7月20日,《甲骨学文字编》粗阅一通迄,其书条理颇佳,惟未成熟之说太多,未能严汰,是其一病,然此学初萌芽,此种现象,固所难免。

1945年1月28日,阅《甲骨学文字编》迄,此书余在北方曾一再读之,半年来又习三通,其中虽尚多臆说,然精要之处屡见不一。十年来,余说字之文不少,无形中实得力于此书,近始自觉之也。②

《回忆录》中还记述了杨树达受《甲骨学文字编》之启发,助益于自己的文字考释工作。③ 凡此皆可见出《甲骨学文字编》一书之价值。杨树达作为前辈,长于文字、训诂、音韵、金石之学,而其自道治甲文的入门阶梯,对朱书如此推崇,不忘其泽惠,此说见于杨先生《回忆录》,非溢美夸大之词可知。《甲骨学文字编》于一位前辈学者尚有如此开蒙之功,其作用于一般读者的价值就更可想而知了。因此,可以说,《甲骨学文字编》作为一本体例精良、资料宏博的字典,其成就是十分值得肯定的,其对当时学术

---

① 杨树达:《积微翁回忆录》,北京:北京大学出版社,2007年,第20页。
② 杨树达:《积微翁回忆录》,北京:北京大学出版社,2007年,第59、60、156页。
③ 杨树达:《积微翁回忆录》,北京:北京大学出版社,2007年,第217、227页。

界的贡献也是具体切实,可以查证的。

作为朱芳圃"甲骨学"学科构想的重要内容,朱芳圃于1935年又出版了《甲骨学商史编》。商代史迹,在孔子时代就已感慨"文献不足征也"(《论语·八佾》)。传世文献《尚书》《史记》等虽略有载记,但也难道其详,更因文献晚出,成为学界聚讼之渊薮,尤其是近世以来,"疑古学派"更是广泛质疑商代史料的真实可靠性。而随着甲骨文的发现及其研究的深入,以及科学的考古挖掘的深入,传世文献的诸多记载才逐渐得到印证,商代史的基本轮廓开始显现。

从茫茫龟甲卜辞中探寻可信的商史,可谓"探赜索隐,钩深致远",这一工作又尤以王国维最为杰出。如《殷卜辞中所见先公先王考》《殷卜辞中所见先公先王续考》二文,钩沉出卜辞中的夋、相土、季、王亥、王恒、上甲、报丁、报丙、报乙、主壬、主癸、大乙、唐、羊甲、中宗祖乙等商先公先王,谓"有商一代先公先王之名,不见于卜辞者殆鲜"①。《古史新证》又考证出外丙、外壬、后祖乙、康祖丁、文武丁及商诸臣之伊尹、咸戊,并总结云:

> 商之先公先王及先正见于卜辞者,大率如此,而名字之不见于古书者不与焉。由此观之,则《史记》所述商一代世系,以卜辞证之,虽不免小有舛驳,而大致不误,可知《史记》所据之《世本》全是实录,而由殷周世系之确实,因之推想夏后氏世系之确实,此又当然之事也。又虽谬悠缘饰之书如《山海经》、《楚辞·天问》,成于后世之书如《晏子春秋》、《墨子》、《吕氏春秋》,晚出之书如《竹书纪年》,其所言古事,亦有一部分之确实性,然则经典所记上古之事,今日虽有未得二重证明者,固未可以完全抹杀也。②

从中可知,王国维以甲骨卜辞为新材料重建商史,其撰述方法、宗旨是十分明确的,另如《殷虚卜辞中所见地名考》《三代地理小记》等文,都是他

---

① 王国维:《观堂集林》,石家庄:河北教育出版社,2002年,第260页。
② 王国维:《古史新证》,北京:清华大学出版社,1994年,第52页。

所主张"二重证据法"的具体实践。

经王国维所阐扬,卜辞作为信史材料的价值,开始为学界所重视。循着王国维的路径,重建商史的工作在更广阔的视野下展开,如王国维弟子刘盼遂《甲骨文中殷商庙制考》(《女师大学术季刊》第 1 卷第 1 期,1930 年),徐中舒《殷周文化之蠡测》(《中央研究院历史语言研究所集刊》第 2 卷第 3 期,1930 年),《殷周史料考订大纲》(北京大学讲义本,1933 年),吴其昌《卜辞所见先公先王三续考》(《燕京学报》第 14 期,1933 年),束世澂《殷商制度考》(《中央大学半月刊》第 2 卷第 4 期,1930 年),郭沫若《卜辞中之古代社会》(《中国古代社会研究》,上海联合书店 1931 年),张龙炎《殷史蠡测》(《金陵学报》第 1 卷第 1 期,1931 年),萧炳实《以甲骨文证商代历史》(《厦门大学学报》第 1 集,1931 年),陈邦怀《续殷礼征文》(《无锡国学专科学校校友会集刊》第 1 集,1931 年),等等。虽然诸家撰述视角、宗旨未必尽如王国维,但以甲骨新材料重建商史的研究取向,已经蔚然成风,甲骨文研究也从文字考释、谱系构建,逐渐扩展到更为广阔全面的商史研究。朱芳圃《甲骨学商史编》正是在这样的学术风气和研究成果基础上开始编纂的,因此,我们再来看他在《序例》中所言:

> 先师王静安先生感于近世泥古疑古之弊,曾撰《古史新证》一书,根据地下材料以补正纸上材料,并证明古书某一部分全为实录,其术甚精,其识甚锐,为治古史者闢一新途径。惜其仅成数章,旋归道山,学者深以未睹全豹为憾。兹继续先生遗绪,益以迩年中央研究院发掘并海内外学者钻研之所得,纂为是篇。于有商一代史实,虽不能谓为粲然完备,然其所证明者,大抵皆可信据,欲探考古代社会之真象与先民活动之陈迹,当舍是而莫由,不仅足以祛泥古疑古者之惑已也。①

是书之作乃是"继续先生遗绪",其继承王国维"二重证据法""祛泥古疑

---

① 朱芳圃:《甲骨学商史编·序例》,上海:中华书局,1935 年,第 1 页。

古"时风的意识是十分明确强烈的。于是,朱芳圃"采辑近世学者根殷虚文物考释有商一代史实之著作,错综排比","依类编次",成为当时商史研究最为完备的著作。我们再来看下《甲骨学商史编》一书的结构框架:

甲骨学商代史
- (一) 民族
- (二) 世系
- (三) 人物
- (四) 都邑,附山川
- (五) 方国
- (六) 文化:(1) 律历,(2) 宗教,(3) 文字,(4) 宫室,(5) 殷虚文化的物质成分,(6) 殷周文化之蠡测
- (七) 制度:(1) 婚媾,(2) 官制,(3) 祀典,(4) 殷周制度论
- (八) 产业:(1) 渔猎,(2) 牧畜,(3) 农桑,(4) 工艺
- (九) 卜法:(1) 绪论,(2) 取用,(3) 种类,(4) 畾贲,(5) 攻治,(6) 贞卜,(7) 事类,(8) 钻凿,(9) 燋灼,(10) 兆坙,(11) 书契,(12) 庋藏
- (十) 附录:(1) 殷虚沿革,(2) 甲骨年表,(3) 坑位

包括商代政治经济、文化制度、宗教卜祀等各个方面,将散见的诸家之作搜集、统合在大的历史框架下,加以剪裁、融冶,使得商代历史的各个面向得以综合呈现。虽然是辑录性质,在摘引和体例上也偶有失当处①,但并非只有"抄录之功,而无心得之见"②,能够建构起商史研究这一大的研究框架,其中也体现了朱芳圃对甲骨学与商史这一学科的深刻理解。

《甲骨学文字编》《商史编》二书皆为辑录性质,其便于初学自不待言,但不可以谓朱芳圃之学止于此,难孚众望。朱芳圃治甲骨学,用力勤

---

① 容庚《甲骨学概况》评价《甲骨学商史编》说:"世系不列示壬、示癸,是为疏漏;象甲为阳甲,甲为沃甲,郭沫若于《卜辞通纂考释》(页三一)中辩论甚明,乃犹抄录董作宾之说,以象甲为沃甲,抄录罗振玉之说,以羌甲为阳甲,是亦不善抄录者矣。抄录诸家之说,只云某曰,而不著所引之文,亦非今代所宜出此。"

② 容庚:《甲骨学概况》,《容庚学术著作全集》,北京:中华书局,2012年,第969页。

深,常有独得之见,其成果见于1962年出版的《殷周文字释丛》一书。书凡三卷,其《叙言》云:"是书共释文字一百八十一,新识之字,计甲文四十一,金文一十九,余皆纠正旧说,另创新解。"①是书集结了作者多年研究甲骨吉金文字的心得,收录了朱芳圃在甲骨金文考释方面的不少成果,足以奠定他在古文字研究领域的重要地位。

从《甲骨学文字编》到《殷周文字释丛》,朱芳圃研究古文字学前后近三十年,这其间既有始终一贯的治学方法与观点,同时,也有随着古文字学科的发展、社会学术思潮的变化而做的调整、适应。下面我们就先论述朱芳圃治古文字学一以贯之的特点,然后再探析前后所发生的一些变化。

论朱芳圃古文字学的整体特点,仍然得回绕王国维展开。王国维在《殷墟文字类编序》中曾指出治古文字学需新、旧史料互相鉴用:

> 故此新出之史料,在在与旧史料相需,故古文字、古器物之学与经史之学实相表里。惟能达观二者之际,不屈旧以就新,以不绌新以从旧,然后能得古人之真,而其言乃可信于后世。②

王国维后来提出的"二重证据法"与此一脉相承,不过彼处强调的是"地上材料"与"地下材料"的互相发明,彼此印证,此处则更侧重说明古文字之学的治学根基,即对传世文献史料的精熟。在《毛公鼎考释序》中,王国维对此有更详细论述:

> 文无古今,未有不文从字顺者。今日通行之文字,人人能读之,能解之,《诗》《书》、彝器亦古之通行文字,今日所以难读者,由今人之知古代不如知现代之深故也。苟考之史事制度与文物以知其时代之情状,本之《诗》《书》以求其文之义例,考之古音以通其义之假借,参之彝器以验其文字之变化。由此而之彼,即甲以推乙,则于字

---

① 朱芳圃:《殷周文字释丛》,北京:中华书局,1962年,第3页。
② 王国维:《〈殷墟文字类编〉序》,《观堂别集》,石家庄:河北教育出版社,2002年,第871页。

之不可释,义之不可通者,必间有获焉。①

要之,治古文字学需要学者具备广博的学识,对古代典籍文化、史事制度有通盘之了解,尤其需要对传统的文字训诂音韵之学有较深的认识,才能对古文字及其发展流变有横纵多方位的把握。朱芳圃对此深表服膺,奉为圭臬,在《述先师王静安先生治学之方法及国学上之贡献》一文中谓此法"示考证家以南针,语语精赅,发前贤所未发"②。朱芳圃在《甲骨学文字编》、《殷周文字释丛》都十分忠实地践行了老师的这一治学方法,我们可以举例加以具体说明。

(一) 考之史事制度与文物以知其时代之情状。文字是一个时代政治、经济、礼俗、制度等复杂社会因素的综合体现,因此考释古文字时,必须"考之史事制度与文物以知其时代之情状"。朱芳圃十分注意这一要求,认为文字之"结构皆社会事状之反映"(《殷周文字释丛·叙言》),因此,需得结合社会礼俗文化背景来审视文字构形的依据。如"𦣻"字,其字形"象人头上蒙俱。俱,方相也,汉人谓之魌头",朱芳圃认为是禓之初文,在古音上,𦣻、禓旁纽双声,阳入对转,亦得相通。《说文·示部》:"禓,逐强鬼也。道上祭也。从示,易声。"逐强鬼即索室驱疫。引《周礼》"方相氏"及郑注为说,而后申论说:"逐强鬼为古代一种感致巫术,即以鬼攻鬼,幻想用虚假之动作以招致实际效果也。"③这一考释,不仅有字形结构、古音上的依据,而且从《周礼》记载上,还能获得先秦民间礼俗的支持。这样的研究视野,在《殷周文字释丛》中多见,朱芳圃已有鲜明的理论意识,对古文字构形常能结合社会学、人类学、民俗学、神话学等理论做出解释,因而拓展挖深了古文字的社会文化内涵。这一点我们下面还会具体论述。

(二) 本之《诗》《书》以求其文之义例。如,《殷周文字释丛》释《秦公

---

① 王国维:《〈毛公鼎考释〉序》,《观堂集林》,石家庄:河北教育出版社,2002年,第179页。
② 朱芳圃:《王静安的贡献》,上海:商务印书馆,1933年,第5页。
③ 朱芳圃:《殷周文字释丛》,北京:中华书局,1962年,第149页。

钟》《秦公簋》"趩"为趄,读为揭,进而广引《诗》《书》诸语例论证曰:

> 《卫风·伯兮》:"伯兮揭兮。"《毛传》:"揭,武貌。"又《硕人》:"庶士有揭。"《毛传》:"揭,武壮貌。"古人以武勇为美德,故以趩趩形容之。揭对转元,变易为桓。《书·牧誓》:"尚桓桓。"郑注:"桓桓,威武也。"《诗·周颂·桓》:"桓桓武王。"《郑笺》:"桓桓有威武之武王。"《鲁颂·泮水》:"桓桓于征。"《毛传》:"桓桓,威武貌。"是《秦公钟》《秦公簋》两铭之趩趩,犹《书·牧誓》、《诗·周颂》、《鲁颂》之桓桓也。①

通过《诗》《书》诸多语例的佐证,加以字形、音韵之综合考察,训趩为武勇之意,于《秦公钟》、《秦公簋》"趩趩文武",文意若合符契。朱芳圃对传世文献的熟稔,助益于古文字考释匪浅。诸论著征引先秦两汉文献凡几十种,在在可以作为考释金甲古文字的佐证,成为朱芳圃古文字研究的重要特色。

(三)考之古音以通其义之假借。朱芳圃对音韵学素有研究,在考释古文字时,也多"考之古音以通其义之假借"。如《殷周文字释丛》中释"器"(𠾴)字,朱芳圃认为"器"字从犬、从㗊,结构与嚣相同。嚣从页㗊,义为人之喧声,器从犬㗊,即犬之吠声。这是从字形结构上推断,然后又从声韵上寻找证据,说:

> 从声类求之,当为犾之初文。《说文·犬部》:"犾,犬吠声也。从犬,斤声。"古音器读群声微韵,犾读疑声文韵。旁纽双声,阴阳对转。②

于是从音韵上更加确认"器"字之音义,并使其初文、后起字的音义假借关系,昭然若揭。

(四)参之彝器以验其文字之变化。王国维古文字学的最大贡献在

---

① 朱芳圃:《殷周文字释丛》,北京:中华书局,1962年,第164页。
② 朱芳圃:《殷周文字释丛》,北京:中华书局,1962年,第180页。

于"探出文字进化之程序与建设文字学之新系统"①,对甲骨文、金文、六国古文、籀文、大小篆等文字之演变源流做了系统梳理。朱芳圃也十分注重揭示文字形、音、义的演进程序及其规律。在《殷周文字释丛》中说:"吾国现存文字,以殷代之甲骨,两周之吉金为最古,距离创造时期虽已遥远,然由流溯源,参互比证,先民制作之初意,固历历可考而知。"②其意在索隐文字之初意,溯源演进之流变,十分显然。如,甲骨文"病"字作"[字形]""[字形]""[字形]"诸形,丁山《释疾》将之与秦量刻辞"疾"字之作"[字形]"者相校,谓与"[字形]"所从之人同,认为"[字形]"诸形即"疾"字。胡厚宣从而和之。而朱芳圃以为二氏皆非,他排比"疾"字,甲文作"[字形]",金文作"[字形]"(《毛公鼎》)、"[字形]"(《上官鼎》),而秦量刻辞作"[字形]""[字形]""[字形]""[字形]",谓:"象人著矢。古多战事,人著矢,斯疾已。其去大作[字形],乃后起之字,已失初形。"③而"病"字,是象人病卧床不起,其造字取义与"疾"字有异,不可混同。可见,厘清文字演进之源流,辨析造字取义之异同,对于考释古文字的重要性,朱芳圃可谓深悉此理。

以上说明了朱芳圃对王国维古文字学的继承、发扬,作为奉之不渝的圭臬,这始终贯穿于朱芳圃古文字研究中。

《殷周文字释丛·叙言》曰:"共释文字一百八十一,新识之字,计甲文四十一,金文一十八,余皆纠正旧说,另创新解。"新识之字,贡献于学术界良多;"纠正旧说,另创新解"者,也说明朱芳圃能够不囿于成见、求实求真的精神。这一点对照《甲骨学文字编》会有更深更具体的印象。《甲骨学文字编》虽然是缵缉之书,但诸说之取舍,亦代表了朱芳圃对其研究方法与结论的倾向性认同。而《殷周文字释丛》作为一部个人多年研究心得的独立之作,朱芳圃自有一套方法理论。通过分析对比这些"纠正旧说,另创新解"的字例,可以加深我们对朱芳圃古文字学方法理

---

① 朱芳圃:《王静安的贡献》,上海:商务印书馆,1933年,第21页。
② 朱芳圃:《殷周文字释丛》,北京:中华书局,1962年,第3页。
③ 朱芳圃:《殷周文字释丛》,北京:中华书局,1962年,第120页。

论的认识。

我们知道,商代社会具有早期文明的鲜明特征,作为卜辞的甲骨文本身也包含丰富的政治、宗教、风俗、制度及社会生活、生产等信息,因此,与传统的小学研究不同,考释甲骨文须得对商代社会甚至更早的早期文明形态有个综合的把握。同时,对商代社会以及早期文明形态把握的不同,也会反过来影响到古文字考释的分歧。所以,我们可以以一个具体的理论方法为参照,借此了解朱芳圃古文字研究的不同研究路径。

上揭从宏观商代社会研究古文字,开风气之先、最有代表的当属郭沫若。郭沫若有憾于此前古文字研究,缺乏"有系统的科学的把握",未能充分发挥甲骨卜辞的史料价值,因此,《中国古代社会研究》(上海联合书店,1930年)之《卜辞中的古代社会》一文,即意在"从古物中去观察古代的真实的情形"①。兹篇讨论了商代"社会基础的生产状况""上层建筑的社会组织",得出商代社会性质、生产方式、生产关系和意识形态的一些基本认识。兹篇之作,带有鲜明的唯物主义史学的特征。一年后,郭沫若出版《甲骨文字研究》(大东书局石印本,1931年),也延续了这一社会理论方法,进一步深化印证了此前的一些论断。如,以商代为母权社会,《释祖妣》更明确指出祖先崇拜之祖妣二字,实即牡牝器之象征;一切神祇均称"示",实即生殖器之倒悬;再如帝、宗、士、土、王、母、奭、后、毓等字亦皆与之相关。这些都反映了商代社会宗教活动存在一个普遍的生殖崇拜现象。②

郭沫若的研究,"开创了为探讨古代社会的实际而研究古文字的道路",在当时学界深有影响。朱芳圃《甲骨学文字编》对郭说多有引用,以上"母权社会""生殖崇拜""阶级""石器时代"诸概念也屡见。或者是囿于体例的限制,在彼时我们还不易探得朱芳圃古文字研究的理论方法。而到《殷周文字释丛》,朱芳圃积三十年之功,已成一家之言,其对郭说及

---

① 郭沫若:《中国古代社会研究》,石家庄:河北教育出版社,2004年,第150页。
② 郭沫若:《释祖妣》,《甲骨文字研究》,《郭沫若全集》(考古编第一卷),北京:科学出版社,1982年,第19—64页。

其研究理论已多有扬弃,另立新解,形成一套圆融周备的古文字理论方法,主要体现在以下三方面。

一、"祀火"习俗与光明崇拜。《商周文字释丛》对古代"祀火"习俗与光明崇拜有充分的关注,许多古文字都在这一观照下得到解释,计有"亞""王""白""辛""章""妾""豢""業""僕""龍""鳳""吾""醓""戠""商""帝""莒""鼻""蘴""蛐""榮""皇""易""寫""揚""對""庶""尧""麟""靈"等。早在1943年,朱芳圃发表《镫锭考》(《国立河南大学学术丛刊》第1期),即考证认为"王"象膏镫之形;"皇"象镫光辉煌之形,当为煌之初文;"對""揚",即是象人手执持镫之形;"易"象镫釭置丂上之形;"光"象镫光辉煌之形;"庶"象屋下镫光辉煌之形。1948年又发表《王皇名号溯源》(《新中华》第6卷第12期),续申此义,既明"王""皇"之本义后,又广引文献说明其作庙号或人君尊号之引申义,并分析其原因说:"盖以镫光之辉煌,形容其威灵之赫耀。"此二文"因形明义,因义说形",广引卜辞、金文、载籍为证,一扫千年来之穿凿附会,令人信服。《商周文字释丛》考释"王""皇""對""揚""庶"诸字都继承了前说①,并进一步指出古代社会广泛存在"祀火"习俗与光明崇拜,曰:

> 祀火为古代社会普遍之习俗,其始也,以火为神,继则以熊熊之光象征其威严,因谓之王。逮进入阶级社会后,宰制者之权力无限扩大,前之所以尊崇其神者,今则移以尊崇其首领。此人王名号之所由来也。②

如其所揭,"祀火"习俗所包含的政教文化及其流衍,还反映在"帝"字上,其本义为束薪柴祭天神,后则"移天神之号以尊人王,盖王权扩张、阶级森严之反映"③。同样,"白"初义为火光,其后皆引申为宰制之称之伯④。

---

① 释"王"字略有不同,谓"甲文作 🔺,象火炎地上之形。……其上横画或一或二,指火之炎上而大放光明也"。参朱芳圃:《殷周文字释丛》,北京:中华书局,1962年,第17页。
② 朱芳圃:《殷周文字释丛》,北京:中华书局,1962年,第17页。
③ 朱芳圃:《殷周文字释丛》,北京:中华书局,1962年,第39页。
④ 朱芳圃:《殷周文字释丛》,北京:中华书局,1962年,第18页。

再有"亞"字,"火塘也,象形。原始社会有祀火之俗,于室之中央砌一✣形之塘,燃火其中,昼夜不息,视为神圣之所,无敢跨越。现今西南兄弟诸族,遗俗尚存,可资参证。故亚为殷代宗彝中习见之图铭,盖所以象征祖先之神所凭依也"①。有"靈(霝)"字,从黑(即窜)、霝声,"初民以火光象征神灵,因有祀火之俗,后世祭窜,即其遗风"②。此皆为"祀火"习俗对宗教、政治之影响在文字上的反映。此外,古文字中与"火"相关之物象、行为亦不在少数。例如,以"辛"(薪之初文)为构形部件者,"商"本象烛薪设于⋈上,"商主大火",进次以名其部族、国邑及朝代;"章"字"象薪燃烧时光采成環之形";"妾"字为"俘获异族之妇女,使之服析薪炊烹之役";"僕"字象两手"奉辛照明",专司此事之僕;"揚"字"象人坐而两手举镫"或"镫缸";"對"象手持镫或烛薪。更有进一步引申出形容词者,如"豪""敳(熾之本字)""朞(榮之本字)"。这一些与"火"相关的文字,涉及古代社会凡俗生活的多方面,反映了"祀火"习俗及其光明崇拜影响之深广。朱芳圃对这些文字构形意义的揭示,为我们了解初民社会之宗教、政治、生活提供了丰富的信息。

二、工具论。初民造字,率多象形,然而年代荒远,后人不解其造字之初意,遂多附会,即如许慎《说文解字》,亦多无稽之臆解。因此,考究古文字,尤其是象形文字,从初民社会之生产、生活形态及其相关之自然、人事物象入手,更能切近先民从具体物象到抽象文字之间的思维习惯。朱芳圃考释古文字,就十分关注古文字形的象形义,多从生产、生活的物件工具加以审视,这对揭明古文字之初义、引申义大有裨益。例如,朱芳圃以"十"为栻之初文,大杖也;"更"为箪,圜竹器也;"畐"为长颈鼓腹圜底之器;"亯"为烹饪器,后引申有进献及祭祀之义;"公"象侈口深腹圜底之器,乃瓮之初文;"區"为甌之初文,品象其形,匚所以藏之;"曾"即齏若甑之初文,象形;"合"象器盖相合之形;"會"之义为器盖,引申我会

---

① 朱芳圃:《殷周文字释丛》,北京:中华书局,1962年,第16页。
② 朱芳圃:《殷周文字释丛》,北京:中华书局,1962年,第146页。

合;"民"即榪之初文,👁象器,†象其柄,涂工之作具也;"🥁"象短头长颈鼓腹之器,当为瓨之初文;"方"当为枋若柄之初文;"卤"当为䍃(即䍃)之初文;"我"象长柄而有三齿器,即錡之初文;"今"即籈之初文,象形①。诸如此类,确如朱芳圃叙言所言,能探得"先民制作之初意",多有发覆之功。且一物之明,往往连类而及,诸多相关文字之构形本义也迎刃而解。充分考虑古文字象形之义,多从生产、生活之工具物件加以考察,不仅有别于《说文》之附会臆解,也与当代时贤多有不同,成为朱芳圃古文字考释的重要理论方法,贡献良多。

以上两种理论方法,所立足的社会面更为广阔,且能够结合民俗学、宗教学、神话学、人类学等学科视野下作多维度的参证。这较之王国维所说的"考之史事制度与文物以知其时代之情状",更为宏阔,与郭沫若之唯物史论一脉相承而更能切近古代社会生产、生活的实情。仍以上文所述郭沫若"生殖崇拜"来论,郭沫若以此为秘钥,解开诸多古文字背后丰富的文化内涵,而朱芳圃则独抒己见,另辟蹊径。"王""帝""皇"已如前述。另如,"吉"字从𠙹从凵,⚔,兵器也,象形。凵为附加之形符。故"吉"字引申有善实坚固之义。否、唒与之构形类似者,凵为附加之形符。"示"字:"从一从丨,会意。一,古文上字。丨为棁之初文,武器也。先民用以象征权威,意与古代埃及以槌矛代表权威相似,合之谓至上之权威。商人崇拜祖先,称之为示,盖取斯义。或增八,附加之形符也。"②再如"牡"字,从⊥声,"⊥即矛之异文"③。诸如此类,皆与郭沫若"牡器之形"、"生殖崇拜"云云大相径庭,这都是置于"祀火"习俗与工具论之观照下获得的新解读。

三、朱芳圃古文字学考释的另一条突破,是对"附加之形符"的揭橥。如"凵"符,见于"吉""否""唒""吞""商""與""者",皆为附加之形符。朱

---
① 朱芳圃:《殷周文字释丛》,北京:中华书局,1962年,第78、82、90、92、93、100、101、103、104、113、122、159、167页。
② 朱芳圃:《殷周文字释丛》,北京:中华书局,1962年,第144页。
③ 朱芳圃:《殷周文字释丛》,北京:中华书局,1962年,第60页。

芳圃曰："古文通例，凡引申本义，或假作他义之字，常加⊔以别之。"如"㕭""䘏"之本义为兵器，在卜辞中引申为方国之名、卜人之名，故增⊔符以别于本字。明晓这一功能，对于正确理解造字原理、意义衍变具有重要作用。如"吞"字，余永梁、于省吾执于✡形，皆释为舌，上端有点，"象唾物之残糜"。朱芳圃则另作他释：

> 吞字从✡从⊔。✡象✡燃烧时火光四射之形，当为炗之初文。《说文·火部》："炗，小热也。从火，干声。"考干为✡之形误。火为 ⺣ 之演变。⊔为附加之形符。字之结构与㕭、䘏同。①

其字既从✡（薪），其初文"炗"字之字形、意义衍变又十分清晰，则余、于之误显矣。于此可见，⊔作为附加之形符，不具有明确的表意功能，它们一般只是缘承其同源母字的形和音而有所区别。朱芳圃正确其与指事字或形声字字符之不同，避免了做额外过度的解释。

论文《楚公逆镈铭跋》《周代铸器所用金属考》《殷契卜糵考》等亦论及古文字与古器物之学。另外，先生还有《殷墟卜辞丛考》《宗彝图铭考释》《商周遗文释丛》等遗著，料将更能体现朱芳圃治古文字学的方法与成就，惜未得见。

(三) 古史神话研究

以上已见出朱芳圃古文字研究受王国维的深刻影响。此外，在古史及神话研究上，朱芳圃践行"二重证据法"，注重将甲骨文、金文材料与传世古史文献相结合，互相参证，不仅在研究方法、宗旨上，而且在不少论题上，都是沿着王国维的遗绪再作推进。

王国维《殷卜辞中所见先公先王考》《殷卜辞中所见先公先王续考》是运用"二重证据法"的典范之作，"用新材料以证旧史实，钩沈汲断，为史学界放一异彩"。其后，王国维弟子吴其昌续作《卜辞所见先公先王三

---

① 朱芳圃：《殷周文字释丛》，北京：中华书局，1962年，第33页。

续考》一文,然"搜讨虽勤,所获实寡"。朱芳圃有惩于是,踵继师法,作《殷卜辞中所见先公先王再续考》,"于殷代先公先王为先生所未详未备者,得四人焉,曰契,曰昌若,曰曹圉,曰冥"。朱芳圃先搜觅出有关祭祀"夒""㊟""夨""黽"的卜辞,从祭名及其神灵之威灵来看,四人当为殷之先公先王,然后再从传世文献、字之声义以参证,确认其为契、昌若、曹圉、冥。朱芳圃还有《阳甲考》一文,考证卜辞中的"𩛥甲"即阳甲,亦是典型的"二重证据法"的论证思路。

朱芳圃又有《土方考》一文,综理商人伐土方之卜辞,将其与史籍所载相参证,认为"卜辞之伐土方,即《纪年》之征豕韦"。而据《左传·襄公二十四年》士匄语,从虞、夏、商到周,陶唐、御龙、豕韦、唐杜,实一名之禅遞,皆土方之别名。朱芳圃于是旁稽博引,钩沉文献中残存史籍,得知:其始居冀州,其地即春秋时之晋国,位于殷之西北,与卜辞"允有来娡自西"、"允有来娡自北",地理位置相合。在夏时,陶唐氏之后刘累,以扰龙之术事夏后孔甲,赐姓曰御龙,受封,寻迁鲁县。夏后别封其孙于大夏之墟。至商之末世,陶唐遗族仍居大夏,其地在河汾之间。至周成王时,唐人作乱,成王灭之而封太叔,更迁唐人子孙于杜,谓之杜伯。周宣王时,有杀杜伯之事。传世铜器有杜伯鬲、杜伯盨,皆其遗物。其未迁者,徙居大夏之北,谓之北唐。至穆王时,北唐之君仍以方物来见。这之后,载藉不复见其名,盖晋国日强,为其所吞并矣。

以上二文,都是利用地下材料与传世文献互相参证,稽考荒远古史,得出令人信服的史迹。这是典型的"二重证据法",而其最后的旨归则是重建信史,《甲骨学商史编》意在于此,《殷卜辞中所见先公先王再续考》、《土方考》等文亦不离此宗旨。朱芳圃继承王国维遗绪,谨遵师说师法,与时兴之"疑古"学风相抗衡。一个有意思的对比,在国学院众弟子中,虽同受王国维之教诲,但在"释古""疑古"这两条决然不同的学术取向上,却有明显的分殊。其中倾向"古史辨派"者如卫聚贤、杜钢百、余永梁、杨筠如、刘节、姚名达、罗根泽等都做过辨伪类文章,而朱芳圃可谓始终如一,对"疑古"思潮保持警惕,还曾专门撰文评述同学卫聚贤的《古史研究》,对其"古史辨派"的考证方法做了深入批驳。在《评卫聚贤〈古史研究〉》一文中,朱芳圃一开始即引王国维《鞑靼考》为例,说明考证研究的基本步骤:疑问、假定、论证、明因。其要领,则"可一言以蔽之曰:材料准备而已。以本书之材料,证本书之事实,展转推求,参互比较,遂由假定而得定论矣"。衡之以业师之准绳,卫聚贤之著可谓多有疏漏。朱芳圃指出,卫聚贤之失,一是论证材料不精确,且加以神话附会;二是伪造事实;三是曲解古书;四是妄立系统。考证方法既多纰漏,其所得结论亦不可成立。具体论证的批驳,就不再赘述。总之,从中可见朱芳圃对王国维师说师法之宗奉,不仅体现在个人的著书立说上,还体现在以师说师法为准的,有针对性地回应、批判"疑古"学风上。

与古史研究密切相关,朱芳圃还进一步上溯,对上古神话传说做了不少富有创见的研究。这一研究发轫于三十年代的古文字研究,得益于地下金甲材料与传世文献的双向阐释得到的启发;抗战以来,朱芳圃与河南大学同事开展民俗调研工作,持续关注中国上古神话传说之形成、流变;1946年7月发表《女娲考》(《儒效月刊》1946年第2卷第4期),1957年6月发表《西王母考》(《开封师范学院学报》1957年第2号),是其神话研究早期成果;在《殷周文字释丛》中,朱芳圃结合民俗学、人类学、神话学、图腾等理论,对"龙""凤""能""夔""燕"等富有神话色彩的动物或图腾做了论析,其研究方法和视野已远远超出了古文字学的范畴;遗著《中国古代神话与史实》,更是一部研究古代神话与史实关系的专著,该书以古文献中关于神话传说的史料为依据,运用古文字学、古音韵学、训诂学、考古学、民俗学等,对夏禹之前的神话传说的产生、发展做了详细的考证,资料丰富,论点鲜明,可谓朱芳圃研究上古神话的代表性成果;另有遗稿《山海经补注》《穆天子传校释》等,其中尚多古代神话与史实的考论。综上,朱芳圃对上古神话深有研究,著述丰硕,其研究具有鲜明的主旨与理论方法。下文详述之。

在研究主旨上,与古文字、古史研究一样,也深受王国维的影响。我们知道,上古的历史与神话传说常常相生相应,历史常带有神话传说的

色彩,神话传说中亦不排除有历史的真实反映。王国维对古史传说的这一性质特征有着清晰的认识:

> 研究中国古史为最纠纷之问题,上古之事,传说与史实混而不分。史实之中固不免有所缘饰,与传说无异;而传说之中,亦往往有史实谓之素地,二者不易区别,此世界各国之所同也。①

因此,研究上古史既需要辨析文献材料的性质、成书年代、内容真伪,也要避免过度的辨疑,陷入相对主义的虚无。对此,王国维既批评了"信古之过",也批评"疑古"者,"其于怀疑之态度及批评之精神,不无可取,然惜于古史材料未尝为充分之处理也"。因此,在"信古"与"疑古"之间,王国维主张较为中间的"释古"路线,以"二重证据法"证实古书之某部分全为实录,包括百家不雅驯之言、谬悠缘饰之书如《山海经》《楚辞·天问》等亦有一面之事实,即使一时未得证明者,亦不能遽加否定,多闻阙疑可也。王国维这一态度是十分审慎的,尤其对当时盛行的"疑古"学风是一种拨正。

朱芳圃在研究古文字、古史的同时,也自然会涉及不少上古神话传说,不可避免需要对其性质、内容、流变作一梳理、判断。从他的相关论著来看,其研究的初衷、方法、旨归都与王国维的上述认识保持相当的师承关系。"中国古代神话与史实"这一书名,即显示他意在考辨古代神话与史实的关系。在具体论断上,他也多处回顾这一研究目的,辨明神话中的史实性。如,论后羿传说,谓"载籍中记述羿事,有全为神话者,有属传说而有史实为之素地者"②;论神农世系,谓"必有史实之素地,未可概以子虚乌有目之"③;论尧舜事迹,谓"其史影据传说所载,尚能窥知一二"④。传说中的"禹都阳城",据考古调查和发掘,可能就在战国时代阳

---

① 王国维:《古史新证》,北京:清华大学出版社,1994年,第1页。
② 朱芳圃:《中国古代神话与史实》,郑州:中州书画社,1982年,第65页。
③ 朱芳圃:《中国古代神话与史实》,郑州:中州书画社,1982年,第73页。
④ 朱芳圃:《中国古代神话与史实》,郑州:中州书画社,1982年,第134页。

城的西面,即今河南登封县五渡河西岸的王城岗一代,这里发掘出了古城墙基槽遗址①。可见,朱芳圃神话研究之主旨,是从神话传说中钩沉出可信的史迹,借此了解古代社会政治、生产生活、风俗信仰之面面观及其发展、变迁的轨迹。

在研究方法上,朱芳圃神话研究也有鲜明的特色。首先,最令人印象深刻的是朱芳圃厚实的文献功底,举凡经史子集、金甲简帛、考古材料、民俗民谚等文献都能旁征博引,但凡考证一神话,典籍中之相关记载,都几乎做了穷尽性的征引,排比参证,条分缕析。据王珍"整理后记"统计,《中国古代神话与史实》所引典籍就达一百五十多种,共引篇目九百七十三篇。② 而可贵之处,还在于朱芳圃能以一定的方法理论统合、论析这些材料,在一定的结构框架下考察神话形成、流传的发展变迁。具体体现在以下方面。

一、从音韵学、古文字上考证神话之源流。朱芳圃在古文字学、音韵学上的成就已如上述,这为他考察神话之形成、发展、流变提供了文字形音义上的论证支持。可以说,小学方面的深厚积淀,已成为朱芳圃治学的基本素养,所谓"资之深,则取之左右逢其原"。在《中国古代神话与史实》中,我们常见朱芳圃从音韵角度论证神话间的关联。如"玄冥"节,朱芳圃谓玄冥之本身为鹥;鹥一名鷖,鹥、鷖双声韵,亦侯东对转;鷖又转为蛮为虫,蛮与虫皆鹥之音转。于是可谓冥即蛮、虫之神化,冥、蛮、虫,一音之转;冥又转为昧,昧、鸺双声,是昧即鸺,亦即鹥矣;鸺又转为蔑。综上,其演变之迹如下:

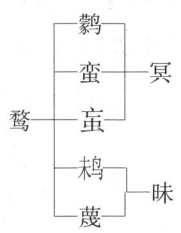

---

① 朱芳圃:《中国古代神话与史实》,郑州:中州书画社,1982年,第26页。
② 朱芳圃:《中国古代神话与史实》,郑州:中州书画社,1982年,第162页。

以上音韵上的音转演进,朱芳圃广引了《尔雅》《说文》《广雅》《尸子》《山海经》《博物志》《史记》《逸周书》《周礼》《左传》《方言》《荀子》等书为证,资料翔实,论证充分,令人信服。

朱芳圃在《殷周文字释丛》中就曾对一些神话人物、动物、民俗信仰做过考释,一些观点在《中国古代神话与史实》中也得到了继承、深化。如"帝尧"节,朱芳圃先从古文字学上考证"尧"字本义,谓:

> 尧字上所从之三土,当为灻之讹变。灻为火字,金文可证。尧从灻、从兀,会意,兀即元字首。先民以火光象征宗神之赫濯,故尧之本意,当为光辉四照之神人。①

又"帝舜"节,论"舜"字之古文烾,曰:

> 为赤之古文。《说文》:"赤,南方色也,从大从火。""烾,古文,从炎土。"炎从重火,会火光上腾之意,土为灻之讹变,灻即火之本字。俊,从人从烾,会意。盖以火之炽盛,象征宗神威灵。②

这一论断与《王皇名号溯源》《殷周文字释丛》中所述"祀火"习俗及光明崇拜相一致,反映了尧、舜神话兴起的宗教心理。可见,字义及其背后文化意义的揭示,对神话解析的指示意义。由此,可以说,古文字学、音韵学可谓朱芳圃整个学术研究的根柢所在。

二、分析神话发生之社会心理。神话的生成与流变,有特定的历史背景和社会心理。对此,朱芳圃注重结合早期先民的生产、生活、宗教、风俗等历史背景,分析神话发生的社会心理,多有精到之论。如谓夷羿为东夷所奉之宗神,古代生息于青、徐境内,为引弓之部族,射事为其特长,《山海经》《楚辞》《淮南子》等文献对其神话之事多有记载,朱芳圃分析曰:

> 此虽全为神话,然实反映远古时代,草木茂畅,禽兽繁殖,东夷

---

① 朱芳圃:《中国古代神话与史实》,郑州:中州书画社,1982年,第133页。
② 朱芳圃:《中国古代神话与史实》,郑州:中州书画社,1982年,第138页。

> 挟其弓矰利器,以与鸷鸟猛兽搏斗,卒克服之,食其肉而寝其皮,且利用其骨骼以作器具,毛羽以作装饰,抚今思昔,不忘旧劳,于是由幻想而构成神话。①

这反映的是早期先民的生产生活的历史素地。历史素地投射为神话,从远古直到春秋战国时代,一直都在持续进行。以洪水传说为例,朱芳圃认为:

> 追原鲧、禹治水传说之改变,实为战国时势之反映。战国之时,交通四辟,水利大兴,因为防止水患,故盛行筑堤之法。为便利交通,振兴农业,故又盛行疏水灌溉之法。但筑堤之害处多而利益少,疏水灌溉,则有利而无弊,故防洪水之传说,渐归于鲧,而疏洪水之传说,渐归于禹。②

又,春秋战国时代壅防百川,各自为利,以邻为壑(见《孟子·告子》),于是鲧也成为壅泉之罪魁了③。诸如此类社会历史角度的考察,是朱芳圃神话研究的主要关注内容,具有典型的历史唯物论的特征,反映了上古神话生成、流变的普遍规律。

三、追溯神话之动物原型。朱芳圃神话研究另一关注点是,追溯某一神话人物之原型、本身。神话世界十分丰富,包括神、鬼、仙、妖、精灵、魔鬼、上帝、天使、龙凤等。这些神话形象,或是出于对真实人物的神化展现,或是对自然界山、川、风、雨、水、火或各种动植物之超强能力的神化理解,反映着远古人类解释自然(或社会)并征服自然(或社会)的愿望。因此,神话常有现实的原型为依据,尤其是自然界中各种神秘的生物,在渔猎农耕时代之早期先民的生活世界和观念世界里,常被附会上各种神话色彩。朱芳圃之神话研究,即致力于追溯神话之动物原型,一个既神秘诡谲又有本可循的神话传说时代跃然而出。

---

① 朱芳圃:《中国古代神话与史实》,郑州:中州书画社,1982年,第70页。
② 朱芳圃:《中国古代神话与史实》,郑州:中州书画社,1982年,第5页。
③ 朱芳圃:《中国古代神话与史实》,郑州:中州书画社,1982年,第6页。

在朱芳圃考证下,远古神话之原型多被追溯到某种动物,如皋陶之原型为獬豸,文献记载中,皋陶为折狱之官,獬豸为决讼之兽,朱芳圃从神话发生学的角度将两者关联到一起。在神话之动物原型中,又尤以鸟类为多。如,讙头当即鸲鹆;丹朱即鴅;冯夷即鵬鸓;玄冥即鷖;句望即句芒、狂鸠、狂茅;昌意、伯益即燕。这一结论的得出,多有传世文献(如《山海经》《楚辞》《庄子》《淮南子》等)及音韵上的依据,朱芳圃对此作了翔实的考证,并分析神话发生之迹。如,冯夷为水神河伯之名,河伯本水鸟鵬鸓,朱芳圃认为:

> 初民信万物皆有精灵,鸟高飞,鱼深藏,乃物性之常。鵬鸓以鸟而居水中,反于常情,因生疑惑,遂由幻想而构成水鸟河伯之神话。①

又如,互人之原型为鹅鶘,朱芳圃分析说:

> 盖物种变化之神话,嗣幻化为人,又幻化为国。考先民以互物为鸟类所化,载籍中犹有其征。……凡此皆言蜃蛤为鸟类所化。鹅鶘,凫类,生活水中,先民推求物种来源,由共同生活之物,横生误解,因谓互物为鹅鶘所化,而后世鸟类化蜃蛤之说,亦即由此脱化而出。②

综上,朱芳圃之考论神话原型,乃是出于二者之间有某种相通之品性,遂以之为神物,进而神化为人;或是先民对某物了解不深,以致误解,遂生出物物幻化之神话。凡此之类,皆能知其然进而知其所以然,深富启发意义。

四、梳理神话演变之轨迹。物物、物人幻化反映了在特定时代背景下初民的认知水平和思维习惯,这为神话的生成提供了极大的空间,而这种认知和思维又表现得十分灵活多变,因此也造成神话之间的重重衍生、流变。朱芳圃神话研究的另一大关注,就是从繁复的文献记载中,梳

---

① 朱芳圃:《中国古代神话与史实》,郑州:中州书画社,1982年,第29页。
② 朱芳圃:《中国古代神话与史实》,郑州:中州书画社,1982年,第70页。

理出神话演变之轨迹。如,《女娲考》梳理女娲神话演变之迹说:"因谓羲和为日母,生出十日;流传即久,成为女娲一体,化为十神之说;扩而充之,遂以娲为变化万物之神人圣女矣。综其演变之迹,可分为三阶段:一,羲和生十日;二,女娲化十神;三,娲变化万物。"这一工作,不仅需要熟稔各种文献及其关系,还需要具备一定的理论方法。在朱芳圃之前,"古史辨派"学者多从"层累的造成的中国古史""历史演进的方法"来看待古史神话。朱芳圃在研究宗旨上与"古史辨派"大异其趣,但这也不妨他对神话作"历史演进"的考察,在不少考察上也不期而然地印证了"层累"说,这在神话传说领域——"古史辨派"则将其推广到普遍的古史领域——是普遍的现象。以西王母神话的流衍为例,朱芳圃在《西王母考》一文中有十分精到的考证:

> 嫫母即西王母的演变,盖西王母本名为獏,獏与母同音通用,流俗相传,望文生义,误以为女性的尊称,然其本来面目,尚未全忘,乃并二名而称为嫫母。因其蓬发、戴胜、虎齿、豹尾的本像,犹流传于民间,故演化为一形貌丑陋的女神。又因其与昆仑山神黄帝之宫密迩邻居,一男一女,自然成为配偶,随社会文化的发展与宗教意识形态的转变,黄帝由山神演化为人王,嫫母亦由夫贵妻荣,演化为一位有德无貌的后妃。

这种衍生一直在持续,到汉代,"与燕齐方士服药求仙的方术相结合,因而转化为汉代长也不死的女仙";又配以东王公;汉代以后,又虚构出汉武帝与西王母相会的桥段;后世诗词、小说及雕刻、绘画都广泛运用这个母题,不断衍变,生出很多精妙的传说。这体现出朱芳圃对神话演变现象及其原因的精准认识,其考证亦详审精到,令人信服。

五、建构神话分合之谱系。上揭神话演变之迹,除一个母题随着社会发展有所衍生之外,另一个鲜明的现象就是多个神话之间发生分合,因而造成神话间交融、交错的复杂谱系。厘清不同神话间的谱系,既是神话研究的难点,也是不可回避、具有重大学术意义的研究重点。朱芳圃对此多有致意,创见颇多。通过分析文献所载的具体事例、神话原型的物类以及音韵上的关系,朱芳圃建构出神话分合的谱系。如,共工即鲧;句龙即禹;讙兜即丹朱;皋陶即伯夷即许由;虞幕即句望。试举一例,以见朱芳圃考证之法:

> 共工壅防百川,堕高塞庳,以害天下,与鲧窃帝之息壤以塞洪水,遂致大灾相同。证一。
>
> 共工自贤,与"今我得地之道而不以我为三公",与鲧婞直以忘身相同。证二。
>
> 诛共工者为祝融,杀鲧者亦为祝融。证三。
>
> 晋平公有疾,而问子产,一梦黄熊,一梦朱熊,所说鲧与共工之卿浮游化熊入渊事又绝类,明为一传说之分化。证四。
>
> 尧传天下于舜,鲧与共工同因进谏而被诛,谏辞全同。证五。①

论证充足,有理有据,至于二人神话之分合的原因,或者涉及地域、部族、礼俗、信仰等复杂原因,因年代荒远,难以稽考,朱芳圃对此未作深究。

以上综合呈现了朱芳圃神话研究之宗旨、方法及其成就,其研究资料翔实,论证充分,观点鲜明,自成一家,在神话学研究领域有其重要的一席地位。

除上述音韵训诂学、古文字学、古史神话学领域的成就之外,朱芳圃在年谱学上也有著述。1934年,朱芳圃在上海商务印书馆出版了《孙诒让年谱》一书。孙诒让为晚清硕儒,在经学、诸子学、文字学、金石学、考据学、校勘学以及地方文献的整理等方面都有卓越的成就,章太炎赞誉他为"三百年绝等双"。朱芳圃诚服孙诒让之学,曾撰《名原评述》评述孙诒让《名原》一书,《孙诒让年谱》更是推寻孙诒让之文章撰述,稽考微言往迹,排比次第成书。据戴家祥《评朱芳圃〈孙诒让年谱〉》(《天津大公报图书副刊》1934年6月30日),可知其撰述之缘起:

---

① 朱芳圃:《中国古代神话与史实》,郑州:中州书画社,1982年,第12—14页。

醴陵朱芳圃君,博治声音训诂之学,于胜朝三百年学术嬗变之迹,悉心研究,尤诚服先生。民国十八年至二十年,执教温州中学,与孟晋丈通书问,复尝至玉海楼观书,两载之功,撰成先生年谱一卷,非但先生遗书浏览已多,即清季学者,若俞曲园、戴子高、刘叔俛、章太炎、梁任公等诸家之述作,及清室衰败之现象,与夫安阳甲骨之出土,凡与思想言行有相互关系者,朱氏均按次而类举之,篇幅增多宋氏(按,即宋慈抱,其所撰《孙籀廎先生年谱》载《东方杂志》1926年第23卷12号)两倍以上,其功可谓伟矣。

戴氏对朱芳圃之著评价甚高,其捃摭之勤、撰辑之富、体例之精、断语之审,皆可谓仲容先生之功臣。而由于时地之限,朱著虽穷搜博讨,仍不无瑕疵可指,戴氏从"材料不无疏漏""考证似有未允""论断未免过当"三端予以;洪焕椿《评朱芳圃〈孙诒让年谱〉》(1947年《读书通讯》第129期)一文对朱著之疏漏亦多有摘指。然年谱之撰,篇帙繁复,日月经纬,千头万绪,偶有失当,在所难免,白璧微瑕,仍不掩朱芳圃谨严精审之功力。朱芳圃年谱学之作,又有《程瑶田年谱初稿》(《河南大学学术丛刊》1943年第1期)一文,对程瑶田的生平、交际与学术事迹进行了全面的梳理、研究,此文撰于抗战颠沛转徙、资料匮乏之际,殊为不易。

三

以上综述了朱芳圃先生之生平与学术,其为人为学之经历与品格,令人印象深刻。尤其是在清华国学院两年求学,得以亲聆王国维、梁启超、陈寅恪、李济诸师之教诲,其日后在训诂学、音韵学、古文字学、史学、考古学、神话学等研究领域所获得的成就造诣都多有受益于兹。可以说,清华国学院不仅是朱芳圃走上学术道路的第一步,也是影响深远的一步,基本奠定了朱芳圃此后研究的方法路径与格局。

尤其是导师王国维,其对朱芳圃之影响,前文已屡次论及。总结来说,朱芳圃音韵训诂学之论著,在取材、观点上都深受王国维多方启发,而有所补充、申论;《甲骨学文字编》《甲骨学商史编》不仅在具体考释、史论上多采撷师说,二编之缵缉,更是以"继续先生遗绪""祛泥古疑古者之惑"为宗旨,倡扬王国维之"释古"说;甲骨、金文古文字研究、古史神话研究,皆以"二重证据法"为圭臬,注重地下材料与传世文献的相互参证,重建信史,钩沉神话传说中可信之史实素地。诸如此类,都可见出朱芳圃受王国维教泽之深厚,其对师说师法之奉崇、践行,始终如一,也堪称学界佳话。

当然,朱芳圃在继承师说师法的同时,在治学方法、研究领域和观点上也形成了自家的特色、格局和创识。凡治一门学问,研究一个问题,均通盘掌握相关文献资料,疏畅条理,考镜源流;同时,结合社会学、民俗学、宗教学、考古学等理论做出历史的分析,因此,金甲古文字研究在他那,既要考证"先民制作之初意",更是"了解古代人类物质生活及精神面貌极可珍贵之资料"(《殷周文字释丛·叙言》),"二重证据法"因此有了更丰厚的文献支持、更广阔的施用空间,在朱芳圃的古史研究、神话研究上都取得了丰硕的成果。

李　辉

2015年6月于清华园

《陇西行》新释

《乐府解题》云："始言妇有容色，能应门承宾；次言善于主馈；终言送迎有礼。"

朱止溪云："《陇西行歌》'天上何所有'，正俗也。风俗佚矣，先王之教，犹有存者。夫芝兰不辞凡卉为群，麟凤亦与鸟兽为类，拔萃之尤，当不受风俗移，不以巾帼辱，诗人举一以讽百焉。"

张荫嘉云："此美健妇能持门户之诗。旧解皆云中含讽意，盖因妇人宜处深闺，不应自应宾客。然玩诗意，以凤凰和鸣，一母九雏兴起，则此好妇之无夫无子自可想见。门兵既藉以持，宾客胡能不待，篇中绝无含刺之痕。起八句言天上物物成双，凤凰和鸣，惟有将雏之乐，以反兴世间好妇不幸无夫无子，自出待客之不得已。看来似与下文气不属，却与下意境相关。篇中所叙，事事中礼，却处处引嫌。"

案前三说，均牵强难通。此诗当玩味之处有二：一，前言，应门承宾，趋翔有节；后言促办粗饭，莫使稽留。前恭后率，判若两人。二，所谓健妇者，固谓其应对有礼，兼谓其使客莫留也。意当时必确有所指，而其事亡矣。王闿运以此离不诗为贵宦避其姻戚，令其妇随常应酬而作。按之文义，似或然也。

> 天上何所有？历历种白榆；桂树夹道生，青龙对道隅。凤凰鸣啾啾，一母将九雏；顾亲世间人，为乐甚独殊。

此段与下文意不接。古诗常有之，例不胜举。张荫嘉之说，近于附会。

> 好妇出迎客，颜色正敷愉；伸腰再拜跪，问客平安否。请客北堂上，坐客氍毹氀；清白各异樽，酒上正华疏。酌酒持与客，客言主人持；却略再拜跪，然后持一杯。

此段极写好妇待客，周旋中礼，进退有仪。其虚与委蛇之态，宛然如见。

> 谈笑未及竟，左顾敕中厨；促令办粗饭，慎莫使稽留。废礼送客出，盈盈府中趋；送客亦不远，足不过门枢。

此段极写其草率。即欲稽留，不可得矣。张荫嘉云：废礼，终礼也。简慢如此，安得为之终礼耶！

> 取妇得如此，齐姜亦不如；健妇持门户，亦胜一丈夫。

此为客言。客既去矣，乃曰：吾不知健妇持门户，其能干如此也。或曰：此系诗人之词，亦通。

四月十六晚于研究院

（原载于《清华周刊》第 27 卷第 10 期，1927 年 4 月 22 日）

训诂释例

训诂所以通异言,辨名物也。前人诏后,后人识古,胥赖乎此。其例甚繁。前儒虽有诠释,大抵零篇碎义,散见书中,鲜有概括叙述者。分类之法亦异,有以意义分类者,有以形式分类者。是篇用形式分类,而以意义纬之,共得二十三类。虽不敢谓无遗漏,然视前儒稍增矣。兹述之如左:

古文 今文

古文、今文,犹言古本、今本。郑君注经,即以古文校今文,故常言古文某为某,今文某为某。如《仪礼·士冠礼》注:"今文肩为铉,古文鼏为密,古文紒为结,今文礼作醴。"是也。

犹

汉儒注经,言"犹"之例有二:一,本异义而通之。如《郑风·傅》:"漂,犹吹也。"谓漂本训浮,因吹而浮,故曰犹吹,同于首章之吹也。《礼器》:"德发扬,诩万物。"郑注:"诩,犹普也。"谓诩之本义为大言,故训为普,则曰犹。二,以今喻古。如《魏风·葛屦》曰:"掺掺女手,可以缝裳。"《传》曰:"掺掺,犹纤纤也。"盖汉人言手之好曰纤纤,周时则言掺掺也。

《说文》"尔"下云："丽尔,犹靡丽也。"谓丽尔为古语,靡丽为今语也。

故书作某

郑注《礼经》云"古文某为某",其注《周官》则但云"故书某作某"。如《天官·序官》注："嫔,故书作宾。"《典枲》注："故书赍作资。"此一因《礼经》有今、古文二本,而《周官》无今文,故不得称古文;一则因所见《周官》旧本,已非古文,故变而称故书也。

貌

凡言"貌"者,状其仪容。如《论语》郑注："恂恂,恭顺貌;便便,言辨貌。"是。古书"也"、"貌"二字多互讹,《毛传》："墫墫,舞貌。"《说文》："墫,士舞也。"段氏以"也"为"貌"之讹,是也。

之言

凡云"之言"者,皆通其音义以为训诂,非如"读为"之易其字、"读如"之定其音。如《周礼·载师》载之言事;《族师》师之言帅;禒衣,禒之言宣;翣柳,柳之言聚;副编次,副之言覆;禋祀,禋之言烟;卝人,卝之言矿,皆是。

读若　读为　读如　读曰

凡言"读若"者,皆拟其音也。如《仪礼·乡饮酒礼》注："如,读若今之若。"《聘礼》注："薮,读若不数之数。"凡言"读为"者,皆易其字也。如《论语》郑注："纯读为缁,厉读为赖。""读若"亦言"读如"。如《吕览·季夏》注："饬读如勑。"《士容》注："胕读如莩。""读为"亦言"读曰"。如《曲礼》注："扱读曰吸,缮读曰劲。"是。

今谓某为某

凡云"今谓某为某"者,上某其义,下某其音也。其音如此,其字未必如此,但取其字以表其音,使与古某字之音相比附而已。如《周礼·夏官·序官·司爟》注:"今燕俗名汤热为观,字当作涫。"《考工·轮人》注:"今人谓蒲本在水中者为弱,字当作蒻。"《礼记·内则》注:"拭物之巾,今齐人有言纷者。"字当作帉。而作观、弱、纷者,但取其音,或从经字也。

当为

凡定为字之误,或声之误而改之,则用"当为"。如《檀弓》郑注:"台,当为壶,字之误也。填池当为奠彻,声之误也。"是。

以某为某谓某 今某为某,声如某

以今语释古语,虽举其字,犹或拟其音。如《周礼·天官·醢人》"豚拍"注云:"郑大夫、杜子春皆以拍为膊,谓胁也。今河间名豚胁,声如锻镈。"又《春官·小宗伯》"甫竁"注:"郑大夫读竁皆为穿,杜子春读竁为毳,皆谓葬穿圹也;今南阳名穿地为竁,声如腐脆之脆。"又《考工记·轮人》"察其菑蚤不龋"注:"郑司农云:'菑读如杂厕之厕,谓建辐也。泰山平原所树立物为菑,声如胾;博立梟棋亦为菑。'"盖河间之言锻镈,南阳之言竁,泰山平原之言菑,初未尝有此字也,以其言胁之音如镈,而知其当为膊,以其言穿地之音如腐脆之脆,而知其当为竁,以其言所树立之音如胾,而知其当为菑,此言语学之事也。由锻镈之为豚胁,而知豚拍之为豚膊,由脆之为穿地,而知竁之为穿圹,以胾之为树立,而知菑之为建辐,此训诂之事也。

者 诸 箸

者者,别事词也。如《说文》"泣"下云:"无声出涕者曰泣。""哭"下云:"哀声也。"其出涕不待言,其无声出涕者为泣,此哭、泣之别也。诸与者音义皆同。《释鱼》:"前弇诸果,后弇诸猎。"诸即者。《郊特牲》"或诸远人乎",亦作"或者远人乎"。凡举其一,则其余谓之"诸"以别之,因之训"诸"为众,或训为之,或训为之于,双声叠韵求之。

作

凡言"作"者,其音读必有相通之理,如《月令》"审端径术",注:"术,《周礼》作遂。""少仪僕爵",郑注:"《古文礼》僕作遵。"是也。

辞也

凡《毛传》之例,字之用以助句者,云"辞也"以释之。如《芣苢》之"薄",《汉广》之"思",《草虫》之"止",《载驰》之"载",《大叔于田》之"忌",《山有扶苏》之"且",皆是。

或为　或作

凡云"或为"、"或作"者,必彼此音读有相通之理。如《少仪》"酢爵",郑:"酢或为作。"《礼运》"然后饭腥而苴孰",郑注:"苴或为俎。"《大传》"殊徽号",郑注:"徽或作讳。"《内则》"卵酱实蓼",郑注:"卵读为鲲,鲲鱼子,或作拦也。"

言

言,宣也,宣彼此之意也。又言之为言衍也,约取常行之字而以异义释之也。如《檀弓》"奠以素器,以生者有哀素之心也",郑注:"哀素,言哀痛无饰也。"《商颂·烈祖》"八鸾鸧鸧",《郑笺》:"言文德之有声也。"

为　谓　曰

凡言"为"、言"谓"、言"曰"者,皆直陈其事也。如贾逵《左传解诂》曰:"贪财为饕,贪食为餮。"《乐记》"君子乐得其道,小人乐得其欲",郑注:"道谓仁义也,欲谓邪淫也。"《诗·小雅》"忧心如醒",毛云:"病酒曰醒。"《檀弓》"夏后氏堲周",注:"大熟曰堲。"是也。

谓之

凡一物二名者,则云"某谓之某"。如《檀弓》"涂车刍灵",郑注:"刍灵,束茅为人马。谓之灵者,神之类。"《玉藻》"天子搢珽,方正于天下也",郑注:"此亦笏也,谓之珽。珽之言挺然无所屈也。或谓之大圭,长三尺,杼上,终葵首。"是也。

也

凡言"也"者,语已断定之辞。依其意义,约分十类:

(一)音训　字属恒言,义亦共晓,心知其意,不烦详说,因推求其命名之由,而以声类通之。如《诗·毛传》"子之汤兮":"汤,荡也。""洵有情兮":"洵,信也。"《说文》:"天,颠也。门,闻也。"是。

(二)同训　同训者,谓以相同之字为训,其字虽同,义则异也。如《邶风》"其虚其邪",《毛传》云:"虚,虚也。"谓此虚字,乃谓空虚,非丘虚也。《说文》:"巳,已也。"谓此辰巳之字,其义为已也。

(三)复训　古人训诂之体,不嫌重复。如崇高字或作嵩,而《尔雅》云:"崇,高也。"笃厚字《说文》作竺,而《尔雅》云:"笃、竺,厚也。"《字林》以䂮为古嗟字,而《尔雅》云:"䂮,嗟也。"孙炎以遹为古述字,而《尔雅》云:"遹,述也。"若斯之类,皆以广异体也。

(四)反训　一字两训,而其义相反。如《尔雅》:"徂,存也。乱,治也。曩,向也。故,今也。"此皆训诂义有反覆旁通,美恶不嫌同名,是也。

(五)连及　《尔雅》、《广雅》中,《释言》之文,每因一字而引伸其义。有因上一字而连及之者,若"爽,差也;爽,忒也","基,经也;基,设也"之类是也。有因下一字而连及之者,若"流,覃也;覃,延也","速,征也;征,召也"之类是也。《广雅》亦然,若"羌,乃也;羌,乡也","奋,讯也;奋,振也"之类,皆因上一字而连及之者也。若"厕,间也;间,非也","况,兹也;兹,今也","莫,漠也;漠,泊也"之类,皆因下一字而连及之者也。

(六)以今释古　古今异字,必以此释彼而其义始明。如《诗·大明》

曰:"倪天之妹。"《传》曰:"倪,磬也。"盖谓倪者古语,磬者今语,二字双声。是以《毛诗》作倪,《韩诗》作磬,如《礼经》十七篇之有古文。《周礼》"官联以会官治",郑注:"联读为连。"盖谓周人用联字,汉人用连字,古今字也。他如《尔雅》"辅,俌也"、"迺,乃也",《广雅》"壹,弌也"、"暖,煗也",均是。

(七)以本字释借字　例如《诗·毛传》"惄如调饥",调,朝也,即借调为朝。"能不我甲",甲,狎也,即借甲为狎。"是用不集",集,就也,即借集为就。凡此之类,盖与"读为"同例。惟不直破其字,而以训释之,使改其形义,形似诠释,实以明假借也。

(八)以共名释别名　凡同类事物,有非可以他语训释者,即以其共名释之。如《尔雅》:"怀,惟,虑,愿,念,惄,思也。"《说文》:"兰,香草也;蕙,香草也。"是。

(九)以雅言释方言　凡一方之言,非以常语释之,易地即不能解,故古书有铨释方言者。如《方言》曰:"党,晓,哲,知也。楚谓之党,或曰晓。齐、宋之间谓之哲。"又曰:"曾,訾,何也。湘潭之原,荆之南鄙,谓何为曾。或谓之訾,若中夏言何为也。"

(十)义训　义训者,谓以相同之字义为训也。如《毛诗·硕鼠·郑笺》:"硕,大也。"《孟子》"政不足间也",赵歧注:"间,非也。"是。

属　别

凡异而同者曰属。郑注《司徒序官》云:"州,党,族,间,比者,乡之属别。"注《司市》云:"介,次,市,亭之属,别小者也。"凡言属而别在其中,如《说文》:"秔曰稻属,秏曰稻属。"是也。言别而属在其中,如"稗曰禾别",是也。

所以

《说文》:"聿,所以书也。"段注:"以,用也。聿者,所用书之物也。"凡言"所以"者,视此。如《月令》"省囹圄",郑注:"囹圄,所以禁守系者,若今别狱矣。"又,"择吉日,大合乐",郑注:"大合乐者,所以助阳达物,风化天下也。"

若今

若者,比况之人辞。汉人注经,不独以今语释古语,亦以汉制说古制。如《周礼》"书其能者与其良者而以告于上",郑司农云:"若今时举孝廉、贤良、方正、茂材、异等。"又,"以时颁其衣裘",郑注:"衣裘若今赋冬夏衣。"是也。

或曰　一曰

凡言"或曰",言"一曰"者,谓其义有两歧,因并著之。《公羊·庄二十五年·解诂》云:"或曰者,或人辞,其义各异也。"如《士虞礼》"取黍稷祭于苴三",郑注:"苴,所以藉祭也。孝子始将纳尸以事其亲,为神疑于其位,设苴以定之耳。或曰:主道也。"《天官·内饔》"凡掌共羞、脩、刑膴、胖、骨鱐,以待共膳",郑司农云:"刑膴,谓夹脊肉。或曰:膺肉也。"《说文》:"祏,宗庙主也。《周礼》有郊宗石室,一曰:大夫以石为主。""珣,医无闾之珣玗璂。《周书》所谓夷玉也,一曰:玉器。"

古字某同　古声某同

古今殊字,音读亦异,非并著之,不能明晓。故经注常云"古字某同"、"古声某同"。如《论语》郑注:"古字材、哉同耳。"《周礼·外府》注:"齍、资同耳。"其字以齊次为声,从贝变易,古字亦多或。又《诗·东山·笺》:"古者声栗、裂同也。"《常棣·笺》:"古声填、寘、塵同。"是也。

长言短言　急言缓言

凡云"长言短言",或"急言缓言"者,谓语气之高低迟促也。如《公羊·庄二十八年传》注:"伐人者为客,读伐,长言之;见伐者为主,读伐,短言之。"又《淮南·本经》注:"膡,读近殆,缓气言之。"《地形》注:"旄读近绸缪之缪,急气言乃得之。"是也。

右凡二十三类,训诂之例,略尽是矣。此外如言"即",言"或",言"又曰"等,义所共解,毋烦诠释,兹概从略。

十六年十一月十日于清华研究院

（原载于《民铎杂志》第9卷第3期,1928年3月1日）

佛经原本与翻译

一

中国学术,素分汉宋二派。汉学重考据,意在求真;宋学谈义理,重在明道。分道背驰,各不相谋。余谓二者当交相为用,不可偏废,但次序有先后而已。无考据以求真,则所谈者,皆一己之冥想,非先民立言之真象;无义理以明道,则所考者,皆零碎之事实,昧先民立言之本意。其于求知之宗旨,皆距之远矣。故考据者,求知之方法;义理者,求知之目的。交相为用,不可缺一,方为治学之正鹄。此不独治国学然也,研究佛经,亦当如是,否则仅据翻译,不究原本,徒逞臆说,附会穿凿,诠释愈多,离真愈远矣。兹举数例言之:

> 释氏论佛菩萨号,皆以南谟冠之,自不能言其义。夷狄谓拜为膜,音谟。《穆天子传》:"膜拜而受。"盖三代已有此称,若云居南方而拜尔。既讹为谟,又因之为南无、南摩。——宋叶梦得《避暑录话》

案南谟为梵文 Namo 之音译,《翻译名义集》等皆意译为归命觉,盖即顶礼之意。叶氏附会为南方之南、膜拜之膜,非也。

> 须菩提,若菩萨有我相、人相、众生相、寿者相,则非菩萨。——姚秦鸠摩罗什译《金刚般若波罗密经》
>
> 有我则有人,有我有人,则有好丑。故以我、人、众、寿该之。众生相、寿者相,犹言好相、丑相耳。——清俞樾《金刚般若波罗密经注》

案众生相,梵文作 Satlva Samjñā,谊为有情之思想。寿者相,梵文作 Jiva Samjñā,谊为寿命之思想。俞氏不究原文,随意附会,致以好丑当之,全乖本谊。儒家少习佛典,情尚可原,彼高僧者流,其立言造意,宜无斯弊,然细考之,谬误如出一辙,兹则大惑不解矣。

> 此言三类,上中下士,各有三声。如小儿为下士,未有所识,不知自他,有善有恶,但泛出声,如虎虎之士。名中士唯见他有善恶,而不知广建之士。名上士唯内自省,应作而作,不应作而不作。此三士声,各目一体、二体、多体,三积成九。今言初中上士,即三种。八转中各有三故。——唐窥基撰《瑜伽论略纂》卷六

案此言人称代词(Personal Pronouns),上士谓第三人称(Third Person),中士谓第二人称(Second person),下士谓第一人称(First person)。一体谓单数(Singular),二体为双数(Dual),多体谓多数(Plural)。窥基为玄奘高足,不解梵文,故谬以道德之价值诠释文法。

> 梵云陀那钵底,译为施主。陀那是施,钵底是主。而云檀越者,本非正译,略去"那"字,取上"陀"音,转名为"檀";更加"越"字,意道由行檀舍,自可越渡贫穷。妙释虽然,终乖正本。旧云达嚫者,讹也。——唐义净《南海寄归内法传》第一

案陀那钵底,梵文作 Danapati,Dana 谊为施,pati 谊为主,二字皆音译。檀越亦然,越字即 pat 之译音,注云"更加'越'字",训为"越渡贫穷",非也。

> 悉檀,天竺语,一云此无翻例,如修多罗多舍。一云翻为宗,成

墨印实，成就究竟等，莫知孰是。地持菩提《分品说》："一切行无常，一切行苦，一切法无我，涅盘寂灭，是名四优檀那。"此翻为印，亦翻为宗。印是楷定，不可改易。佛菩萨具此法，复以传教，此就教释印。如经世智所说，有无无二，此法楷定，以此传授，经过去寂默诸牟尼宗，展转相传，此就行释印也。经增上踊出，乃至出第一有最上，众共归仰，世间所无，此释宗义，彼明文了义释优檀那诸师何得用宗印？翻四悉檀，如此既谬，余翻亦叵信。南岳师例，大涅盘梵汉兼称，"悉"是此言，"檀"是梵语，悉之言遍，檀翻为施，佛以四法遍施众生，故言悉檀也。——天台智者大师《妙法莲华经玄义》卷一

案悉檀，梵文作 Siddhāna，诣为界说或定义（Definition），全为音译。智者大师，不究原文，任意附会，以悉檀之檀为檀越之檀，因训为施；悉字不得其解，遂以意译当之。夫天台为佛教大宗，悉檀为该宗主义，而妄解若此，益感治佛经当详究原文，注重考证之必要矣。

二

上言治佛经当详究原文，注重考证，夫佛经之原文为何，考证之资料为何，欲解决此问题，当先明各族语言之系统，及佛经原本之内容。近世以来，西方学者，探赜索隐之结果，于中亚及东方各族语系，渐有端倪，加以遗经之次第发见，其所书之文字，各种具备，始能解决此问题一二矣。

语言之起源、发展、变化、分歧、参错诸问题，属于语言学上之事，非兹编讨论所及，然以佛经原本之复杂，翻译术语之纷歧，故不能不略言之。吾侪所当留意者，厥有三事：

（A）语源及变化　言语系统，如大家族，虽愈远愈疏，然一究其渊源，莫不有线索可寻。如中文数目字之一二三，藏音读 gching、gñis、gsun，中语进化较速，复音之 g，久已落去，藏语至今尚存。其复音之痕迹犹可考究一二者，如蚉从万声，而蚉读丑犎切，收 t 音；万读无贩切，收 n

音。近发见月支文中有 t'man 一字,因知万字当为复音,月支文由中文借去,是中文以分化之结果,析 t、n 为二音,而蚕从万声之故,亦因以阐明矣。又如镰仓之镰,音力盐切,读 liam,日本读 kama,推知日本借去时,当读 klam,复音之 k,中语久已落去,日本至今尚存。比较研究,语言因进化之迟速,随时代而变迁,可概见矣。

(B) 语言与思想　通常学者,谓语言为思想之代表,以为先有思想,然后用语言表现之,此说非也。盖无此词,即无此观念;无此观念,即无此思想。故语言实思想之工具,而非思想之代表。异族思想之输入,其为思想工具之文字,或用旧词而扩张其意义,或造新词而加以诠释。故同一经典而前后异译,即因时代、环境、思想各殊,而思想工具之文字亦因之而异也。

(C) 文法之结构　语系不同,文法之结构亦异。藏文受梵文之影响甚深,文法之结构,几全相同,故梵典虽亡佚,不难由藏文以复旧观。中文译经,其语调风格,亦受其融化,学者多能道之,兹不赘述。

原文问题,错综曲折,复杂已极。兹举明清二代翻译之《几何原本》为例:

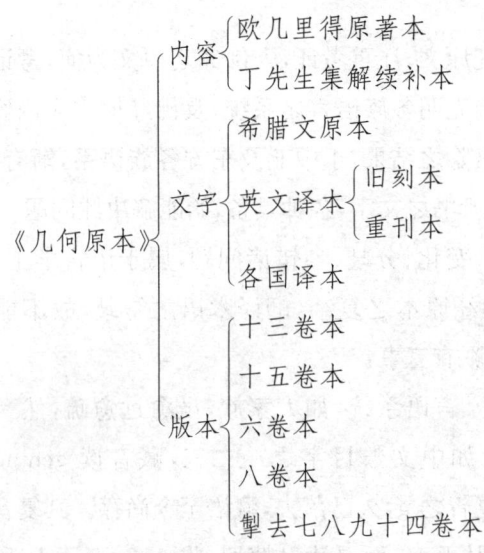

右表系根据《几何原本》诸序列成,夫《几何原本》仅一书耳,内容简单,年代甚近,而明清二译所根据之原本,内容、文字、版本均不相同。况佛经浩如烟海,内容之繁复,年代之悠久,语系之庞杂,翻译之先后,均须考证。若欲洞悉渊源,明其递衍之迹,岂易言耶！又利玛窦称其师为丁先生,以意度之,当为 Clavius 之意译,原谊为钉。丁氏,生于十六、十七世纪,著《几何原本集解》,有声于时,其书至今尚传诵不绝,当舍此莫属矣。佛经类此之问题甚多,而考证之难倍之。

三

佛经原本,零落残缺,欲考译本之来历,当先明考证之方法。兹分四项述之:

（甲）译者自言原本之来历

原本为何,出于译者之口,宜若可信矣。虽然,其中尚有问题也。如:

> 昔敦煌沙门竺法护于晋武之世,译《正法华》,后秦姚兴更请罗什译《妙法莲华》。考验二译,定非一本;护以多罗之叶,什以龟兹之文,余检经藏,备见二本。多罗则与《正法》符会,龟兹则其《妙法》允同。——隋崛多笈多《添品妙法莲华经序》

> 此般若,自上代以来,总有五译。出其年代,具如《玄记》。……当尔积代梵本,并付三藏;藏讨诸本,龟资梵文,即罗什译同;昆仑之本,与真谛翻等。——唐窥基《金刚般若经赞述》

案梵文指梵天所造之字,所谓多罗之叶是也。龟兹之文,或以语言,或以文体言,颇难确定。近世中亚发见之遗经,内分二种,一为真体,一为斜体。所谓龟兹之文,殆指一种字体,如近世以罗马字母书日文,国语音标书中文之例,亦未可知。又印度南北,言文各殊,昆仑岛国,位于海南。所谓昆仑之文,殆言字体,与龟兹文同。西藏字体,即同梵文,故语言异而字体同。由此观之,根据前人之言,亦难定原本之为何种语言矣。

（乙）经籍之性质

依经籍之性质，亦可定其原本为何。如同一耶教，《新约》原文为希腊文，《旧约》原文为希伯来文，即其例也。佛经亦然，凡佛经皆非佛在世时所有，无论何乘何部，皆佛灭后其徒所追述，不过有早出晚出之殊而已。长老部之经，用巴利文书写，偈颂中尤多最早之作；说一切有部用梵文书写，六朝以前翻译之小乘经典，当于此内求之；晚出之经，大抵用梵文书写，隋唐以降所译大乘诸经，皆从此出，此其大较也。梵经残缺，原本难求，巴利藏尚完全，兹录其目如左：

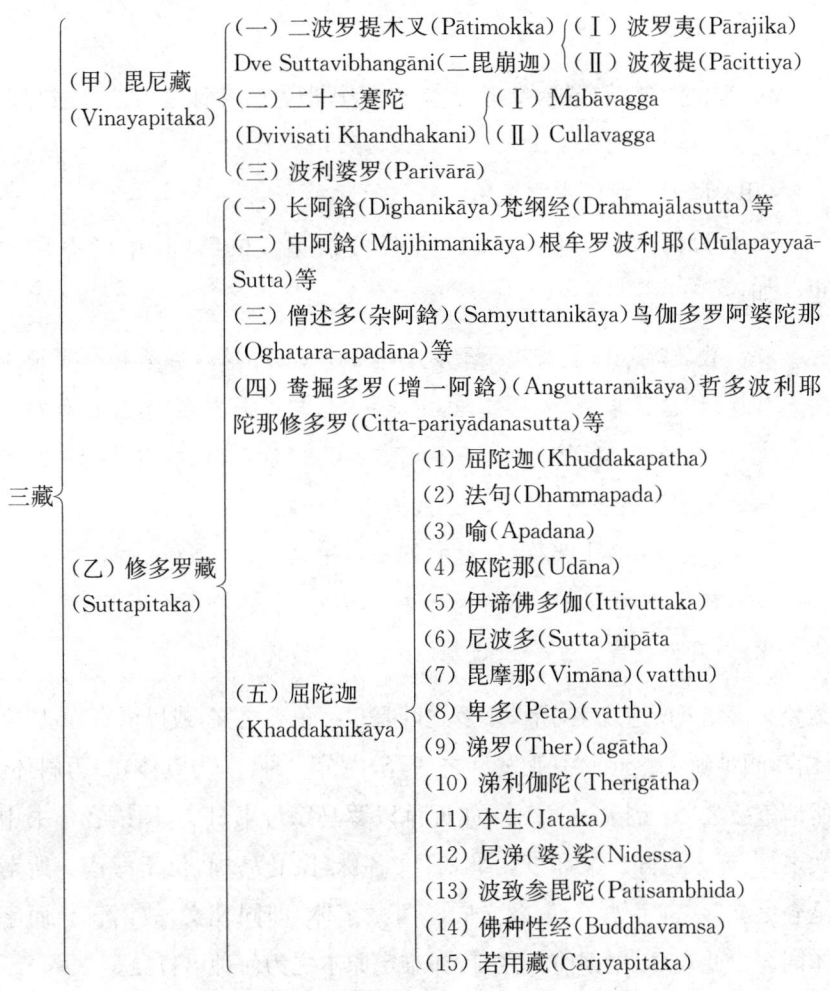

译本中如《五百本生经》及《善见毘婆娑律》等,皆译自巴利文,原本具存,不难考证,足以破世俗以佛经皆译自梵文之见矣。

(丙) 音译

由音译以考证原本属于何种文字,最为准确,此事前人已有注意及之者。兹录其言如左:

> 胡音失者,正之以天竺,秦名谬者,定之以字义。不可变者,即而书之。是以异名斌然,胡音殆半,斯实匠者之公谨,笔受之重慎也。——释僧叡《大品经序》第二

> 至于天竺字体,悉昙声例,寻其雅论,亦似闲明。旧唤彼方,总名胡国。安虽远识,未变常语。胡本杂戎之胤,梵唯真圣之苗,根既悬殊,理无相滥,不善谙悉,多致雷同。见有胡貌,即云梵种;实是梵人,漫云胡族,莫分真伪,良可哀哉!梵语虽讹,比胡犹别,改为梵学,知非胡者。——《高僧传》二集《释彦琮传》

案胡音指中亚语言,梵语指天竺语言。盖六朝以前,翻经诸师,多来自中亚,即据其国之经典迻译,故为胡音。隋唐以降,西行求法诸师赍归之经典,均为梵文,故两相比较,常有出入。玄奘虽为译界泰斗,然不达此理。观其《大唐西域记》所载人名地名,均云旧译之讹,而不知其所据之原本各异也。以不同文字之二本,互相校雠,宜其凿枘不入矣。兹举数例言之:

> 三佛经行侧有窣堵波,是梅呾丽耶(唐言慈,即姓也。旧曰弥

勒,讹也),菩萨受成佛记处。——《大唐西域记》卷七

案近世在高昌、龟兹掘出之弥勒经典甚多,皆用吐火罗文书写。此字原文作 Metrak,旧译弥勒,甚合原音。玄奘译为梅呾丽耶,系根据梵文之 Maitreya,此字巴利文作 Meteyya。旧译原本为吐火罗文,新译原文为梵文,原文各殊,岂得谓之讹乎!

逮乎人寿数千岁,更名波咤厘子城(旧曰巴连弗邑,讹也)。——《大唐西域记》卷八

案波吒厘子,梵文作 Pataliputra,Patali 译音,putra 译意(原谊为子)。考希腊古代地理学家 Strabo、Ptolemy 二氏记载关于希、印往来之事迹,均呼此城为 Palimbothra,其音与旧译正合。知旧译所根据之原本为另一种文字而非梵文矣。

音译固可考证原本属于何种文字,然当注意二事:

(A)沿袭旧译　兹以现今翻译为例,如译 Germany 为德意志,其原文实为 Dentschland;译 John 为约翰,其原文实为 Johaunu。原谊既同,不妨袭用,所谓"事贵因循,何必改作"是也。佛经翻译,颇多此例。如般若二字,实译自非梵文之 Pañña,其后梵文之 Prajña,即袭用之。此考证佛经原本者所当知也。

(B)译音不同　释僧佑《胡汉译经音义同异记》云:"旧经云乩沓和,新经云乩闼婆,此国音之不同也。"中国幅员辽阔,方音各殊,是以译经诸师,在关中者,必有关中之音,在江南者,必用吴地之音,各不相谋,遂致歧异,此则非原本不同,实方音各殊也。

音译不仅可考证原本属于何种文字,且可辨别经籍之真伪,兹举《大乘起信论》及《摩诃衍论》二书为例:

自昔以来,久蕴西域,无传东夏者,良以宣译有时,故前梁武皇帝遣聘中天竺、摩伽陀国取经,并诸法师,遇值三藏拘兰难陀,译名真谛,其人少小博采,备览诸经,然于大乘,偏洞深远。时彼国王应即移遣,法师苦辞不免,便就泛舟,与瞿昙及多侍从,并送苏合佛像

来朝。——唐智恺《大乘起信论序》

案《大乘起信论》旧题真谛译。《开元释教录》第六云："沙门波罗末陀,梁云真谛。或云拘罗那他,此曰亲依,并梵文之名字也。"考波罗末陀,梵文作 Paramārtha,Paramā 谊为真,artha 谊为谛;拘罗那他,梵文作 Kulanātha,Kula 谊为亲,nātha 谊为依,二名甚确,非精通梵文则不能译。致拘兰难陀则为伪作矣。作伪者以"兰"易"罗",又以难陀为常见之名,故易"那"为"难",而不知二字语根全异。难陀,梵文作 nanda,译言"欢喜",距"依"之原谊远矣。由此可知《大乘起信论序》为不通梵文者所伪造。

《摩诃衍论》,旧题马鸣造,为解释《起信论》之作。昔杨仁山临没时,犹道及此书,可见其重视矣。然细考之,实伪书也。证据甚夥,兹专就音译言之。

（一）音译怪异　如：跋陀陀提邬阿邬那揭啰。——《摩诃衍论卷》九

考梵文文律,两元音不能合在一处,必变更他音。如 a+i＝e,i+a＝y,u+a＝v 是。该文邬(u)阿(a)二音,合在一处,其为不懂梵文,无知妄作,不攻自破。惟有一例外当注意者,即《大智度论》卷二之多陀阿伽陀,亦两 a 音合在一处,然为真书,解释详见下文。

（二）咒语奇离　如：利利娑黎帝,遮遮遮遮遮,伊伊伊伊伊,多多多多多,尸尸尸尸尸,雎雎雎雎雎,岚岚岚岚帝,帝帝那尸那。

考密宗咒语,全为音译。中文为单音制,梵语虽单复无恒,然如言北京二字,不能连言北北北北北,京京京京京,则中、梵一也。日本法隆寺藏梵文《波罗密多心经》,中有一咒云：

　　Gate! gate! pāragate!
　　pārasamgate! bodhi! svāhā!

此咒音译为"揭帝! 揭帝! 波罗揭帝! 波罗僧揭帝! 娑婆诃!"意译为"去! 去! 向彼去! 更向彼觉去!"svāhā 为命令词。此为有意义之咒也。两相比较,真伪显然矣。

（丁）意译

意译如言天地人物，概念既同，彼此互译，似难考定原文。然佛经多专门术语，合二以上之字为一词，寻其意义，正可考见原文之所自出。兹举数例言之。

天中天　众祐　世尊

汉支娄迦识译佛为天中天。考梵语虽有 Deva devesu 之可能，然未有用以赞佛者。近世发见之月支文遗经，中有 gyastanu gyastā 二字，又回鹘文中亦有同谊之 Tāngri tāngrisi，因推知中、回二译，皆出自月支文。支师所据之原本，当为胡本，非梵文，亦得以证明矣。

释僧佑《胡汉译经音义同异记》云："旧经称众祐，新经云世尊，此立义之异旨也。"考众祐之字不常见，惟西晋佚名氏译之《佛说普达王经》云："闻如是，一时众祐游于闻物国。……"以谊求之，梵文当作 Samgha gupta，或 Samgha raksita，但原文已佚，无可考耳。至《金刚经》及《大智度论》等，均译薄伽梵（Bhagavan）为世尊。考此字虽为佛称，然无世尊之谊。原文当作 Lokajesthah，Loka 谊为世，jesthah 谊为尊。众祐与世尊，原文本非一字。

外道　出家

佛经常见之字，如外道及出家等，考其本原，亦非译自梵文。梵文 mithyādrsti 谊为邪见，Pravraja 谊为外出，然与外道及出家均不相应。近年欧人在中亚发见吐火罗文佛经残本，中有 Parañńe 谊为外道，memlalñe 谊为出家，因知中译根据之原本，当为吐火罗文矣。

观上所述，知意译亦可考见原本属于何种文字。玄奘于此，亦与音译有同一之谬见。兹录其弟子窥基之言如左：

> 昔爱觉法师，魏朝创译。家依三藏，陈代再翻。知其莫闲奥理，义多缺谬，不悟声明，词甚繁鄙，非只一条，难具陈述。所以自古通学，阅而靡究。……删整增讹，缀补纰阙，既觏新本，方类世

亲。——窥基《唯识二十论述记》

案学说之流传,与书本之刊刻,常随时代而变迁。奘师东旋,其所得梵箧,与六朝古德携来之本,必多殊异。原本因刊刻而互殊,学说亦随时代而变异,奘师不察,慢以六朝旧译为缺谬,为繁鄙,而不悟其所据之原本各异也。夫六朝旧译,诚有谬误,然其谬误,决非奘师之所谓谬误。故奘师根据唐时之梵本,以评六朝旧译之谬误,实大误也。

又玄奘《西域记》以旧译观世音为观自在之讹,其说甚确。此为意义之讹,非音讹也。此字梵文作 Avolokitecvara,e 原为 a+i 合成,ievara 谊为自在,cvara 谊为音。盖译者断读不同,遂致歧异。奘师言旧译之讹,多谓音译,惟此处言讹,则言意译,与他处之言讹译不同,其实六朝诸师所译,亦别有根据,此别为一问题,姑不具述。

四

上述考证佛书之方法,兹进言原文与译本之比较研究。

中梵之比较研究　如《金刚经》、《楞伽经》及《唯识论》等,原本具存,比较研究,本谊不难明了,惟此类经典不甚多觏耳。

梵藏之比较研究　此类经典甚多,为益甚大。盖西藏语言虽与中国同系,然其文法,全仿梵文。故梵本虽亡佚,可由藏文以复旧观也。

中藏比较研究　中藏语言,同一系统,故其思想之形成,与字谊之构造,同一轨辙。比较研究,原谊愈显。其中有译音者,有译意者。如马鸣之《犍椎颂》,藏文意译,中文音译。如《金刚经》由梵文意译为中文,近又发见中文音译为藏文之本,并可考见唐代之方言。且西藏文法,原于梵文,又可为中文翻译之借镜矣。

蒙藏之比较研究　蒙文经典,就大体言,直接译自藏文,间接译自梵文,与藏文经典,同一原本。故可互相校雠,纠正谬误。

此外如月支、龟兹等文之经典,大抵残篇断简,整理发明,当俟他日。比较研究,不独限于中国与其他一国不同文字之本而已,当集现存各种不同文字之本而一一比较之,考其字义,观其译法,同异向背,了然于心,然后各本之优劣,与原谊之究竟,庶可言矣。兹举数例言之:

> 复有名多陀阿伽陀。云何名多陀阿伽陀?如法相解,如法相说,如诸佛安隐道来,佛亦如是,来更不去,至后有中,是故名多陀阿伽陀。——后秦鸠摩罗什译《大智度论》卷二

案多陀阿伽陀,梵文作 Tathagata,意译为如来,藏文作 De bzingeega pa,意译为如去。中、藏二译,意谊恰反。考梵文 Tatha 谊为如,gata 谊为去,agata 谊为来。Tathagata 译为如来,Sugatha 译为善逝,分别显然,则中译根据之原本,必重一 a 音无疑,惟诠释牵强耳。然细究之,当以藏译为是,意谓去到真如。此字起原于与佛同时之耆那教(Mahanira),原文作 Tatthagaya,盖为当时之术语。耆那教义分二阶级:至彼处是圣人(ihagaya),至此处为凡人。其后巴利文、梵文,均袭用之。

> 唯识无境界,以无尘妄见;如人目有翳,见毛月等事。——后魏般若流支译《唯识二十论》

案此偈,梵文本亡佚,近法人 S. Levi 据藏文本补之。其"毛月等"三字,原文作 Kesacandradi,Kesa 谊为毛,candra 谊为月,adi 谊为等,意甚明白,与译本合。惟一九〇五年意大利杂志 Giornale della Societa Asiatiea Italiana 刊载耆那教徒 Haribhadra 一文,题名 Lokatativanirnaya,译言"世实相释"。曾引此偈,其"毛月等"三字作 Kesakitadi,Kesa adi 谊同前,惟 Kita 谊为小虫。考唐玄奘译本论作"如有眩翳见发绳等";又护法撰《成唯识宝生论》卷一云:"犹如眩目见发绳等。"均作绳,无月义,与小虫谊亦不合。绳当为蝇,字之讹也。发蝇皆小物,故引为喻。日本刻本均作蝇,不误,可证。盖魏译系根据梵文后来之本译作月,唐译梵本不误,故与耆那教徒 Haribhadra 之本合。惟刻本讹蝇为绳,得日本刻本之旁证,毫无疑义矣。

> 于大乘中立三界唯有识。——陈真谛译《唯识二十论》

安立大乘三界唯识。——唐玄奘译《唯识二十论》

案此句，梵文作 Mahayane，藏文作 Theg pa chen po la，二译比较，唐译含混，陈译较佳。兹录印度旧疏之言如左：

　　尔来据义依大乘说，即第七声，目其所为，谓欲证得彼大乘理说唯识观是真实故。此不虚性，以阿笈摩善成立故。又若唯据言说大乘，犹如于义，假名乘者，依第七声所说声也。——唐护法撰《成唯识宝生论》卷一

案此言颇晦涩，大意为解释原文之 e，藏译之 a，陈译之"于……中"，唐译之省略。谓陈译采第一说，以第七声 Locative 当作第四声 Dative 用。唐译采第二说，仍用第七声本义。或所说二字指专门术语第二啭而言，因无梵文原本或藏译本可对勘，故不能知其究作何解也。

　　decadiniyarnah Siddhih Svapnavat.

　　Svapna iva svapnavat katham tavat svapne vinapyarthena Kvacideva dece Kincid Chramaramastripurusadikam drcyate na sarvatra tatraiva ca deee Kadaciddreyate na Sarvakalaniti siddho vinapyarthena decakalaniyamah.

　　pretavat punah Samtanamyamah.

　　Animaya Siddha iti vartate pretanamiva pretavat Katham Siddhih Samam.

　　Sarvah payanadidarcane.

　　puya purna nadi puyanadi ghrtaghatavat tulyakarmavipakavasths hi pretah sarve. api puyapurnam nadim pacyanti naika eva yatha puyapurnam evam nutrapurisadipurnam dandasi dharaicca purusairadhisthitamityadigrabamena Siddhah.

　　Svapnopaghatava Krtyakriya.

　　Siddheti veditavyam yatha svapne dvayasnmapattimantarena cukravisargalaksanah svapnopaghatah evam tavadanyanyair drstan

65

tairdecakalaniyamadicatustayam siddham.

narakavat punah saava.

Siddhamiti veditavyam narakesviva narakavat Katham Siddham.

narakapaladidarcnne taicca badhane.

yatha hi narakesu narakanam narakapaladidarcanam decakalaniyamena siddham cvavayasayaparvatadyagamana gamanadarcanam cetyadigrahena sarvesam ca naikasyaiva taicca tadbadhanam siddhamasatsvapi narakapaladisu gamanasvakarmavipakadhipatyat tathanvatrapi sarvametaddeeekala niyamadicatustayam siddhamitiveditavyam Kim punah Karanam narakapalaste ca cvano vagasacca satva nesyante ayogat na hi te naraka yujyante tathaiva tadduh Khapratisamvedanat parasparam yatayatamine naraka ime narakpala iti Vyavastha na Syat iulyakitipramana balanam ca parasparam yatayatam na tatha bhayam syat dahaduh Kham tatra paranyatayeyuh anarakanam va narake kutah sambhavah.——天亲菩萨造《唯识二十论》原文

定处等义成，如梦。

云何梦中离诸尘有处，或见国园男女等非一切处，或是处中有时见，有时不见，而不恒是。是故离尘定处定时得成立。

如饿鬼，续不定。

如饿鬼相续不定得成。云何得成？

一切，同见脓河等。

脓遍满河，故名脓河。犹如酥甕，饿鬼同业报位故，一切悉见脓等，遍满河中非一。如见脓河粪秽等亦尔，或见有人捉持刀杖遮护，不令得近。如此唯识不定离尘得成。

如梦害作事。

如梦离男女交会，由不净为相梦害得成。作事亦尔，如此由各各譬,处时定等四义得成。

复次如地狱,一切。

由地狱譬四义得成立。云何得成?

见狱卒,及共受逼害。

如地狱中诸受罪人见狱卒等,定处定时见狗乌山等来,平等见非一。受逼害亦尔,实无狱卒等,由同业报增上缘故。余处亦如是。由此通譬,四义得成。何故狱卒狗乌等不许是实众生,无道理故。是狱卒,不成地狱道受罪人故。如地狱苦不能受故。若彼地狱人更互相害,云何得分别此是地狱人,此是狱卒?若同形貌力量,无更互相怖畏义。于赤铁地火焰恒起,彼自不能忍受烧然苦,云何于中能逼害他?彼非地狱人,云何得生地狱中?——陈真谛译《唯识二十论》(金陵刻本卷一叶十三至十四)

案陈译与梵文原本比较观之,当注意者,约有三事:

一、佛典偈论,均自作自解。盖偈颂如歌诀,以便记诵,非作者诠释,他人不能明了也。如无著造《大乘庄严论》,中有一偈云:yo yonica ityartrah,盖谓 yo 者,yonica 之意也。yo 谊为谁为何,yonica 谊为根本,二谊迥殊,非作者自加诠释,旁人乌能知之?由此证知《大乘庄严论》为无著自作自释,亦可推知《唯识二十论》为天亲自作自释矣。

二、《唯识二十论》,中文译本有三:一后魏般若流支译,二陈真谛译,三唐玄奘译。前文于魏、唐二译,偈颂均在论前(参看金陵刻本卷一叶七至十二)。陈译杂于论中,与原本吻合(现存刻本,偈论不分,当如前文书写,方合原式)。且译语亦详略得中,不失原意,无魏、唐二译过繁过简之弊,可知前贤谓新译优于旧译之言,不甚确当。故研究《唯识二十论》当以陈译为主,魏、唐二译,仅可作参考之用而已。

三、唐窥基撰《唯识二十论述记》卷一云:"梵云伊(上声呼之)缚(平声呼之,合名梦也)筏(此有二义:一是有义,二譬喻义)。今言如梦,须是譬喻。"考梵文 Svapna iva-Svapnavat 译言如梦,窥基所谓伊缚(iva)筏

(vat),实即一字,译言为如,注云:"合名梦也。"实乖原谊。

上举诸例,为比较研究之结果,与前贤之牵强附会,其是非真伪,判若霄壤矣。

四月一日,于北京清华研究院。

(原载于《东方杂志》第25卷第10期,1928年5月25日)

联绵字概说

合二字而成一语,谓之联绵字。此等复语,因应用之日广,声义之递嬗,变化纷歧,至于不可胜穷,然细考之,皆各有其公共之源。苟能理而董之,究其渊源,明其体用,不独文字学上一大发明,实亦修辞学上一大贡献也。是篇之作,不过言其梗概,示其内容而已。所举之例,皆习见之字,而变化较繁复者。区为四篇:一曰分化,二曰类别,三曰词性,四曰声韵表。

一 分化

文字有孳乳有假借,复语亦然。言有缓急,声有弇侈,字形因之而异;词有倒顺,用有伸缩,意义因之而殊。然其分化之迹,转变之由,从声义上求之,条理秩然,莫不有蹊径可寻。兹举四例,述之如左:

妪愉:

《逸周书·官人解》:"欲色妪然以愉。"

《庄子·骈拇篇》:"呴俞仁义。"《释文》:"本又作伛呴。"

《楚辞·离骚》:"集芙蓉以为裳。"

东方朔《非有先生论》:"说色微辞,愉愉煦煦。"

《汉书·司马相如传》:"外发芙容陵华。"

《汉书·王褒传》:"是以呕喻受之。"

汉《瑟调曲陇西行》:"好妇出迎客,颜色正敷愉。"

《方言》:"恣,愉,悦也。"郭注:"恣愉,犹呴喻也。"又,《方言》:"姁,色也。"郭注:"姁煦,好色貌。"

傅毅《舞赋》:"姁媮致态。"

《广雅·释诂》:"恣愉,喜也。"又,"呕煦,色也。"

案恣愉义为喜悦。人喜悦,则必见之于颜色,故和颜悦色,谓之呕煦。因而容貌可悦者,谓之敷愉。芙蓉,犹言敷蕍也,其色鲜妍可爱,郭璞注《尔雅》云:"敷蕍,花之貌。"是也,故亦为恣愉之引申义矣。

常羊:

《诗·召南·草虫篇》:"喓喓草虫。"《毛传》:"草虫,常羊也。"

《诗·齐风·载驱篇》:"齐子翱翔。"

哀十七年《左传》:"如鱼窥尾,衡流而方羊。"

《庄子·大宗师篇》:"女将何以游夫遥荡恣睢转徙之涂乎?"

《楚辞·离骚》:"聊逍遥以相羊。"

《楚辞·离骚》:"聊浮游以逍遥。"

《楚辞·远游》:"步徙倚而遥思兮。"

《楚辞·惜誓》:"托回飙乎尚羊。"

《楚辞·招魂》:"西方仿佯无所倚。"

宋玉《风赋》:"倘佯中庭。"

《吕氏春秋·行论篇》:"仿佯于野。"

《淮南子·原道训》:"仿佯于山峡之旁。"

《史记·吴王濞传》:"彷徉天下。"

《史记·司马相如传》:"招摇乎襄羊。"

《淮南子·览冥训》:"尚佯冀州之际。"

《说苑·辩物篇》:"齐有飞鸟,一足来下,止于殿前,舒翅而跳。

孔子曰:'此名商羊。'"

《汉书·礼乐志》:"周流常羊思所并。"

《汉书·礼乐志》:"幡比翄回集,贰双飞常羊。"

《后汉书·张衡传》:"怅相伴而延伫。"

《开元占经》:"招摇,尚羊也。"

案彷徉为游戏放荡之名。人之戏荡,谓之彷徉;鸟兽之翱翔,地势之潢荡,亦谓之彷徉。引申其义,舞貌谓之常羊,跳貌亦谓之常羊。《毛诗》之常羊,《说苑》之商羊,即以其跳舞而名之也。声转则为翱翔,为方羊,为遥荡,为相伴,为浮游,为徙倚,为逍遥。

侏儒:

《郑语》:"侏儒戚施,实御在侧,近顽童也。"

《晋语》:"侏儒不可使援。"

襄四年《左传》:"我君小子,朱儒是使。"

《杂记》:"山节而藻棁。"郑注:"棁,侏儒柱也。"

《尔雅·释宫》:"梁上楹谓之棳。"《释文》:"棳,本或作棁。"

《尔雅·释虫》:"蜎,蠉。"郭注:"井中小蛣蟩,赤虫,一名孑孓。"

《淮南子·主术训》:"短者以为朱儒枅栌。"

《释名》:"棳儒,梁上短柱也。"

《方言》:"鼃黾,鼃蟇也。……或谓之蠨蝓。"郭注:"今江东呼蝾螈。"

《方言》:"䰄,短也。"郭注:"蹶䰄,短小貌也。"

《说文》:"孑,无右臂也;孓,无左臂也。"

《广雅·释诂》:"侏儒,䰄,短也。"

《玉篇》:"蝃,蜘蛛也。"

案凡物形之短者,其名为䰄。缓言之,则为侏儒,故短谓之侏儒,又谓之䰄。梁上短柱谓之棳,又谓之侏儒,又谓之棳儒;蜘蛛谓之蝃,又谓之蝃蝥,又谓之侏儒;蠨蝓,亦侏儒之语转也。引申其义,短人谓之朱儒,不肖

71

之人亦谓之侏儒。短与小义近,䠃与蹶声近,合之则为蹶䠃。郭注《方言》:"蹶䠃,短小貌。"是也。转之则为孑孓。无臂之人谓之孑孓,短之义也;井中赤虫谓之孑孓,小之义也。孑孓与蛣蟩,声义并同。

崔嵬:

　　《诗·周南·卷耳篇》:"陟彼崔嵬。"
　　僖三三年《谷梁传》:"必于殽之严唫之下。"
　　《孟子·告子篇》:"方寸之木,可使高于岑楼。"
　　《尔雅·释山》:"崒者厜㕒。"《释文》:"厜㕒,本或作崒峨。"
　　《楚辞·七谏》:"俗岭峨而嶻嵯。"
　　宋玉《高唐赋》:"登巉岩而下望兮,临大阺之稽水。"
　　《淮南子·览冥训》:"熊罴匍匐,邱山巀岩。"
　　淮南王《招隐士》:"溪谷崭岩兮水横波。"
　　淮南王《招隐士》:"欹岑碕礒兮,碅磳磈硊。"
　　《汉书·司马相如传》:"岑崟参差。"
　　刘向《九叹》:"登巑岏以长企兮,望南郢而阙之。"
　　《汉书·扬雄传》:"玉石嶜岑。"
　　扬雄《解难》:"泰山之高,不嶕峣则不能浡滃云而散歊烝。"
　　张衡《南都赋》:"幽谷嶜岑。"
　　《说文》:"碞礹,石也。"
　　《说文》:"嵒,嶜嵒也。"
　　嵇康《琴赋》:"崔嵬岑嵓。"

案崔嵬状山石之高危。岩唫、岑楼、厜㕒、嶻嵯、岭峨、巉岩、欹岑、碕礒、岑崟、巑岏、嶜岑、嶕峣、嶜岑、岑嵓,皆其一声之转也。

二　类别

　　联绵字虽变化无端,然总其要,无外乎双声之转变,与叠韵之移迤。大抵本于双声之转变者较少,本于叠韵之移迤者为多。至于为古来相传

之成语,非双声亦非叠韵,例不多见。兹分为三类:一曰双声,二曰叠韵,三曰成语。每类各举四例,述之如左:

(甲)双声

郁陶:

> 《孟子·万章篇》:"郁陶君尔,忸怩。"
> 《楚辞·九辩》:"岂不郁陶而思君兮,君之门以九重。"
> 《尔雅·释诂》:"郁陶,喜也。"
> 《方言》:"郁悠,思也。"郭注:"郁悠,犹郁陶也。"
> 魏文帝《燕歌行》:"郁陶思君未敢言。"
> 挚虞《思游赋》:"何太阳之赫曦,乃郁陶以兴热。"

案郁陶,郁悠古同声(陶当读为皋陶之陶,旧读为陶冶之陶,误),义为郁积。喜意未畅,谓之郁陶;忧思愤盈,亦谓之郁陶;暑气蕴隆,亦谓之郁陶。盖事虽不同,然同为郁积之义,故其命名亦同也。

绵蛮:

> 《诗·小雅》:"绵蛮黄鸟。"
> 《诗·小雅》:"益之霡霂。"
> 《尔雅·释诂》:"覭髳,茀离也。"
> 《尔雅·释草》:"蕲茞,蘪芜。"又,"绵马,羊齿。"
> 《尔雅·释木》:"木髦,柔英。"
> 《尔雅·释虫》:"蠓,蠛蠓。"
> 扬雄《太玄》:"密雨溟沐。"

案覭髳状草木之丛茸,有微小之义。草之小者曰蘪芜,曰绵马;木之柔者木髦;虫之小者曰蠛蠓;鸟之小者曰绵蛮;雨之小者曰霡霂,曰溟沐,皆其一声之转也。

陆离:

> 《楚辞·离骚》:"纷总总其离合兮,斑陆离其上下。"

《楚辞·招魂》:"长发曼鬋,艳陆离些。"

《淮南子·本经训》:"五采争胜,流漫陆离。"

司马相如《大人赋》:"骚擾衝苁其相纷挐兮,滂濞泱轧丽以林离。"

杨雄《甘泉赋》:"声骈隐以陆离。"

杨雄《甘泉赋》:"曳红采之流离兮,飏翠气之宛延。"

《广雅·释诂》:"陆离,参差也。"

案陆离义为参差。貌参差谓之陆离,声参差亦谓之陆离。声转则为林离,为流离。

忸怩:

《晋语》:"君忸怩颜。"

《孟子·万章篇》:"象曰:'郁陶思君尔,忸怩。'"

《淮南子·泰族训》:"昌羊去蚤虱而人弗席者,为其来蚙穷也。"

高注:"蚙穷,幽冀谓之蛸蚭。"

《方言》:"忸怩,惭歰也。"

《方言》:"蚰蜒,……北燕谓之蚭蚭。"

《广雅·释诂》:"魊怩,惭也。"

案忸怩义为惭歰。惭则退缩不前,故与缩义近。蚰蜒之行蜿蜿然,因而谓之蚭蚭。声转则为蛸蚭。

(乙)叠韵

伛偻:

昭七年《左传》:"一命而伛,再命而偻。"

昭二五年《左传》:"臧会窃其宝龟偻句。"

《庄子·达生篇》:"见痀偻者承蜩。"

《史记·滑稽列传》:"瓯窭满篝。"

《方言》:"车枸簍,……或谓之隆屈。"

《广雅·释山》:"岣嵝谓之衡山。"

《广雅·释草》:"𧁾𤬩,王瓜也。"

《玉篇》:"𧂇,姑篓也。"

案伛偻为中高四下之貌。曲脊谓之痀偻;高田谓之瓯寠;山巅谓之岣嵝;曲瓜谓之𧁾𤬩,其义一也。倒言之则曰偻句,《左传》之龟偻句,谓龟背中高也。转言之则为姑篓,《玉篇》之姑篓,谓车弓隆穹也。

愊臆:

《诗·小雅》:"我仓既盈,我庾维亿。"

襄二五年《左传》:"今陈介恃楚众,以冯陵我敝邑,不可忆逞。"

文十八年《左传》:"侵欲崇侈,不可盈厌。"

《史记·扁鹊传》:"嘘唏服亿,悲不能自止。"

司马相如《长门赋》:"心凭噫而不舒兮,邪气壮而攻中。"

《汉书·张汤传》:"策虑愊亿。"

冯衍《显志赋》:"心愊忆而纷纭。"

《方言》:"臆,满也。"郭注:"愊臆,气满也。"

案愊臆义为气满,凡怒而气满,哀而气满,忧而心懑,均谓之愊臆。字作愊臆,又作服亿,转为凭噫。服与盈声近,盈与逞声近,故又谓之盈亿、盈厌,又谓之忆逞。

恟怓:

《荀子·儒效篇》:"愚陋沟瞀。"

《荀子·非十二子篇》:"世俗之沟犹瞀儒,嚾嚾然不知其所非也。"

《楚辞·九辩》:"直恟怓以自苦。"

《汉书·五行志》:"不敬而僓霿之所致也。"又,"区霿无识。"

《说文》:"敄,敄瞀也。"又,"娄务,愚也。"

案恟怓义为愚。沟瞀、僓霿、敄瞀,声近,娄务则其声转也。

覆育：

  《夏小正》："鸡桴粥。"传云："桴，妪伏也；育，养也。"
  《礼记·乐记》："煦妪覆育万物。"
  《论衡·无形篇》："蛴螬化而为复育，复育转而为蝉。"
  《广雅·释虫》："蝮蜟，蜕也。"

案覆育义为孳生，因化生亦谓之复育，音转则为桴粥。

（丙）成语

权舆：

  《逸周书·文酌解》："一干胜权舆。"
  《逸周书·日月解》："日月权舆。"
  《大戴礼·诰志篇》："百草权舆。"
  《诗·秦风》："吁嗟乎不承权舆。"
  《尔雅·释诂》："权舆，始也。"
  《尔雅·释诂》："其萌虇蕍。"
  《尔雅·释虫》："蠸舆父，守瓜。"

案权舆为黄色之名。草木萌芽，无不黄黑；引申之，为草木之始；又引申之，则为凡物之始矣。

陟降：

  《诗·周颂》："念兹皇祖，陟降庭止。"
  《诗·大雅》："文王陟降，在帝左右。"
  《曲礼》："告丧曰：天王登假。"
  《墨子·节葬篇》："秦之西，有仪渠之国者，其亲戚死，聚柴薪而焚之，燻上则谓之登遐。"
  昭七年《左传》："叔父陟恪，在我先王之左右。"
  《庄子·养生主》："彼且择日而登假。"
  《庄子·太宗师》："是知之能登假于道也。"

案陟降义为往来。古陟、登声相近,恪、假字又相通,故又谓之陟恪,又谓之登假、登遐。

喘息:

　　《逸周书·周祝解》:"跂动哕息。"
　　贾谊《新语》:"跂行喘息蜎飞蠕动之类。"
　　《淮南子·俶真训》:"跂行哙息。"
　　《汉书·匈奴传》:"跂行喙息蠕动之类。"
　　王褒《洞箫赋》:"蟋蟀蚸蠖,跂行喘息。"

案喘息为以口出气之义。哕息、喙息、哙息,声均相近。

謑詢:

　　《荀子·非十二子篇》:"无廉耻而忍謑詢。"
　　《吕氏春秋·诬徒篇》:"不可謑诟遇之。"
　　《汉书·贾谊传》:"媻诟亡节。"
　　《说文》:"謑诟,耻也。"

案謑诟义为羞耻。謑詢、謑诟、媻诟,声义并同。

三　词性

中国文字,各个独立,无语尾之变化,故其词性之类属,常依位置而区别。联绵字亦不能自外于斯例。是篇分类,以语原及引用最多者为标准。大抵联绵字之范围,限于名、动、静、状四种。其他叹词如呜乎、噫嘻等,字数既少,分化亦简,故是篇从略。分为四类:一曰名词,二曰动词,三曰静词,四曰状词。每类各举四例,述之如左:

(甲) 名词

蜻蛉:

　　《尔雅·释虫》:"虹蛵,负劳。"郭注:"或曰:即蜻蛉也。"
　　《吕氏春秋·精谕篇》:"蜻蛉小虫。"

>《淮南子·齐俗训》:"水虿为䘀。"高注:"䘀,青蛉也。"
>《方言》:"蜻蛉谓之蝍蛉。"
>《古今注》:"蜻蛉一名青亭。"
>《说文》:"蛉,蜻,蛉也,一名桑根。"
>《广雅·释虫》:"蜻蛉,䖡蛉,仓螗也。"

案此虫色青,蜻蛉之言犹苍筤也。《易·说卦传》:"震为苍筤竹。"九家《易》云:"苍筤,青也。"故又谓之仓螗,又谓之䘀。仓犹苍也,䘀犹葱也。《尔雅》云:"青谓之葱。"由蜻蜓转之则为䖡蛉,为蜻蜓,又转之则为桑根。桑根犹言苍筤耳。

果蠃:

>《诗·小雅》:"螟蛉有子,蜾蠃负之。"
>《尔雅·释草》:"果蓏之实栝楼。"
>《尔雅·释虫》:"果蠃,蒲卢。"
>《说文》:"蠃,蜾蠃也。"
>《说文》:"蠮蠃,蒲卢,细要土蠭也。"
>《说文》:"𦯄薐,果蓏也。"
>《方言》:"桑飞,自关而东谓之工爵,或谓之过蠃。"
>《广雅·释诂》:"果蠃,工雀也。"

案果蠃、果蓏者,圆而下垂之意,即《易·杂卦·传》之果蓏。凡在树之果,与在地之蓏,其实无不圆而垂者,故物之圆而下垂者,皆以果蓏名之。栝楼亦果蠃之转语。蜂之细腰者,其腹亦下垂如果蓏,故谓之果蠃矣。至于鸟名过蠃、果蠃,则为小义之引申也。

秸鞠:

>《诗·召南》:"维鹊有巢,维鸠居之。"《毛传》:"鸠,鸤鸠,秸鞠也。"
>《月令》:"鹰化为鸠。"郑注:"鸠,搏谷也。"
>《尔雅》:"鸤鸠,鵠鵴。"郭注:"今之布谷也,江东呼为获谷。"

《说文》:"秸鹠,尸鸠也。"

《方言》:"布谷自关而东,梁、楚之间,谓之结诰。周、魏之间,谓之击谷。自关而西,谓之布谷。"

陈藏器《本草拾遗》:"江东呼为郭公,北人云:拨谷。"

案鸤鸠鸣声秸鞠,因以名之。结诰即秸鞠之声转。又转而为布谷、搏谷、获谷、击谷。郭公者,击谷之声转。拨谷者,布谷之声转也。

芦萉:

《尔雅·释草》:"葖,芦萉。"

《尔雅·释虫》:"蚆,蠦蜰。"

王符《潜夫论》:"治疾当得真人参,反得支罗服。"

《方言》:"芜菁,紫华者谓之芦萉。"

《唐本草》:"莱菔根味辛甘温,捣汁主消渴。"

案芦萉、蠦蜰,均有圆意。芦萉根大而圆,蚆形亦椭圆如芦萉,故谓之蠦蜰。盖即一物之各名,因他物之形似而互相假借。芦萉、罗服、莱菔,则一声之转也。

(乙)动词

从容:

《中庸》:"从容中道,圣人也。"

《楚辞·九章》:"重华不可遌兮,孰知余之从容。"

《史记·吴王濞传》:"晁错数从容言吴过可削。"

《汉书·司马相如传》:"纷鸿溶而上厉。"

《汉书·衡山王传》:"日夜纵臾王谋反事。"

《汉书·汲黯传》:"从谀承意。"

《方言》:"怂恿,劝也。"

《广雅释训》:"从容,举动也。"

案从容义为举动,自动谓之从容,动人谓之怂恿,实一义之引伸也。鸿浴、纵臾、从谀,皆一语之转变。

蹢躅:

《易·姤》:"初六,羸豕孚蹢躅。"

《诗·邶风·静女篇》:"搔首踟蹰。"薛君《韩诗章句》云:"蜘蹰,踯躅也。"

《礼记·三年问》:"蹢躅焉,蜘蹰焉。"《释文》作蹢躅、跢蹢。

《易是类谋》:"物瑞騠騒。"

《神农本草》:"羊踯躅,味辛温。"

《说文》:"蹢,住足也。"又,"躅,蹢躅也。"

《说文》:"彳,小步也。亍,步止也。"

成公绥《啸赋》:"逍遥携手,踟跦步趾。"

《广雅·释训》:"蹢躅,跢跦也。"

案蹢躅为徘徊不进之义,騠騷、踟蹰,并字异而义同。跢跦则其双声相转也。彳亍与蹢躅,声义亦相近。草名踯躅,谓羊误食其叶,则踯躅而死,是由动词转为名词矣。

俾倪:

《史记·信陵君传》:"俾倪。"

《史记·周灌夫传》:"辟倪两宫间。"

《释名》:"城上垣曰睥睨。"

《古今注》:"汉谓曲盖为韡輗。"

《埤仓》:"睥睨,邪视也。"

《广雅·释诂》:"睥睨,邪视也。"又,"颊倪,邪也。"

案俾倪义为邪视,因而城上短垣,于其孔中,俾倪非常,谓之睥睨。引申其义,物之欹斜者亦谓之俾倪,故曲盖名韡輗。

盘桓:

《易·屯》:"初九,磐桓。"

《管子·小问篇》:"君乘驳而洀桓。"

《史记·司马相如传》:"于是楚王乃弭节裴徊。"

《汉书·高后纪》注:"徘徊犹傍偟,不进之意也。"

《淮南子·万毕术》:"沙蟲一名蓬活。"

曹大家《幽通赋》注:"盘桓,不进也。"

《西京赋》薛综注:"盘桓,便旋也。"

《广雅·释诂》:"徘徊,便旋也。"

《广雅·释虫》:"沙蟲,蝒蠛也。"

案盘桓义为不进。徘徊、便旋、洀桓、傍偟,皆一声之转也。沙蟲行动迟缓,故名蝒蠛,声转则为蓬活。

(丙)静词

垠堮:

《管子·轻重乙篇》:"山间垠堮之壤。"

《庄子·庚桑楚》:"北居畏壘之山。"

司马相如《上林赋》:"崴魄嵬廆,邱虚堀礨,隐辚郁㠑。"

司马相如《大人赋》:"径入雷室之砰磷郁律兮,洞出鬼谷之崛礨崴魁。"

《埤仓》:"礔,磈礌也。"

《论衡·雷虚篇》:"刻尊为雷之形,一出一入,一屈一伸,为相校轸则鸣。校轸之状,郁律、嵬礨之类也。"

《说文》:"银鐺,不平也。"

木华《海赋》:"碨磊,山垄。"

左思《魏都赋》:"或嵬嶷而复陆。"

案凡物之不平者,谓之银鐺。山不平谓之银鐺,《庄子》"北居畏壘之山"是也。气不平亦谓之银鐺,《论衡》"郁律嵬礨"是也。磈礌、畏壘、垠堮、嵬嶷、碨磊,并字异而义同。郁律、崴魄、嵬廆、堀礨、郁㠑、崴魁,皆垠堮之转变也。

陂阤：

《尔雅》："陂者曰阪。"郭注："陂陀不平。"

《汉书·司马相如传》："罢池陂阤。"

《周官·追师》："掌王后之首服，为副编次。"郑注："次者次弟发长短为之，所谓发髢也。"

《集韵》："陂阤，次弟也。"

案凡物之有次弟者，谓之陂阤。故岸之重次弟谓之陂陀，发之重次弟谓之髲髢，其义一也。

儒输：

《荀子修身篇》："偷儒惮事。"

《玉藻》郑注："舒懦者，所畏在前也。"

《汉书·西南夷传》："恐议者选耎。"

《方言》："儒输，愚也。"郭注："犹儜撰也。"

案儒输义为愚，声转则为选耎、儜撰。倒言之则曰输儒，声转则为偷儒、舒懦。

瘯蠡：

桓六年《左传》："谓其不疾瘯蠡也。"

《尔雅·释木》："痤，接虑李。"

《说文》："痤，小肿也。一曰：族累病。"

《众经音义》引《声类》云："銼䥤，小釜也。"

案族累，疾言为痤，其义为小。小肿谓之族累，小病谓之瘯蠡，小李谓之接虑，小釜谓之銼䥤，其义一也。

（丁）状词

犹预：

《楚辞·离骚》："心犹豫而狐疑兮，欲自适而不可。"

《楚辞·九辩》："塞淹留而踌躇。"

《楚辞·九歌》:"君不行兮夷犹。"

《楚辞·九章》:"然容与而狐疑。"

《曲礼》:"卜筮者,先圣王之所以使民决嫌疑,定犹与也。"

《尔雅·释鸟》:"鼯鼠,夷由。"

《说文》:"箸,箸箸也。"

《广雅·释训》:"踌躇,犹预也。"

案踌犹、躇预为叠韵,踌躇、犹预为双声,其义为不行之貌。转之则曰夷犹,曰容与,皆双声字。狐疑、嫌疑,亦一声之转也。鼯鼠五技而穷,其行迟缓,故亦得夷由之名矣。

绰约:

《庄子·逍遥游》:"淖约如处子。"

《庄子·在宥篇》:"淖约柔乎刚强。"

《楚辞·九章》:"外承欢之汋约兮,谌荏弱而难持。"

司马相如《上林赋》:"靓庄刻饰,便嬛绰约。"

《广雅·释诂》:"婥约,好也。"

案绰约义为好貌,好与柔义相近,故柔貌亦谓之绰约。

婆娑:

《诗·桧风》:"市也婆娑。"《说文》引作"媻娑"。

《尔雅·释训》:"婆娑,舞也。"李巡曰:"婆娑,盘辟舞也。"孙炎曰:"舞者之容婆娑然。"

《庄子·太宗师》:"跰𨇤而鉴于井。"崔本作"边鲜"。

《史记·平原君传》:"有躄者盘散行汲。"

《史记·司马相如传》:"媻珊勃窣上金堤。"

张衡《南都赋》:"蹒蹁蹁跹。"

《玉篇》:"蹒跚,旋行貌。"

《广韵》:"蹒跚,跛行貌。"又,"蹁跹,旋行貌。"

《广雅·释训》:"蹁跹,盘姗也。"

案婆娑,状舞者之容貌;盘散,状跛者之行路,皆一义之引申。声转则为跰躘,为边鲜,为蹣蹞,为蹁跹,为蹒珊,为盘姗。

委蛇:

  《诗·召南》:"委蛇委蛇。"《毛传》:"委蛇,行可从迹也。"
  《庄子·应帝王》:"吾与之虚而委蛇。"
  《楚辞·离骚》:"载云旗之委蛇。"
  《楚辞·远游》:"形螺蚪而逶蛇。"
  《楚辞·九叹》:"遵江曲之逶移。"又,"带隐虹之逶虵。"
  汉《唐扶颂》:"在朝逶随。"
  汉《刘熊碑》:"卷舒委隋。"
  汉《衡方碑》:"祎隋在公。"
  张衡《西京赋》:"声清畅而蜲蛇。"
  《说文》:"逶迤,衺去之貌。"又,"委,委随也。"
  《广雅·释训》:"委蛇,究衺也。"

案衺与曲同义。衺貌谓之委蛇,《说文》"逶迤,衺去之貌",《广雅》"委蛇,究衺",是也。曲貌亦谓之委蛇,《召南》"委蛇委蛇",《笺》云"委曲,自得之貌",是也。逶移、逶虵、委随、祎隋、蜲蛇,声义并同。

四　声韵表

上述各字,列为左表,横为双声,纵为叠韵,声义相关之故,一目了然矣。声母依章太炎说,分为二十一纽(析影喻为二,共二十二纽),韵母依王念孙说,分为二十一部。

韵\声	东	蒸	侵	谈	阳	耕	真	谆	元
影									
喻	(从)容 (丛)慂 (鸿)溶 (芙)蓉 容(与)		(盈)厌		(常)羊 (商)羊 (方)羊 (襄)羊	盈(忆) 盈(厌)			
晓									
匣	鸿(溶) (陟)降		嫌(疑)		(傍)偟				(般)桓
见	(郭)公								
溪			钦(岑)						
群										(巏)峖
疑			(岩)唫 (岑)崟 岭(峨) (岑)嵓	岩(唫) (巉)巖					权(舆) 蠸(舆) 彏(荼)
端		登(遌)							
透					(遥)荡	(亿)逞			
定						(青)亭 (蜻)蜓 踢(躅)			(选)耎
泥									
来			林(离)		(桑)根	(蜻)蛉 (蜘)蛉			
帮					方(羊)				
滂									般(桓) 盘(姗) 蹒(跚)
并	蓬(活)	凭(噫)			(傍)偟	跰(蹁)	便(旋) 蹁(跹)		绵(蛮) 绵(马)

续表

韵\声	东	蒸	侵	谈	阳	耕	真	谆	元
明	(蠠)蠓					觏(髳)溟(沐)			
精						蜻(蛉)蜻(蜓)			
清						青(亭)			
从	从(容)怂(愳)从(谀)		(嵚)岑 岑(楼)岑(釜)岑(嵩)(誉)岑	巉(巇)					巑(岏)巑(岑)
心					商(羊)襄(徉)桑(梩)				(盘)姗 选(奭)(跰)蹮(蹁)跹(蹒)跚
邪					常(羊)(翱)翔				(便)旋

韵\声	歌	支	至	脂	祭	盍	缉	之	鱼
影				郁(悠)委(蛇)郁(陶)锶(镥)郁(律)祎(隋)				(幅)亿(幅)臆(服)亿(凭)噫(盈)亿亿(逞)	
喻	(徒)倚(賏)虵(髦)髫(委)蛇			夷(犹)夷(由)					(权)舆(罐)舆(犹)预(容)舆

86

续表

韵\声	歌	支	至	脂	祭	盍	缉	之	鱼
晓				(徘)徊 喙(息)	喘(息)				
匣		謑(詢) 謑(诟)			(蓬)活				(登)遐 获(谷) 狐(疑)
见	果(蠃) 果(蠃) (过)蠃		秸(鞠) 结(浩)		孑孓 蛞蠍 蹶(跳) 栝(楼) 菩(萎)				枯(蒌) 郭(公)
溪				(堀)礨	哈(息)				(陟)恪
群	碕(礒)								
疑	(嵯)峨 (厓)羛 (岭)峨 (碕)礒	(睥)睨 (錍)睨						(狐)疑 (嫌)疑	
端	跢(跦)							陟(降) 陟(恪)	
透		彳(亍)							
定	(陂)陀	踶(躅) 跴(蹋)		(崔)嵬 (蜎)蚔					(踌)躇
泥				(忸)怩 (虹)蜺					
来	(陆)离 (林)离 (流)离 (铿)镪 (果)蠃 (果)蠃 (过)蠃 (罗)服	(瘝)蠡		(鋃)鐺 (堀)礨 (郁)律 (族)累				莱(菔)	芦(菔) 芦(菔) (接)虑

87

续表

韵 声	歌	支	至	脂	祭	盍	缉	之	鱼
帮	陂(陀) 貱(貤) 髲(髢)								搏(谷) 布(谷)
滂		睥(睨) 輫(輗)			蹩(躠)			愊(亿) 愊(臆)	敷(愉)
并	婆(娑)			徘(徊) (芦)葩				服(亿) (罗)服 (芦)菔 (莱)菔	芙(蓉)
明				蘪(芜)	蟔(蠓)				(霢)霂 (绵)马 (蘪)芜
精				蝍(蛉)	椶(儒) 蝃(蝥) (蹶)趉	接(虑)			
清	嵯(峨) 銼(鑹)			崔(嵬) 喘(息)					
从					(蹩)躠				
心	(婆)娑	徙(倚)						(喘)息 (喙)息 (唫)息 (啰)息	舒(懦)
邪	匜(甗) (袆)隋								

声＼韵	侯	幽	宵
影	妪(愉) 呴(俞) 呕(煦) 伛(偻) 瓯(窭)		(绰)约
喻	(妪)愉 (呴)俞 (敷)愉 (怂)愉 (蝇)蝓 (疆)蓊 (从)谀	(浮)游 (郁)悠 (郁)陶 蜻(蚨) (覆)音 (蝮)蜻 (桴)粥 (夷)犹 犹(预) (夷)由	遥(荡) (逍)遥
晓	(呕)煦 (謱)訽 (謱)诟		
匣			
见	(偻)句 枸(篓) 觚(瓠) 沟(瞀) 姁(愁) 傋(霿) (搏)谷 (布)谷 (获)谷	(秸)鞠 (结)诰	
溪	区(霿)		
群			(嶕)峣
疑		翱(翔)	
端	(跾)跦		
透	偷(懦) (彳)亍		

续表

声＼韵	侯	幽	宵
定	(蹢)躅 (踟)躕 (躑)躅	跱(踌)	
泥	(侏)儒 (椆)儒 儒(输) (偷)懦 (舒)懦	忸(怩) 妞(妮)	
来	(岑)楼 (栝)楼 娄(务) (伛)偻 偻(句) (瓯)篓 (枸)篓 (瓠)瓤 (姑)篓 (菩)萎	陆(离) 流(离)	
帮		覆(育) 蝮(蛸)	
滂	怣(愉)		
并		浮(游) 桴(粥)	
明	木(髦) (溟)沐	(蝃)蝥 (娄)务 (沟)瞀 (怐)愗 (僇)霿 (区)霿	(木)髦 (觏)瞀
精	侏(儒) 蠾(蝓)		

90

续表

声＼韵	侯	幽	宵
清	瘯(蠡) 族(累)		绰(约)
从		噍(峣)	
心			逍(遥)
邪	(儒)输		

四月二十日于北京清华园

（原载于《民铎杂志》第 9 卷第 5 期,1928 年 11 月）

评卫聚贤古史研究

万泉卫聚贤以其近年研究《春秋》、《左传》、《国语》三书所得之结果，总为一集，颜曰《古史研究》。杀青既毕，不遗故旧，惠赠及余。拜读之下，觉其立论新颖，不为前人陈说所囿，诠释古书，亦时有特见，足令抱残守阙之徒，惕然自省，同门有此，与有荣焉！余于三书，素无精深之研究，除钦许外，本不敢妄加评论，惟其考证方法，待商榷之处颇多，不忖谫陋，略陈如次，祈作者与世之学者共正之。

为叙述便利起见，先将全书大纲，列表如下：

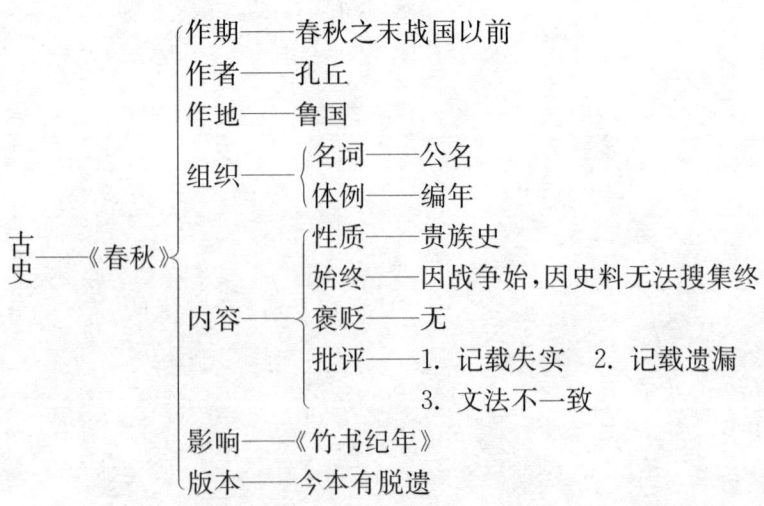

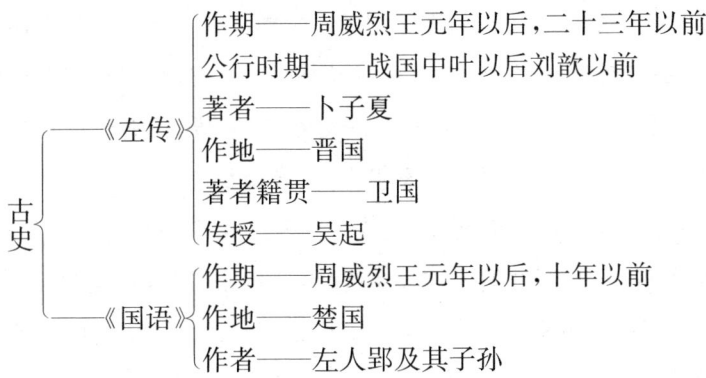

上述全书大纲既竟,兹进言考证方法。

凡一问题,不能解决,必待考证而后能得其结论者,则先为假定,然后搜集证据,并说明其所以然。计其步骤,约分四项:一曰疑问,二曰假定,三曰论证,四曰明因。王氏作《鞑靼考》,可为此种方法绝好之例证,不嫌词费,述之如下:

一、疑问:

唐末鞑靼之盛,几与契丹抗衡,而《辽史》仅一见达旦字,《金史》乃并绝其迹,正史中直至《明史》,始复有《鞑靼传》,而《明史》之《鞑靼传》,实《蒙古传》也。然则辽金三百年中,唐宋间所谓鞑靼者,果安在乎?此读史者,当发之疑问也。

二、假定:

唐宋间之鞑靼,在辽为阻卜,在金为阻䪁,在蒙古之初,为塔塔儿,其漠南之汪古部,当时号为白鞑靼者,或亦其遗种,而蒙古诸族,不当冒此名也。

三、论证:

曷言乎鞑靼在辽为阻卜,在金为阻䪁也?《辽史·圣宗纪》:"开泰元年正月,达旦国兵围镇州,州军坚守,寻引去。"而《萧图玉传》云:"开泰中,阻卜复叛,围图玉于可敦城,势甚张,图玉使诸军齐射却之,屯于窝鲁朵城。"考《地理志》镇州建安军节度使,本古可敦城,

93

则纪传所载，地名既合，年岁又同，自是一事。而一称达旦，一称阻卜，是辽之阻卜，即达旦也。……《金史·夹谷清臣传》："北阻𩋙叛，上谴责清臣，命右丞相襄代之。"又内族《襄传》："襄代清臣，遂屯临潢，……密诏进讨，乃命支军出东道，襄由西道而东，军至龙驹河，为阻𩋙所围，三日不得出，求援甚急。……襄即鸣鼓进发，……向晨，压敌，突击之，围中将士亦鼓噪大战，获舆帐牛马，众皆奔斡里札河，遣完颜安国追躡之。众散走，会大雨，冻死者十七八，降其部长，遂勒勋九峰山"云云。今案《元朝秘史》："大金因塔塔儿篾古真薛兀勒图不从他命，教王京丞相领军来剿捕，逆著浯泐扎河，将篾古真薛兀勒图袭着来。"案王京者，完颜之对音。《元圣武亲征录》、《元史·太祖纪》并记此事，皆作丞相完颜襄。浯泐札河者，亦即《金史》之斡里札河。是二书纪事，并相符合。而《金史》之阻𩋙，《元秘史》谓之塔塔儿，正与《辽史·萧图玉传》之阻卜、《圣宗纪》作达旦者，前后一揆，而塔塔儿一语为鞑靼之对音，更不待言。

四、明因：

若然，辽金之阻卜、阻𩋙，于唐宋间为鞑靼，于蒙古为塔塔儿，则阻卜、阻𩋙之名，乌从起乎？……余乃不得不设一极武断极穿凿之假说曰：阻卜、阻𩋙者，鞑靼二字之倒误，且非无意之误，而有意之误也。何以言之？曰：辽、金人文字多言鞑靼，……而辽金二史中，无之者，曰：蒙古人讳言鞑靼故。蒙古人何以讳言鞑靼？曰：蒙人本非鞑靼，而汉人与南人辄以此名呼之，固为蒙古人所不喜。且辽、金史料中所记鞑靼事，非朝贡，即寇叛，元人虑汉人及南人读之，误认蒙古之祖先岁朝贡于辽、金也，其于国体系不小，故讳之尤深。……考鞑靼之始见载籍也，其字本作达怛，后作达靼。至南宋后所撰所刊之书，乃作鞑靼。鞑字不见于《集韵》、《类篇》等书，是北宋中叶，尚无此字，其加革旁，实涉靼字而误。然辽、金史料中，鞑靼、达怛诸字，当已错出，其倒也，或作怛达，或作靼鞑，极与阻𩋙二字相似。当时史料中或有一二处误书作阻䪁,又省作阻卜者,史臣乃利用其误,遂并史料中之不误者而尽改之,以避一时之忌讳。其于《辽史·圣宗纪》一处,尚存达旦字者,盖史臣所未及改,抑故留此间隙,以待后人之考定者也。

案王氏以唐、宋间之鞑靼,在辽为阻卜,在金为阻䪁,在蒙古之初为塔塔儿,其结论确切不移,为史学上一大发见。顾其所以至此之由,果安在乎?可一言以蔽之曰:材料准确而已。以本书之材料,证本书之事实,展转推求,参互比较,遂由假定而得定论矣。

今观作者疑《左传》、《国语》均非左邱明作,假定作《左传》者为卜子夏,传授者为吴起,作《国语》者为左人郢及其子孙,此种步骤,自无可议。至其引以为论证之资料者,如《战国策》、《韩非子》、《吕氏春秋》、《春秋繁露》、刘向《说苑》、《韩诗外传》、杨名时《诗经劄记》、程大昌《诗论》、《武经七书汇纂》等书,此种古籍,可作为论证之资料乎?其不可靠,不言而喻,论证方面,既无一强有力之证据,故其结论之不正确,不待辩论而知之矣。

作者自序,称其整理古书之工作有四:一曰作期,二曰作地,三曰作者,四曰辩伪。其计画之完善,手续之周密,自可钦许,独惜其于此项工作,未完全展行其所言耳。兹举数例言之,如:证明子夏参与孔丘作《春秋》(原书一三九页)引:

《公羊传·隐元年》疏引闵因叙云:"昔孔子受端门之命,制《春秋》之义,使子夏等十四人求周史记,得百二十国宝书,九月经立。《感精符》、《考异邮》、《说题辞》,具有其文。"(案作者引用此文,稍加删节,兹照录原文。)

证明子夏接受《春秋》(原书一四一页)引:

《公羊传·隐元年》疏引《孝经说》云:"孔子曰:'《春秋》属商,《孝经》属参。'"

夫纬书之诬妄不经,无待烦言,今竟引为子夏参与作《春秋》及接受《春秋》之证据,揭橥辨伪者固如是乎？诚百思不得其解者也。

孔丘为儒家鼻祖,实春秋时代文化结晶代表者,继往开来,厥功甚伟,其一言一行,均为当世所钦仰,故后世附会其言行以取重于时者,亦最多,其生平事实,除《论语》一书外,鲜可采为正确之史料。作者引（原书二一四至二一七页）《鲁语》：

> 季桓子穿井,获如土缶,其中有羊焉。使问之仲尼,……对曰："以丘之所闻羊也,……土之怪曰羵羊。"
>
> 吴伐越,堕会稽,获骨焉,节专车。吴子使……问曰："敢问骨何大？"仲尼曰："丘闻之,昔禹致群神于会稽之山,防风氏后至,禹杀而戮之,其骨节专车,此为大矣！"……"人长之极几何？"仲尼曰："僬侥氏长三尺,短之至也；长者不过十,数之极也。"
>
> 有隼集于陈侯之庭而死,楛矢贯之,石砮……问之,仲尼曰："隼之来也远矣,此肃慎氏之矢也。……以分大姬,配虞胡公而封诸陈。……君若使有司求诸故府,其可得也。"使求得之金椟,如之。

案此三事,均含神话性质。原著者当日以孔丘有博学之名,故伪造其言以招信于后世,事属乌有,安能为著者距鲁甚远,且生于孔丘甚后之证据乎？

考证方面,取材既不精确,且又加以附会,于是发生下列数种弊端矣。

一、伪造事实。例如：

> 甲　孔丘作《春秋》,传授子夏,子夏教授西河,西河人士,对于是书,甚重视之。但当道以《春秋》是鲁史,非卫史,于是命当地学者仿《春秋》体例纂卫史——《竹书纪年》——以为殉葬物。（原书六六页,约原文意旨,改为文言,下仿此。）

案《竹书纪年》一书,定为战国作品,当无问题。今作者以为是西河学者所纂,本于当道之意,出于子夏之命,果何所据而云然乎?且著书以殉葬,亦古今所希闻也。

> 乙　左丘明在齐受非法之刑,是以子孙不满意于齐,故作《齐语》,只载桓公以前事,以为其余不足观也已矣。(原书二五三页)

案左丘明,鲁之君子,齐虽无道,何故以非法之刑加于文人学士之身乎?鲁虽衰弱,安能坐视本国之人被异国虐待而不为之所乎?就令有此事实,为其子孙者,干父之蛊,亦当宣布齐之秽德以雪私愤,今反于桓公霸业,记载详明,称道不衰,揆之情理,稽诸事实,均不可通。

> 丙　今假定左丘明子为左史倚相,左史倚相子为左人郢。左丘明齐人,在孔子前,左史倚相亦齐人,与孔子同时。左人郢,楚人,少孔子四五十岁,系乃父倚相由齐奔楚所生。案左史倚相于公元前五三○年在楚,灵王称为良史,至公元前四八二年尚存。倚相以寿八十岁计,当是五五○年以前生,奔楚时,约二十余岁,至四八○年左右卒。其子郢亦以八十岁计,当是五一○年左右生。是倚相以四十岁左右而生郢,郢于老年,始成《周语》、《楚语》两篇;孔子四九○年到楚,时郢年二十岁左右,当是随孔子来北方求学。在孔门受业约十年左右而孔子卒。(原书二五○页)
>
> 《楚语》、《周语》既是左人郢作,《吴语》、《齐语》当是左人郢子作,《鲁语》、《晋语》当是左人郢孙作,《越语》当是左人郢曾孙作,《郑语》当是左人郢玄孙作,《越语下》当是更在其后之人作。(原书二五四页)

案左丘明,鲁之君子,左史倚相,楚之史官,左人郢,孔门弟子,郑玄以为鲁人。国籍既别,世系复殊,真是风马牛不相及。今竟改其国籍,使之发生父子公孙关系。且也自倚相起(原书二五二页言倚相草《周语》),世世子孙,均以撰作《国语》为职业,此种假设,胆真大矣!

二、曲解古书。例如:

> 甲　左姓产生于齐。左丘明姓左邱,当是原姓左,后居于丘地,

因姓左邱。左史倚相姓左史,当是原姓左,后为楚国史官,因姓左史。左人郢姓左人,当是原姓左,后移居楚国,示其原为左地之人,因姓左人矣。案古人名字相符,左人郢字行,行训为走,郢为楚国首都,当是彼表示左地之人,因姓左人,居于楚都,因名郢,由齐迁楚,因字行。(原书二五〇页)

案此种诠释,牵强附会,既以左为氏族之名矣,于左人不得其解,又训为左地之人。姓名地名,前后矛盾。郢为楚都,揆以古人名字相关之谊,当字楚都,如因示不忘本,亦当字思齐,不当字行也。

乙 《左传·昭二十五年》载楚灵王谓:"左史倚相是良史也,……能读三坟、五典、八索、九丘。"是左史倚相于右史甚有研究而见称于当局。子革对楚灵王云:"臣尝问焉,昔穆王欲肆其心,周行天下,将皆必有车辙马迹焉。祭公谋父作《祈招》之诗以止王心,王是以获没于祇宫。臣问其诗而不知也,若问远焉,其焉能知之?"是左史倚相以自持太过而被时人加以不美之批评。案《周语》记载为全书最早,而开卷即载周穆王将征犬戎,祭公谋父谏阻一事。又《国语》谈《诗》,不如《左传》详确,是《国语》作者,于《诗》无研究。子革对楚王之言,当是左史倚相草录《周语》大概,以献楚王,而传布一时。子革见其无《祈招》之诗,是以言"臣问其诗而不知也,若问远焉,其焉能知之"。(二五二页)

案诠释古书,当观前后文意,方不致误。祭公此言,系谏王游行,设言以戒司马(事之有无,兹不具论)。上文言子革曰:"摩厉以须,王出,吾刃将斩矣。"所谓斩者,谓借古人谏君远游之诗,以斩楚王之淫慝,倚相岂真不知《诗》乎?盖子革之设言也。通观前后,文意了然。今作者以此言为左史倚相以自持太过而被当时加以不美批评之证据,此真孟轲所谓"固哉高叟之为诗也"。尝记一故事云:

昔有一学究,为诸生解说《孟子》,讲至"王使人瞯夫子章,尧、舜与人同耳"一句谓:"尧眉八彩,舜目重瞳,此圣人眉目之异于常人者也。至于听觉器官之耳，则与常人无殊，故孟轲特言之，以见圣人可学而几云。"

今观作者诠释古书，断章取义，大类乎是。且谓倚相草录《周语》以献楚王，而子革见之云云，果何所据而云然乎？此真齐东野人之言也。

丙 《孟子·梁惠王下》："齐宣王问曰：'齐桓、晋文之事，可得闻乎？'孟子对曰：'仲尼之徒，无道桓文之事者，是以后世无传焉？臣未之闻也。'"孟轲既言不知桓、文之事，何以又于《尽心章》言"其事则齐桓、晋文"乎？案《史记·孟荀列传》云："孟子游仕齐宣王，宣王不能用，适梁。"赵岐《题辞》云："孟子退自齐、梁。"是孟轲先游齐，后适梁，未见《春秋》，故不知桓、文之事。（原书二四〇页）

案孟轲之政治主张，虽千言万语，可一言以蔽之曰：崇王道、绌霸功而已。其对宣王之问，盖谓仲尼之徒，颂述尧舜文武，虽及五霸，心贱薄之，是以儒家后世无欲传道之者，故曰"臣未之闻也"，岂真不知乎？盖欲引齐宣于王道，而戢其功利之野心。今作者引以为未适梁前，未见《春秋》之证，夫桓、文之事，赫然陈于史册，传于后世，孟轲为战国时一大说客，焉有此事不知，而能受诸侯之尊敬乎？前人谓读书当"以意逆志"，信然！

三、妄立系统。例如：

《左传》非左丘明著。子夏具有著者之本能及环境，且尝参与孔丘作《春秋》，又研究之，以传于《公羊》、《谷梁》。又孔丘作《春秋》，命子夏采取史料。《春秋》既作，史稿又有余存。（《史记·十二诸侯年表》："孔子作《春秋》，约其文辞，去其烦重。"案去其烦重，即其余稿。）子夏据而著《左传》，左丘明子孙据而纂《国语》。事属至明，理亦正当。（原书一五一页）

吴起以母死不奔丧，被斥于曾参，子夏以乡亲关系，准其转学西河。起既就学子夏，于其所著之《左传》，研究有得，是以《说苑》载魏

武侯问吴起元年云云。后与魏武意见不合,乃携其书南往楚国。(原书一五四页)

案《公羊传序》疏引戴宏序云:

> 子夏传与公羊高,高传其子地,地传其子敢,敢传其子寿。至汉景帝时,寿乃共弟子胡毋子都著于竹帛。

又刘向《别录》云:

> 左丘明授曾申,申授吴起,起授其子期,期授楚人铎椒,铎椒作《抄提》八卷,授虞卿。

此种传授渊源,系传授者所伪造,已不可信。今作者推翻前说,另成系统,为:

$$子夏\begin{cases}传《春秋》\begin{cases}公羊……\\ 谷梁……\end{cases}\\ 著《左传》——吴起……\end{cases}$$

夫《公》、《谷》二传,所载事实,与《左传》当有出入。子夏既传《春秋》于公、谷矣,何不兼传《左传》于二人,以免后世纷纭其说乎?前人所述之传授,已不可信,今复合二者为一,成一新系统,夺曾申之席,归诸子夏,是伪造之中又造伪焉。作者将何以自解于揭橥辨伪之本旨乎?

以上三者,均考证家所大忌,而作者悉蹈之,其结论之是否正确,不能不成疑问矣。

兹将个人对于三书之见解,略述如下:

一、《春秋》是鲁国史记,以其记鲁事特详,且"内其国而外诸夏"之意,显然可见,可为强有力之证据。

二、孔丘是否作《春秋》,可作两种假定:

甲,《春秋》是断烂朝报,非孔丘作;

乙,孔丘据鲁史作《春秋》,考核是非,加以褒贬。

三、如乙说为是,则《春秋》有褒贬,但所谓褒贬,决无《公羊》之完密与荒谬,然孔丘真意,或存什一于其中。

四、《左传》与《春秋》无关。引传解经,始自刘歆,《汉书·刘歆传》言"引传文以解经,转相发明"可证。

五、《谷梁》不传《春秋》,是书系汉代经师所伪造,借以抵抗《公羊》。详见崔适《春秋复始》。

六、《公羊》传自子夏,《左传》传自曾申,此种传授渊源,均不可靠。惟《公羊》至汉景时,始著竹帛,可信。

七、《左传》《国语》当系一书,离而二之,康有为以为始自刘歆,说颇可信,详见《新学伪经考》,林语堂《左传真伪与上古方音》亦可参证。

八、《左传》、《国语》,系据列国史记纂辑而成。谁人纂辑,因史料缺乏,无法考证。

九、《左传》于襄子称谥,则其纂辑时代,当在获麟后五十年。

十、范宁言左氏失诬,韩愈言左氏浮夸,斯言甚是。大约是书可作信史之程度,不及十分之五六。惟居古代史料缺乏之今日,要为极重要之典藉。

十七年十一月八日

(原载于《国立中山大学语言历史研究所周刊》第 5 卷第 59—60 期,1928 年 12 月 19 日)

释侊

《说文》云:"侊,小貌。从人,光声。《春秋国语》曰:'侊饭不及一食。'"(古横切)

《说文校录》云:"《集韵》、《类篇》引饭作饮,食作餐。《系传》饭作饪。俗食下有侊侊然小也,亦非。此注,疑全经后入改。《玉篇》公黄、公横二切,引《国语》云:'侊饭不及壶飱。'注云:'侊,大也。大饭谓盛馔。'《广韵》引《春秋国语》曰'侊饭不及壶飱',则沧乃飱讹。今《越语》作'觥饮不及壶飧',饮字虽与《集韵》、《类篇》合,恐传写讹。侊字不应训小,盖涉上而文误。壶或讹为壹,后人因改为一,此当是侊,大也;侊饭不及壶餐。"

《说文解字注》云:"小当作大,字之误也。凡光声之字,多训光大,无训小者。《越语》勾践曰:'谚有之曰:觥饭不及壶飧。'韦云:'觥,大也。大饭谓盛馔。馔未具,不能以虚待之,不及壶飧之救饥疾也。'言已欲灭吴,取快意得之而已,不能待有余力。《韩诗》云:'觥,廓也。'许所据《国语》作侊,侊与觥,音义同。《广韵》十一唐曰:'侊,盛貌。'用韦注;十二庚曰:'侊,小貌。'用《说文》,盖《说文》之讹久矣。"

又云:"壶飱,各本作一食。一由壶,壹遽讹,食夺篇旁,今依《玉篇》、《广韵》所引《说文》正。飱者,食部或餐字也。《集韵》正作餐。壶飱,犹《左传》赵襄之壶飧。《史记》操一豚蹄,酒一壶,皆谓薄少,古壶有大小,此非大一石之壶也。"

《说文句读》云:"段氏曰:'小当作大,字之误也;凡光声之字,多训光大,无训小者。'筠案:此由与侊连文而讹也。《广韵》十一唐:'侊,盛貌。'"

又云:"《越语》:'觥饭不及壶飧。'韦注:'觥,大也。'案当作壹飧,见《梁孝王世家》;一飧见《三国志·贾诩传》注。《史记·淮阴侯传》如淳注:'小饭曰飧。'侊饭不及壶飧者,盛馔非一时可具,不及小饭之疗饥也。"

《说文释例》云:"侊下云:'小貌。'殊不可解。严氏曰:今《越语》作'觥饭不及壶湌',注云:'大饭。'案光声之字皆训大,而云小,未审也。校议书眉有校语曰:'食乃飧之烂文,壶乃壹之讹字。壹飧见《梁孝王世家》,一飧见《三国志·贾诩传》注。壹、一同字。《史记·淮阴侯传》注:'如淳曰:"小饭曰飧。"'筠案:《广韵》十一唐:'侊,盛貌。'十二庚则如《说文》而作壶湌,《集韵》亦同,而作飱。湌即飱之重文也。《玉篇》作飡,知其本作湌,且引韦注'侊,大也;大饭谓盛馔',则仍是大饭不及小食也。"

《说文引经证例》云:"此引《外传》证字也。今《国语》曰:'觥饭不及壶飧。'韦昭注:'觥,大也;大饭盛馔,饥时不及待,不如得壶飧可以救饥也。'喻欲急取吴之意。今许云云,似谓细尝不及急食,意同而语异。或谓侊当训大貌,小字盖传写之讹;以次倜案之,小貌不误也。或云:壶讹壹,壹又讹一,飧泐其半,亦未可定;然与小训又不合矣。盖《国语》是善本,存许为异说可也。"

案光声之字,虽多训大;然光声之转,如孤、寡、茕、鳏,则多独义。独则兼大小而言,犹小而无穷曰无,大而无穷亦曰无也。今湘人谓衹有此,率曰侊,读为 gon。无菜助餐曰侊饭,无菜佐饮曰侊酒,正与越谚相合,是古语犹存于今日者也,侊当训小,信有征矣。

《越语》:"谚有之曰:觥饭不及壶飧。"《列子·说符篇》云:"见而下壶飡以餔之。"张湛注曰:"飡音孙,水浇饭也。"则句践之引谚言,当谓吞侊饭,不及水浇。(今湘人读为 dau,曾运乾《喻母古读考》谓喻母四等字,古读舌声定母,如《尚书》皋陶,《离骚》、《说文》引作皋繇。今证以方音,亦觉可信。)饭之犹愈,以喻独有越,不如兼吴也。壹飧当作壶飧,于义为长,《列子》作壶餐,系假借字。诸家诠释,缴绕不清,均失之。

十七年十二月二十六日

(原载于《国立第一中山大学语言历史学研究所周刊》第70期,1929年2月27日)

潘耒音论

曩阅《吴江县志》,知潘耒邃于音韵之学,曾著《类音》八卷。顾三百年来,几无一人称道及之者,颇为诧异,求其遗著,亦不可得。十七年秋,与南通黄淬伯供职羊城,篝灯夜话,纵论及此。黄君言"潘氏《音论》,共计六篇,刊于《遂初堂集》中,该书传世甚稀,是以知之者少也。三年前,客居北平,曾从友人处借钞得之"云云。余闻斯言,亟假一观。知潘氏《类音》是否成书,尚待考定,然其梗概,悉具于此六篇中矣。因以暇日,草为是篇,以介绍于世之治音韵学者。

传略:

> 潘耒,字次耕,……幼孤,资禀颖异。尝阅历日,一过能背诵。及长,于群经诸史九流之书无不读,诗赋古文辞无不能。而性好山水,遂往来燕赵,与一时名人纵游,相对论题咏。
>
> 康熙十七年,以博学鸿词征试,除翰林院检讨,纂修明史。既受职,谓明更三百年,史事繁委,宜博采而精于考证,分任而一其义例,秉笔严而论平,岁月宽而帙简,因作议以上,总裁然之。令撰《食货志》,兼订纪传。自洪武以下五朝稿,皆其所定。……进充日讲官。……复为会试同考官,得士十二人,皆天下选。而名益起,忌者亦益众,后竟以甄别议坐浮躁降调,遂归。

耒初被征，以母老力辞，不获命，乃行。除官后，又牒吏部，以独子终养，请代题者三，卒不得请，乃受职，遂迎母养之。及去职，母没，终三年未尝见齿，乃复遍游罗浮、天台、雁荡、武夷、黄庐、中岳诸名山，尽穷其胜，各为诗若文记之。……

耒于声韵反切有神悟，随所至审辨，遂通其征，著《类音》八卷（案《遂初堂集·反切音论》作《类韵》）。以为旧字母三十六，有复有漏，今删五增十九，成五十母，各具阴阳，而列以喉、舌、腭、齿、唇之序。旧四呼以音就字，无定准，今各母各韵，并列四呼，字缺而音悉全。旧分类互有得失，今统有字无字之音，辨其全分，分平、上、去为二十四类，入为十类。即少摄多，正转、从转、旁转、别转（案《遂初堂集·声音原本论上》无从转），条理井然。旧切同母同韵之字皆通用，今同母之中，必用同呼、同转，同韵之中，必用元音，分阴阳，盖皆得天然之音而无有讹阙。论者谓于古今音学中，实成一家言。

晚研究易象数，多心得，著论十三篇。所为文甚夥，往往裨治体风教，与乡邑之利病。盖未尝师事同郡顾炎武、徐枋，实禀承其教。其史学则自少得诸兄柽章，赋学则耒所自得也。耒诗文共四十卷，名《遂初堂集》。自京师归，凡二十余年，年六十有三，卒。——《吴江县志》卷三十二

音论

潘氏《音论》，共计六篇，其目如下：

《声音原本论上》

《声音原本论下》

《南北音论》

《古今音论》

《全分音论》

《反切音论》

兹摘其要述之。其论音声之原本云：

> 声音者,先文字而有也。人生而有声,既长乃能识字。声止于一,字则多寡不论。或一音而数字,或有音而无字。字造乎人,而音出乎天者也。——《声音原本论上》

案此论声音之起原,谓声音先于文字,字造乎人而音出乎天,此种理论,确切不移,但未能发挥尽致耳。继云:

> 中古以降,字日繁,音日变,昔人思有以综理之,而字书、韵书出焉。然不得其天然之条理,则如散钱乱卒,错杂而不可整齐。自字母之秘启,反切之法传,而后众音众字,一以贯之,如钱之有绳,如卒之有伍,且使天下无字之音,可以有字者引之而出,字母之功伟矣!——同上

案凡一科学之成立,必先为纷歧之事实,错杂之现象,然后有人焉,为之综合而整理之,寻出其条理,归纳其意义,使之蔚然成为巨观。声韵之学,亦不能外于斯例。字母与反切,即其综合整理之结果也。继云:

> 然而等韵之书,立法未善,使人不能无议焉。夫立母以贯天下之音,则其所列为三十六母者,必无复无漏而后可也。乃知、彻、澄、娘同于照、穿、状、泥;非之与敷,异呼而同母,皆复出也。影、喻、晓、匣既分阴阳,而群、疑、并、明等不分阴阳,可添之母尚有十余,非缺漏乎?既同为母,自当并列一班,乃以知、彻、澄、娘列于端、透、定、泥之下,非、敷、奉、微列于邦、滂、并、明之下,照、穿、床、审、禅列于精、清、从、心、邪之下,爰有类隔、交互、振救诸法,纷然淆乱,而困人以披寻。所贵乎字母者,以切字也,类隔、交互则出切不得其真,误人实甚,是不可以不正也。——同上

案评论等韵之失,颇中肯綮。继言正之之法云:

> 正之如何?亦审其天然之音而已。天然之音,可立为母者五十。播之为四呼,转之为四声,区之为二十四类,而天下之音尽矣,天上之字该矣。——同上

案审其天然之音，为潘氏《音论》之根本观念。其建设方面，虽千头万绪，无非阐明此意，实现此旨而已。次言潘氏音学之建设论：

何谓五十母？

> 喉音十，曰：影、喻、晓、匣、见、溪、舅、群、语、疑。舌音十，曰：老、来、耳、而、端、透、杜、定、乃、泥。腭音十，曰：审、禅、绕、日、照、穿、朕、床、〇、〇。齿音十，曰：心、些、已、邪、精、清、在、从、〇、〇。唇音十，曰：非、奉、武、微、邦、滂、菶、并、美、明。旧谱之复者芟之，缺者补之，未安者改之，务使阴阳清浊，各具其音。相耦相从而不违其序，故宁密毋疏，宁更毋袭也。——同上

又伸言增删字母之故云：

> 三十六母，本于梵音，其来尚矣。昔人持论，间有异同，予乃毅然删改，顿增之为五十，且创字母，何其勇于自信呼？曰：非敢私心自用也，以声之阴阳辨之也。物莫不有阴阳，其在音也，重则为阴，轻则为阳，一阴一阳，常相对偶。人知清浊之为阴阳，而不知清声、浊声又各自有阴阳。影、喻、晓、匣，清也。群、疑，浊也。见、溪，清浊半者也。影、晓为清之阴。喻、匣为清之阳。等韵既分四母矣，见、溪，半清半浊，再剖之不成声，不可分也。群、疑则确有阴阳，何可不分？故增舅、语为阴，以群、疑为阳，而后浊音四母具焉。始者为图，亦尝虚此二母而作二〇矣，然立母而无字，使人何从启口，不得已而以舅、语二字标之，欲其便于读也。舌、腭、齿、唇，清浊之序，与喉音同，而旧母尤少，故所增尤多。北音偏重，作等韵者北人也，浊音阴阳，一概不分，故浊母无不增者。增杜于定，增乃于泥，增朕于床，增在于从，增菶于并，增美于明，皆用上声之字。上声必重，重者属阴，宜于配阳。其清母之阴阳不全者，亦增老、耳、而、绕、已、些、武七字，诚知阴阳之必相对待，则知诸母之不得不增，知我可也，罪我可也。曰：床母、从母之下，何以各作二〇？曰：无其字也。无字何以知其有音？曰：喉、舌、唇皆有最浊之音，牙齿何独无之？为

其邻于疑、泥也，故隐而不出，必细审然后得之。试以基、溪、奇、疑、低、梯、题、泥、知、鹂、迟、〇、齑、妻、齐、〇，相连并读，久而必有一音出焉。既得其阴，必得其阳，故有无字之二母。字者子也，无字而必列之，如家有兄弟十人，其八有子，其二无子，作谱者必尽载其名，若以无子而删二人，不成谱矣。——《声音原本论下》

案此言增删字母之故，其所持之理由，为一阴一阳，常相对偶，既得其阴，必得其阳。继言更改发音部位名称之故云：

曰：旧以见、溪、群、疑为牙音，今何以列诸喉音？旧以照、穿、床、审、禅为齿音，今何以列诸牙音？旧以来，日别缀于末，今何以列来于舌，列日于牙？而字只有四声，更无他呼别类，何以标为一母？旧以牙、舌、唇、齿、喉为序，今何以喉、舌、腭、齿、唇为序？曰：喉音者，舌居喉下，未著乎齿牙也。试问衣、希、基、溪、奇、疑六音者，类乎？不类乎？齿音者，以舌抵齿而后成声。牙音者，仅抵腭耳。试问诗、时、知、鹂、迟，抵腭乎？抵齿乎？来之为舌，日之为牙类也，有本位在也。而虽为独音，然不入他母，则自为母矣，安可废乎？凡声之出口，必自内而渐及于外，始喉，次舌，次腭，次齿，而终之以唇，无余声矣，岂非天然之序乎？——同上

案此种理论，全由验诸唇舌得来，贤于前人纸上空谈，心中臆测者远矣。惟案之发音学之原理，不相符合，盖因诠释发音部位名称之定义，其内容各异也。

何谓四呼？

曰：开口也，齐齿也，合口也，撮口也。凡有一字，即具此四呼。如见母之在真文韵，则为根巾昆君；在元先韵，则为干坚官涓。各母各韵，无不皆然。或无字而其音具在。作等韵者不明乎此，乃于横列四排中，以此母之开口，当彼母之齐齿（如通摄内封、逢等字与胸、邕同排）。以此韵之合口，作彼韵之撮口（如蟹摄内主、睽等字与傀、恢同排）。而其二十四摄中取四呼之字，或括而为一（如江摄），或开

而为五六(如止摄、蟹摄),以音就字,茫无定准。今则各母各韵,并列四呼,以音排字,以字标音,有字者补其次,无字者存其位,部分秩如,至赜而不可乱也。——《声音原本论上》

案凡有一字,必具四呼,此种排列方法,可矫等韵凌杂之弊。次言比而同之之故云:

> 曰:四呼细审诚有之,然各类参错,或全或杀,何可比而同之?曰:四呼非他,一音之变也。音之由中达外,在牙腭间则为开口,历舌端则为齐齿,蓄于颐中则为合口,聚于唇端则为撮口。开与合相应,齐与撮相应,有则俱有,无则俱无,一几四隅,一马四骕,不可增减者也。世人只就有字之音求之,故或二或三,不得其全。等韵但分开合,邵子者,虽有开发收闭之名,徐披其目,唯黑花香血为俱四呼,其他古甲九癸等或二或三,亦未尝相对也。惟梅氏《字类》末卷,四呼皆全,而不均之各类。陈氏《统韵》之图,但取纵横三十六,至以根之开口附于昆之合口,家之齐齿附于瓜之合口;又别立混之一呼,以姜阳之齐齿,肱肩之合口撮口当之,谬误滋甚。今则一母必具四呼,四呼始成一类;少一呼则知此母之音未竟,多一呼则知彼类之音当分。以此审音,而潜伏之音毕出,以此摄类而凌杂之类皆齐,因著以知微,执简以御烦,莫善乎此矣。——《声音原本论下》

何谓四声?

> 四声则平上去入是矣。——《声音原本论下》

何谓二十四类?

> 曰:切字必凭乎韵,类者所以括韵也。以四呼读之,一曰〇(庀纥切)衣〇(揾平声)于,支微韵也。二曰〇〔庀威切〕〇〔一追切〕威〇(郁追切)规闺韵也。三曰〇(遏平声)〇(遏平声)〇(干平声)肥,遮车韵也。四曰〇(闉平声)〇(轧平声)〇(窊平声)〇(哼轧切)遮车之分音也。五曰〇(遏隈切)〇(遏隈切)隈〇(哼隈切)灰回韵也。

六曰哀挨娃○（哕挨切）皆哈韵也。七曰○（沃平声）○（飕欲切）乌纡、敷模韵也。八曰○（㞞平声）○（益平声）○（攫平声）○（郁役切）敷模之分音也。九曰沤忧○（屋沤切）○（郁忧切）尤侯韵也。十曰○（㞞掺切）幽○（攫掺切）○（郁幽切）尤侯之分音也。十一曰阿○（握平声）倭○（郁握切）歌戈韵也。十二曰阿（北音）鸦洼○（哕鸦切）家麻韵也。十三曰坳幺○（麓坳切）○（郁幺切）肴萧韵也。十四曰鏖要○（兖鏖切〕○（哕要切）豪宵韵也。十五曰恩因温氲，真文韵也。十六曰安烟蜿鸳，元先韵也。十七曰○（阓兰切）殷弯○（哕般切）删山韵也。十八曰○〔沃泽切）邕翁硔，东冬韵也。十九曰罂英泓紫，庚青韵也。二十曰佚胦汪○（郁胦切）江唐韵也。二十一曰○（阓央），央○（兖央切）○（哕失切）阳姜韵也。二十二曰○（愵森切），音○〔稳森切）○（恽音切）侵寻韵也。二十三曰谙淹○（椀谙切）○（苑淹切）覃盐韵也。二十四曰滔○（押衔切）○（绾滔切）○（哕衔切）咸凡韵也。平上去皆二十四类，而入声仅十类。有正转，有旁转，有别转，各类之先后，以入声按之，而次序井然，无容紊也。部分既定，然后以同音之字汇次于一音之下，而其出切则必取于影、喻二母，以为其下之一字。阴者用影，阳者用喻，喉者用喉，舌者用舌，开者用开，齐者用齐。二字疾言之即成一字，一字长言之即成二字，其为切也至亲至确，一定而不可移易，视他谱之旁罗杂出者不侔矣。若夫汇次同音之字，则取《广韵》、《玉篇》、《韵会》、《正韵》诸书，参酌而编缀之，以成一书，训诂字义，或详或略，无不可者。词赋用之，字多者独用，少者通用，三四呼为一韵，广局由人，惟毋越乎其类，岂不简易而严谨也哉！——同上

案括韵为二十四类，为潘氏独创之见解。次伸言并之之故云：

曰：《广韵》平声五十七韵，今括为二十四类，所并多矣，然尚有可并者，支微为开口齐齿，敷模为撮口合口，一类也，而何以必分为二？东冬为合口撮口，庚青为开口齐齿，一类也，而何以必分为二？

又分删于寒,分唐于阳,何其细碎乎?曰:骤而读之,则似○沃平声,衣、乌、于为四呼,罂、英、翁、硧为四呼;细审之,则衣、于之外别有开、合;○、乌之外别有撮、齐。育之平声不同于鱼,此其显然者也。罂、英之下别有合撮,翁、硧之上别有开、齐,肱之不同于公,扃之不同于龚,此其显然者也。官之与关,桓之与还,江之与姜,腔之与羌,北音固可混而为一,南人读之,类乎不类乎?合其所不得不合,分其所不得不分,非可意为出入者也。——《声音原本论下》

案潘氏言分合之故,其所持之理由,为合其所不得不合,分其所不得不分,盖即所审其天然之音也。次伸言正转、旁转、别转之说云:

曰:平上去韵多而入声韵少,自昔然矣,愿闻正转、旁转、别转之说。曰:都、堵、妒、笃;知、止、制、质,此正转也。东、董、冻、笃;真、轸、震、质,此旁转也。笃长言之即都,质长言之即知,不待变声也,故曰正也。笃长言之非东,质长言之非真,必变声而得也,故曰旁也。遮与甗之转为哲,挨与殷之转为轧,幽与英之转为益,歌与冈之转为各,家与姜之转为脚,一正一旁,亦犹是也。灰之转忽,高之转各,变声为近,亦正也。若夫侵之转缉,覃之转合,咸之转洽,是为闭口之音,别为一类,故曰别转也。若其序,则先正而后旁,先微而后著。支微、规阕,音之始发也。遮车、皆咍,渐展也。敷模、尤侯,稍从矣。歌戈、肴萧,舒而未满也。家麻、豪宵,则大放矣。此正转之序也。旁转七类之序亦视此。是故平、上、去类之先后,以入声按之而定,其理甚微,前人未之发也。——同上

次又伸言切字必用影、喻二母之故云:

曰:切字何以必用影、喻母?曰:此元音也。人生而堕地,则有哇哇之声;欲言未言,则有噫呜阿呀之声;既长而唯诺呻吟惊呀嗟叹,凡音在言前者,皆影、喻母之声也。至于度曲,则有字头、字腹、字尾。字尾者,引伸其音而收之者也。非影、喻母不能长也,故谓之元音。用以切字,最为端的。此即二合之法,较音和而更亲者

也。——同上

潘氏论音，又分全分，其说如下：

> 何谓全？凡出于口而浑然噩然，含蓄有余者，是谓全音。何谓分？凡出于口而发越嘹亮，若剖若裂者，是谓分音。二者犹一干也，枝则歧而为二，既已为二，不可得合矣。而世人或读其全，则不知有分；或读其分，则不知有全。此亦方隅习俗使然，莫能自觉者也。今厘天下之音为二十四类，而相为全分者十四类也。灰回，全也。皆哈，分也。歌戈，全也。家麻，分也。肴萧，全也。豪宵，分也。元仙，全也。删山，分也。东冬，全也。庚青，分也。江唐，全也。阳姜，分也。覃盐，全也。咸凡，分也。南人读麻如磨，读瓜如戈，口启而半含；北人读麻为马，退切，瓜为古洼切，唇敞而尽放。含者全也，放者分也。北人读湍如滩，读潘如攀，读肱如公，读倾如穹，读腔如姜，读嫌如咸，读兼如缄；南音则判然为二。其读傀如乖，读恢如㧄，则南北音皆然。湍潘也，公穹也，江腔也，嫌兼也，傀恢也，全音也，启而半含者也。滩攀也，肱倾也，姜羌也，咸缄也，乖㧄也，分音也，敞而尽放者也。是二者欲以为一，则各有四呼，各有阴阳平仄，不容相浑；欲以为二，则气分相似，声吻相似，非如支微与真文之迥别县殊，故命之曰全分。平上去皆然，而入声尤为明显。月屑，全也。黠鎋，分也。屋烛，全也。陌职，分也。觉铎，全也。药灼，分也。合叶，全也。洽乏，分也。昔人惟不明全分之故，或欲并两类为一类，或以删山添卷舌一呼，或以阳姜、肱肩为混呼，离合之间，苦难位置，岂知其从奇生偶，各成一类哉！然则他类无若此者乎？曰：有之，而全类无其字，故全类无其音。遮车，全也，尚有分音，如元仙之有删山。敷模，全也，尚有分音，如东冬之有庚青。尤侯，全也，尚有分音，如江唐之有阳姜。惟支微、规阕、真交、侵寻四类分音。其转为入声，则遮车、灰回、元仙，此三类转为月屑。皆哈、删山，与遮车之分音，此三类转为觉铎。家麻、豪宵、阳姜，此三类转为药灼。其支

微、规阙、真文三类,转为质物,则无全分。至闭口三类,侵寻转为缉习,亦无全分。覃盐转为合叶,咸凡转为洽乏,亦有全分。二十二类有字,二类无字,共成二十四类,以平上去之二十四类收归入声之十类,脉络相承,一丝不乱,审音至此,微矣密矣,无余蕴矣。然则何以置二类而仅列二十二?曰:二类者,举世无其字,故举世无其音,能历然于口,了然于心者,无几人耳,骤而语人以有此音,尚骇而疑,况居然列之为类乎?姑就有字者立类,而无字者存其说以告天下后世之人,万一有神解妙悟者,闻而莫逆于心,遥相应和,是以子云而知子云也,千载下,犹旦暮遇之也。——《全分音论》

案音分全分,亦为潘氏独创之见解,前入未道及也。兹总其说,列表于下:

五十声母表

喉										舌										腭				
影	喻	晓	匣	见	溪	舅	群	语	疑	老	来	耳	而	端	透	杜	定	乃	泥	审	禅	绕	日	照
清	浊	清	浊	清	浊	清	浊	清	浊	清	浊	清	浊	清	浊	清	浊	清	浊	清	浊	清	浊	清
阴	阳	阴	阳	阴	阳	阴	阳	阴	阳	阴	阳	阴	阳	阴	阳	阴	阳	阴	阳	阴	阳	阴	阳	阴

腭					齿										唇									
穿	朕	床	○	○	心	些	已	邪	精	清	在	从	○	○	非	奉	武	微	帮	滂	摹	并	美	明
浊	清	浊	清	浊	清	浊	清	浊	清	浊	清	浊	清	浊	清	浊	清	浊	清	浊	清	浊	清	浊
阳	阴	阳	阴	阳	阴	阳	阴	阳	阴	阳	阴	阳	阴	阳	阴	阳	阴	阳	阴	阳	阴	阳	阴	阳

二十四类表

支微	规阙	遮车	遮车分音	灰回	皆咍	敷模	敷模分音	尤侯	尤侯分音	歌戈	家麻
质物	质物	月屑	觉铎	月屑	觉铎	屋烛	黠镁	屋烛	黠镁	屋烛	乐灼
全	全	全	分	全	分	全	分	全	分	全	分
始发		渐展				稍从				舒面未满	大放
正 转											

萧肴	宵豪	真文	元仙	删山	东冬	庚青	江唐	阳姜	侵寻	覃盐	咸凡
屋烛	乐灼	质物	月屑	觉铎	屋烛	陌职	屋烛	药灼	缉习	合叶	洽乏
全	分	全	全	分	全	分	全	分	全	全	分
舒面未满	大放	始发	渐展	稍从	舒面未满	大放	舒面未满	大放	舒面未满	大放	闭口
正转		旁　　转							别转		

上述音学之建设论既竟，潘氏自序其研究音学之经过云：

> 余自少留心音学，长游京师，寓卫尔锡先生所，适同此好，锐意讲求。先生，晋人也，余吴人也，各执一见，初甚牴牾，发疑致难，日常数返，渐相许可，渐相融通，久而冰释理解。不特两人所素谙者交资互益，而昔人所未发者，亦钩深探赜而得之。于是五十母、四呼、二十四类之说定，而图谱成焉。犹未敢自足，年来遍游名山，燕齐晋豫湖湘岭海之间无不到，贤豪长者无不交，察其方音，辨其呼母，未有出乎二十四类之外者，亦未有能尽通二十四类之音者，遂将勒成一书，公之天下。欲使五方之人，去其偏滞，观其会通，化异即同，归于大中至正而已。——《南北音论》

观此，知潘氏音学之建设论，其方法在融会南北之音，化异即同。其目的在归于大中至正。此种意志与现代提倡统一国语者颇相类似。致其方法，抹杀前人陈说，仅据一己之方音，参以朋俦之讲习，遂另造字母与韵类，其主观之色彩，未免太浓厚矣。次言应用方面，潘氏评论反切之功用及流弊云：

> 等韵之法，以三十六母贯穿天下无穷之字。切韵用之，以同母之字出切，以同韵之字定声，而本音生也。举天下隐僻之字，晦昧之音，皆可钩而出之，俾典藉无难读之字，喉舌无不发之音，视古之注为读若某字，与注以直音者，不啻霄壤，且使千载而下，读若淆讹，而寻其反切，即可得其本音。如见户字出切者，可知为匣母之音，见五字出切者，可知为疑母之音，见女字出切者，可知为泥母之音。与夫

撮口之误读为合口,齐齿之误读为开口者,皆可审而正之,则字母与切音之功大矣。顾有未尽善者,以等韵所立诸门法,纷纠缭绕,窒塞迂回。作切韵者盖亦知其非而不尽从,然其切皮为符羁,切卑为府移,切绵为武延,切篇为芳连,切椿为都江,切爹为陟耶之类,则犹仍类隔交互之失,致使字不得其真。即非类隔交互,而出切多不用本呼之字,如以息兹切思,许归切挥,都奚切低,古谐切皆,将偷切遵,他前切天,或以齐齿而切开口,或以撮口而切合口,或以合口而切齐齿,或以齐齿而切合口。如此者,一韵之中,居其大半,而其取韵,则唇、舌、牙、齿、喉五部之字,交参杂用,初无定准。夫所凭以切音,惟上下二字耳,而二字均不甚的当,则所得之音,容有模糊,是未尽用切之道也。《韵会举要》、《洪武正韵》、《韵学集成》诸书,有更定而亦不皆妥确。——《反切音论》

上论反切之功用及流弊,次言更定新谱之内容云:

今类韵所用之切,则上一字必用本呼,以开切开,以齐切齐,以合切合,以撮切撮,必用同转仄音切平,平音切仄,全音切全,分音切分,下一字必用影、喻二母之元音,阴以影切,阳以喻切、影、喻无字,则用晓、匣之字,又无字,然后用见、溪、群、疑之字。如东之旧切为德红,今则易以笃翁,德分而笃全,红阳而翁阴,视旧稍亲;中之旧切为陟弓,今则易以竹翁,陟开而竹合,弓见而翁影,则倍亲;先之旧切为苏前,今则易以屑烟,苏合而屑齐,前阳而烟阴;田之旧切为徒年,今则易以迭延,徒合而迭齐,年泥而延喻,则尤亲;旧切有暗合者,如卢红之切笼,鱼容之切颙,力延之切连,巨员之切权,则仍之。不合者悉改之。旧切凡同韵同母之字皆可切,今则同母之中必用同呼,同转同韵之中必用元音,必分阴阳。旧切二字生出一音,新切二字合成一音。旧切如射者不能正的,而在的之上下左右;新切则在直中鹄心,不可移易。至当归一,精义无二,斯之谓矣。——同上案此种更定,较之旧谱,详确多矣。其余论南北音之异同,与古今音之变迁,无关重要,兹略不述。

十八年二月二十二日

(原载于《国立第一中山大学语言历史学研究所周刊》第71期,1929年3月6日)

珂罗倔伦谐声原则与中国学者研究古声母之结论

近三百年来，古韵之学，导源于昆山顾炎武，自是而后，婺源江永、休宁戴震、金坛段玉裁、曲阜孔广森，代有增益。至高邮王念孙、歙县江有诰出，集此学之大成，二十二部之目，殆成定论。原斯学所以完密至此者，以其材料不过群经、诸子及《广韵》反切，其方法，则皆因乎古人用韵之自然。其道至简，其事有涯，故不数传而遂臻其极也。至于古声母之学则异是，取材方面，约有五端：一经传异文，二汉人音读，三音训，四双声，五反切；其方法则以此五者参伍互求，材料至繁，探索匪易。故其所得之结果，只有归并而无分析，研讨愈久，界限愈疏矣。自嘉定钱大昕考定古无舌上音及轻唇音以后，鲜有论及之者。近代余杭章炳麟考定"娘"、"日"二纽，古并归"泥"，并钱氏之说，定古声母为二十一纽：

喉音	见溪群疑
牙音	晓匣影 喻
舌音	端透定泥来 知彻澄娘 日
齿音	照穿床审禅 精清从心邪
唇音	帮滂并明 非敷奉微

嗣后蕲州黄侃,益加推阐,定为十九纽:

深喉音	影 喻 于
浅喉音	见溪晓匣喻疑 寻
舌音	端透定来泥 知彻澄　娘 照穿神　日 　审禅
齿音	精清从心 庄初床山 　　　斜
唇音	帮滂并明 非敷奉微

近代学者,几视此为定论。然其考定之方法,纯为循环论证,案之实际,未合者尚多。是古声母之探讨,不能不有待于后之学者矣。

瑞典学者珂罗倔伦(Bernhard Karlgren)著 An Analytic Dictionary of Chinese and Sino-Japanese,其序论中,讨论谐声原则,共分三类,根据发音学之原理,推阐古代声母之变迁。取材精当,方法绵密,为研究古代声母者开一新纪元,其结论虽与中国学者互有出入,然大体尚能相合。至谓古音中有已遗失之声母,则为中国学者所未道及,不可谓非音韵学史上一大发见矣。不忖谫陋,取其第二类中讨论声母者,与中国学者研究之结果,互相比较,并说明其异同,以供研究古声母学者之参考。

解说本论之先,当明了声纽之类别。兹列为左表,以便观览。

发音方法\发音部位		新名旧名	双唇	唇齿	舌尖前	舌尖	舌尖后	舌面前	舌前	舌根	喉
		旧名	重唇	轻唇	齿头	舌头		舌上	喉	牙	喉
裂破	不带音	不吐气 清	帮 P			端 t		知 t'		见 K	影
		吐气 次清	滂 P'			透 t'		彻 t"		溪 K'	
	带音	浊	并 b'			定 d'		澄 d"		群 S'	
鼻音		次浊	明 m	微 mv		泥 n 娘 nj				疑 η	
		部位\方法				正		齿			
擦摩裂破	不带音	不吐气 清			精 ts		照二 ts..	照三 t's'			
		吐气 次清			清 ts'		穿二 ts'..	穿三 t's'			
	带音	浊			从 dz'		床二 dz'..	床三 d'z"			
擦摩	不带音	次清	敷 f' 非 f		心 s		审二 s.	审三 s'		晓 x	喻四 i
	带音	次浊	奉 v		邪 z		禅三 z'		喻三 j	匣 Y	
		部位\方法				半舌		半齿			
边音						来 L					
鼻+摩		次浊						日 ηz			

(附注)

⟵——— 由来,例如:羊 iang ⟵——— z

———⟶ 变成,例如:羊 z ———⟶ ziang

═══ 时代变,音不变。例如:甘 kan ═══ kan

喉声影母独立,实世界制字审音之通则,本无疑义。惟古来学者,均

认喻、于二母为影母之浊声,并为一类,此大误也。珂氏研究谐声原则,对于此,有特别之见解。其言云:

> 从古音观之,谐声之声母、元音、韵尾,三者不全相类或相近。此中分两类,其特点在主谐字或被谐字,若非声母之辅音遗失(变喻母),则韵尾之辅音遗失。例如:
>
> 一类:甬 i̯wong;通 tʻung;炎 ji̯äm;谈 dʻǝm;匀 i̯uēn;钧 ki̯uēn;于 ji̯u;訏 xi̯u。
>
> 二类:乍 dzʻa;昨 dzʻak;敝 bʻiei;瞥 Pʻiet;卜 Puk;赴 Pi̯u。(案此类与本论无关,兹略不述。)
>
> 兹先言一类。
>
> 乍观之,似造字者以为两事相合,则第三者虽不相合,只须无积极之冲突,即可相谐矣。故甬 i̯wong 之主要元音韵尾与通 tʻung 相同或相近(O 与 U),即可相谐;然 Kʻung 却不能与 tʻung 相谐,因 k、t 冲突故也。
>
> 此不过表面如此,若如所云,则同一甬 i̯wong 字,应可谐 tʻung,又可谐 Kung。吾人一见古音无辅音声母之字作主谐字,即可料其所谐之字,可以有任何部位之声母(唇、齿、舌、牙、喉)。然而事实上颇为罕见。试举数例:
>
> 甬 i̯wong(勇 i̯wong 等):筩,甋 dʻung,捅,桶,痛,通,tʻung,诵 zi̯wong 等;
>
> 炎 ji̯äm(掞 i̯äm 等):淡,倓,惔,锬,餤,郯,痰,窞 dʻam,毯,睒,菼 tʻam,聍 Si̯äm;
>
> 匀 i̯uēn:均,钧,袀 Ki̯uēn;
>
> 爰 ji̯wan:谖,楥,愋,xi̯wan,鍰 rwan,缓,偄 yuàn。
>
> 此例毋烦多举,一查字典,即可寻出无数之例证,指明此等谐声字每套限于一种部位之声母,此固非偶然也。若造字之时,即如此严格,或限于舌尖音(或舌面前音)范围之内,或限于舌根音范围之

内,两不相混,此其中有一甚强之理由存焉。理由为何?即上古音内甬 iwong 类原有一舌尖前的声母,勺 iuēn 类原有一舌根音的声母,不过前于《切韵》时代,即已消亡,即此可以解释从彼所得之谐声何以如此严格之各归各系矣。

此重要之结论,尚有下列之佐证:

(一)详观此类字多数之例,即知凡缺辅音声母之字,起初均为 i 音(或松 i 或紧 ji)。例如:甬 iwong,通 tʻung,炎 jiäm,谈 dʻam,勺 iuēn,钧 Kiuēn,云 jiuen,魂 ruen 等,不胜枚举。然吾人少见 uen 字可谐 Kuen 及 tuen,或 än 可谐 Käu、täu 及 siu 音。此种之例,颇为有趣,因可以使吾人推想其他语言中有一常遇之现象也。

第一,d-或 g-在 i 前时,容易遗失。如:瑞典语中,diup ⟶ iup,giuta ⟶ iuta。

第二,g-音后不论有何元音,自己即变为 i,恰当之例,如:德国方言中,gana ⟶ iana,gut ⟶ iut。

(二)古音中无口部声母之字,均严格的分为二类,即影母与喻母是也。余所著之《中国音韵学》(Etudes sur la Phonologie Chinoise)中,已证明影母为喉部破裂音,由声带闭而忽开所成之辅音。古音之恩 en,其音读之始,仿以德文之 Eeke,而喻母实为一简单光软之元音性,读法似英文 end,法文 aimer,如此微细之区别,而分辨如此之严,岂非奇异?或者本来尚有显明之区别,嗣后只残留如此极小之部分乎?兹试比较影、喻后之元音观之。影母之后,接任何元音均有之。例如:阿 a,欧 əu,噫 i,央 iang,乌 uo 等,而喻母字其开端无一非 i(i 或 ji)音,再加之(甲)凡 i(i 或 ji)与 t-系或 k-系互谐,如:甬 iwong、通 tʻung;勺 iuēn、钧 kiuēn 等,其中之 i,几全为喻母;而(乙)i-不与 t-系、k-系相谐,例如:因 ien、姻 iěn、烟 ien、恩 en 等,其中之 i-,均为影母。——因此吾人可断定:

古音影母字,原无口部声母,ən 原来即为 ən。

古音喻母字(软音开始)原有一舌尖前或舌根的声母,而古音喻母字所有之 i 音,若非旧声母遗失之致因,即遗失后所留之痕迹。

(三)此种说法,一字两读,即为显明之佐证,其中一读喻母,一读舌尖(包括舌面前)或舌根音。兹举数例言之:

佻　古音 t'ieu 及 ieu

怵　古音 d'iəu 及 iəu

䁂　古音 Kjwei 及 iwi

湲　古音 rwan 及 jiwan

若假定上古音一字有 d'iən、iən 两式,似乎非是;但假定加上一遗失之舌尖音,谓 iən ⟵ d-,则一字有 d'iən、iən 两种读法,即明瞭矣。

然则是否可寻出已遗失之声母性质乎?

(甲)上文(一)节言 d-、g- 在 i 前遗失,或遗失后变为 i,此种例固当注意,然尚有较强之证据焉。

(乙)古音有一通例,为平上去入中,其音较高者均为清音声母字,低声调之字均为浊音声母字。影母字在四声中属于高类,而喻母字属于低类,故在浊音声母系类。因此可知遗失之舌尖,或舌根音,当为浊母。

(丙)古音声母系统特别之点,为清音有吐气、不吐气二种(P、P'、t、t'等),而浊音均吐气(b'、d'、g'等),无不吐气之纯浊音(b、d、g 等)。故仅有 k、k'、g'、t、t'、d'、t'、t"、d"、t's、t's"、d'z"等,此种现象,甚为奇异,然而现在可寻出其理由矣。即上古音内四种齐备之 k、k'、g、g'、t、t'、d、d'等,至古音时期 d-与 g-母均藏于喻母中,d-声母之甬字成 iwong,g-声母之匀字成 iuēn,故系统不甚整齐矣。

由此观之,古音缺乏 b、d、g 等,既可如此解释。此种解释,一方为声母遗失说最强之证据,一方又为帮助考定此种遗失声母性质之方法。

有一费解之事焉,即上古 d-、g-有时成古音 ji-(紧,多辅音性),

123

或成古音 i-（松，多元音性），从字形上不能明了其理由。

前言 g-音遗失之方法有二：

因后面有 i，遂致遗失：giuta ⟶ iuta。

g-变为 i：gut ⟶ iut。

然则中国语言中之变迁，属于何种乎？是否为上古之 gia 变为古音之 jia，上古之 ga 变为古音之 ia 乎？从文字上之研究，不能明了。故余于 Anal Dict 中，只标出上古之声母为 iwong ⟵ d-，jiärn ⟵ d-，谓古音 iwong、jiäm 来自 d-音开始之字，非谓上古音其余之部份（介母，元音，韵尾）为何也。

兹所得之结论，为遗失之声母，均为不吐气之浊音，且

甬 iwong ⟵ d-，故能谐通 t'ung；

勻 iuēn ⟵ g-，故能谐钧 Kiuēn。

然是否能确定不吐气之浊音声母常为 d-、g-二种乎？Z 与 γ 岂非不吐气之浊音声母乎？因此入于一重要问题之范围矣，即论到上古声母系统之问题是也。

（一）关于舌根音——g 或 γ——不难既可得一结论。吾人已知 K、K'、L 等声母，于古音或简单的与韵母相接：哥 Ka、古 Kuo、见 Kien，或有舌面附颚作用的（yodicized 即加 j）；搴 Kjiäm、几 Kji、然 γ（匣）母字常用于无附颚作用之韵母前（何 γu，胡 γuo，县 γien），而 g'（群）母字常用于有附颚作用韵母之前（干 g'jiäm，强 g'jiang，其 g'ji），因此谓为在上古音原为一声母，后因韵母之不同分歧为二，此亦为近理之解释。故有两种可能：

$$\text{上古} \quad \text{古}$$

或 $\begin{cases} 何 & g'a \longrightarrow ra \\ 其 & g'i \longrightarrow g'ji \end{cases}$

或 $\begin{cases} 何 & γa \longrightarrow γa \\ 其 & γi \longrightarrow g'ji \end{cases}$

观于右之所述，不难知前者比后者较合音理。且右音 γ 母确出

自上古之 gʻ,可以从谐音上证明之。又字典中能寻出 k:x(干 Kan、罕 xan)相谐之例极少,而 k:ɣ(古 Kuo、胡 ɣuo)相谐之例极多。前者之 k:x 均为清音,岂非较后者一清一浊之 k:ɣ 更切近乎?若古音之 ɣ 即从上古音之 ɣ 传来,则 k:ɣ 多于 k:x 之例,即难解释矣。若定 ɣ 从上古之 gʻ 传来,则此问题立即解释。因 k:x(一破裂音,一摩擦音),相谐虽罕见,而 k:gʻ 相谐,则为当然之事实也。

言至此,可得关于声母遗失之结论矣。即破裂音与摩擦音(例如 k:x)不可视为相谐,只可视为例外。其与 k、kʻ、gʻ 互谐之"不吐气浊音",定非 ɣ 而为 g。

案珂氏此段所证明者,要点有三:
(一)古音中无口部声母之字,分为影、喻二类。影为喉部破裂音,由声带闭而忽开所成之辅音,喻为一简单光软之元音性。
(二)上古不吐气浊音之 d、g 等声母,至古音时均遗失而变为喻母。
(三)古音 ɣ(匣)母出自上古不吐气浊音 g(群)母。

中国古音学家均以喻母为影母浊声,黄侃以群母为溪母之变声,惟益阳曾运乾《喻母古读考》谓于母(喻母三等)古隶牙声匣母,喻母古隶舌声定母,与珂氏互有出入。兹节录其所证明者如下:

先证喻母三等字古隶牙声匣母:

凡《广韵》切语上一字用于、羽、雨、云、雲、王、韦、永、有、远、荣、为、洧、筠、营十五字者为喻母三等字,与喻母四等字不通用,文中称于母。

凡《广韵》切语上一字用胡、乎、户、侯、下、黄、何七字者为匣母。

古读营(于倾切)如环。《韩非子》:"自营为私。"《说文》引作自"环"。案:环,户关切,匣母。

古读营如还。《诗·齐风》:"子之还兮。"《汉书·地理志》引作"营"。师古注:"《齐诗》作营,《毛诗》作还。"案:还,亦户关切。

古读瑗(王眷、于愿二切)如奂。《春秋左氏经·襄二十七年》

"陈孔奂",《公羊》作"陈孔瑗"。案:奂,胡玩切,匣母。

古读瑗如环。《春秋襄十九年经》"齐侯环卒",《公羊》作"齐侯瑗"。环,匣母,见上。又案:《尔雅·释器》:"好倍肉谓之瑗,肉好若一谓之环。"瑗、环声义并相近。

古读羽(王矩、王遇二切)如扈。《周官·考工记》:"弓人,弓而羽䩷。"注:"羽读为䩷,缓也。"案:扈,侯古切;缓,胡管切,并匣母。

古读盂、宇(羽俱切)如霍,实如护。《春秋·僖二十一年》"会于盂",《谷梁》作"雩",范解雩或为宇,《公羊》作霍。(今虚郭切,晓母一等字。)案:《白虎通·巡狩篇》云:"南方为霍山,霍之为言护也。"《御览》引《三礼义宗》亦云:"霍者,护也。"又《风俗通义》:"衡山一名霍山。"护,胡故切;衡,户庚切,均匣母。

古读于(羽俱切)如乎。《经传释词》云:"于,犹乎也。《管子·山国轨篇》曰:'不籍而赡国,为之有道于?'元注:宋本如是,今讹作'予'。《吕氏春秋·审应篇》曰:'然则先生圣于?'高注:'于,乎也。'《列子·黄帝篇》曰:'今女之鄙至此乎?'《释文》:'乎,本又作于。'《庄子·人间世》曰:'不为社者,且几有翦乎?'《释文》:'乎,崔本作于。'是也。又为叹美之词。《论语》:'孝乎,惟孝!'《释文》及《汉石经》'乎'并作'于'。是也。"案乎,户胡切,匣母。

古读违(雨非切)如回。《尧典》"静言庸违",《左文十八年传》引作"靖谮庸回"。《论衡·恢国篇》、《三国志·陆抗传》引作"回"。案:回,户乖切,匣母。

古读员(王权、王分、王门三切)如魂。《诗》:"出自东门,聊乐我员。"《释文》:"员,《韩诗》作魂,神也。"《文选·西征赋》、《舞鹤赋》、鲍照《东武吟》注引并同。案:魂,户昆切,匣母。

古读员又如圜。《周官·考工记》:"轮人,取诸圜也。"故书圜作员。《文选·西京赋》"圜阙竦以造天",注引字书云:"圜,亦圆字也。"经典圆,亦作员。《说文》:"圜,天体也;圆,圜合也。"声义并近。今音员,圆,王权切,于母;圜,户关切,匣母。(圜亦有王权一切)

次证喻母四等字古隶舌声定母：

凡《广韵》切语上一字用余、餘、予、夷、以、羊、弋、翼、与、移、悦十一字者为喻母四等字，与旧喻母三等字（于母）不通用。今仍称喻母。

凡《广韵》切语上一字用徒、同、特、度、杜、唐、堂、田、陀、地十字者，为定母。

凡《广韵》切语上一字用直、除、场、池、治、持、迟、伫、柱、丈、宅十一字者为澄母，古读如定母。

古读夷（以脂切）如弟。《易·涣》："匪夷所思。"《释文》："夷，荀本作弟。"又《明夷》："夷于左股。"《释文》："子夏本作睇，又作眱。"《说文》："鶇，从鸟，夷声；重文作鵙，从鸟，弟声。"案：弟，徒礼、特计二切；睇，特计切，又杜奚切，并定母。

古读夷如陈，实如田。《左·僖元年》"邢迁于夷仪"，《公羊》作"陈仪"。案：陈从申声，古读如田。《史记》齐田氏，即陈氏也。申，本古文电字。《淮南子·天文训》："庚子干，丙子夷。"注云："夷，或为电。"夷之读为电，犹夷之读为陈矣。案：田，徒年切；电，堂炼切，均定母。陈，直珍切，澄母。

古读易如狄。《管子》："戒易牙。"《大戴记·保傅篇》、《论衡·谴告篇》均作"狄牙"。又《说文》易声之字，或从狄声，如：逷字，古文作逖，从易声；惕字或体作逖，从狄声。案：狄，徒历切，定母。

古读逸（夷质切）如迭。《书·洛诰》"史逸"，《周书·去殷篇》作"史迭"。案：迭，徒结切，定母。《左传》："随侯逸。"杜注："逸，逃也。"《汉书·成帝纪》注："逸，遁也。"均举双声字为训。

古读逸又如彻。《庄子·田子方篇》："夫子奔逸绝尘。"《释文》："司马本作彻。"案：彻，丑列切，彻母；又直列切，澄母。彻、澄相为清浊。

古读遗（以追、以醉二切）如隤。《诗·谷风》："弃予如遗。"《文选·叹逝赋》注引《韩诗章句》遗作隤，薛君云："隤犹遗也。"案：隤，杜回切,定母。

古读欲(余蜀切)如犊(以周切),实如独。《诗·文王有声》:"匪棘其欲。"《礼·礼器》"欲"作"犆",犆亦喻母字。《庄子·大宗师》:"而我犹为人猗。"《释文》:"犹,崔子作独。"案:独,徒谷切,定母。

古读繇(余招、以周二切)如陶。《尚书》"皋陶",《离骚》、《尚书大传》、《说文》并作"繇"。案:陶,徒刀、余招二切,前切定母,后切喻母。前人改陶从繇音读,非是。

古读腧(羊朱切)如头。《史记·万石君传》:"石建取亲中裙厕腧,身自浣濯。"《索隐》:"今世谓小袖衫为侯腧。"案:此即《释名》之侯头,所谓"齐人谓如衫小袖曰侯头"。侯头,犹言解渎也。案:头,度侯切,定母。

古读渝(羊朱切)如偷。《诗·清人》:"舍命不渝。"《韩诗外传》引作"偷"。讬侯切,透母。透、定相为清浊也。

古读攸(以周切)如调。《说文》:"卤,读若调。迺从乃省,卤声,读若攸。覅从见,卤声,读若攸。"据此,知攸、卤通读矣。案:调,徒聊切,定母。

古读攸如逐,又如迪,如浟。《易·颐》:"其欲逐逐。"《释文》:"《子夏传》作攸攸。《志林》攸,当为逐。苏林音迪。"又《汉书·叙传下》:"六世耽耽,其欲浟浟。"师古注:"浟音涤,今《易》作逐。"案:逐,直六切,澄母;迪、浟,徒历切,定母。澄、定一母也。

又次证明隋唐时于读牙声,喻读舌声。

作此说竟,或有疑余说虽合古读,而陆法言制《切韵》时,喻、于未必异读;匣、于未必同纽者,余请有以明之。

案法言《切韵》自序,首述全书之大例云:"支、脂、鱼、虞共为一韵。先、仙、尤、侯俱论是切。上四字举音和双声,以明分别部居之意。下四字举类隔双声,以明分别等第之意。所谓欲广文路,自可清浊皆通;若遇知音,即须清浊有异者也。若如今等韵,则侯在匣母一等,尤在喻母三等。尤、侯两字,分隶两类。与上举支、脂、鱼、虞、先、仙六字之各为双声者不伴矣。"此征之法言自序,而知匣、于在当时同隶一纽者也。

又《颜氏家训·音辞篇》载:"梁世有一侯,谓郢州为永州,元帝启报简文,简文云:'庚辰吴入,遂成司隶。(案:司,各本讹作同,不可解。思之竟日,当为司字之误。《后汉书·鲍永传》:"鲍永,字君长,建永十一年,征为司隶校尉永辟扶风鲍恢为都从事。帝尝曰:'贵戚且敛手以避二鲍。'又鲍永三世为司隶校尉,永父宣,哀帝时为司隶校尉,永子昱,中元时拜司隶校尉。帝尝曰:'吾固欲天下知忠臣之子复为司隶也。'")考《广韵》永,于憬切,于母;郢,以整切,喻母,截然两类,本不相涵。郢、永无分,其误与今等韵家喻、于一母正同,故元帝、简文并讥之也。至简文答语,则举《春秋》吴入楚都为郢之歇后语,举后汉抗直不阿之司隶为永之歇后语,齐梁之际,多通声韵,故剖判入微如此;若如今等韵,喻、于同等,彼小侯亦当反唇相讥矣。此征之同定《切韵》之颜介,而知喻、于在当时确为二类者也。

又考之《广韵》全书,凡只具喉音一母(影)、牙音六母(见、溪、群、晓、匣、疑)及唇音四母(非、敷、奉、微)之韵,如:痕、殷、征、废、文、元、凡、严等,只有于母字,绝无喻母字,反之,凡只具舌声、齿声之韵,如麻韵弇声齐齿呼(切语下一字以邪、嗟、奢、车、遮、赊为一类),又只有喻母字,绝无于母字。足以明喻、于两母之部位矣。此又征之《切韵》本书,知于母当时确为牙声,喻母当时确为舌声者也。

又次说明喻、于二母今读。

复次又有疑于、喻今音之呼法者,曰:职韵之域与弋,清韵之营与盈,静韵之颖与郢,昔韵之役与绎,祭韵之卫与锐,仙韵之员与沿,线韵之瑗与掾,旨韵之洧与唯,至韵之位与遗,准韵之殒与尹,阳韵之王与阳,养韵之往与养,虞韵之于与逾,东韵之雄与融,区以别矣。至欲求其确定之部位,则于母当读如牙音撮口呼之铄类浊声。喻母当读如舌上章齐齿呼,或撮口呼之铄类浊声。舌上音不易读时,即读如半舌音之铩类浊声禅母,犹胜于读影母浊声者之大乱声音部作也。

案曾氏所证明者,谓喻母四等字古隶舌声定母,与珂氏推定喻母甬类,上古读 d 母者,合。(但为不吐气之纯浊音定母,稍异。)珂氏推定喻母勺类,上古读 g 母,古音匣母,出自上古之群母,与曾氏所证明之喻母三等字古读匣母者,异。又其时代,曾氏以喻读定母,于读匣母,直至隋唐时代,依然如故。珂氏则以上古之 d、g 等声母,至古音时,均变为喻母。互有异同,要皆各有其确定之根据也。兹列表如左,以清眉目。

时\名	上古	古代
珂氏	d	i(甬)
珂氏	g	i(勺)
珂氏	g'	γ
曾氏	定	定(喻)
曾氏	匣	匣(于)

(二) 关于舌尖音之情形,亦甚顺利。此处可寻出数条重要之定律,以供言语学之参考。此种定律,固非绝对无一例外,盖有多少不严密之造字者,所造之字,通行以后,成为不规则之例。然从所根据之一万二千字中观之,内中多数倾向,大抵甚为明显。谓之定律,不为过分。

乍观之:童 d'ung;鐘 t's' iwong,憧 t's'' iwong,撞 d''ang;召 d'' iäu;超 t'' iäu,昭 t's' iäu,绍 z' iäu,貂 tieu,笤 d'ieu;戋 dz'än,tsien;笺 tsien,钱 dz'ien,浅 ts' iän,线 s iän,残 dz'än,盏 tsan,栈 dz'an,划 ts'an 等字之谐声,似乎:

一切舌尖前音:t、t'、d'、ts、ts'、dz'、s、z。(端、精系)

一切舌尖后音:ts、ts'、dz'、s。(照二系)

一切舌面前音:t'、t''、d''、t's、t's''、d'z''、s、z'。(知、照三系)

均可互相谐声,内中系统,似乎很松。然除去上言比较少数不规则之例外,其实内中之系统,均甚严密。

下列通则数条,当加注意:

(甲)舌尖前破裂音可任意互谐:t、t'、d。(端,透,定)

(乙)舌尖前破裂摩擦音与摩擦音可任意互谐:ts、ts'、dz'、s、z。(精,清,从,心,邪)

(丙)舌尖后破裂摩擦音与摩擦音可任意互谐:ts、ts'、dz'、s。(照二,穿二,床二,审二)

(丁)舌面前破裂音可任意互谐:t'、t''、d''。(知,彻,澄)

案此与章炳麟所言之旁纽双声相似。《新方言》云:

> 凡同纽者为双声音和凡同音者(谓同一喉音、牙音等)为双声旁纽。

又《古双声说》云:

> 同一音者,虽旁纽则为双声。是故金、钦、禽、唫,一金声具四喉音;汙、吁、芋、华,一于声具四牙音。

以上均甚自然,尚有下列特异之规则:

(戊)同为舌尖前音,而一方面破裂音 t、t'、d,不与他方面破裂摩擦音及摩擦音 ts、ts'、dz'、s、z 互谐。此条定律之例外较少。

(己)舌尖前之破裂摩擦音与摩擦音 ts、ts'、dz'、s、z 及舌尖后之破裂摩擦音与摩擦音 ts、ts'、dz'、s 可任意互谐。

(庚)舌面前之破裂摩擦音 t's'、t's''、d'z''、z(照三,穿三,床三)与舌面前之摩擦音 z(禅)可任意互谐。

(辛)舌面前之摩擦音 s(审三)不与上述之 t's'、t's''、d''z、z 互谐。

(壬)舌尖前之破裂摩擦音及摩擦音 ts、ts'、dz'、s、z 及舌尖后破裂摩擦音及摩擦音 ts、ts'、dz'、s 大都不与舌面前之破裂摩擦音及摩擦音 t's'、t's''、d'z''、s、z 相谐。

(癸)舌尖前之破裂音 t、t'、d' 不仅与舌面前之破裂音 t'、t''、d'' 任意互谐,且可与舌面前之破裂摩擦音 t's'、t's''、d'z' 及摩擦音 z 任意互谐。(但不与 s 互谐。)

从上述之事实,可得几条重要之结论。

(1) 假如先观(庚)(辛)二条,则知禅母 z 与 t's'、t's''、d'z''(照三、穿三、床三)相通,而不与审三 s' 相通。此种证明,在余所著之《中国音韵学》(原书四五〇—四五二页)内,所谓古 z 来自更古之破裂摩擦音之言,(书内所举理由之一,为梵文 j 音,"破裂摩擦音"照例用禅母字译,较用床三母字 d'z'' 译为多)当时曾假定床、禅字均同一声母 d'z''。至《切韵》时代,则分为床三母 d'z'',禅母 z 矣。此说之弱点,在不能说明其理由,如何一部分字分为 z 母,其余仍旧保存原来之 d'z'' 音? 然观上文(庚)节,则此问题,已明白矣。盖西历四五世纪时(晋六朝),有一全套四件首之照三 t's'、穿三 t's'、床三 d'z''、禅三 d'z'(不吐气),至古音时代,吐气之 d'z'' 未变,不吐气之 d'z' 变为 z 矣。

因此即解释因何古音之 z(较早之 d'z')可与 t's'、t's''、d'z' 互谐,而不与 s 互谐矣。

案审三母独谐,不与照三、穿三、床三、禅三相通,此为珂氏独创之见解。中国古音学家如章炳麟《纽目表》,归心于审;黄侃《音略》以审为透之变声,详见下文。

(2) 上文(戊)节,已示破裂音 t、t'、d' 不与破裂摩擦音或摩擦音 ts、ts'、dz'、s、z 互谐,两者虽同为舌尖前音,却不因此相通。然如观(癸)节,又可知舌尖前之破裂音 t、t'、d' 不仅与舌面前破裂音 t'、t''、d'' 互谐;且与舌面前破裂摩擦音 t's'、t's''、d'z''、d'z'(禅)互谐(但 s 不在内)。即 t 系与 t's' 系发音部位不同,似不重要;t、ts 尚嫌不能相近作互谐,而 t、t's' 却可互谐,似颇奇异。此问题尚有一方面。

破裂摩擦音及摩擦音,在舌尖前音 ts、ts'、dz' 与 s、z 可相谐;而在舌面前音 t's'、t's''、d'z'' 与 s 不可互谐;

又舌尖前音及舌面前音,在破裂音 t、t'、d' 与 t'、t''、d'' 可相谐,而在破裂摩擦音 ts、ts'、dz' 与 t's'、t's''、d'z'' 不可互谐。

从上述事实观之,只可有一推论,即古音舌面前之破裂摩擦音 t's'、t's''、d'z'',在上古非破裂摩擦音,而为破裂音。

故 t、t'、d' 才与彼(t'、t''、d'')互谐,而不与 ts、ts'、dz' 互谐,因此之故,彼才不能与 s 互谐,犹 t、t'、d' 不能与 s 互谐一样。故 ts、ts'、dz' 不能与彼互谐,若彼在上古音亦如古音读 t's'、t's''、d'z'',则不致不能互谐矣。

此种解释,从言语史上舌面前破裂音容易变为摩擦音 t ———> t's' 观之,更为确实。

然此种解释,尚有一不能通过之难关。隋代古音中,非但有舌面破裂摩擦音照三、穿三、床三 t's'、t's''、d'z'',且有舌面破裂音知、彻、澄 t'、t''、d''。若照三系字出自上古破裂音 t' 等,则知系字从何出乎?此种困难,不难解决。吾人容易证明 t、t'、d'(知系)之字,在前于《切韵》时,尚为 t、t'、d' 音等字;在《切韵》音系中,破裂音声母字有 tien、tieng 等字,与 Kieng、Sien、Sieng 等字相当,而无 tiän、tiäng 等字与 Kiän、Kiäng、Siän、Siäng 等字相当。此中理由,不难明白。盖上古破裂音之 t'、t''、d''(照三系)变为破裂摩擦音 t's'、t's''、d'z'' 之后,上古之 tiän 类字变为 tjiän,如 Kiän——Kjiän 一样,自后先舌尖破裂音 t,后舌面附颚 j 之 tjiän 字,变为同时舌面破裂音 t' 之 t'iän 字,于是上古舌面破裂音 t'、t''、d''(照三系)虽变落,而又生出新套之舌面破裂音(知系)。但在 Kien、Kieng 类韵母之字(四等),k 后不发生 j;同样在 tien、tieng 类之字 t 仍为 t,而不变为 t'。

此种变迁,迟至《切韵》内,尚留痕迹。贮,丁吕反,若从方音调查,可知在唐初已变为知母矣。例如贮字,在官话中读 tsu 而不读 tu。

兹总结上古音之舌尖音及舌面音变迁之结果如下(表中 a,代表任何元音)：

上古	古(六世纪)
端 ta(少箭头,下同)	⟹ ta
透 t'a	⟹ t'a
定 d'a	⟹ d'a
喻 da	⟶ iɑ, jiɑ
知 tiɑ	⟶ t'iɑ
彻 t'iɑ	⟶ t''iɑ
澄 d'iɑ	⟶ d''iɑ
喻 diɑ	⟶ iɑ, jiɑ
照 t'iɑ	⟶ t's'iɑ
穿 t''iɑ	⟶ t's'iɑ
床 d''iɑ	⟶ d'z''iɑ
禅 d'iɑ ⟶ d'z' ⟶ jɑz'	

案珂氏此段所证明者,谓上古舌尖前之破裂音 t、t'、d' 与舌面前之破裂音 t'、t''、d'' 互谐。古音舌面前之破裂摩擦音 t's、t's''、d'z'' 在上古音非破裂摩擦音而为破裂音 t'、t''、d'',故三者能互相谐音。中国古音学家讨论此问题者,计有二家:一为钱大昕。兹节录其《舌音类隔之说不可信》一文如下:

> 古无舌上、舌头之分。知、彻、澄三母,以今音读之,与照、穿、床无别也。求之古音,则与端、透、定无异。《说文》:"冲读若动。"《书》:"惟予冲人。"《释文》:"直忠切。"古读直如特,冲子犹童子也。字母家不识古音读冲如虫,不知古读虫亦如同也。《诗》:"蕴隆虫虫。"《释文》:"直忠反。徐,徒冬反。《尔雅》作'爞爞',郭,都冬反。《韩诗》作'烔',音徒冬反。"是虫与同音不异。(《春秋·成五年》:"同盟于虫。"杜注:"陈留封邱县北有桐牢。"是虫、桐同音之证。)

古读中如得。《周礼·师氏》:"掌王中失之事。"故书中为得。杜子春云:"当为得。记君得失,若《春秋》是也。"《三仓》云:"中,得也。"《史记·封禅书》:"康后与王不相中。"《周勃传》:"勃子胜之尚公主,不相中。"小司马皆训为得。《吕览》:"以中帝心。"注:"中犹得。"

古音陟如得。《周礼》:"太卜掌三梦之法:三曰咸陟。"注:"涉之言得也,读如'王德翟人'之德。"《诗》:"陟其高山。"《笺》:"陟,登也。"登、得声相近。

古读赵如挏。《诗》:"其镈斯赵。"《释文》:"徒了反。"《周礼·考工记》注引作"其镈斯挏",大了反。《荀子》杨倞注:"赵读为掉。"

古读直如特。《诗》:"实惟我特。"《释文》:"《韩诗》作直,云相当值也。"《孟子》:"直不百步耳。"直,但也。但、直声相近。《吕览·尚廉篇》:"特王子废忌为之赐而不杀耳。"注:"特,犹直也。"《檀弓》:"行并植于晋国。"注:"直或为特。"《王制》:"天子犆礿。"注:"犆,犹一也。"《释文》:"犆,音特。"《玉藻》:"君羔幦虎犆。"注:"犆读如'直道而行'之直。"《士相见礼》:"丧俟事不犆吊。"定本作特。《谷梁传》:"犆言同时。"本亦作特。

古读裯如祷。《周礼·甸祝》:"禂牲,禂马。"杜子春云:"禂,祷也。"引《诗》云:"既伯既祷。"后郑云:"禂读如'伏诛'之诛,今侏大字也。"按《说文》引《诗》"既祃既禂"。祷与禂,文异义同。后郑读禂为诛。是汉时诛、侏亦读舌音。

古读猪如都。《檀弓》:"洿其宫而猪焉。"注:"猪,都也。"南方谓都为猪。《书·禹贡》:"大野既猪。"《史记》作"既都"。"荥波既猪",《周礼》注作"荥播既都"。

古读追如堆。《士冠礼》"追"注:"追,犹堆也。"《郊特牲》:"毋追。"《释文》:"多雷反。"枚乘《七发》:"踰岸出追。"李善注:"追,古堆字。"《诗》:"追琢其章。"《传》:"追,雕也。"雕、追声相近,故《荀子》引《诗》"雕琢其章"。《释文》:"追,对回反。"追琢,又作敦琢。《诗》:

"敦琢其旅。"《释文》:"敦,都回反;徐又音雕。"

古读枨如棠。《论语》:"或对曰:申枨。"《释文》:"郑康成云:盖孔子弟子申续。"《史记》云:"申棠字周。"《家语》云:"申续字周也。"王应麟云:"今《史记》以棠为党,以续为绩,传写之误也。后汉《王政碑》'有羔羊之节,无申棠之欲',则申枨、申棠一人耳。"大昕案:《诗》:"俟我于堂兮。"《笺》云:"堂当作枨。"枨与堂、棠同音,党亦音相近,非由转写之讹。古文赓、续同声。《家语》申续,盖读如庚,与棠音亦不远。今本《史记》作续,非转写误也。因枨有棠音,可悟古读长,丁丈切,与党音相似,正是音和,非类隔。

古读池如沱。《诗》:"滮池北流。"《说文》引作"滮沱"。《周礼·职方氏》:"并州,其用虖池。"《礼记》:"晋人将有事于河,必先有事于恶池。"即滹沱之异文。

侄、娣本双声字。《公羊释文》:"侄,大结反;娣,大计反。"此古音也。《广韵》:"侄有徒结、直一两反。"今南北方音,皆读直一切,无有作徒结切者。古今音有变易,字母家乃谓舌头、舌上交互出切,此昧其根源而强为之词也。

《诗》:"维禹甸之。"《释文》:"毛,田见反,治也。郑,绳证反,六十四井为乘。"《周礼·小司徒》:"四邱为甸。"注:"甸之言乘也。"《稍人》:"掌邱乘之政令。"注:"邱乘,四邱为甸,读与'维禹敶之'之乘同。"《礼记·郊特牲》:"邱乘供粢盛。"注:"甸或谓之乘。"《左传》:"浑良夫乘衷甸两牡。"《释文》:"甸,时证反。"《说文》引作"中佃"。古者乘、甸、陈、田,声皆相近。乘之转甸,犹陈之转田。经典相承,东,直覲反;乘,绳证反。后世言等韵者,以陈属澄母,甸属定母,乘属床母,由于不明古音,徒据经典相承之反切而类之,而不知其本一音也。

古人多舌音,后代多变为齿音,不独知、彻、澄三母为然也。如《诗》"重穋"字,《周礼》作"穜稑"。是重、穜同音。陆德明云:"禾边作重,是重穋之字;禾边作童,是穜蓻之字。"今人乱之已久,予谓古人重、童同音。《嶧山碑》："动从童。"《说文》："董从童。"《左传》："予发如此种种。"徐仙民作"董董"。古音不独重穋读为穜，即种蓺字亦读如穜也。后代读重为齿音，并从重之字亦改读齿音。此齐梁人强为分别耳，而元明以为相乱，误矣。

今人以舟、周属照母，輈、啁属知母，谓有齿、舌之分，此不识古音者也。《考工记》："玉柳雕矢磬。"注："故书雕或为舟。"是舟有雕音。《诗》："何以舟之。"《传》云："舟，带也。"古读舟如雕，故与带声相近。彫、雕、琱、鵰皆从周声，调亦从周声，是古读周亦如鵰也。《考工记》："大车车辕挚。"注："挚，輈也。"《释文》："輈音周，一音吊，或竹二切。"陆氏于輈字兼收三音，吊与雕，有轻重之分，而同为舌音；周、挚声相近，故又转为竹二切。今分周为照母，竹为知母，非古音之正矣。

至、致本同音，而今人强分为二（至，照线；致，知母）。不知古读至亦为陟利切，读如疐，舌头非舌上也。《诗》"神之吊矣"、"不吊昊天"，《毛传》皆训"吊"为至。以声相近为义。咥、臸皆从至声，可证至本舌音，后人转为齿音耳。

此言舌音类隔之说不可信，谓知、彻、澄三母，古音与端、透、定无异。齿、舌亦有时旁转，与珂氏所证明者，若合符节。惟析照、穿、床二等与精、清、从互谐，较钱说为绸密耳。其后章氏即本之以作古纽表，然仍以照系为精系之副音，并为一类，详见下文。其次为黄侃。《音略》云：

舌音

端　本声

单（都寒切）（古今同）

骈（都年切）（声同韵变，古音亦读如单。）

知　此端之变声

趑（张速切）（声韵俱变，古音当读如亶平声，亦即读如。）

照　此亦端之变声

旃（诸延切）（声韵俱变，古音常读如丹，即如单。）

透　本声

嘽（他干切）（古今同）

觍（他典切）（声同韵异，古音亦读如嘽。觍，重文靦，故知在此韵。）

彻　此透之变声

扟（丑善切）（声韵俱变，古音读如嘽。扟从籼声，故知在此韵。）

穿　此亦透之变声

闸（昌善切）（声韵俱变，古亦读如嘽。）

审　此亦透之变声

羴（式连切）（声韵俱变，古亦当读如嘽。羴，重文羶，故知在此韵。）

定　本声

沱（徒何切）（古今同）

地（徒四切）（声同韵变，古亦读如沱。以《楚词·天问》用韵知之。）

澄　此定之变声

驰（直离切）（声韵俱变，古亦读如沱。）

神　此亦定之变声

蛇（食遮切）（此即它之重文。声韵俱变，古亦读如沱。）

禅　此亦定之变声

垂（是为切）（声韵俱变，古音当读惰平声。）

此与珂氏所证明者相合，惟珂氏以审三母独谐，与黄氏以神为定之变声、审为透之变声者互异。

（3）破裂摩擦音与摩擦音之舌尖前音精 ts 系，及舌尖后音照二 ts 系可任意互谐，实为一有趣之现象。若须清楚此事实，当再作精细之探讨。

设查古音中无介母 i 之字(一等、二等),即可察知 ts、ṭs(精、照二)从不同韵之异事。

在古音左列韵中,只有左列一类之字,而无歌、咍、覃、谈、寒、登、唐、肴,ä、äi、äm、än、əng、äng、äu、tsä、ts'ä、dz'ä、sä、ṭs'ä 等,tsän、ts'än、dz'än、sän、ṭsän 等

而在古音左列韵中,只有左列一类之字,而无麻、皆、佳、咸、衔、山、删、耕、庚、江、肴,ä、äi、äm、än、əng、äng、äu、ṭsä、ṭs'ä、ḍz'ä、ṣä、ṭsä、tsän、ṭs'än、ḍz'än、ṣän、ṭsän

一甚自然之结论,当上古音系中,此种字均为 ts 等,即遇到一部分元音(后成"前 a"、a 及 ä 三元音)时,舌尖前之 ts、ts'、dz'、s 变为舌尖后之 ṭs、ṭs'、ḍz'、ṣ 矣。此种解说,尚有一甚奇之证据。在古音中 z(邪)母常有介母,而从不见于 ä、äi、äm(歌、咍、覃、谈)等韵。既然如此,恰巧《切韵》中,无舌尖后之 z 者。(依等韵解说,即邪母无一等,故禅母无二等。)

案珂氏此段所证者,谓上古音舌尖前之 ts、ts'、dz'、s,至古音时一部分变为 ṭs、ṭs'、ḍz'、ṣ。中国古音学家讨论此两系者,如章氏《新方言》云:

> 精、清、从、心、邪本是照、穿、床、审、禅之副音。当时不解分等,析为正齿、齿头二音。若尔,来之与良,见之与贯,亦可分为数纽。彼既混成,此何烦碎?古今音既非大异,故亦如律分配。

此言恰与珂氏相反。其所持之理由,为"如律分配",既无学理上之根据,又无故书上之证明,其为武断,自不待言。黄氏《音略》云:

齿音

精　本声

　租(则吾切)(古今同)

　且(子余切)(声同韵变,古亦读如租。)

庄　此精之变声
　　菹(侧余切)(声韵俱变,古亦读如租。)

清　本声
　　麤(仓胡切)(古今同)
　　鸣(七余切)(声同韵变,古亦读麓。)

初　此消之变声
　　初(楚吾切)(声韵俱变,古亦读如麓。)

从　本声
　　徂(咋胡切)(古今同)
　　沮(士鱼切)(声韵俱变,古亦读如徂。)

床　此从之变声
　　鉏(士鱼切)(声韵俱变,古亦读如徂。)

心　本声
　　苏(素孤切)(古今同)
　　胥(相居切)(声同韵变,古亦读如苏。)

邪　此心之变声
　　徐(似余切)(声韵俱变,古亦读如苏。)

疏　此亦心之变声
　　疋(所菹切)(声韵俱变,古亦读如苏。)

此与珂氏所证明者相合,惟以邪母为心母之变声,与珂氏异。

兹于上古声母系统中,绕一大弯,可再讨论喻母中所失之辅音是否总为 d,而其答案亦可否定矣。如甬(通)、炎(谈)之例,吾人已知为来自 d 音,因已知通、谈之破裂音 t、t'、d,不能自破裂摩擦音 ts、ts'、dz' 或摩擦 s、z 谐来也。故以同一之理由,亦可断定羊 i̯ang、祥 Z i̯ang 内之羊字,一定非 d,因 d、z 不相通也。然则羊字之喻母,其初原为何音乎?

此定非舌尖前破裂摩擦音,即为舌尖前摩擦音,因彼与右音 z

相谐,而别类之音,均不与古 z 相谐也。故现在得于 dz 及 z 中拣选其一。但假定羊字之 dziang 均变为 iang,而祥字之 ziang 尚保存一 z 音,似乎事实上所无。故吾人只能认羊字所失之辅音,非 dz 而为 z,即谓羊 iang ⟵——— z。

然则是否一部分读 ziang 音字中之 z 音遗失,一部分字仍保存乎?此一定为事实上所无,果如此,则与一切言语变化之通例相反矣。

根据上之所述,吾人可加上音系建筑之最后一块石矣。吾人已知古音中有 ts、ts'、dz'、s、z,而无不吐气之浊音 dz,因此寻出一极有趣极重要与舌面音禅母相呼应之局面。前已证明禅母原为不吐气之 d',在前于《切韵》时代,尚为破裂摩擦音之 d'z',将至《切韵》时代,变而为 z',在《切韵》内,尚为 z。然则古音之 z,非上古之 z,而为上古之 dz;上古音原有 z,不过嗣后藏在喻母矣。故羊、祥之谐声,非 iang、ziang,亦非 z-、z,而为 z-、dz。

此种上古 dz ———⟶ 古 z 解说之不误,尚可从方言中得一佐证。即古音 z 虽为摩擦音,而在一部分方言中,不变为摩擦音之 s,而变为破裂摩擦音之 ts,例如:广东音古邪母字平声均为 ts',仄声均为 ts,如祥 ts'ong。故此种解说,并非卤莽。

案珂氏此段所证明者,谓羊类谐声遗失之声母为 z,恰与禅母成呼应之局面。近人林语堂作《古音中已遗失之声母》,对于此问题,颇有辩正,兹节录其辞如次:

吾人不但否认"浊母从起"之说,且信古音中有今日已遗失之浊母。陈澧发明古有庄、初、神、山、于五母,独于禅母无别纽可以分出。其分出情形如下:

照——庄(此外有精)

穿——初(此外有清)

床——神(此外有从)

审——山（此外有心）

禅——（此外有邪）

喻——于

影——

珂氏所考定者，亦正相同。于照、穿、床、审皆分出两种之切语上字（在三等者定为前腭音，在二等者定为齿龈音）。独于禅母下，只有前腭音，无齿龈音。此为第一可以引起吾人注意之疑问。第二疑问，即为影、喻二母之区别，终不能得满意合理之解释。（钱氏于《养新录》云："影母之字，引而长之，则为喻母。"）

倘假定喻母包括一种古音中已遗失之声母 j，则此两种疑问，均可以同时解释矣。

兹先写出假定之喻母及其关系字母之古读，次言读法之证据及理由。

影母古读元音，无字首辅音。

喻母古读 j 音，此音在隋唐之间，变为 y 音，与于母合并。

于母古读 w、y 辅音。

若与以上照、穿等母联合，则可发见所未分出与禅母相对之空缺，实即已分出之喻母。因由 j 入 y，故由与"照、穿……"、"庄、初……"同类转入与"影、晓……"同类，而本来之关系，遂泯灭不见矣。同时吾人发见在上古与"影"相近者，非"喻"而为"于"。"喻"在上古，与"影"截然不通，非如章、黄二氏，可以归成一类也。

故须明白喻母之古读，当先推翻喻母在三十六字母上素来之分类与位置。

（1）吾人不能视影、喻为一对，只能认喻母所分出之一部字（于母），与影母相近。

（2）吾人当认喻母与庄、初、神、山等母同类，与禅相对，而得以下之格式。（附以上古音读。凡 y 指腭音，除庄、初、神、山、喻外，余与珂氏合。）

照	穿	床	审	禅
ty	ty'	dy'	sy	dy

庄	初	神	山	喻
chy	chy'	jy'	shy	jy

精	清	从	心	邪
ts	ts'	dz'	s	dz

"喻"古读 j（案珂氏拟为 z），不读 y，可由喻母之谐声痕迹，一望而知。喻母与影母之分别，珂氏已示明为影母谐声字仍属影母，而喻母谐声字，常有他种声母之痕迹。（如祥由羊得声，羊为喻母）。反言之，如羊、祥一类之谐声字，与偏旁声母不同者，其减声母之偏旁，必为喻母，而非影母。珂氏未言及于母，若再进一步，问喻、于之分别何在？即可发见含有遗失声母痕迹者，均属喻母（四等），而于母（三等）除少数例外，均与影母相同，无特别之谐声。兹试举喻、于、影三类之一切语上字如下，以资比较：

喻类：余（谐叙）、予（谐序）、夷（与弟通）、羊（谐祥）、弋（与姒通）、与（谐屿）、悦（参见说）

于类：于、羽、雨、云、王、韦、永、有

影类：于、央、伊、忧、乌、哀、安

兹举下列数例，以证明此种奇异之谐声，并非出于偶然，实含音韵史上重要之材料。搜集喻母 j、u 字之音，即可见其所谐之字均含有同样之声母变化。

余（喻）···叙（邪）

予（喻）···序（邪）

与（喻）···屿（邪）

以（喻）···似（邪）

巳（喻）···祀（邪）

但

矣（于）···俟（床）

此仅举一种之例,若详细研究其他相关之形声字,当可发见所有关系,均不外审、禅、邪等声母。如余之有徐、稌、俆(邪),予之有舒、纾(审)、抒、杼(神)。以、㠯、已、与本同,或古时通用,或古今文不同,而所谐之字,如似、姒、耙、祀、汜、屺,亦均有邪母,可见古音喻与邪极近。上例以外,所有同样之谐声变化,均可追溯至喻母,而绝不见于影、于二类。

羊(喻)…详、翔、祥等(邪)

俞(喻)…输、隃等(审)

攸(喻)…修、脩(心)

曳(喻)…泄(喻、心)

其字不相蒙而语实相系者,如:

移(喻)…徙(心)

耶(喻)…邪(邪)又读耶

弋(喻)…射(喻、神)　案:《广韵》:"射,羊益切,又食夜切。"弋、姒古声相近。

夜(喻)…夕(邪)　案:夜,从夕亦声。

翼(喻)…闽南土语作 sit(阳入)

又如文学假借,周秦喻、邪,每每通用。《诗·维天之命》:"假以溢我。"《左襄二十七年传》作"何以恤我"。以字不但可以谐成似字,且与似字通用。《易·明夷》:"文王以之。"《释文》:"荀向本作似。"《汉书·高帝纪上》集注引如淳曰:"以或作似。"又《易·损》,《释文》:"以,虞本作㠯。"(以古作㠯)此均为当日"以"有似音之证。钱氏《养新录》卷二云:"古人读似、姒二字均如已。"是因不解古喻母有 j 音,故读似如以,不读以近似。实则以 j,似 dz,相去无几,故可通用,并非完全同音也。但所引之例,如《诗》"於穆不已",孟仲子作"於穆不似";又禹母吞薏苢而生,因姓姒氏;又《诗》"美孟弋矣",弋即姒,——此均为确凿之证据。

又如豫字(喻母),古近舒音(审母)。故与"舒"通用。《书·洪范》"豫恒燠若",《公羊成九年传》作"舒燠成若"。《大戴记·五帝德》"贵而不豫",《史记·五帝纪》作"贵而不舒"。《书·洪范》"曰豫",《史记·宋微子世家》作"曰舒"。余(喻母)古亦作舒,作疏,《尔雅·释天》,《释文》:"余,本作舒。"《史记·匈奴传》"比余",《索隐》曰:"《汉书》作比疏。"

最明显之例,可以表明"喻"与 dy、dz、sy 密切之关系者,莫如野字(喻母)。野从予得声,但自身有承与切(禅)、与者切(喻)二读。沈重《毛诗音》于《燕燕》首章"远送于野",注音时预切。墅由野得声,亦有喻、禅二读。兹综合其联带关系,得如下之系统:

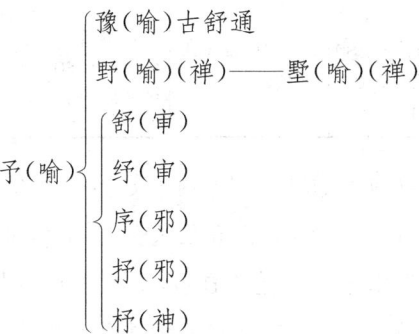

上已证明喻与审、邪、禅等母之密切关系,并非效法章、黄抹杀喻母,归入邪、禅一类。此不过证明喻母含有遗失之声母,否则不能有此种特别之谐声现象,与影母全然不同。并可证明喻母读音与审、禅、邪极近,当归正齿或齿头类,不应列入喉音类。同时可以推定喻母非邪、禅等音,否则后来不应有与邪、禅不同之演化;邪入 z、禅入 zhy,而喻转入 y,与影、于相近。倘再进一步问,喻既不与禅相同,又不与邪相同,而又与禅、邪极近。同时又可看出庄、初、神、山一类,恰缺少一与禅、邪相对之音,依语言发音习惯相同必有相类读音之例,推定喻母应与庄、初、神、山合成一类。

因此可以推定喻为 j 音,盖由 j 入 y,为语言史上最自然常见之事也。j 音又极近 dy、dz、sy、s,与故禅、邪、审、心等母通转。兹将此种声母之古读及演化概略,列表如下,即可知喻母古今读法转变之关系矣。(见、帮二类不录)

声母	第一类 端透定泥	第二类 知彻澄娘	第三类 照穿床日审禅	第四类 庄初神山喻	第五类 精清从心邪	第六类 于影
古音	t、t'、d'、n	ti、t'i、d'i、ni（声母同第一类）	ty、ty'、dy'、ny、sy、dy（第一次腭化）	ch、chy'、jy、shy、jy（珂氏作同第五类）	ts、ts'、dz'、s、dz	y、w、元音
唐音	t、t'、d'、n	ty、ty'、dy'、ny（第二次腭化）	chy、chy'、jy'、wjy、shy、zhy（与第四类合）	chy、chy'、jy'、jy'、chy、y（y入第六类）	ts、ts'、dz'、s、z	y、w、元音
京音	t、t'、'd'、n	ch、ch'、ch'（阳平）、n	ch、ch'、ch'（阳平）、j、sh、sh（阳平）	ch、ch、sh（阳平）、sh、y	ts、ts'、ts'（阳平）、shi、shi（阳平）	y、w、元音

珂氏假定"喻"为 z,我以为不满意。(1) 因 j 变 y, 较 z 变 y,最为自然;(2) 珂氏假定"喻"于 z 之外,并代表已遗失之 d、g,此言甚是。但假定同时以喻母代表 d、g、z,总觉不自然,不如假定"喻"为 j。盖吾人已知腭化之 d、g(或单在 j 前)变为 j,是极常见之事也。(见英文 d、g 之历史,及今日 George、Procedure 等字之 d、g 读音,及 India 之俗音腭化 d、g 与 j 字音之相近。由法文 Pitie cinquieme 之 t、qu 音,亦可推见。)

案林氏辩正珂氏之说,谓喻母古当读 j,论证详明,不愧为珂氏诤臣。又喻亦可谐审,如予(喻)、舒、纾(审)之例,则珂氏审三母独谐之说,亦有可议者矣。惟谓于母谐声,除少数例外,均与影母相同,与珂氏、曾氏之说异,当系忖测之辞,无事实上之证明也。

由此观之,上古破裂摩擦音及摩擦音变迁之方法,当如下表:

```
上古              古
          ┌─────────────────┐
          一部分韵          他一部分韵
ts ──────→ ts(早 tsau)      ṭs(爪 tsau)
ts' ─────→ ts'(磋 ts'a)     ṭs(差 ts'a)
```

dz' ⟶ dz'(残 dz'an)　　ḍz'(谗 dẓ'an)

s ⟶ s(三 sam)　　　　　ṣ(山 ṣan)

z ⟶ 喻(羊 iang)

故其结果,乍观之,舌尖前音 t、t'、d'、ts、ts'、dz'、s、z,舌尖后音 tṣ、tṣ'、ḍz'、ṣ,舌面前音 t'、t''、d''、t's、t's''、d'z'、s'、z' 三大系内,可任意互谐,似无限制,而其实造此谐声字者,甚注意主谐字及被谐字读音之相近矣。依上古音观之,只有：

(1) t、t'、d'、d、t'、t''、d''、d' 成内部互谐之一系;

(2) ts、ts'、dz'、s、z 成内部互谐之一系;而

(3) s 甚少与(1)(2)互谐,(1)及(2)亦不互谐。

案此段所言,谓端系、知系互谐,精系互谐,审三母独谐,盖即章氏所谓旁纽双声也。

兹回到本节讨论之起点,吾人可知本节内所言之甬 iwong、匀 iuěn、羊 iang 之例,似不合于 A 节所言之条件(声母、元音、韵尾三素均谐),然而实相符合。在上古音中,此三种谐声字,是三素均谐,即声母、元音、韵尾：

甬 iwong ⟵ d-：　通 t'ung

匀 iuěn ⟵ g-：　钧 kiuěn

羊 iang ⟵ z-：　祥 ziang ⟵ dz-：

案珂氏谐声原则,谓声母、元音、韵尾三素均谐。本节所证明者,为甬、匀、羊三类,兼及声母全部问题。惟唇音及鼻音未曾道及。其在中国方面,钱氏考定唇音古无轻重之分,章氏证明娘、日二纽,古并归泥,几成定论矣。又珂氏论及边音来母,谓上古音内有 kl、gl、pl 一类复辅音之痕迹,嗣后变为单音来母,然尚无充分之证据,兹略不述。

(原载于《东方杂志》第 26 卷第 21 期,1929 年 11 月 10 日)

晋代方言考

晋郭璞注《尔雅》、《方言》，疏通训诂，辨章名物，于文字学上，厥功甚伟，古今学者有定评矣。至于考方国之语，采谣俗之志，以今释古，以俗训雅，于语言学上之贡献尤多，则前人鲜有道及之者。夫《尔雅》辨古代义训之异同，《方言》载汉代语言之类别，郭氏诠释二书，于训诂外，兼及晋语。故读其书，不独可知晋代方言之区分，更由此可以明古今义训之因革，与汉、晋方言之变迁。盖其价值，不下于原书，惜乎自来承学之士，鲜有注意及此者。兹通校全书，加以理董，区分类别，著为是篇，其于世之治古代语言学者，不无裨益云。惟草木虫鱼鸟兽之名，种类繁多，更仆难数，兹概从略。

甲　通语

通语与方言异。通语范围较广，能通行于各地；方言限于一隅，易地即不能喻。晋代通语，其因袭前代，无变易者，如：

那，……于也。注：……那，犹今人云那那也。

亏，……毁也。注：……亏，通语耳。

朕，余，躬，身也。注：今人亦自呼为身。

殬，……尽也。注：殬，今直语耳。

搂，聚也。注：……搂，犹今人言拘搂，聚也。

恙，……忧也。注：今人云无恙，谓无忧也。

訛，言也。注：……今以妖言为訛。

遏，止也。注：……今以逆相止为遏。

串，贯，习也。注：串，厌串；贯，贯忕也。今俗语皆然。

歇，……竭也。注：……歇，通语。

馘，穧，获也。注：今以获贼耳为馘，获禾为穧。

貉缩，纶也。注：……谓牵缚缩络之，今俗语亦然。

饙，馏，稔也。注：今呼餐饭为饙，饙孰为馏。

庲，麽也。注：今俗语呼树麽为庲。

苞，稹也。注：今人呼物丛緻者为稹。

肯，可也。注：……肯，今通言。

䘲，絊也。注：今人呼缝絊衣为䘲。

饎，酒食也。注：犹今人饎馔，皆一语而兼通。

姑之子为甥，舅之子为甥，妻之昆弟为甥，姊妹之妇为甥。注：……甥，犹生也。今人相呼盖依此。

长妇谓稚妇为娣妇，娣妇谓长妇为姒妇。注：今呼先后。 案：《史记·封禅书》："先后宛若。"《集解》："孟康曰：'兄弟妻相谓先后。'"是先后为古语。

连谓之簃。注：堂楼阁边小屋，今呼之簃厨连观也。

无室曰榭。注：即今堂堭。 案：堂堭，古有是名。《汉书·胡建传》："列坐堂皇上。"《集注》："室无四壁曰堂皇。"

衣蔽前谓之襜。注：今蔽膝也。 案：《方言》："蔽䣛，……自关东西谓之蔽䣛，齐鲁之郊谓之袡。"（袡即襜之或体）。是古有此名。

简谓之毕。注：今简札也。

金镞翦羽谓之鍭。注：今之錍箭，是也。 案：《方言》："凡箭镞广长而薄鎌谓之錍。"是古有是名。

骨镞不翦羽谓之志。注：今之骨骲，是也。 案：郝懿行云："骲箭古用骨，今亦用木，仍曰骲头。"疑古已有是名。

149

邸谓之柢。注：……邸，即底通语也。（以上均见《尔雅》）

虔，儇慧也。……楚或谓之譥。注：他和反，亦今通语。

娥，嬴，好也。……赵魏燕代之间曰姝。注：昌朱反，亦四方通语。

假，佫，怀，摧，詹，戾，艐，至也。……摧，詹，戾，楚语也。注：……此亦方国之语，不专在楚也。

踛，蹈，跦，跳也。楚曰跰。注：亦中州语。

钊，薄，勉也。秦晋曰钊，或曰薄。故其鄙语曰薄努，犹勉努也。注：如今人言努力也。南楚之外曰薄努。

鈚，嫽，好也。青徐海岱之间曰鈚，或谓之嫽。注：今通呼小，姣洁喜好者为嫽。

茫，矜，奄，遽也。吴扬曰茫。注：今北方通然也。

凡饮药傅药而毒，……东齐海岱之间谓之瞑，或谓之眩。注：瞑眩亦今通语耳。

凡草木刺人，……江湘之间或谓之棘。注：《楚辞》曰："曾枝剡棘。"亦通语耳。已力反。

凡草木刺人，……自关而东或谓之梗。注：今云梗榆。

撅，擢，拂，戎，拔也。注：今呼拔草心为撅。东齐海岱之间曰偃。

庸，倓，比，侹，更，佚，递，代也。……注：今俗亦名更代为倓作也。

攦，铤，澌，尽也。南楚凡物尽生者曰攦生。注：今种物皆生，云攦地生也。物空尽者曰铤。铤，赐也。注：亦中国之通语也。

襜褕，……自关而西谓之袆褔。注：俗名褔掖。

汗襦，……自关而西，或谓之祇裯。注：亦呼为掩汗也。 案：掩汗，古有是名。掩汗，犹马鞁谓之弇汗也。《盐铁论·散不足篇》："麢绣弇汗。"

紧络谓之褌。注：即小儿次衣也。 案：次衣，古有是名。《说文》:"裺,褔领也。一曰:次里衣。"

无祠袴谓之襣。注:……即今犊鼻裈也。

扉,屦,麤,履也。……自关而东,……襌者谓之鞮。注:今韦鞮也。

䁯,略,视也。注:今中国亦云目略也。

杜,躇,踷也。赵曰杜。注:今俗语通言踷如杜。

发,税,舍车也。东齐海岱之间谓之发。注:今通言发写也。

过度谓之涉济。注:犹今云济渡。

艁舟谓之浮梁。注:即今浮桥。

车枸篓,宋卫陈楚之间谓之筱。注:今呼车子弓为筱。

车枸篓,……南楚之外谓之蓬。注:今亦通呼蓬。

䝿,嗇,贪也。荆汝江湖之郊,凡贪而不施谓之䝿。注:亦中国之通语。

诼,愬也。注:诼,譖,亦通语也。楚以南谓之诼。

諫,不知也。沅澧之间,凡相问而不知,答曰諫;使之而不肯,答曰吂。注:今中国语亦然。

晞,晒,干物也。扬楚通语也。注:亦今北方通语耳。

讔,极,吃也。楚语也。注:亦北方通语也。

眠娗,脉蜴,赐施,茭媞,譠謾,憛怛,皆欺谩之语也。楚郢以南,东扬之交通语也。注:六者亦中国相轻易蚩弄之言也。

颔,颐,领也。南楚谓之颔。注:亦今通语耳。

簇,……赵魏之郊谓之笙簇。注:今通语也。(以上均见《方言》)

此皆晋代通语,因袭前代,无变易者。他如意义与古语相符,而音读有变易者,如:

父为考,母为妣。注:……其义犹今谓兄为晷,妹为媚。 案:兄晷,妹媚均一声之转。

夫之兄为兄公。注：今俗呼兄钟，语之转耳。

翚，覆车也。注：今之翻车也。　案：翚，《说文》作罬。翚罬，覆翻，均一声之转。（以上均见《尔雅》）

东齐之间，㜒谓之倩。注：……今俗呼女壻为卒便，是也。案：卒便，即倩之合声。

襎裷谓之幭。注：即帊幞也。　案：襎裷，帊幞，一声之转。

碓机，陈魏宋楚，自关而东谓之梴硙。注：即磨也。　案：《说文》："硙，䃺也。"䃺、磨一声之转。

佥。注：今连枷，所以打谷者。　案：王褒《僮约》："刻木为枷。"《释名》："罗枷三杖而用之也。"罗、连一声之转。（以上均见《方言》）

此皆意义与古语相符，而音读有变易者。又有意义变易，而音读与古语相符者，如：

袴，齐鲁之间谓之襱，或谓之襹。注：今俗呼袴踦为襹。

揄铺，帗缕，帗缕，叶榆，毳也。……燕之北郊，朝鲜洌水之间曰叶榆。注：今名短度绢为叶榆也。

汗襦，……陈楚宁魏之间谓之襜襦，或谓之襌襦。注：今或呼衫为襌襦。

箸筩，……自关而西谓之桶㯠。注：今俗亦呼小笼为桶㯠。

擘，楚谓之纫。注：今亦以线贯针为纫。

床，……南楚之间谓之赵。注：赵当作桃，声之转也。中国亦呼杠为桃。

茹，食也。吴越之间，凡贪饮食者谓之茹。注：今俗呼粗食者为茹。

呰，㨗，短也。江湘之会，谓之呰。凡物生而不长大，亦谓之㨗，又曰癠。注：今俗呼小为癠。

篅，……自关而西，……或谓之䈼。注：今云折，篾篷也。

讁,过也。南楚以南,凡相非议人,谓之讁,或谓之𧩱。……注:今名黠为鬼𧩱。(以上均见《方言》)

此皆意义变易而音读与古语相符者。又有为汉以后发生之新语,而前无所承袭者,如:

綴罟,……鱼罟也。注:今之百囊罟是,亦谓之𦉈。

缡,緌也。注:即今之香缨也。

弓,有缘者谓之弓。注:……缘者缴缠之,即今宛转也。

无缘者谓之弭。注:今之角弓也。

一染谓之縓。注:今之红也。

蟓蛸谓之雩,蟓蛸,虹也。注:俗名美人虹。(以上均见《尔雅》)

燕齐之间,养马者谓之娠。注:今之温厚也。

衿襢谓之襌。注:今又呼为凉衣也。

绕衿谓之帬。注:俗人呼接下。

大绔谓之倒顿。注:今雹袴也。

小绔谓之校衧。注:今襱袴也。

络头,帞头也。……赵魏之间,……其偏者谓之鬓带。注:今之偏叠幧头也。

覆结谓之帻巾。……注:今结笼是也。

篝。注:今熏笼也。

戟,……东齐秦晋之间,谓其大者曰镘胡,其曲者谓之钩钎镘胡。注:即今鸡鸣句孑戟也。

三刃枝。注:今戟中有小孑刺者,所谓雄戟也。(以上均见《方言》)

此皆为汉以后发生之新语,而前无所承袭者。

观于上之所述,其中有一可注意之现象:即汉时一方之言,至晋时或变为通语,且其所变者,皆边地方言,而非中原方言,是也。夫语言为人类交通之媒介,辗迁往来,无时不在变迁之中,但其变也渐,潜移默化,人不之觉耳。汉代方言,至晋时或变为通语者,皆北燕、朝鲜、东齐、海岱、燕代、关西,尤以三楚为多,中原方言,几无一焉。此何故乎?盖中经大乱,人民迁徙,互相融化之结果也。考《方言》成于两汉之交,中经王莽之乱,人民迁徙,言语变迁,尚不甚剧。观于东汉诸儒著述,称引《方言》,尚无大异,其明征矣。故方言之剧变,当在汉末之丧乱,与三国之纷争时代。兹述当时之情形及迁徙之事实如次:

《后汉书·董卓传》:"卓……迁天子西都长安。初,长安遭赤眉之乱,宫室营寺,焚灭无余。是时惟有高庙,京兆府舍,遂便时幸焉。后移未央宫,于是尽徙洛阳人数百万口于长安。步骑驱蹙,更相蹈藉,饥饿寇掠,积尸盈路。卓自屯留毕圭苑中,悉烧宫庙官府居家,二百里内,无复孑遗。"

同书同传:"初,帝入关,三辅户口,尚数十万。自催、汜相攻,天子东归后,长安城空四十余日。强者四散,羸者相食。二三年间,关中无复人迹。"

《魏志·武帝纪》:"建安七年,……令曰:吾起义兵,为天下除暴乱,旧土人民,死丧略尽。国中终日行,不见所识,使吾悽怆伤怀。其举义兵以来,将士绝无后者,求其亲戚以后之。授土田,官给耕牛,置学师以教之。为存者立庙,使视其先人,魂而有灵,吾百年之后何恨哉!"

当时中原人民罹锋镝之害,何等凄惨!何等荒凉!故其结果,民数不得不锐减矣。

《魏志·陈群传》:"青龙中,营治宫室,百姓失农时。群上疏曰:禹承唐虞之盛,犹卑宫室而恶衣服,况今丧乱之后,人民至少,比汉文景之时,不过一大郡。"

《同书·蒋济传》:"景初中,……济上疏曰:……今虽有十二州,至于民数,不过汉时一大郡。二贼未诛,宿兵边陲,且耕且战,怨旷积年。宗庙宫室，百事草创。农桑者少，衣食者多。今其所急务，唯当息耗百姓，不至甚弊。"

人民锐减之数，至于十二州之地，不过汉时一大郡。此固多死于兵乱，其他则迁徙于各地也。计其迁徙之地，不出荆、交、吴、扬、辽东。

《后汉书·刘表传》："初，荆州人情好扰，加四方骇震，寇贼相扇，处处糜沸。表招诱有方，威怀兼洽，其奸猾宿贼，更为效用，万里肃清，大小咸悦而服之。关西、兖、豫学士归者，盖有千数，表安慰振赡，皆得资全。"

《魏志·蒋济传》："太祖问济曰：'昔孤与袁本初对持官渡，徙燕白马民。民不得走，贼亦不敢钞。今欲徙淮南民，何如？'济对曰：'是时兵弱贼强，不徙必失之。自破袁绍，北拔柳城，南向江汉，荆州交臂，威震天下，民无他志。然百姓怀土，实不乐徙，惧必不安。'太祖不从，而江淮间十余万众，皆惊走吴。"

同书《管宁传》："管宁，字幼安，北海朱虚人也，……天下大乱，闻公孙度令行于海外，遂与原及平原王烈等，至于辽东。度虚馆以候之。既往见度，乃庐于山谷。时避难者多居郡南，宁居北，示无迁志，后渐来从之。"

《吴志·吴主传》："初，曹公恐江滨郡县为权所略，征令内移，民转相惊。自庐江、九江、蕲春、广陵十余万，皆东渡江，江西遂虚。合肥以南，惟有皖城。"

《同书·士燮传》："燮……迁交趾太守。……中国士人往依避难者以百数。"

观此可知当时避难人民，率多迁徙于荆、交、吴、扬、辽东。然怀旧土，恋邱墓，人之常情。故魏武戡定中原，北方稍息，即有各返乡里，归命中朝者矣。

《魏志·卫觊传》："时四方大有还民，关中诸将，多引为部曲。觊书与荀彧曰：'关中膏腴之地，顷遭荒乱，人民流入荆州者十余万家,闻本土安宁,皆企望思归。而归者无以自业,诸将各竞招怀,以为部曲。郡县贫弱,不能与争,兵家遂强。一旦变动,必有后忧。夫盐,国之大宝也,自乱来散放,宜如旧置使者监卖,以其值并市犁牛。若有归民,以供给之。勤耕积粟,以丰殖关中。远民闻之,必日夜竞还。又使司隶校尉留治关中,以为之主,则诸将日削,官民日盛,此强本弱敌之利也。'或以白太祖,太祖从之。始遣谒者仆射监盐官,司隶校尉治弘农,关中服从。"

此乱定从人民北返之情形也。在此数十年中,战乱相寻,人民困于兵革之祸,大抵向距离政治中枢较远之地迁徙。远适他乡,主客杂居,往来酬酢,一齐众咻,虽欲不互相融化,岂可得乎?及时平后,重返故乡,而客地方言,沿习既久,视为固然。是以边地方言得以成为通语,此为重要原因之一,可断言也。

乙 江东方言

郭注《尔雅》、《方言》,全以晋时方言为主。其记述江东语,尤为详尽。盖晋室南迁,奠都建业,此种方言,为当时标准语,四方所则效也。其中有因袭前代无变易者,如:

瘵,……病也。注:……今江东呼病曰瘵。

行,……言也。注:……今江东通谓语为行。

迁,运,徙也。注:今江东通言迁徙。

怜,……爱也。注:……今江东通呼为怜。

契,……绝也。注:今江东呼刻断物为契断。

增,益也。注:今江东通言增。

挟,藏也。注:今江东通言挟。

粮,粮也。注:今江东通言粮。

奘,驵也。注:今江东呼大为驵。驵,犹麤也。

号,謼也。注:今江东皆言謼。

燠,煖也。注:今江东通言燠。

缙，纶也。注：……缙，绳也；江东谓之纶。

帱谓之帐。注：今江东亦谓帐为帱。

晜，兄也。注：今江东人通言晜。

瓯瓿谓之瓵。注：……今江东呼瓯瓵。

䍡䍣，……鱼罔也。注：……今江东呼为䍡。

鱼䍣谓之罛。注：……今江东云。

肉曰脱之。注：剥其皮也。今江东呼麋鹿之属通为肉。

淀谓之垽。注：……今江东呼垽。

白盖谓之苫。注：……今江东呼为盖。

蠓䗖谓之霅。蠓䗖，虹也。注：……江东呼霅，音芎。

暴雨谓之涷雨。注：今江东呼夏月暴为涷雨。……涷，音东西之东。

宵田为獠。注：……今江东亦呼猎为獠，音辽。或曰：即今夜猎载鑪照也。

田一岁曰菑。注：今江东呼初耕地反草为菑。

丘一成为敦丘。注：……今江东呼地高堆者为敦。

隩，隈。注：今江东呼为浦隩。

潭，沙出。注：今江东呼水中沙堆为潭，音但。（以上均见《尔雅》）

绕衿谓之帬。注：……江东通言下裳。　案：《说文》："帬，下裳也。"是古有此名。

大巾谓之帉。注：江东通呼巾帉耳。

甂，……瓺也。……周魏之间谓之甂。注：今江东亦呼瓺为甂子。

所以注斛，陈魏宋楚之间谓之篇。注：今江东亦呼为篇。

臿，……东齐谓之梩。注：江东又呼鍫刃为鐅。　案：《说文》："鐅，河内谓臿头金也。"是古有此名。

簟，……其粗者谓之籧篨。……注：江东呼籧篨为筂。　案：

汉《祝睦后碑》:"垂诲素棺,蔽以葭菆。"簇菆声同。

扇,自关而东谓之箑。注:今江东亦通名扇为箑。

簟,宋卫之间谓之笙。注:今江东通言笙。

杷,……宋卫之间谓之渠挐。注:今江东名亦然。

贺,……儋也。……自关而西,陇冀以往谓之贺。注:今江东语亦然。

朝鲜、洌水之间,谓伏鸡曰抱。注:江东呼蓲。 案:《淮南·原道训》高诱注:"妪伏,以气剖卵也。"妪、蓲声同。

凡箭,……其广长而薄镰谓之錍,或谓之钯。注:江东呼鎞箭。
案:錍、鎞声同。

南楚江湘,……小舸谓之艖。注:今江东呼艖,小底者也。

艇,……短而深者谓之艄。注:今江东呼艖艄者。

船,……首谓之阁闾。注:江东呼船头屋谓之飞闾,是也。
案:《释名》:"舟,其上屋曰庐,象庐舍也。其上重屋曰飞庐。在上,故曰飞也。"庐、闾声同。

拟,枕,椎也。……沅涌湹幽之语,或曰攩。注:今江东人亦名椎为攩。

㺗,㒤,偞也。注:今江东呼极为㺗。

㾏,极也。注:江东呼为㾏,倦声之转也。

锡谓之鑐。注:江东皆言鑐。(以上均见《方言》)

此皆晋代江东方言,因袭前代,无变易者。他如意义与古语相符而音读有变易者,如:

凡物盛多谓之寇。注:今江东有小凫,其多无数,俗谓之寇凫。
案:《说文》:"齐谓多为夥。"又,"过,读若楚人名多为夥。"夥、寇一声之转。

逞,苦,了,快也。……注:今江东呼快为愃。 案:《说文》:"愃,宽嫺心腹貌。"《广韵》:"愃,吴人语快也。"快、愃一声之转。

炊箅谓之缩,或谓之篓,或谓之䉛。注:江东呼淅籢。 案:淅签急言之则为䉛。

曾,訾,何也。湘潭之原,荆之南鄙,谓何为曾,或谓之訾。注:今江东人语亦云訾,为声如斯。

俎,几也。……凡江沔之间曰桯。注:今江东呼为承。 案:桯、承声同。

车纣,自关而东,周洛韩郑汝颍而东,……或谓之曲纶。注:今江东通呼索纶。

譀,极,吃也。……注:今江东又名吃为喋。 案:吃、喋一声之转。

拌,弃也。……淮汝之间谓之投。注:江东又呼撅。 案:撅与厌通。《论语》:"天厌之。"犹言天弃之也。

娋,孟,姊也。注:……今江东山越间呼姊,声如市。

跌,蹾也。注:……江东言跨。 案:跌、蹾、跨均一声之转。（以上均见《方言》）

此皆意义与古语相符而音读有变易者。又有意义变易而音读与古语相符者。如:

罄,……尽也。注:……今江东呼厌极为罄。（见《尔雅》）

鎏,陈楚宋卫之间,……或谓之欈。注:今江东通呼勺为欈。

瓺,……甒也。灵桂之郊谓之瓺。注:今江东通名大瓮为瓺。

扻,宋魏之间,……或谓之度。注:今江东呼打为度。

符籥。注:似籧篨,直文而粗。江东呼笪。 案:《说文》:"笪,箬也。"盖符籥以箬为之,因以为名也。

摘,脊,贺,艐,儋也。注:今江东呼担两头有物为艐。

铰谓之铍。注:今江东呼大矛为铍。

筡,箪,析也。析竹谓之筡。注:今江东呼篾竹里为筡。

炀,䨪,炙也。注:今江东呼火炽猛为炀。（以上均见《方言》）

此皆意义变异而音读与古语相符者。又有为汉以后发生之新语，而前无所承袭者，如：

> 两壻相谓为亚。注：……今江东呼同门为僚壻。（见《尔雅》）
> 袌襦谓之袖。注：衣褾，江东呼㡩。
> 橛，燕之东北，朝鲜、洌水之间谓之椴。注：……江东呼都。
> 矛骹，细如雁胫者谓之鹤䣛。注：今江东呼为铃钉。
> 所以隐櫂谓之䉣。注：……江东又名为胡人。（以上均见《方言》）

此皆为汉以后发生之新语而前无所承袭者。

考汉末之乱，中原人士，纷纷南迁，言语自生变化，前已言之。东吴建国，凡八十年。此种方言，当已通行社会。其中成分，除楚语外，兼参入中原方言，而成为混合之状态，盖互相融化之结果也。迄五胡之乱，晋室偏安江左。当时中原人民，不甘受异族之压迫，大抵相率迁居江东。

《晋书·王导传》："时元帝为琅邪王，与导素相亲善。导知天下已乱，遂倾心推奉，潜有兴复之志。帝亦雅相器重，契同友执。……及徙镇建康，吴人不附。居月余，士庶莫有至者。导患之。会敦来朝，导谓之曰：'琅邪王仁德虽厚，而名论犹轻。兄威风已振，宜有以匡济之者。'会三月上巳，帝亲观禊。乘肩舆，具威仪。敦、导及诸名胜，皆骑从。吴人纪瞻、顾荣，皆江南之望。窃瞻之，见其如此，咸惊惧，乃相率拜于道左。……由是吴会风靡，百姓归心焉。……俄而洛京倾覆，中州士女避乱江左者十六七。导劝帝收其贤人君子，与之图事。时荆扬晏安，户口殷实。导为政，务在清静。每劝帝克己励节，匡主宁邦，于是尤见委仗。"

同书《范汪传》："宁……陈时政疏曰：古者分土割境，以益百姓之心；圣人作制，藉无黄白之别。昔中原丧乱，流寓江左，庶有旋返之期，故许其挟注本郡。自尔渐久，人安其业，丘垄坟柏，皆已成行。虽无本邦之名,而有安土之实。今宜正其封疆,以土断人户。明考课之科,修间伍之法。难者必曰:'人各有桑梓,俗自有南北,一朝属户,长为人隶。君子则有土风之慨,小民则怀下役之虑。'斯诚并兼者之所执,而非通理者之笃论也。古者失地之君,犹臣所寓之主。列国之臣,亦有违适之理。随会仕秦,致称《春秋》;乐毅宣燕,见褒良史。且今普天之人,原其氏出,皆随世迁移,何至于今而独不可?……帝善之。"

观此,可知中原人民南迁之多矣。主客杂处,往来酬酢,言语虽生变化,然通用江东方言,几为一时风尚。

《世说新语·言语篇》:"桓玄问羊孚,何以共重吴声。羊曰:'当以其妖而浮。'"

同书《排调篇》:"刘长真始见王丞相。时盛暑之月,丞相以腹熨弹棋局。曰:'何乃淘(吴人以冷为淘)!'刘既出,人问见王公云何。刘曰:'未见他异,惟闻作吴语耳。'"

同书《轻诋篇》:"支道林入东,见王子猷兄弟。还,人问见诸王何如。答曰:'见一群白颈鸟,但闻唤哑哑声。'"

此虽以声调言,固可为中原语言同化于江东之明证矣。逮至南北朝时,语言系统,复分为二。与周秦时代——夏楚异声——仿佛相符。

《颜氏家训·音辞篇》:"南方水土和柔,其音清举而切诣,失在浮浅,其辞多鄙俗。北方山川深厚,其音沈浊而鈋钝,得其质直,其辞多古语。冠冕君子,南方为优;闾里小人,北方为愈。易服而与之谈,南方士庶,数言可辨;隔垣而听其语,北方朝野,终日难分。而南染吴越,北杂夷虏,皆有深弊,不可具论。"

陆法言《切韵叙》:"吴楚则时伤轻浅,燕赵则多伤重浊。"

北方语言,杂有胡音,南方语言,则以汉末遗传之江东方言为代表也。

丙　方言区域

郭注《尔雅》、《方言》,其记述晋代语言较详者,为通语与江东方言。其他记述各地方言,虽每一区域,寥寥不过数条,然借此可以推知在当时确为自成系统者,兹述如次:

荆楚方言

晋代荆楚方言之可考者,如:

> 融,……长也。注:宋卫荆吴之间曰融。
>
> 逮,遝也。注:今荆楚人皆云遝,音沓。
>
> 瓯瓵谓之瓵,注:瓵甄,小罂。长沙谓之瓵。
>
> 何鼓谓之牵牛。注:今荆楚人呼牵牛星为担鼓。担者,荷也。

(以上均见《尔雅》)

> 剥,蹶,狯也。……楚郑曰蔿,或曰姞。注:……今建平郡人呼狡为姞。
>
> 箲,南楚谓之筲。注:今建平人呼筲。
>
> 沅澧之间,……㡍,不知也。注:今淮楚间语,声如非也。
>
> 方舟谓之㵎。注:……荆洲人呼㵎。
>
> 顟,䪼,颜,颡也。江湘之间谓之顟。注:今建平人呼额为顟。
>
> 氾,浼,潣,洼,洿也。……注:荆州呼潢也。
>
> 筊,南楚江沔之间谓之篣。注:今零陵人呼筊为篣。(以上均见《方言》)

案荆楚与江东,古代同称三楚。至东晋时代,其语言绝异。《世说新语·豪爽》载:"王大将军少时,旧有田舍名,语音亦楚。"盖当时共重吴声,王氏之音独楚,故举以讥之,是其证也。江东方言,除楚语外,兼参入中原方言,已述于前矣。至荆楚方言,无一异语参入,完全保存原有状态,是其特点。

东齐方言

晋代东齐方言之可考者。如:

瘼,……病也。注:……东齐曰瘼。

　　呬,息也。注:……今东齐呼息为呬也。

　　胥,皆也。注:东齐曰胥。

　　遏,遾,逮也。注:东齐曰遏。

　　斯,誃,离也。注:齐……曰斯。

　　脙,膌也。注:齐人谓瘠瘦为脙。

　　迨,及也。注:东齐曰迨。

　　爂,火也。注:……爂,齐人语。

　　衣梳谓之祝。注:衣缕也。齐人之辝。(以上均见《尔雅》)

案东齐僻处海岱,远隔中原,其语言自成系统,当无足异。

巴蜀方言

晋代巴蜀方言之可考者,如:

　　阳,予也。注:……今巴濮之人,自呼阿阳。

　　不律谓之笔。注:蜀人呼笔为不律也。(以上均见《尔雅》)

案巴蜀为四塞之国,周秦时代,始通中原。其语言自成系统,殆可断言。扬雄《方言》,鲜录其语,颇不可解。幸郭璞存数条于《尔雅》注中,得以窥见一二矣。

关西方言

晋代关西方言之可考者,如:

　　娥,嫮,好也。……自关而东,河济之间谓之媌。注:今关西人亦呼好为媌。

　　虔,刘,惨,琳,杀也。注:今关西人呼打为琳。

　　咺,唏,忉,怛,痛也。……平原谓啼极无声谓之唴哴。注:今关西语亦然。

　　饕,䬦,食也。……秦晋之际,河阴之间曰㱼饐。……注:今关西人呼食欲饱曰㱼饐。

　　幎,……自关而东或谓之㡛。注:今关西语然也。

扬越之郊,凡人相侮以为无知谓之䰄,……或谓之䂪。注:……今关西语亦然。

筑娌,匹也。注:今关西兄弟妇相呼为筑娌。(以上均见《方言》)

案关西方言,变迁最剧。上之所述,皆汉时关东方言,至晋时通行于关西者。

河北方言

晋代河北方言之可考者,如:

徯,待也。注:……今河北人语亦然。

嗟,咨,蹉也。注:今河北人云蹉,音兔置。

粢,餐也。注:今河北人呼食为餐。(以上均见《尔雅》)

瓯瓵,陈楚宋卫之间谓之题。注:今河北人呼小盆为题子。

(见方言)

案河北方言,自成系统,其区域约当韩魏,郭氏生长之地也。

此皆在当时确为自成系统者。其他仅载一名一义,不能考定其区域者,如:

烈,枿,余也。注:晋卫之间曰蘖,陈郑之间曰烈。

斯,谋,离也。注:齐陈曰斯。

㥿,……爱也。注:㥿,韩郑语。

遏,籧,逮也。注:……北燕曰籧。

剂,翦,齐也。注:南方人呼翦刀为剂刀。

鬻,䬮也。注:凉州呼䬮。

济谓之霁。注:今南阳人呼雨止为霁,音荠。(以上均见《尔雅》)

凡草木刺人,北燕朝鲜之间谓之䇲,或谓之壮。注:今淮南人亦呼壮。

膠,谲,谬,诈也。……自关而东西,或曰谲,或曰膠。注:汝南人呼欺为譀,亦曰诒。

庸谓之倯。……注:倯,犹保倯也。今陇西人名孏为倯。

跂蹬,隑企,立也。东齐海岱北燕之郊,跪谓之跂蹬。注:今东郡人亦呼长跽为跂蹬。

囔哗,……拏也。东齐周晋之鄙曰囔哗。……注:平原人好囔哗也。

拌,弃也。楚凡挥弃物谓之拌,或谓之敲。注:今汝颍间语亦然。

箪,……篦也。自关而西,秦晋之间谓之箪。注:今江南亦呼笼为箪。

方舟谓之潢。注:扬州人呼渡津舫为航。

隑,陭也。注:江南人呼梯为隑,所以隑物而登者也。(以上均见《方言》)

此皆仅载一名一义,不能考定其区域者。其中变迁,或义同声异,或义异声同,或另生新语。又有汉时甲地方言,至晋时通行于乙地者,理由与江东方言之变迁相同。兹不复赘。

汉时方言区域,经近人考定,约分十四系。晋代方言区域,除上述五系外,余均不可考。然方言之为物,以政治与交通之关系,由纷歧渐趋于统一,由庞杂渐趋于融合,当为一定之理。则晋代方言之区分,必较少于汉代,可推知也。

昔张伯松谓扬雄《方言》为悬诸日月不刊之书。窃谓郭璞《尔雅》、《方言》之注,兼载晋语,使吾侪生于千载之后,对于晋代方言,尚能窥见觕略。其功方之扬氏,差足以拟之矣。

(原载于《东方杂志》第28卷第3号,1931年2月20日)

述王国维之考证学

海宁王先生贡献于学术界之伟绩,其章章在人耳目者,约有三端:

(甲)劾治陈阮戏曲史

初,先生既倦于哲学,乃致力于填词,由词而浸淫于戏曲。继思戏曲由大曲而院本,而杂剧,而传奇,其蜕变阐化之迹,脉络或不尽可寻,沿革或不尽可考;因博览唐、宋载籍,以考古剧脚色名义之由来,宋、金大曲之概略。又会萃其所获,成《宋元戏曲史》十六章。其自序云:"凡诸材料,皆余所搜集;其所说明,亦大抵余之所创获也。世之为此学者,自余始;其所贡于此学者,亦以此书为多。非吾辈才力过于古人,实以古人未尝为此学故也。"读此,可知先生贡献于通俗文学之功矣。

(乙)创读殷虚书契

殷虚书契自洹上发现以后,迭经刘鹗、王懿荣、盛昱、孙诒让等收藏整理考释,然其学终未成立。成立此学者,首推上虞罗振玉;而发挥光大之者,则先生也。同时为此学者,如天津王襄、丹徒叶玉森、日人林泰辅、英人明义士,而精通博大,则无论何人,均非所及。其所著《殷卜辞中所见先公先王考》,根据新发见之实物,以是正载籍中之违误;兼以证明某部分之为实录。绪论精确不移,使古史焕然改观。又撰《殷周制度论》,推论二代制度之沿革,及周公、成王所以治天下之意,义据精深,方法缜密,极考证家之能事,实为近今古史上第一篇大文字。至于古文字之学,发明尤多,罗氏《殷虚书契考释》,其精粹处,大抵皆先生之说也。

(丙)整理辽金元史料

先生于民国十四年后,始致力于辽、金、元史料之整理。二年之中,曾校《蒙古史料四种》行世。于地理人物,多所创获;虽于波斯文本拉斯特书,及蒙文原本《蒙古源流》,均未能通其读;然就其所考得者言之,固已十得八九矣。又唐、宋间,中国北方有鞑靼一部族,而《辽史》《金史》中均绝其迹。先生作《鞑靼考》,谓鞑靼在《辽史》中为阻卜。在《金史》中为阻䩞,在蒙古时为塔塔儿;而元修诸史中所以讳言者,盖当时史臣讥以元之祖先为鞑靼故也。由是辽、金二史中不见鞑靼之疑案,得以大白于世矣。他如日本东洋史学家数年未决之乣军问题,先生亦由《元秘史》中得其主名,而乣字之音读,遂得由多桑及贝勒津书六种鞑靼名中定之。由是观之,先生之于辽、金、元史学,其成绩实已远过前人,惜其立志欲注之《元朝秘史》,终未克蒇也。

先生之学,范围甚广,上之所述,不过举其最著者言之。其新得之富,创获之多,绝后固难悬说,空前可断言矣。其所以得此优异之成绩,虽由于天才卓越,识锐思敏,加以穷年兀兀,而锲不舍之功;然其治学方法之缜密,实为其成功重要之原因。兹由遗书推详所得,谨述先生之方法如次:

(一)先生治学,从宏大处立脚,而从精微处著力。其治宋、元戏曲也,则先为《曲录》。其治金文也,则先为《金文著录表》。其治甲骨文也,则先释《殷虚书契前后编》。其治元史也,则先为《元朝秘史地名索引》。盖学术之方面甚多,其治之■,■先明了其全部,然后择其中有待发之覆,而为前贤所未道及者,考证之,发挥之;则其所表见者,皆一己之心得,而无剿袭之嫌矣。此为治学之第一法门,学者幸留意焉。

(二)先生自言其考证古文字之方法曰:

自来释古器者,欲求无一字之不识,无一义之不通,而穿凿附会之说以生。穿凿附会者非也,谓其字之不可识,义之不可通而遂置之者,亦非也。文无古今,未有不文从字顺者;今日通行文字,人人能读之,能解之;《诗》、《书》、彝器,亦古之通行文字;今日所以难读者,由今人之知古代,不如知现代之深,故也。苟考之史事制度与文物,以知其时代之情状;本之《诗》、《书》,以求其文之义例;考之古音,以通其义之假借;参之彝器,以验其文字之变化。由此而之彼,即甲以推乙,则于字之不可识,义之不可通者,必间有获焉;然后阙其不可知者,以俟后之君子,则庶乎其近之矣。——《毛公鼎铭考释序》

案此言,纠正先儒之违失,示考证家以南针。语语精赅,得未曾有;至阙疑之说,详述于后。

(三)先生自言其考证古史之方法曰:

　　吾辈生于今日,幸于纸上之材料外,更得地下之新材料。由此种材料,我辈固得据以补正纸上之材料,亦得证明古书之某部分全为实录。即百家不雅驯之言,亦不无表示一面之事实。此二重证据法,惟在今日始得为之,虽古书之未得证明者,不能加以否定;而其已得证明者,不能不加以肯定,可断言也。

所谓纸上之材料,兹从时代先后述之:

　　《尚书》、《易》、《五帝德》及《帝系姓》、《春秋》、《左传》、《国语》、《世本》、《竹书纪年》、《战国策》及周秦诸子、《史记》。

地下之材料,仅有二种:

　　甲骨文字,殷周金文。

案先生晚年,感于近世古史家泥古、疑古之弊,而于古史材料,不曾为充分之处理,故撰《古史新证》一书,以教后学,惜其仅成数章而止,上之所述,即节录其总论也。

（四）先生自言其考证礼制之方法曰：

> 吾侪当以事实决事实，而不当以后世之理论决事实。——《再与林浩卿论〈洛诰〉书》

先生以燔燎而后祼，为周初礼；大宗伯以肆献祼享先王，肆献在祼前，因推知既灌迎牲为后起之礼，与林氏往复论难，而列举其事实如左：

《诗》、《书》、《周礼》三经，与《左传》、《国语》有祼字，无灌字；祼字，《周礼》故书作果；

祼从果声，与灌从雚声，部类不同；

《周礼》诸书，祼兼用于神人；

《大宗伯》以肆献祼为序，与《司尊彝》之先祼而后朝献再献之尊，次序互异。

林氏谓祼字，灌地降神为第一义，歆神为第二义，用于宾客为第三义。周中世以后，尚用第一义，不应周初作《洛诰》时，却用第二义，以难其说。先生列举事实，谓果字最古，祼字次之，祼字形、音、义三者皆不必与灌同，则不必释为灌地降神之祭；既非灌地降神之祭，则虽在杀牲燔燎之后，固无嫌也。

（五）先生治学，善用演绎归纳比较之法，其所著《明堂寝庙通考》，尤可为其应用此法之代表。

案古制之聚讼不决者，无过明堂。此制起原最古，秦时即已失传。自汉以后，歧说愈多，离真愈远，盖昏闇不彰者，二千余年矣。先生汇集群说，考其抵牾之由，分析之，比较之，遂假定一室四屋为古代一切宫室之通制；由是而为明堂，为宗庙，为太寝，为燕寝，皆不过此制之扩大、之缘饰而已。全篇万余言，最可见其考证方法。

（六）治域外史最感困难者，无过于人名、地名之古今异译，前后互殊，甚至一书之中，亦参差小齐，学者如堕五里雾中，莫明究竟。先生之治斯学，多所创获，盖由于音之对比，最为精审，不仅根据音理之是否符合为标准,且须与地域之方位,及史实之先后,详为比勘。故其所考得者,皆真确可信,无李文田、丁益甫辈穿凿无据、妄生枝节之弊。兹举例言之,以为举者一隅反三之助。

西辽建都之地,《辽史·天祚纪》作虎思斡耳朵,《金史·忠义粘割韩奴传》作骨斯讹鲁朵,《元史·曷斯麦里传》作谷则斡耳朵,《郭宝玉传》作骨徐儿国讹夷朵,元遗山《大丞相刘氏先茔神道碑》作谷续儿国讹夷朵,刘郁撰《常德西使记》作亦堵。亦堵者,讹夷朵之略也。长春真人《西游记》谓之大石林牙,亦略称大石,则以人名名典国都;而拉施特哀丁《蒙古史》则谓之八喇沙衮。……余意虎斯斡耳朵者,契丹之新名,其名行于东方;八喇沙衮者,突厥之旧名,早行于东、西二土。八喇沙衮,即《唐书·地理志》裴罗将军城之对音也。……据《辽史·天祚纪》:"自大石都此,讫直鲁古之亡,凡七十有八年。"其未东徙时,则都于寻斯干。此事虽不见于《辽史》,然谓班师东归,马行二十日得善地,正与长春寻斯干诗所谓大石东过二十程者相合。故西辽名寻斯干为河中府,东徙之后,仍建为陪都。《西游记》云:"西南至寻斯干万里上回纥最佳处,契丹都焉。"即以其西都言之。耶律文正《湛然集·和裴子法见寄》云:"扈从出天山,从客游大石。"此大石谓寻斯干。盖寻斯干与虎思斡耳朵为契丹东西二京,故并得大石之名耳。——《西辽都城虎思斡耳朵考》

(七)先生治学,最重阙疑。其《容庚〈金文编〉序》云:

孔子曰:"多闻阙疑。"又曰:"君子于其所不知,盖阙如也。"许叔重撰《说文解字》,窃取此义,于文字之形声义有所不知,皆注云阙。荀勖等写定《穆天子传》,于古文之不可释者,但如其字,以隶写之,犹此志也。宋刘原父、杨南仲辈,释古彝器,亦用此法。自王楚、王俅、薛尚功之书出,每器必有释文,虽字之绝不可释者,亦必附会穿凿以释之,甚失古人阙疑之诣。

又《与某君论治古文字书》云：

> 昔戴东原先生论学，谓有十分之见，有七八分之见，有五六分之见。如《曹真碑跋》（案即某君所撰），则所谓十分之见者。至前所寄金文跋文，则尚未到五六分。岂惟大作如是，前人说古文者，亦大抵如是。盖古文字之学，材料太少，往往无征不信，故恒难得十分之见也。……然斯学在今日，不过粗具萌芽；今日五六分之见，他日或成八九分、十分之见，亦未可知。故古文一事，苟锲而不舍，将来开拓疆域，正未可量。某之所言，乃入手第一法，不可以此自馁。要知古文之不可轻释，而后有可释之字，此与吾子共勉之。

先生治学，既重阙疑，故对于附曾穿凿之辈，诋諆不遗余力。《殷虚书契考释后序》云：

> 俗儒鄙夫，不通字例，未习旧艺者，辄以古文所托者高，知之者鲜，利荆棘之未开，谓鬼魅之易画，遂乃肆其私臆，无所忌惮，至庄葆深、龚定庵、陈颂南之徒出，而古文之厄极矣。

此均就治古文学之学言之，其实他种学术，无在而不可以用此法也。

（八）先生校勘古籍，无虑数百种，从事极谨严，态度极忠实，故对于前贤治学方法之错误者，常指摘之以戒后生。《聚珍本戴校水经注跋》云：

> 东原学问才力，固自横绝一世；然自视过高，骛名亦甚。……其治郦书也亦然。黄、胡、全、赵诸家之说，戴氏虽尽取之，而气矜之隆，雅不欲称述诸氏。是固官书体例宜然，然其自刊之本，亦同官本，则不可解也。又戴书简严，例不称引他说，然于序录中，亦不著一语，则尤不可解也。以视东潜之祖述谢山，谢山之于东潜，称道不绝口者，其雅量高致，固有间矣。由此气矜之过，不独厚诬《大典》本，抹杀诸家本，如张石舟之所讥；且有私改《大典》，假托他本

之迹。盖戴校既托诸《大典》本,复虑后人据《大典》以驳之也,乃私改《大典》原本,以实其说。……此汉人私改兰台漆书之故智,不谓东原乃复为之。……凡此等学问上可忌可耻之事,东原悉为之而不顾,则皆由气矜之一念误之,至于掩他人之书以为己有,则实非其本意,而其迹则与之相等。平生尚论古人,雅不欲因学问之事,伤及其人之品格,然东原此书方法之错误,实与其性格相关,故纵论及之,以为学者戒。当知学问之事,无往而不当用其忠实也。

上述先注治学之方法既竟,其所以助成先生学术之成,尚有大原因在,即近世新材料之发现是也。其讲演稿《最近二三十年中中国新发见之学问》云:

古来新学问起,大都由于新发见。有孔子壁中书出,而后有汉以来古文家之学。有赵宋古器出,而后有宋以来古器物、古文字之学。晋时汲冢竹简出土后,同时杜元凯之注《左传》,稍后郭璞之注《山海经》,已用其说。然则中国纸上之学问,有赖于地下之学问者,固不自今日始矣。自汉以来,中国学问上之最大发现者有三:一,为孔子壁中书;二,为汲冢书;三则今日之发见也。故今日之时代,可谓之发见时代,自来未有能比者也。

至于今日之发现,先生又别之为五:

(一)殷虚甲骨文字

(二)敦煌塞上及西域各地之简牍

(三)敦煌千佛洞之六朝唐人所书卷轴

(四)内阁大库之书籍档案

(五)中国境内之古外族遗文

此五项中,除第四、第五,先生未尝致力以外,其前三项,均为其毕生精力所注。乌程蒋汝藻《观堂集林序》云:

君新得之多,固由于近日所出新史料之多;然非君之学识,则亦无以理董之。盖君于乾嘉诸儒之学术方法无不通，于古书无不贯串。其术甚精，其识甚锐。故能以旧史料释新史料，复以新史料释旧史料，辗转相生，所得乃如是之夥也。

此数语可谓能道破先生学术之本原矣。

呜呼！先生逝矣，百身莫赎；未竟之业，责在少年。兹特述其诏后学之言以殿篇末，期与世之学者共勉焉。

> 此等发见物，合全世界学者之全力以研究之，其所阐发，尚未及其半；况后此之发见，亦正自无穷，此不能不待于少年之努力也。——《最近二三十年中中国新发见之学问》

编者按：十六年秋，著者曾有《述先师王静安先生治学之方法及国学上之贡献》一文，载《东方杂志》第二十四卷第十九号。此次来书云："拙撰是篇，与前载东方杂志者，面目全异。"特附记于此，俾读者参阅焉。

（原载《两周评论》1931年第1卷第2期）

汉时今文本诸经传考

今古文经传,其始原为书体之名,嗣后转为学派之称。凡以先秦六国文字书写者,谓之古文;以汉时隶书书写者,谓之今文,此初谊也。汉时,今文先出,古文后起;以后起者之为古文,遂不能不名先出者写为隶书之本为今文,以资辨别矣。考其实,今文原本,亦古文也,自秦燔毁《诗》《书》,统一文字后,古代学术,传授中绝。逮至汉兴,书既残缺不完,古籀复难认识。当时学者,于灰烬之余,重理旧业,为便于书写与传授计,悉易为通行之隶书。师弟授受,谨守家法,明其章句,通其训诂而已。是以文、景之世,今文之学,最为纯一。唯口授手钞,书体有假借,传授有详略,故虽同一师傅,往往数传之后,析为数家;且传习既盛,枝叶蕃滋,附会增饰,事所不免,传本因之异矣。然溯其本原,固皆高曾之胤也。自后山崖屋壁之书,次第发现,古文之学大兴;其与今文,不仅文字之异,即同一经传,章句训诂,典章制度,亦相隔殊悬。古今两派,巍然并立,互相争论,各不相下。自建平迄于光和,亘二百余年。至郑玄、王肃之徒出,恃其博学,遍注群经,参互各家,沟合为一,然后今古之争,始告终止。

夫今文传本,全由钞写,讹以传讹,在所不免。观于熹平残石,及孔庙等碑,文字省俗,不合六书;且"经或脱简,传或间编",亦事所必有。

(如刘向以中古文《易经》校施、孟、梁邱经,或脱去"无咎"、"悔亡"。以中古文校欧阳、大、小夏侯三家经文:《酒诰脱》简一,《召诰脱》简二,率简二十五字者,脱亦二十五字;简二十二字者,脱亦二十二字。文字异者七百有余,脱字数十。是其证。)则中秘古文之出,实有助于今文。盖订讹补缺,绳愆纠谬,全赖于原文之新发现也,即有差池,不妨并存,以供学者之探讨。惜当时缀学之士,不求真实,惟争门户。今文家挟深闭固拒之见,视古文如仇雠;古文家则增窜经传,(如《周官》非姬旦所作,左氏不传《春秋》,前人已详言之;《尔雅》言制,符于《周官》,《毛诗》述事,同于《左传》,其为刘歆增窜,显然可征。)以图与今文家相对抗。一则"专己守残,党同妒真",则"颠倒五经,变乱师法"。故其结果,不独未受其益,反蒙其害矣。此种事实,姑置不论,兹篇所及,仅言今古文传本而已。

汉时古文本诸经传,其目如左:

一、《周易》

中古文本

费氏本

二、《尚书》

伏生本(指壁藏之书)

孔壁本

三、《毛诗》

四、《礼经》

淹中本

孔壁本

河间本

五、《礼记》

六、《周官》

七、《春秋经》

八、《春秋左氏传》

九、《论语》

十、《孝经》

以上十种,十有五本,海宁王先生已考证详明矣。至于今文本诸经传,其数有几,自来鲜有言及之者。兹以暇日,草为是篇,详其渊源,辨其异同,承学之士,可观览焉。

一、《诗》

《汉书·刘向传》:"歆……移书太常博士……曰:'……至孝文皇帝,……《诗》始萌芽。……至孝武皇帝,然后邹、鲁、梁、赵颇有诗。……先师,皆起于建元之间。当此之时,一人不能独尽其经,或为《雅》,或为《颂》,相合而成。'"

同书《艺文志》:"凡三百五篇,遭秦而全者,以其诵讽,不独在竹帛故也。"

同书:"《诗经》二十八卷。齐、鲁、韩三家。"(应劭曰:"申公作《鲁诗》,后苍《齐诗》,韩婴作《韩诗》。"齐召南云:"应说非是。后苍传《齐诗》者,非其始也;《齐诗》始于辕固。")

王引之《经义述闻》:"齐、鲁、韩三家,盖以十五《国风》为十五卷,《小雅》七十四篇为七卷,《大雅》三十一篇为三卷,三《颂》为三卷,合为二十八卷。《周颂》三十一篇,每篇一章,视《国风》、大小《雅》,鲁、商《颂》诸篇,章句最少,故并为一卷也。"

案汉初传《诗》,有齐、鲁、韩三家。其渊源所自,司马迁作《史记》时,已不能明;唯《鲁诗》约略可考。《史记·儒林传》载申公从师入见高祖于鲁南宫,(《汉书·儒林传》、《楚元王传》均言其师名浮邱伯,孙卿门人。盖传《鲁诗》者所伪造,殆不可信;若有其人,《史记》何以不明言之?)是秦汉之交,《诗》之传授,已有其人;且其传本,当为古文,可推知也。班固言《诗》遭秦而全,以其诵讽,不独在竹帛,殆非实录。刘歆谓《诗》先师起于建元之间,当时一人不能独尽其经,相合而成,亦乖事实。盖歆欲表扬《毛诗》,立于学官,故为是谰言以诋三家。夫《鲁诗》传授,载诸《史记》,信而有征。即齐、韩二家,渊源虽无考,然文、景之世,已先后立于学官,亦非起于建元之间也。惟三家生非一地,学非一师,其传本当互有异同,故汉初,即分立三家博士并存之。

申氏本

《史记·儒林传》:"言《诗》于鲁,则申培公。"

同书:"申公者,鲁人也。高祖过鲁,申公以弟子从师入见高祖于鲁南宫。吕太后时,申公游学长安,与刘郢同。已而郢为楚王,令申公傅其太子戊。……及王郢卒,申公……归鲁,退居家教,……弟子自远方至受业者百余人。申公独以《诗经》为训以教,无传疑,疑者则阙不传。……弟子为博士者十余人。……至于大夫、郎中、掌故以百数。言诗虽殊,多本于申公。"

《汉书·楚元王传》:"元王既至楚,以……申公为中大夫。……文帝时,闻申公为诗最精,以为博士。……申公始为《诗传》,号《鲁诗》。"

案《诗》三家之学,鲁最先出,传亦最广。其著于竹帛,当在申公聚徒教授时矣。后汉熹平石经正文刊《鲁诗》,而列齐、韩异字于其下,盖即此数传之本也。

辕氏本

《史记·儒林传》:"言《诗》……于齐,则辕固生。"

同书:"清河王太傅辕固生者,齐人也。以治《诗》,孝景时为博士。……自是之后,齐言《诗》,皆本辕固生也。诸齐人以《诗》显贵,皆固之弟子也。"

案辕固以治《诗》,孝景时为博士,则其传本,著于竹帛,当较申、韩为晚。

韩氏本

《史记·儒林传》:"言《诗》……于燕,则韩太傅。"

同书:"韩生者,燕人也。孝文帝时,为博士;景帝时,为常山王太傅。韩生推《诗》之意而为《内外传》数万言,颇与齐、鲁间殊,然其归一也。淮南贲生授之。自是之后,而燕、赵间言《诗》者,由韩生。"

《后汉书·儒林传》:"薛汉,字公子,淮阳人也。世习《讳诗》,父子以章句著名。汉少传父业,……建武初,为博士。……当世言《诗》者,推汉为长。"

案韩生以治《诗》,孝文为博士,则其传本,写为隶书,当与《鲁诗》同时。司马迁言:"颇与齐、鲁间殊,然其归一也。"今以三家诗遗说考之,大同小异,则其渊源所自,或出一师之传授与?薛汉为《韩诗章句》,著名于时,是其传授,至后汉犹盛者矣。

二、《尚书》

伏氏本

《史记·儒林传》:"言《尚书》,自济南伏生。"

同书:"伏生者,济南人也。故为秦博士。孝文帝时,欲求能治《尚书》者,天下无有。乃闻伏生能治,欲召之;是时伏生年九十余,老不能行。于是乃诏太常,使掌故朝错往受之。秦时焚书,伏生壁藏之。其后兵大起,流亡,汉定,伏生求其书,亡数十篇,独得二十九篇,即以教于齐、鲁之间。学者由是颇能言《尚书》,诸山东大师,无不涉《尚书》以教矣。伏生教济南张生,及欧阳生。"

同书:"张生……为博士。"

《汉书·晁错传》:"晁错,颖川人也。……以文学为太常掌故。……孝文时,无下亡治《尚书》者,独闻齐有伏生,治《尚书》,年九十余,老不可征,迺诏太常使人受之。大常遣错受《尚书》伏生所。还,……诏以为太子舍人、门大夫,迁博士。"

同书《艺文志》:"经二十九卷。"(颜师古曰:"伏生传授者。")

案伏生壁藏之书,必为古文,与孔壁同。写为隶书,当是其徒张生、晁错为之。故孝文时,分立博士以广其传。《汉志》载经二十九卷,是其传本,至汉末犹存矣。

(原载《两周评论》1931年第1期第13期)

汉时今文本诸经传考（续）

欧阳氏本

《史记·儒林传》："欧阳生教千乘兒宽，兒宽既通《尚书》，以文学应郡举，诣博士受业，受业孔安国。兒宽贫无资用，常为弟子都养，及时时间行傭赁以给衣食，行常带经，止息则诵习之。"

同书："孔氏有古文《尚书》，而安国以今文读之，因以起其家。"（海宁生先生云："古文《尚书》初出，其本与伏生所传，颇有异同，而尚无章句训诂。安国因以今文定其章句，通其假借，读而传之，是谓以今读之。"）

《汉书·儒林传》："宽授欧阳生子，世世相传，至曾孙高、子阳，为博士。"

同书："欧阳、大小夏侯氏学，皆出于宽。"

同书："初，《书》唯有《欧阳》………而已。"

同书《艺文志》："《欧阳章句》三十一卷。"

案兒氏为伏生再传弟子，后从孔安国受业，是其学兼传伏、孔，非欧阳生之旧矣。数传至欧阳高，撰《尚书章句》，盖即传授兒氏之本也。《汉书·儒林传》言欧阳氏学出于宽，其以此与？

大夏侯氏本

《汉书·夏侯胜传》:"胜少孤,好学,从始昌受《尚书》及《洪范五行传》,说灾异。后事蕳卿,又从欧阳氏问。为学精熟,所问非一师也。"

同书《儒林传》:"至孝宣世,复立大小夏侯《尚书》。"

同书《艺文志》:"大小《夏侯章句》各二十九卷。大小《夏侯解故》二十九篇。"

案夏侯胜为伏生四传弟子,张生三传弟子;后事蕳卿(兒宽门人),又从欧阳氏问,是亦兼传伏、孔学者。盖参互群说,成一家言,故其传本与欧阳异,亦非伏生、孔氏之旧矣。

小夏侯氏本

《汉书·夏侯建传》:"建字长卿,自师事胜,及欧阳高,左右采获。又从五经诸儒问与《尚书》相出入者,牵引以次章句,具文饰说。胜非之曰:'建所谓章句小儒,破碎大道。'建亦非胜为学疏略,难以应敌。建卒自颛门名经。"

海宁王先生云:"汉石经本以一家为主,而著诸家之异同于其下。如《诗》用《鲁诗》本,而兼存齐、韩二家异字。《公羊》用严氏本,而兼存颜氏异字。以此类推,后汉博士,《尚书》有欧阳、大小夏侯三家,石经亦必以一家为主,而著诸家之异同于其下,可断言也。汉石经《尚书》,近传拓片有零落不成文字一段,似用小夏侯氏本。"

案夏侯建师事夏侯胜及欧阳高,左右采获,不专一师。其传本自与欧阳、大夏侯异,然衍兒氏之绪则一也。故《汉书·儒林传》言大小夏侯氏学,皆出于宽。

三、《礼经》

高堂氏本

《史记·儒林传》:"言《礼》,自鲁高堂生。"

同书:"诸学者多言《礼》,而鲁高堂生最本。《礼》固自孔子时,而其经不具;及至秦焚书,书散亡益多,于今独有《士礼》,高堂生能言。"

《汉书·儒林传》:"初,……《礼》,后……而已。"

同书《艺文志》:"《经》七十篇。"(班固注:"后氏,戴氏。"刘敞云:"七十当作十七,计其篇数则然。")

郑玄《六艺论》:"后得孔子壁中,河间献王古文礼五十六篇。……其十七篇与高堂生所传同,而字多异。"

案高堂生传《士礼》十七篇,其原本必为古文无疑。写为隶书,当在传授生徒时矣。昭、宣二帝之世,后苍为《礼》博士,盖即传授高堂氏之本也。至郑玄言十七篇与古文同而字多异,说详于后。

大戴氏本

《汉书·艺文志》:"汉兴,高堂生传《士礼》十七篇。讫孝宣世,后苍最明。戴德、戴圣、庆普,皆其弟子,三家立于学官。"

同书《儒林传》:"至孝宣世,复立……大小戴礼。"

邵懿辰《礼经通论》:"大戴,《士冠礼》一,《昏礼》二,《士相见礼》三,《士丧礼》四,《既夕》五,《士虞礼》六,《特牲馈食礼》七,《少牢馈食礼》八,《有司彻》九,《乡饮酒》十,《乡射礼》十一,《燕礼》十二,《大射仪》十三,《聘礼》十四,《公食大夫礼》十五,《觐礼》十六,《丧服》十七。……疑自高堂生、后苍以来,而圣门相传篇序,固已如此也。"

案后苍传高堂氏之学,其受弟子,必用高堂氏本。至其析为三家,均立学官。盖大同之中,不无小异也。观大戴篇序,与小戴殊,其明征矣。

小戴氏本

《后汉书·儒林传》:"玄本习小戴《礼》,后以古经校之,取其义长者,故为郑氏学。"

贾公彦《仪礼疏》:"其刘向《别录》,即此十七篇之次,是也。皆尊卑吉凶,次第伦叙,故郑用之。"

案郑习小戴氏学,其注《礼经》,以今文十七篇校古经五十六篇,斟酌损益,择长弃短,写为定本,但仍存其字于注中。(如从今文,则云古文某为某;从古文,则云今文某为某。)故小戴传本虽亡佚,不难于此窥其涯略。

庆氏本

海宁王先生云:"后汉初,曾置庆氏《礼》。当时为《礼》博士者,如曹充,如曹褒,如董钧,皆传庆氏《礼》者也。传二戴《礼》而为博士者,史反无闻。疑当时《礼》有庆、大小戴三氏,故班氏《艺文志》谓:'礼三家皆立于学官。'盖误以后汉之制,本于前汉也。后庆氏学微,博士亦中废;至后汉末,《礼》博士只有大小戴二家,故司马彪、范晔均遗之耳。"

按夏氏传本,与二戴异同,书缺无考。(未完)

(原载《两周评论》1931年第1卷第14期)

汉时今文本诸经传考（续）

四、《礼记》

《汉书·景十三王传》："献王所得书，皆先秦古文，旧书，《周官》、《尚书》、《礼》、《礼记》、《孟子》、《老子》之属，皆经传说记，七十子之徒所论。"

同书《刘向传》："歆……移书太常博士……曰：'……鲁恭王坏孔子宅，欲以为宫，而得古文于坏壁之中。逸《礼》有三十九篇，《书》十六篇。'"

同书《艺文志》："武帝末，鲁恭王坏孔子宅，欲以广其宫，而得古文《尚书》及《礼记》、《论语》、《孝经》，凡数十篇，皆古字也。"

同书："《记》百三十一篇。"（班固注："七十子后学者所记也。"）

刘向《别录》："古文《记》二百四篇。"

郑玄《六艺论》："后得孔氏壁中，河间献王古文《礼》五十六篇，《记》百三十一篇，《周礼》六篇。"

许慎《说文解字叙》："鲁恭王坏孔子宅，而得《礼记》、《尚书》、《春秋》、《论语》、《孝经》。"

张揖《上〈广雅〉表》:"周公著《尔雅》一篇,爰及帝刘,鲁人叔孙通撰置《礼记》,文不违古。"

《隋书·经籍志》:"至刘向考校经籍,检得一百三十篇,向因第而叙之。又得《明堂阴阳记》三十三篇,《孔子三朝记》七篇,王氏、史氏《记》二十一篇,《乐记》二十三篇。凡五种,合二百十四篇。"

陈寿祺《左海经辨》:"百三十一篇之《记》,第之者刘向,得之者献王,而辑之者盖叔孙通也。"

同书:"二戴于百三十一篇之《记》,各以意断取,异同参差,不必此之所弃,即彼之所取也。"

皮锡瑞《三礼通论》:"《礼记》删定,由于二戴;其前授受,亦莫能详。"

海宁王先生云:"《汉书·景十三王传》,河间献王所得书,皆古文先秦旧书,《周官》、《尚书》、《礼》、《礼记》、《孟子》、《老子》之属。案《汉志》及《说文叙》,皆云孔壁方有《礼记》,乃谓《礼》古经五十六卷。此既言《礼》,复言《礼记》。《礼》盖谓《礼经》,《礼记》盖《汉志》礼家《记》百三十篇之属。《隋书》云:'考校经籍,得《记》百三十篇,《明堂阴阳记》三十三篇,《孔子三朝记》七篇,王、史氏二十一篇,《乐记》二十三篇,凡五种,合二百十四篇。'《经典释文叙录》引刘向《别录》云:'古文《记》二百十四篇。'数正相合,则献王所得《礼记》,盖即《别录》之古文《记》。是大小戴《记》,本出古文。《史记》以《五帝德》、《帝系姓》、《孔氏弟子籍》为古文,亦其一证也。但其本不出孔氏,而出于河间,后经大小戴二氏而为今文家之学,遂鲜有知其本为古文者矣。"

案叔系通撰置《礼记》,始于张揖,发明于陈寿祺,是先有今文,古文后起矣。百三十一篇之《记》,不出孔氏,而出于河间,王氏之言,甚为精确。盖《礼记》实今古杂糅,至二戴出,以意断取,编为定本,始全为今文之学也。

大戴氏本

郑玄《六艺论》:"戴德传《记》,八十五篇,则大戴《礼》,是也。"

案大戴《礼记》,自汉以来,传授不显,渐至散亡。《隋志》所录,已佚其四十七篇矣。

小戴氏本

刘向《别录》:"《礼记》四十九篇。"

《后汉书·桥玄传》:"七世祖仁,从同郡戴德学,著《礼记章句》四十九,号曰桥君学。"(《汉书·儒林传》:"小戴授梁人桥仁。"此言从同郡戴德学,误。)

同书《曹褒传》:"传《礼记》四十九篇,教授诸生千余人。"

同书《郑玄传》:"玄从东郡张恭祖受……《礼记》……。"

同书《儒林传》:"玄又注小戴所传《礼记》四十九篇。"

案小戴《礼记》传授较大戴为盛,自郑注行,合《周礼》、《仪礼》,至今称为三礼。

五、《易》

《汉书·刘向传》:"歆……移书太常博士……曰:'……汉兴,……天下唯有《易》卜,未有他书。'"

同书《艺文志》:"秦燔书,而《易》为巫卜之事,传者不绝。"

案《易》以巫卜幸存,未被秦燔,是古文传本,至初犹未绝也。

田氏本

《史记·儒林传》:"言《易》,自菑川田生。"

同书:"汉兴,田何传东武人王同、子仲,子仲传菑川人杨何。……要言《易》者,本此杨何之家。"

《汉书·儒林传》:"汉兴,田何以齐田徙杜陵,号杜田生。授东武王同、子中、雒阳周王孙、丁宽、齐服生,皆著《易传》数篇。"

同书:"丁宽,字子襄,梁人也。初,梁生从田何受《易》,时宽为项生从者,读《易》精敏,材过项生,遂事何。学成,何谢宽,宽东归,何谓门人曰:'《易》以东矣。'宽至洛阳,复从周王孙受古义,号《周氏传》。"

同书:"初,……《易》,杨……而已。"

案汉初传《易》,始于田何。《汉书·儒林传》谓丁宽事何,读《易》精敏,则当时已著于竹帛,供学者之诵习矣。武帝立五经博士,《易》唯杨何。何师王同,为田氏三传弟子,其列于学官,传授弟子,当即用何氏之本也。再传之后,并入梁邱,田氏之绪微矣。

施氏本

《汉书·儒林传》:"雠为童子,从田王孙受《易》;后雠徙长陵,田王孙为博士,复从卒业,与孟喜、梁邱贺,并为门人。"

同书:"至孝宣世,复立……施、孟、梁邱《易》。"

同书《艺文志》:"《易》经十二篇。施、孟、梁邱三家。"(师古曰:"上下《经》及十《翼》,故十二篇。")

案田王孙师事丁宽,为田何再传弟子。宽从周王孙受古义,故其传本与杨何异,非田何之旧矣。施氏从王孙受《易》,前后两次;王孙之卒,雠亦在侧。事师之专,从师之久,三家之中,以彼为最。孟与梁邱,一则得家《易》书,一则兼事京房(别一京房,非焦延寿弟子),参入异说,不专一师,传本不无异同。故王孙真传,当于施氏求之,惜书缺有间,不可考矣。

孟氏本

《汉书·儒林传》:"孟卿……使喜从田王孙受《易》,喜好自称誉,得《易》家候阴阳灾变书,诈言师田生且死时,枕喜膝,独传喜。诸儒以此耀之。同门梁邱贺疏通证明之,曰:'田生绝于施雠手中,时喜归东海,安得此事?'……博士缺,众人荐喜,上闻喜改师法,遂不用喜。"

案孟氏从王孙受《易》,兼得《易》家候阴阳灾变书,卒以擅改师法,不用于时,则其传本,必非王孙之旧矣。

梁邱氏本

《汉书·儒林传》:"梁邱贺……从大中大夫京房受《易》。房者,淄川杨何弟子也。房出为齐郡太守,贺更事田王孙。"

案梁邱氏前后更事二师,兼传田、杨之绪,故其传本与施、孟二氏异。孝宣世,三家分立学官,并置博士,其原因当在乎此。

韩氏本

《汉书·儒林传》:"韩生亦以《易》授人,推《易》意而为之传,燕、赵间好《诗》,故其《易》微。……孝宣时,涿郡韩生,其后也。以《易》征,待诏殿中,曰:'所受《易》,即先太傅所传也。尝受《韩诗》,不如韩氏《易》深,太傅故专传之贲生。'"

案韩氏《易》,其传本与诸家异同,盖不可考。至其《易传》言,盖宽饶尝称引之,见《汉书》本传。

京氏本

《汉书·儒林传》:"京房受《易》梁人焦延寿。延寿云:'尝从孟喜问《易》。'会喜死,房以为延寿《易》,即孟氏学;翟牧、白生不肯,皆曰:'非也。'至成帝时,刘向校书,考《易说》,以为诸家《易》说,皆祖田何、杨叔、丁将军,大谊略同,唯京氏为异。党焦延寿独得隐士之说,讬之孟氏,不相与同。"

同书:"至元帝世,复立京氏《易》。"

《后汉书·范升传》:"先帝前世,有疑于此,故京氏虽立,辄复见废。"

案京氏传本,与三家异,刘向明言之矣。其渊源所自,已不可考,依托孟氏,不过欲广其传而已。

高氏本

《汉书·儒林传》:"高相……治《易》,与费公同时。有学,亦亡章句。专说阴阳灾异。自言出于丁将军。传至相,相授子康,及兰陵毋将永。……由是《易》有高氏学。"

案《易》学传授,未尝中绝,特自汉兴以来,田氏之传,最显于时耳。高氏之学,或即民间传本之一,自言出于丁将军,其用意与京氏依托孟氏相同。

六、《春秋经》

□氏本

《汉书·艺文志》:"经十一卷。"(班固注:"公羊、谷梁二家。")

何休《春秋公羊传解诂》:"闵公二年云:'系闵公篇于庄公下。'"

沈钦韩《汉书考异》:"合闵公于庄公,故十一卷。彼师当缘闵公事短,不足成卷,并合之耳。"

案后汉熹平石经,《公羊》隐公一段,直载传文,而无经文,是《公羊》经、传,各自别行。以此例推,《谷梁》经、传,亦如是矣。胡母生、董仲舒传授时,当已著于竹帛,但其人不能确定耳。《谷梁》之经,时代较后,或即于《公羊》,说详于后。

七、《公羊传》

胡母氏本

《史记·儒林传》:"言《春秋》于齐、鲁,自胡母生。"

同书:"胡母生,齐人也。孝景时,为博士。以老归教授。齐之言《春秋》者,多受胡母生。

《汉书·儒林传》:"胡毋生……治《公羊春秋》,与董仲舒同业。仲舒著书称其德。"

  同书:"初……唯有……《春秋公羊》而已。"

  同书《艺文志》:"《公羊传》十一卷。"

  许慎《五经异义》引戴宏序:"汉景帝时,(公羊)寿乃共弟子齐人胡毋子都著于竹帛。"

  徐彦《春秋公羊传疏》:"公羊高五世相授,至胡毋生,乃著竹帛。题其亲师,故曰《公羊传》。"

案《公羊传》至孝景时,胡毋生始著竹帛。戴宏,汉人,其言当可信据。盖前此均口授,无传本也。

  董氏本

  《史记·儒林传》:"言《春秋》……于赵,自董仲舒。"

  同书:"董仲舒,广川人也。以治《春秋》,孝景时为博士。下帷讲诵,弟子传以久次相受业,或莫见其面。盖三年,董仲舒不观于舍园,其精如此。进退容止,非礼不行,学士皆师尊之。……故汉兴至于五世之间,惟董仲舒名为明于《春秋》,其传《公羊氏》也。"

案《公羊传》至孝景时始著竹帛,前已言之。董氏与胡毋,同为博士,年辈必相若。胡毋师公羊寿,董氏或亦同师与? 何休《公羊传解诂序》谓略依胡毋生条例,而不及董氏。《解诂》与《繁露》义多相同,则胡毋、董氏之学,本属一家矣。至于并列学官,分置博士,或大同之中,有小异耳。

  严氏本

  《汉书·儒林传》:"严彭祖……与颜安乐,俱事眭孟。孟弟子百余人,唯彭祖、安乐为明。质问疑谊,各持所见。孟曰:'《春秋》之意,在二子矣。'孟死,彭祖、安乐,各专门教授。由是《公羊春秋》有严、颜之举。"

  《后汉书·儒林传》:"光武中兴,爱好经术。……于是立五经博士,各以家法教授。……《春秋》严、颜,凡十四博士。"

案《春秋公羊》之学,董仲舒传嬴公,嬴公传眭孟,眭孟传严彭祖、颜安乐,分为二家。至后汉之初,并立博士,盖因"各持所见",故其传本互异也。后汉熹平石经,正文刊严氏本,而列颜氏异字于其下,其明征矣。

颜氏本

《后汉书·儒林传》:"张玄……少习颜氏《春秋》,兼通数家法。……会颜氏博士缺,玄试策第一,拜为博士。居数月,诸生上言:'玄兼说严氏(原书有"宣氏"二字,从刘攽改删),不宜专为颜氏博士。'"

案张玄习颜氏《春秋》,兼通严氏之学,二本俱传,并行不废。后此何氏著《春秋公羊解诂》,其学虽不言出于谁氏,今以熹平石经及洪适《隶释》所载者考之,知何氏之本,实兼采严、颜,与郑氏注《礼经》、《论语》,同一体例。后汉今文之学,亦尚兼综,张氏其端,何氏继其绪。此为学术变迁一大关键,惜知之者鲜也。

八、《谷梁传》

□本氏

《史记·儒林传》:"瑕丘江公,为《谷梁春狄》。"

《汉书·儒林传》:"申公以《诗》、《春秋》授,而瑕丘江公尽能传之,徒众最盛;及鲁许生、免中徐公,皆守学教授。"

同书:"至孝宣世,复立……《谷梁春秋》。"

同书《艺文志》:"《谷梁传》十一卷。"

陆德明《经典释文叙录》:"公羊高受之于子夏,谷梁赤乃后代传闻。"

晁说之《晁氏客语》:"《谷梁》晚出于汉,因得监省左氏、公羊之违畔而正之;至其精深远大者,真得子夏之所传。"

陈澧《东塾读书记》:"《释文叙录》之言是也。……《谷梁》在《公羊》之后,研究《公羊》之说,或取之,或不取,或驳之,或与己说兼存之。其《传》较《公羊》为平正者,以此也。"

案《谷梁》著于竹帛,时代较《公羊为》晚,晁说之、陈澧已详言之,但其人不可考耳。宣帝时,立博士,则当时有传本矣。至《汉书·儒林传》言申公兼授《春秋》,而瑕丘江公尽能传之,此事不见于《史记》,殆非实录,与传《鲁诗》之浮邱伯一例视之,可也。

九、《论语》

《汉书·昭帝纪》:"始元四年,……诏曰:'朕……通《保傅传》、《孝经》、《论语》、《尚书》,未云有明。'"

同书《宣帝纪》:"霍光奏议曰:'孝武皇帝曾孙病已,有诏掖庭养视,至今年十八,师受《诗》、《论语》、《孝经》。'"

同书《平帝纪》:"元始三年,立……学官。郡国曰学,县道邑侯国曰校。校学置经师一人。乡曰庠,聚曰序。序庠置《孝经》师一人。"

同书:"元始五年,征天下……以《五经》、《论语》、《孝经》、《尔雅》教授者。"

同书《疏广传》:"皇太子年十二,通《论语》、《孝经》。"

同书《张禹传》:"初元中,……诏令禹受太子《论语》。"

同书《刘向传》:"歆……移书太常博士……曰:'……至孝文皇帝,始使掌故朝错从伏生受《尚书》,《诗》始萌芽,天下众书,往往颇出,皆诸子传说,犹广立于学官,为置博士。'"

案孝文时,立诸子博士,《论语》、《孝经》,当即其中之一。嗣后无闻,钱大昕以为罢于武帝置五经博士时,其说是也。罢之之故,史无明文。盖《论语》、《孝经》为六艺附庸,初学必读之书,故无置博士之必要。然其传习之广,且驾六艺而上之,观于汉代诸帝,少时无不习是书者,即乡邑庠序,亦置专师,其明征矣。渊源所自虽无考,在孝文置博士时,当已写为隶书。

□氏本

《汉书·艺文志》:"《齐》二十二篇。"(班固注:"多《问王》、《知道》。")

同书:"传《齐论》者,昌邑中尉王吉、少府宋畸、御史大夫贡禹、尚书令五鹿充宗、胶东庸生,唯王阳名家。"

陆德明《经典释文叙录》:"《齐论语》者,齐人所传,别有《问王》、《知道》二篇,凡二十二篇。章句颇多于《鲁论》。"

案《齐论》传授,始自何人,书缺无考。王氏以《齐论》名家,即其诸子博士传授之本与?

□氏本

《汉书·艺文志》:"《鲁》二十篇。"

同书:"传《鲁论》(语)者,常山都尉龚奋、长信少府夏侯胜、丞相韦贤、鲁扶卿、前将军萧望之、安昌侯张禹,皆名家。"

陆德明《经典释文叙录》:"《鲁论语》者,鲁人所传,即今所行篇次是也。"

按《鲁论》写为隶书,当与《齐论》同时。后汉熹平石经,即刊是本,说详于后。

张氏本

《汉书·张禹传》:"始鲁扶卿及夏侯胜、王阳、萧望之、韦玄成,皆说《论语》,篇第或异。禹先事王阳,后事庸生,采获所安,最后出而尊贵。诸儒为之语曰:'欲为《论》,念张文。'由是学者多从张氏,余家寖微。"

陆德明《经典释文叙录》:"郑玄就《鲁论》张、包、周之篇章,考之《齐》、《古》,为之注焉。"

案张氏初受《鲁论》,后受《齐论》,采获所安,编为一本,风行一时,传及后代。后汉熹平石经所刊《鲁论》,虽不知为谁氏之本,而其校记,但列盍、毛、包、周异同；盍、毛虽无考，然包、周，则固张氏之学也。张氏兼受《齐论》，然以《鲁论》名家，则石经所刊，殆即张氏之本与？

十、《孝经》

口氏本

《汉书·艺文志》："《孝经》一篇。"（班固注："十八篇。长孙氏、江氏、后氏、翼氏四家。"）

同书："汉兴，长孙氏、博士江翁、少府后苍、谏大夫翼奉、安昌侯张禹，各自名家，经文皆同。"

《隋书·经籍志》："《孝经》遭秦焚书，为河间人颜芝所藏。汉初，芝子贞出之，凡十八章。"

案长孙氏无考。汉书后苍、翼奉、张禹诸《传》，均不言《孝经》事，惟《儒林传》言："博士江公著《孝经说》。"或以其篇幅短少，传习者众，遂略而不载与？《艺文志》言经文皆同，可见传本之纯一矣。至颜芝藏《孝经》之说，不见于《史》、《汉》，《隋志》所载，未知何据。

上述经传十，传本三十，今文诸师传授之本，或不尽此，然其重要者，当不外是矣。

十八年十二月二十日（完）

（原载《两周评论》1931年第1卷第15期）

照穿神审禅古读考

知、彻、澄，古读端、透、定，经钱大昕证明，已成定论。钱氏又谓知、照古无齿、舌之分，今人以照属齿音，知属舌音，强分为二，非古音之正。其说甚是。惜仅举照类数例，未能全部考定。

兹分照、穿、神、审、禅五类，依次证明如左：

古读升如登。《书·文侯之命》："昭升于上。"《史记·晋世家》作"昭登于天"。《书序》："有飞雉升鼎耳而雊。"《汉书·五行志》引作"有蜚雉登鼎耳而雊"。《广韵》："升，识蒸切。"照类。"登，都滕切。"端类。

古读章如登。《战国策·魏策》："任章曰：'何故弗予。'"《淮南·人间训》引作"任登"。《韩非子·外储说》："王登为中牟令。"《汉书·古今人表》作"任章"。《广韵》："章，诸良切。"照类。"登，都滕切。"端类。

古读设如投。《国语·齐语》："方舟设泭。"《管子·小匡》作"方舟投柎"。《史记·苏秦传》："乃设从约书于秦。"《索隐》："设当为投。"今本并作设。《广韵》："设，职列切。"照类。"投，度侯切。"定类。

古读诸如都。《周礼·职方氏》："青州，其泽薮曰望诸。"郑注："望诸，明都也。"文十年《左传》："遂道以田孟诸。"《史记·夏纪》："道荷泽，被明都。"《索隐》："明都，音孟豬。"《广韵》："诸，章鱼切。"照类。"都，当孤切。"端类。

古又读诸如阇。《诗·出其东门》:"出其闉阇,有女如荼。"昭二十一年《公羊传》:"宋南里者何?若曰因诸者然。"按因诸即闉阇。反切声类同上。

古读支如鞮。昭十五年《左传》:"晋荀吴袭鼓,灭之,以鼓子鸢鞮归。"《国语·晋语》:"中行伯既克鼓,以鼓子宛支来。"韦注:"宛支,鼓子鸢鞮也。"《广韵》:"支,章移切。"照类。"鞮,都奚切。"端类。

古读主如斗。《易·丰》:"六二:日中见斗。"《释文》:"孟作见主。"《诗·行苇》:"酌以大斗。"《释文》:"斗,都口反。徐又音主。"《广韵》:"主,之庾切。"照类。"斗,当口切。"端类。

古读主、典声转。《史记·滑稽传》:"以髡为诸侯主客。"又《孝景纪》:"典客为大行。"按主客即典客,双声互转。《广韵》:"主,之庾切。"照类。"典,多珍切。"端类。

古读战如惮。《国语·鲁语》:"帅大国以惮小国。"《说苑·正谏》作"以战小国"。《庄子·达生》:"以钩注者惮。"《吕氏春秋·去尤》作"以钩注者战"。《广韵》:"战,之膳切。"照类。"惮,徒按切。"定类。

古读钟如童。《春秋·桓十一年经》:"公会宋公于夫钟。"《释文》:"麋氏本钟作童。"又《公羊》、《谷梁》并作"夫童"。《广韵》:"钟,职容切。"照类。"童,徒红切。"定类。

古又读钟如同。《周礼·春官·大司乐》:"以六律六同五声八音六舞大合乐,以致鬼神示。"《汉书·郊祀志》引作"以六律六钟五声八音六舞大合乐"。反切声类同上。

古又读钟如重。《史记·建元以来王子侯者年表》:"千钟。"徐广曰:"一作重。"《水经淇水注》引《史记》作"千童"。《广韵》:"钟,职容切。"照类。"重,直容切。"澄类。

古读旃如端。《尔雅·释岁阳》:"大岁在乙曰旃蒙。"《史记·历书》作"大岁在乙曰端蒙"。《广韵》:"旃,诸延切。"照类。"端,多官切。"端类。

古读惴、侼同声。《淮南·说山训》:"人不爱侼之手而爱己之指。"高

注:"倕读《诗》'惴惴其栗'之惴。"《广韵》:"惴,之睡切。"照类。"倕,直垂切。"澄类。

古读周如倜。《汉书·叙传》:"淮阴毅毅,伏剑周章。"《太玄经·去首》:"物咸倜偒。"按周章即倜偒,同声通用。《广韵》:"周,职流切。"照类。"倜,他历切。"透类。

古又读周如雕。襄十五年《公羊经》:"晋侯周卒。"《释文》:"一本作雕。"《广韵》:"周,职流切。"照类。"雕,都聊切。"端类。

古读烛如逴。《楚辞·天问》:"日安不到,烛龙安照。"宋玉《大招》:"北有寒山,逴龙赩只。"《广韵》:"烛,之欲切。"照类。"逴,敕角切。"彻类。

古读祝如独。《尔雅·释四极》:"北至于祝栗。"《汉书·武帝纪》:"行幸历独鹿、鸣泽。"服虔曰:"独鹿,山名,在涿郡。"案祝栗即独鹿之声转。《广韵》:"祝,之六切。"照类。"独,徒谷切。"定类。

古读属托声转。《汉书·何武传》:"欲除吏,先为科例,以防请托。"《后汉书·陈蕃传》:"长请属之路。"案请属即请托,双声互转。《广韵》:"属,之欲切。"照类。"托,他各切。"透类。

古读止如待。《论语》:"齐景公待孔子。"《史记·孔子世家》作"止孔子"。《国语·鲁语》:"其谁云待之。"《说苑·正谏》作"其谁能止之"。《广韵》:"止,诸市切。"照类。"待,徒亥切。"定类。

古又读止如戴。《春秋·僖五年经》:"公及齐侯、宋公、陈侯、卫侯、郑伯、许男、曹伯,会王世子于首止。"《谷梁传》作"会王世子于首戴"。《广韵》:"止,诸市切。"照类。"戴,都代切。"端类。

古读制、折如哲。《书·吕刑》:"伯夷降典,折民惟刑。"孔注:"折,一作哲,一作制。"《墨子·尚贤中》引作"伯夷降典,哲民惟刑"。《广韵》:"制,征例切。折,旨热切。"照类。"哲,陟列切。"知类。

古读晢如遰。《易·大有》:"明辩晢也。"《释文》:"郑本作遰。"《广韵》:"晢,旨热切。"照类。"遰,特计切。"定类。

古读招如的。《吕氏春秋·别类》:"射招者,欲其正小也。"《韩非子·七术》:"人之有狐疑之讼者,令之射的。"《广韵》:"招,止遥切。"照类。"的,都历切。"端类。

古又读招如拓。《淮南王·主术训》:"孔子力招城关。"《列子·说符》:"孔子之劲,能拓国门之关,而不肯以力闻。"《广韵》:"招,止遥切。"照类。"拓,他各切。"透类。

古又读招如茗。成十六年《公羊传》:"九月,晋人执季孙行父,舍之于招丘。"《左传》作"茗丘"。杜注:"茗丘,晋地。茗,音条。"《广韵》:"招,止遥切。"照类。"茗,徒聊切。"定类。

古读昭如雕。《孟子》:"贤者以其昭昭,使人昭昭。"《荀子·议兵》:"雕雕然县贵爵重赏于其前,县明刑大辱于其后,虽欲无化,能乎哉?"杨注:"雕雕,章明之貌。"雕雕犹昭昭也。《广韵》:"招,止遥切。"照类。"雕,都聊切。"端类。

古读鹯如鹑。《汉书·地理志》:"安定郡鹯阴。"《续汉书·郡国志》:"武威郡鹯阴,故属安定。"《广韵》:"鹯,诸延切。"照类。"鹑,度官切。"定类。

古读志、知同声。《礼·缁衣》:"为上可望而知也,为下可述而志也。"郑注:"志犹知也。"《广韵》:"志,职吏切。"照类。"知,陟离切。"知类。

古读枕如玷。《易·坎》:"六三:险且枕。"《释文》:"枕,九家作玷。"《广韵》:"枕,章荏切。"照类。"玷,多忝切。"端类。

古读正如定。《书·尧典》:"以闰月定四时。"《史记·五帝纪》作"正四时"。《国语·齐语》:"正卒伍。"《汉书·刑法志》作"定卒伍"。《广韵》:"正,之盛切。"照类。"定,徒径切。"定类。

古读正又如贞。《老子》:"侯王得一以为天下贞。"河上公本"贞"作"正"。《庄子·在宥》:"祸及止虫。"《释文》:"崔本作正虫。"《墨子·明鬼》:"百兽贞虫。"《广韵》:"正,之盛切。"照类。"贞,盈陟切。"知类。

古读朱如头。《山海经·海外南经》:"谨头国,或曰谨朱国。"《广韵》:"朱,章俱切。"照类。"头,度侯切。"定类。

古读朱、东声转。昭二十一年《谷梁传》："蔡侯东。"《释文》："《左氏》、《公羊》作蔡朱。"案朱、东双声，阴阳对转。《广韵》："朱，章俱切。"照类。"东，德红切。"端类。

古又读朱如诛。《庄子·庚桑楚》："不知乎，人谓我朱愚。知乎，反愁我躯。"《商子·垦令》："使民无得擅徙，则诛愚乱农，农民无所于食。"《广韵》："朱，章俱切。"照类。"诛，陟轮切。"知类。

古读注如啄。《史记·天官书》："柳为鸟注。"《汉书·天文志》作"柳为鸟啄"。《广韵》："注，之戍切。"照类。"啄，竹角切。"知类。又"丁木切。"端类。

古读证如征。《礼·中庸》："虽善无征，无征不信。"又"征诸庶民。"郑注并云："征，或为证。"《广韵》："证，诸应切。"照类。"征，陟陵切。"知类。

古读寅如奠。昭四年《左传》："寅馈于个而退。"《释文》："寅，本作奠。"《广韵》："寅，支义切。"照类。"奠，堂练切。"定类。

古读积如奠。《考工记·轮人》："阳也者，积理而坚。"郑注："积，致也。郑司农云：'积读如奠祭之奠。'"《广韵》："积，章忍切。"照类。"奠，堂练切。"定类。

古读祇、多声转。襄二十九年《左传》："祇见疏也。"《正义》："服虔本作'多见疏'。"《论语》："多见其不知量也。"《邢疏》："古人多、祇同。"《广韵》："祇，章移切。"照类。"多，得何切。"端类。

古读指如致。《书·盘庚上》："凡尔众，其惟致告。"又《微子》："今尔无指告，予颠陨，若之何其。"案指告即致告。《广韵》："指，职雉切。"照类。"致，陟利切。"知类。

古读厎如致。《书·禹贡》："覃怀厎绩。"《史记·夏纪》作"致绩"。反切声类同上。

古读桎如氐。《诗》："维周之氐。"《郑笺》："氐当作桎辖之桎。"《释文》："桎，之实反。又丁履反。"《广韵》："桎，之日切。"照类。"氐，丁尼切。"端类。

古读支如持。《淮南·原道训》:"其所居神者,台简以游太清。"高注:"台,犹持也。"《方言》:"台,支也。"《释名》:"台,持也。"是支、持同声之证。《广韵》:"支,章移切。"照类。"持,直之切。"澄类。

古读娠、动声转。《史记·郑世家》:"当武王、邑姜方娠太叔。"考上文"成王封叔虞于唐",《索隐》引此"娠太叔"作"动太叔"。案娠、动同义,双声互转。《广韵》:"娠,章刃切。"照类。"动,徒总切。"定类。

古读谆如忳。《诗》:"诲尔谆谆。"《礼·中庸》郑注引《诗》作"忳忳"。《广韵》:"谆,章伦切。"照类。"忳,徒浑切。"定类。

古读詟如迭。《汉书·张汤传》:"群臣震詟。"《诗·时迈》:"莫不震迭。"《广韵》:"詟,之涉切。"照类。"迭,徒协切。"定类。

古读詹如澹。《吕氏春秋·适音》:"音不允则不詹。"高注:"詹,足也。读如'澹然无为'之澹。"《广韵》:"詹,职廉切。"照类。"澹,徒甘切。"定类。

古读属如独。哀十一年《左传》:"使赐之属镂以死。"服注:"属镂,剑名。"《荀子·成相》:"到而独鹿弃之江。"杨注:"独鹿与属镂同。本一或作属镂。"《广韵》:"属,之欲切。"照类。"独,徒谷切。"定类。

以上照类。

古读昌如党。《书·皋陶谟》:"禹拜昌言。"《逸周书·祭公解》:"王拜首稽首党言。"《广韵》:"昌,尺良切。"穿类。"党,多朗切。"端类。

古读阊如闾。《楚辞·离骚》:"排阊阖而望予。"汉《帝尧碑》:"排启闾阖。"《广韵》:"阊,尺良切。"穿类。"闾,徒郎切。"定类。

古读倡如张。《庄子·山木》:"百姓猖狂而不知所如往。"《易林·恒之兑》:"张狂妄行,窃食盗粮。"《广韵》:"倡,尺良切。"穿类。"张,陟良切。"知类。

古读充如统。《礼·儒行》:"不充诎于富贵。"郑注:"充或为统。"《广韵》:"充,昌终切。"穿类。"统,他综切。"透类。

古读喘如端。《荀子·臣道》:"喘而言,臑而动,一可以为法则。"《劝学》作"端而言"。杨注:"端读为喘。"《广韵》:"喘,昌兖切。"穿类。"端,多官切。"端类。

古读蚩如泜。《诗·氓》:"氓之蚩蚩,抱布贸丝。"《后汉书·蔡邕传》:"泜泜庶类,含甘吮滋。"《广韵》:"蚩,赤之切。"穿类。"泜,直尼切。"澄类。

古读襜如澹。《史记·冯唐传》:"灭澹林。"徐广曰:"澹,一作襜。"又《李牧传》作"灭襜褴"。《广韵》:"襜,处占切。"穿类。"澹,徒甘切。"定类。

古读俶如吊。《庄子·齐物论》:"是其言也,其名为吊诡。"《吕氏春秋·侈乐》:"俶诡殊瑰,耳所未尝闻,目所未尝见。"案俶诡即吊诡,为古代成语。《广韵》:"俶,昌六切。"穿类。"吊,都历切。"端类。

古又读俶如倜。《史记·司马相如传》:"俶傥瑰玮。"《汉书·朱云传》:"好倜傥大节。"《广韵》:"俶,昌六切。"穿类。"倜,他历切。"透类。

古读冲如揕。《史记·刺客传》:"臣左手把其袖,右手揕其胸。"《索隐》:"揕,谓以剑刺其胸也。"《汉书·贾谊传》:"以冲仇久之胸。"颜注:"冲,刺也。"《广韵》:"冲,尺容切。"穿类。"揕,知鸩切。"知类。

古读阐如僤。哀八年《左传》:"齐人取讙及阐。"《谷梁》同,《公羊》作"取讙及僤"。《广韵》:"阐,昌善切。"穿类。"僤,徒旱切。"定类。

古读歜如浊。《史记·孔子世家》:"如颜浊邹之徒,颇受业者甚众。"《尸子·劝学》:"颜歜聚,盗也;孔子教之为显士。"《广韵》:"歜,尺玉切。"穿类。"浊,直角切。"澄类。

古读斥如祏。《庄子·田子方》:"挥斥八极。"《释文》:"李轨音托。"汉《白石神君碑》:"开祏旧兆。"《文选·魏都赋》引《仓颉篇》:"斥,大也。"《广雅》:"祏,大也。"《广韵》:"斥,昌石切。"穿类。"祏,他各切。"透类。

古又读斥如缀。《大戴礼·曾子制言中》:"为文章,行为表缀于天下。"《墨子·杂守》:"置田表斥,坐郭内,外立旗帜。"案表斥即表缀,同声通用。《广韵》:"斥,昌石切。"穿类。"缀,陟劣切。"知类。

古读墠如坦。《老子》:"坦然而善谋。"《释文》:"坦,河上作墠。墠,宽也。"《书·金縢》:"三坛同墠。"萧、王本作"同坦"。《广韵》:"墠,尺善切。"穿类。"坦,他但切。"透类。

古读渖如湛。《礼·月令》:"湛帜必洁。"《吕氏春秋·仲冬》:"湛饎必洁。"高注:"湛读渖釜之渖。"《广韵》:"渖,昌枕切。"穿类。"湛,直深切。"澄类。

古读春、茁声转。《书大传》:"春,出也,物之出也。"《诗·驺虞》:"彼茁者葭。"《毛传》:"茁,出也。"《说文》:"茁,草初出地貌。"案春、茁同义,双声互转。《广韵》:"春,昌唇切。"穿类。"茁,征笔切。"知类。

古读耻、丑声近。《吕氏春秋·不侵》:"秦昭王欲丑之以辞。"高注:"丑或作耻。"《韩非子·说难》:"在知饰所说之所矜而灭其所耻。"《史记·韩非传》"耻"作"丑"。《广韵》:"耻,昌九切。"穿类。"丑,敕里切。"彻类。

古读称如桶。《吕氏春秋·仲春纪》:"角斗桶。"《淮南·时则训》作"角斗称"。《广韵》:"称,昌孕切。"穿类。"桶,他孔切。"透类。

以上穿类。

古读赎如渎。《淮南·兵略训》:"察行陈解赎之数。"《释名·释衣服》:"齐人谓如衫而小袖曰侯头。"侯头犹解渎,臂直通之言也。《广韵》:"赎,神蜀切。"神类。"渎,徒谷切。"定类。

古读乘如滕。隐十一年《左传》:"滕侯、薛侯来朝,争长。"《越绝书·外传本事》:"北陵齐、楚,诸侯莫敢叛者,乘、薛、许、邾娄、吕旁毂趋走。"案乘即滕,春秋时国名。《广韵》:"乘,食陵切。"神类。"滕,徒登切。"定类。

古又读乘如腾。《管子·小匡》:"地出乘黄。"房注:"乘黄,神马也。"《抱朴子·对俗》:"腾黄之马,吉光之兽,皆寿三千岁。"案乘黄即腾黄,古代马名。反切声类同上。

古又读乘如甸。《周礼·地官》:"小司徒,四丘为甸。"郑注:"甸之言乘也。读如衷甸之甸。"《礼·郊特牲》:"邱乘共粢盛。"郑注:"甸或谓之乘。"《广韵》:"乘,食陵切。"神类。"甸,堂练切。"定类。

古读示如提。宣二年《左传》:"其右提弥明知之。"《晋世家》作"公宰示昧明"。《广韵》:"示,神至切。"神类。"提,杜奚切。"定类。

古读神、蹈声近。《诗》:"上帝甚蹈,无自瘵焉。"《荀子》引作"上帝甚神,无自瘵也"。《广韵》:"神,食陵切。"神类。"蹈,徒到切。"定类。

古读蛇如佗。《诗·羔羊》:"委蛇委蛇,退食自公。"《君子偕老》:"委委佗佗,如山如河。"《广韵》:"蛇,食遮切。"神类。"佗,待何切。"定类。

古又读蛇如池。《春秋·桓十二年经》:"公会杞侯、莒子盟于曲池。"《公羊经》作"盟于殴蛇"。《广韵》:"蛇,食遮切。"神类。"池,直离切。"澄类。

以上神类。

古读商如唐。《孟子》:"绵驹处于高唐,而齐右善歌。"《韩诗外传六》:"昔揖封生高商,齐人好歌。"《史记·封禅书》:"其西则商中数十里虎圈。"《孝武纪》作"唐中"。《广韵》:"商,式羊切。"审类。"唐,徒郎切。"定类。

古读舒如荼。《诗·閟宫》:"戎狄是膺,荆舒是惩。"《史记·建元以来侯者年表序》:"自《诗》、《书》称三代戎狄是应,荆荼是征。"《索隐》:"荼音舒。"《礼·玉藻》:"荼前诎后。"郑注:"读如舒迟之舒。"《广韵》:"舒,鱼伤切。"审类。"荼,同都切。"定类。

古读首如头。《吕氏春秋·慎人》:"故许由虞乎颖阳,而共伯得乎共首。"《荀子·儒效》:"至共头而山隧。"《广韵》:"首,书九切。"审类。"头,度侯切。"定类。

古又读首如道。《逸周书·芮良夫》:"小臣良夫稽道。"《群书治要》引作"稽首"。秦《会稽刻石》:"追道高明。"《史记·秦始皇本纪》作"追首高明"。《广韵》:"首,书九切。"审类。"道,徒皓切。"定类。

古读奢如都。《诗·山有扶苏》:"不见子都,乃见狂且。"《毛传》:"子都,世之美好者也。"《荀子·赋篇》:"闾娵、子奢,莫之媒也;嫫母、力父,是之喜也。"杨注:"子奢,当为子都,郑之美人。"《广韵》:"奢,式车切。"审类。"都,当孤切。"端类。

古读圣如听。《书·无逸》:"此厥不听。"《汉石经》作"不圣"。秦《泰山刻石》:"皇帝躬听。"《史记·秦始皇纪》作"躬圣"。《广韵》:"圣,式正切。"审类。"听,他定切。"透类。

古读说如脱。《诗·瞻卬》:"女反说之。"《后汉书·王符传注》引《诗》作"女反脱之"。《国语·鲁语》:"求说其侮。"韦注:"说,古脱字,犹除也。"《广韵》:"说,失热切。"审类。"脱,徒活切。"定类。

古读税如褖。《礼·玉藻》:"士褖衣。"郑注:"褖或作税。"《广韵》:"税,舒芮切。"审类。"褖,通贯切。"透类。

古又读税如脱。《方言》:"税,舍车也。赵、宋、陈、魏之间谓之税。"郭注:"税犹脱也。"《广韵》:"税,舒芮切。"审类。"脱,徒活切。"定类。

古读覢如闯。哀六年《公羊传》:"开之则闯然公子阳生也。"《说文》:"覢,暂见也。从见,炎声。《春秋公羊传》曰:'覢然公子阳生。'"《广韵》:"覢,失冉切。"审类。"闯,丑禁切。"彻类。

古读申如田。《书·君奭》:"在昔上帝,割申劝宁王之德,其集大命于厥躬。"《礼·缁衣》引作"周田观文王之德"。《广韵》:"申,失人切。"审类。"田,徒年切。"定类。

古又读申如陈。《诗·烈祖》:"申锡无疆。"又《文王》:"陈锡哉周。"按申锡即陈锡,为古代成语。《广韵》:"申,失人切。"审类。"陈,直珍切。"澄类。

古又读申如重。《书·皋陶谟》:"天其申命用休。"《史记·夏纪》作"天其重命用休"。《广韵》:"申,失人切。"审类。"重,直容切。"澄类。

古又读申如郑。《荀子·仲尼》:"疾力以申重之。"杨注:"申重犹再三也。"《汉书·王莽传》:"非皇天所以郑重降符命之意。"颜注:"郑重,犹言频烦也。"《广韵》:"申,失人切。"审类。"郑,道正切。"澄类。

古读扇如惮。《庄子·外物》:"声侔鬼神,惮赫千里。"《列子·皇帝》:"藉芿燔林,扇赫百里。"《广韵》:"扇,式战切。"审类。"惮,徒案切。"定类。

古读世如太。《礼·曲礼》:"不敢与世子同名。"郑注:"世或为太。"襄十四年《左传》:"卫太叔仪。"襄二十九年《经》作"世叔仪"。《广韵》:

"世,舒制切。"审类。"太,他盖切。"透类。

古读始如殆。《诗·七月》:"殆及公子同归。"《毛传》:"殆,始。"《列子·皇帝》:"殆矣夫。"《释文》:"殆,一本作始。"《广韵》:"始,诗止切。"审类。"殆,徒亥切。"定类。

古读胜如滕。《韩非·外储说左》:"此其称功,犹赢胜而履蹻。"《战国策·秦策》:"去秦而归,赢滕履蹻。"《广韵》:"胜,识蒸切。"审类。"滕,徒登切。"定类。

古又读胜如朕。《庄子·应帝王》:"吾向示之以太冲莫胜。"《列子·皇帝》作"向吾示之以太冲莫朕"。《广韵》:"胜,诗证切。"审类。"朕,直引切。"澄类。

古又读胜如陈。《礼·聘义》:"天下有事,则用之于战胜;用之于战胜,则无敌。"郑注:"胜,克敌也。或为陈。"《广韵》:"胜,识蒸切。"审类。"陈,直珍切。"澄类。

古读身如天。《史记·大宛传》:"身毒在大夏东南可数千里。"《后汉书·西域传》:"天竺国,一名身毒。在月氏之东南可数千里。"《广韵》:"身,失人切。"审类。"天,他前切。"透类。

古读失如夺。《孟子》:"勿夺其时。"《荀子》杨注引作"无失其时"。《广韵》:"失,式质切。"审类。"夺,徒活切。"定类。

古又读失如跌。庄二十二年《公羊传》:"肆者何?跌也。"《谷梁传》"跌"作"失"。《广韵》:"失,式质切。"审类。"跌,徒结切。"定类。

古读式如慝。《诗·宾之初筵》:"式勿从谓。"《郑笺》:"式读曰慝。"《广韵》:"式,赏职切。"审类。"慝,他德切。"透类。

古读释如泽。《大戴礼·夏小正》:"正月农耕及雪泽,初服于公田。"《管子·乘马》作"农耕及雪释"。《广韵》:"释,施只切。"审类。"泽,场伯切。"澄类。

古读施如多。哀六年《左传》:"国夏奔莒,遂及高张,晏圉、弦施来奔。"又哀十一年《左传》:"使问弦多以琴。"杜注:"弦多,齐人也。六年奔鲁。"《广韵》:"施,式支切。"审类。"多,得何切。"端类。

古又读施如他。《吕氏春秋·悔过》:"郑贾人弦高、奚施,将西市于周,道遇秦师。"《淮南·人间训》"奚施"作"蹇他"。《广韵》:"施,式支切。"审类。"他,讬何切。"透类。

古又读施如鮀。《论语》:"祝鮀治宗庙。"《易林·咸之临》:"祝施王孙,能事鬼神。"《广韵》:"施,式支切。"审类。"鮀,徒何切。"定类。

古又读施如惕。《书·盘庚》:"不惕予一人。"《白虎通·号篇》引作"不施予一人"。《广韵》:"施,式支切。"审类。"惕,他历切。"透类。

古又读施如驰。《史记·魏世家》:"隐处穷巷,声驰千里。"《淮南·修务训》作"声施千里"。《广韵》:"施,式支切。"审类。"驰,直离切。"澄类。

古读憃如憧。《史记·三王世家》:"愚憃而不逮事。"《后汉书·虞诩传》:"愚憃之人,不足多谋。"《广韵》:"憃,书容切。"审类。"憧,徒红切。"定类。

古读舒如偷。《礼·玉藻》郑注:"舒懦者,所畏在前也。"《荀子·修身》:"偷懦惮事。"按舒懦即偷懦,为古代成语。《广韵》:"舒,伤鱼切。"审类。"偷,讬侯切。"透类。

古读输如堕。《诗·正月》:"载输尔载。"《郑笺》:"输,堕也。"《史记·淮阴侯传》:"披腹心,输肝胆。"《汉书·伍江息夫传》作"披腹心,堕肝胆"。《广韵》:"输,式朱切。"审类。"堕,徒果切。"定类。

以上审类。

古读纯如敦。成十六年《左传》:"民生敦厖,和平以听。"《楚辞·惜往日》:"心纯厖而不泄兮。"按敦厖、纯厖,古代成语。《广韵》:"纯,常伦切。"禅类。"敦,都昆切。"端类。

古又读纯如屯。《诗·召南》:"白茅纯束。"《郑笺》:"纯读如屯。"襄十八年《左传》:"执孙蒯于纯留。"《汉书·地理志》:"上党郡屯留。"师古曰:"屯,音纯。"《广韵》:"纯,常伦切。"禅类。"屯,陟纶切。"知类。

古读尝如当。《孟子》:"是时孔子当阨,主司城贞子,为陈侯周臣。"《说苑·至公》引作"孔子尝阨"。《荀子·君子》:"先祖当贤。"杨注:"当,或为尝。"《广韵》:"尝,市羊切。"禅类。"当,都郎切。"端类。

古读偿如当。《史记·货殖传》:"什倍其偿。"《索隐》:"本作当。"又《张仪传》:"是我出地于秦,取偿于齐也。"《汉书·匈奴传》:"匈奴终不敢取当。"按取当即取偿,声义俱同。反切声类见上。

古读常如堂。《管子·小称》:"臣愿君之远易牙、竖刁、堂巫、公子开方。"按堂巫,《吕氏春秋》作"常之巫"。又《山海经·南山经》:"堂庭之山。"郭注:"一作常。"《广韵》:"常,市羊切。"禅类。"堂,徒郎切。"定类。

古读谁如畴。《书·尧典》:"畴咨若时登庸。"《汉书·眭弘传》:"汉室宜谁差天下,求索贤人,求以帝位。"颜注:"谁,问也。差,择也。"与"畴咨"同。《广韵》:"谁,视隹切。"禅类。"畴,直由切。"澄类。

古读遄如檀。昭二十年《左传》:"齐侯至自田,晏子侍于遄台,子犹驰而造焉。"《大戴礼·保傅》:"威王以齐强于天下,而简公以弑于檀台。"《广韵》:"遄,市缘切。"禅类。"檀,徒干切。"定类。

古读墠如坛。《诗·东门之墠序·释文》:"坛,本作墠。"《史记·孝文纪》:"其广增诸祀墠场珪币。"《汉书·文帝纪》作"坛场"。《广韵》:"墠,常演切。"禅类。"坛,徒干切。"定类。

古读涉如喋。《吕氏春秋·节丧》:"涉血盭肝以求之。"《史记·淮阴侯传》:"新喋血阏与。"《广韵》:"涉,时摄切。"禅类。"喋,徒协切。"定类。

古读植如戴。《书·金縢》:"植璧秉珪。"《史记·鲁世家》作"戴璧秉珪"。《广韵》:"植,常职切。"禅类。"戴,都代切。"端类。

古又读植如置。《诗·那》:"置我鼗鼓。"《郑笺》:"置,读曰植。"《广韵》:"植,常职切。"禅类。"置,陟吏切。"知类。

古读植、颠声转。《史记·楚世家》:"且魏断二臂,颠越矣。"《鹖冠子·王鈇》:"其最高而不植局者,未之有也。"按植局即颠越之声转,为古代成语。《广韵》:"植,常职切。"禅类。"颠,徒年切。"端类。

古读褶、耽声近。《淮南·坠形训》:"夸父耽耳,在其北方。"高注:"耽读褶衣之褶。"《广韵》:"褶,是执切。"禅类。"耽,丁含切。"端类。

古读輲、轮、蜃、团同声。《礼·杂记》:"载以輲车。"郑注:"輲,读为轾。"《士丧礼记》注:"载柩车,《周礼》谓之蜃车,《杂记》谓之团,或作轾,或作传,声切皆相附耳。"《广韵》:"輀、轾,并市缘切。蜃,时忍切。"皆禅类。"团,度官切。"定类。

古读社如土。《诗·玄鸟》:"宅殷土芒芒。"《史记·补三代世表》:"诗人美而颂之曰:殷社芒芒。"《广韵》:"社,常者切。"禅类。"土,他鲁切。"透类。

古又读社如杜。昭二十二年《左传》:"败陆浑于社。"《释文》:"社,本或作杜。"《史记·秦本纪》:"宁公二年,遂灭荡社。"徐广曰:"社,一作杜。"《广韵》:"社,常者切。"禅类。"杜,徒古切。"定类。

古读成如重。《吕氏春秋·音初》:"有娀氏有二佚女,为之九成之台,饮食必以鼓。"《韩诗外传》:"齐景公使人于楚,楚王与之上九重之台。"《广韵》:"成,是征切。"禅类。"重,直容切。"澄类。

古读筹如墥。《国语·楚语》:"臣能自寿也。"韦注:"寿,保也。"《说文》:"墥,保也。"《广韵》:"寿,殖酉切。"禅类。"墥,都皓切。"端类。

古又读寿如畴。《管子·枢言》:"十日不食,无畴类尽死矣。"《吕氏春秋·审为》:"重伤之人,无寿类矣。"《广韵》:"寿,殖酉切。"禅类。"畴,直由切。"澄类。

古读勺如的。《释名·释首饰》:"以丹注面曰勺。勺,灼也。"《史记·五宗世家·索隐》引作"以丹注面曰的"。《广韵》:"勺,市若切。"禅类。"的,都历切。"端类。

古读杓如拓。《淮南·道应训》:"孔子劲杓国门之关,而不肯以力闻。"《列子·说符》:"孔子之劲,能拓国门之关,而不肯以力闻。"《广韵》:"杓,市若切。"禅类。"拓,他各切。"透类。

古读蜀如独。《尔雅·释山》:"独者蜀。"《方言》:"蜀,一也。南楚谓之独。"郭注:"蜀犹独耳。"《广韵》:"蜀,市玉切。"禅类。"独,徒谷切。"定类。

古又读蜀如浊。《大戴礼·帝系》:"昌意娶于蜀山氏之子,谓之昌濮。"《山海经·海内经》郭注引《世本》:"颛顼母,浊山氏之子,名昌仆。"

《广韵》：“蜀,市玉切。”禅类。“浊,直甪切。”澄类。

古读是如提。《春秋·僖十六年经》：“是月,六鹢退飞过宋都。”《公羊传》：“提月者何？仅逮是月也。”何注：“提月,边也。鲁人语也。”《广韵》：“是,承纸切。”禅类。“提,杜奚切。”定类。

古读諟如题。《礼·大学》：“顾諟天之明命。”郑注：“諟,或为题。”《广韵》：“諟,承纸切。”禅类。“题,杜奚切。”定类。

古读折如戴。《山海经·海内北经》：“西王母梯几而戴胜杖。”《淮南·览冥训》：“西老折胜。”《广韵》：“折,常列切。”禅类。“戴,都代切。”端类。

古读誓如哲。《书·酒诰》：“在昔殷先哲王,迪畏天显小民。”《逸周书·商誓》：“为商先誓王。”《广韵》：“誓,时制切。”禅类。“哲,陟列切。”知类。

古读赡如澹。《史记·自序》：“万物赡足。”《汉书·张骞传》：“澹足万物。”《广韵》：“赡,时豔切。”禅类。“澹,徒甘切。”定类。

古读侍如待。《士昏礼》：“媵侍于户外。”郑注：“今文侍作待。”《庄子·田子方》及《渔父》,《释文》并云：“待或作侍。”《广韵》：“侍,市时切。”禅类。“待,徒亥切。”定类。

古读逝如遰。《易·大有》：“明辩晢也。”《释文》：“郑本作遰。陆本作逝。”《史记·屈原贾生传》：“风漂漂其高遰兮。”《索隐》：“遰,音逝。”《汉书·贾谊传》作“逝”。《广韵》：“逝,时制切。”禅类。“遰,特计切。”定类。

古读受如纣。《书·西伯戡黎》：“奔告于受。”《释文》：“如字。《传》云：‘受,纣也。音相乱。’马云：‘受读曰纣。’”《广韵》：“受,殖酉切。”禅类。“纣,除柳切。”澄类。

古读儋如担。《后汉·明帝纪》：“生者无儋石之储。”《韦彪传》注：“江淮谓一石为一担。”《广韵》：“儋,常只切。”禅类。“担,都甘切。”端类。

古读淑如吊。《诗·中谷有蓷》：“嘅其叹矣,遇人之不淑矣。”《书·费誓》：“无敢不吊。”按不淑即不吊,为古代成语。《广韵》：“淑,殊六切。”

禅类。"吊,都历切。"端类。

以上禅类。

右例证一百四十二条。钱氏之说,经余证明,可成定论矣。

（原载于《国立武汉大学文哲季刊》1937年第6卷第4期）

殷契卜嘆考

殷契有卜嘆之辞,兹从文字、辞例二项,证明如次:

一、文字

《说文》:"黄,地之色也。从田,光声。"

按,黄,甲文作:

金文作:

盖象兽皮展开之形,𦰩、𦰩象兽头及四肢,或省肢增尾;○、⊖象其皮革。猎者获兽,割其肉以为食,裂其皮以为用,制皮之法,兽被击毙僵卧后,从头经腹至尾,中分剖开,张之以木,形如左图:

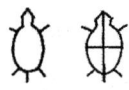

此即黄之形象,其本义为展开兽皮,引申义为阔大,故凡从黄得声之字,均有张大之义。如:

彉,《说文》:"彉,满弩也。从弓,黄声。"

觵,《说文》:"觵,兕牛角,可以饮者也。从角,黄声。其状觵觵,故谓之觵。"

廣,《说文》:"廣,殿之大屋也。从广,黄声。"

㡣,《说文》:"㡣,阔也,广大也。从心廣。廣亦声。一曰:宽也。"

壙,《说文》:"壙,堑穴也。从土,廣声。一曰:大也。"

其明征矣。

又按,甲文黄,诸家误释为堇,考趞曹鼎之黄,丨丨假借为横丨丨,与甲文形象,丝毫无别,可为此字当释为黄,不当释堇之确证,但契辞假黄为堇耳。

黄义既明,次进言堇。

《说文》:"堇,黏土也。从黄省,从土。"

按,堇,甲文作:

金文作:

从黄从火,丨丨《说文》作土,系火形之讹变,丨丨盖象以火乾兽皮之形,当为靬若暵之初文。《说文》:"靬,乾革也。武威有丽靬县。从革,干声。""暵,乾也。耕暴田为暵。从日,堇声。"《易》曰:"燥万物者莫暵乎火。"段注:"今《易》作熯。考日与火,皆可乾物,或从日作,或从火作,其

212

义一也。兽皮剖裂后,张之以木,或曝之以日,或烤之以火,以备制物之用,故堇字本义,当为曝烤兽皮,引申为乾燥。天不降雨,则土地枯焦,百物不生,故再引申为乾暵。"后世别造旱字,《说文》:"旱,不雨也。从日,干声。"

由上证明,知堇以乾革为第一义,乾燥为第二义,无雨为第三义。

堇义既明,次进言艱。

《说文》:"艱,土难治也。从堇,艮声。囏,籀文艱从喜。"

按,艱,甲文作:

金文作:

从黄从喜,与籀文合。

考从喜得声之字,皆有火义。如:

饎,《周礼·馈人》郑注:"饎人,主炊官也。"《仪礼·特牲馈食礼》郑注:"炊黍稷曰饎。"《吕氏春秋·仲冬季》高注:"饎,炊也。"

糦,《方言》:"糦,孰食也。气孰曰糦。"

熹,《说文》:"熹,炙也。从火,喜声。"

譆,《左传·襄公三十年》:"或叫于宋大庙曰:譆譆出出。"按,丘明记述,以为宋大火之先征。

由上证明,知甲文艱之从黄从喜,与堇之从黄从火,其义不异,特一为形声,一为象形耳。

二、辞例

殷契卜暵之辞,兹录其明确者诠释如次:

黄。（藏一七葉一片）

按此篇只存黄字,然寻其上下辞例云:"囗酉卜:不雨,二月。"黄为暵之假借,与"不雨"对举,不雨即暵矣。

囗曰帝囗黄我囗。（藏一五九葉三片）

按,帝谓天神,黄谓暵灾,天神与暵灾连文,疑含有祈祷之意。

庚戌卜贞帝其降黄。（前四卷四六葉一片）

按,此词天神其降暵灾也。

囗丑卜贞囗不雨帝囗隹囗黄。（甲一卷二五葉一三片）

按,上言不雨,下言帝言黄,疑因不雨,天神将降暵灾之意。

丁亥堇丁甴囗亦……（后下一八葉一片）

按,此谓丁亥日天不下雨。卜文残缺,辞义不明。

囗大贞来丁亥堇……（契二九片）

按,此谓未来之丁亥日,天不降雨也。

西土亡堇。（后下二四葉一片）

按,此为殷之西境无暵灾也。

艱。（前三卷一六葉二片）
贞今日雨。（同上）

按,艱与雨,相对为文,艱为暵之假借,谓无雨也。

癸卯卜囗贞今日来艱。（河甲九八片）
癸卯卜囗贞今日来雨。（同上）

按,来艱、来雨对文,与上例同。

……日亡艱。（前五卷四十葉六片）
囗卜贞……亡艱。（前五卷四十葉七片）

□卜……日亡艱。（前五卷四一葉二片）

按，三辞皆言"亡艱"，即无嘆。

……来艱。（前五卷四一葉一片）

……亡来艱。（后上三十葉三片）

贞今日亡来艱。（后上三十葉四片）

按，一辞残缺，二辞皆言"亡来艱"，盖谓来日无嘆也。

据上证明，稽之字形，核之文义，无不允协，其为卜嘆之辞，可无疑矣。或曰：黄、堇、艱，同为卜嘆之辞，奚为分为三字？余曰：卜辞非一时之物，一时有一时所用之字，故不同也。

（原载于《河南大学文学院学术丛刊》1941年第1卷第1期）

镫锭考

先民照夜之具,见于姬周典籍者,曰燎,曰烛。至镫之使用,经传无征,昔叶昌炽撰《释镫》,谓"肇于战国而盛于汉",并引《楚词·招魂》"兰膏明烛,华镫错些"为证。兹余从文字结构上考之,镫之制作,商代已有之矣。爰草斯篇,以谂世之研究中国古化文化史言。

《说文》:"丶,有所绝止,丶而识之也。"又"主,镫中火主也。䒑象形;从丶,丶亦声"。按,丶为初文,主为后起字,丶象火主,许君训为"有所绝止,丶而识之",乃后世之假用,非造字之初义也。䒑象镫形,即王之本字。《说文》:"王,天下所归往也。董仲舒曰:古之造文者,三画而连其中,谓之王。三者天地人也,而参通之者人也。孔子曰:一贯三为王。𠙻,古文王。"按王,甲文作:

𡉚(藏七七)　　王(前一二十)　　𡉚(菁二)　　王(藏三八)

金文作:

王(艅尊)　　王(盂鼎)　　王(散盘)　　王(聃簋)

实象镫形。金文揚有省作人手举王形者,對有别作手持主形者(说详下),即其明证。挚乳为皇。《说文》:"皇,光美也。从日,往声。"《说文》:"皇,大也。从自王。自,始也,始王者三皇,大君也。自读若鼻。今俗以作始生子为鼻子是。"按皇,金文分为二系:

第一系:

皇(无㠱簋)　皇(齐镈)　皇(禾簋)　皇(秦公簋)

第二系:

皇(毛公鼎)　皇(颂鼎)　皇(师父鼎)　皇(叔皮父簋)

象镫光辉煌之形,当为煌之初文。《说文》:"煌煌,辉也。从火,皇声。"《诗·皇华》:"皇皇者华。"《毛传》:"皇皇,犹煌煌也。"又《采芑》:"朱芾斯皇。"《毛传》:"皇犹煌煌也。"皆用其本义。

《急就篇》:"锻铸铅锡镫绽锭鐎。"颜注:"镫所以盛膏、夜然燎者也,其形若杆而中施缸。有柎者曰锭,无柎者曰镫。"今以实物验之,北方瓦镫,尚存古代遗制,亦分二类,且与古文结构符合。其形如左:

上为膏缸,下承以柎,即皇之象形。

膏可与柎,连而为一,即皇之象形。

皇上之川,象光芒四射,合之为皇,象镫光之辉煌。皇天、皇祖、皇考,为周金铭文中习见之成语。盖由镫光辉煌,引伸为大义。《左传·定公元年》:"薛之皇祖奚仲。"杜注:"皇,大也。"是其证也。《春秋繁露·深察名号》:"王者,皇也。"《风俗通义·皇霸》:"皇者,光也。"《独断》:"皇者,煌也。盛德煌煌,无所不照。"诸书诠释,皆得其本义,惟就君主立说,不免于附会耳。盖王与皇,原象镫光之辉煌,音义俱同,故经传通用不别。《书·洪范》:"建用皇极。"《史记·宋世家》引作"王极"。《仪礼·聘礼》:"宾入门,皇。"郑注:"古文皇皆作王。"是其证也。引申为盛大之义。《周易》韩注:"王,盛也。"(《一切经音义》卷二十二引)《广雅·释诂》:"皇,王,大也。"至盛极大者莫如君,故借用为有天下之号。《尔雅·释诂》:"皇,王,君也。"考君王称王,商代已然,皇为尊号,秦始用。

《说文》:"對,譍无方也。从丵口,从寸。對,對或从士。汉文帝以为责對而为言,多非诚對,故去其口以从士也。"按對,甲文、金文作:

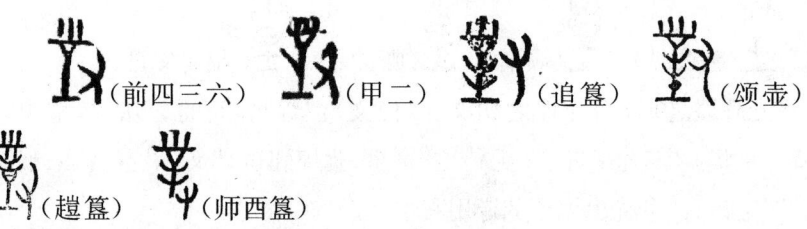

象手持皇形。金文又作:

象手持主形。

皇,镫光辉煌也。主,镫中火主也,盖黑夜无光,持镫照人谓之对。引申其义,以言应人之问,亦谓之对。《仪礼·士冠礼》:"冠者对。"郑注:"对,应也。"《聘礼》:"对曰:非礼也,敢辞。"郑注:"对,答问也。"《诗·桑柔》:"听言则对。"《郑笺》:"对,答也。"皆其例也。《说文》:"昜,开也。从日、一、勿。一曰,飞扬。一曰,长也。一曰,彊者众貌。"按昜,甲文、金文作:

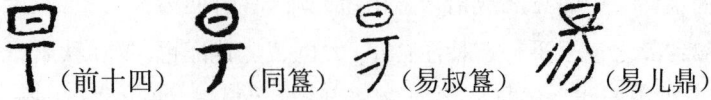

象镫缸置丂上之形,或增彡作,盖象光芒之下射。篆文从勿,乃勿形之

误,丂为桥之初文,象形。《仪礼·士昏礼》:"筭缁被纁里加于桥。"郑注:"桥所以庋筭,其制未闻。"庋筭之桥,汉季即已失传。至丂形之桥,盖以木板为面,承以二足,旁加直木,与面足相交,椓诸壁间,以庋筭物。今时南方乡间尚有用之者,丂即象其面足之形。(说详拙著《商周遗文释丛》)

《说文》:"扬,飞举也。从手,昜声。𢽤,古文扬,从攴。"按扬,金文结构,约分五类:

左象人两手举镫。从女,与从人同。

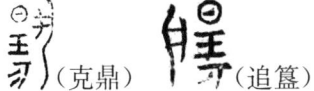

右象镫置丂上,人手举之。丂可■物,盖举连类及之。

右象人两手举昜,为篆文扬字所从出。古文作𢽤,从攴,乃 形之误。

右象人两手举镫缸。

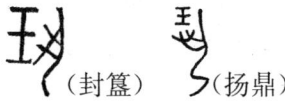

右象人两手举镫。

总之,字形虽有繁简,位置虽有变易,然其本质,为人手举镫则一也。引伸为高举之义。《仪礼·乡射礼》:"南扬弓。"郑注:"扬犹举也。"《礼记·檀弓》:"杜蒉洗而扬觯。"郑注:"扬,举也。"

《说文》:"光,明也。从火在人上,光明意也。炗,古文。烾,古文。"按光,甲文、金文作:

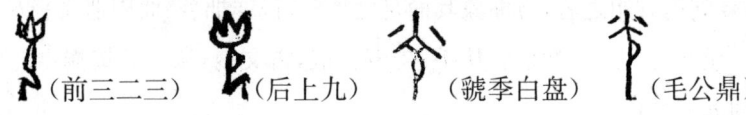

形与篆文同。金文又作:

象镫光辉煌之形,古文炗,即其讹变。古文又作烾,从炎,从炗,盖繁文也。

《说文》:"庶,屋下众也。从广炗。炗,古文光字。"按庶,金文作:

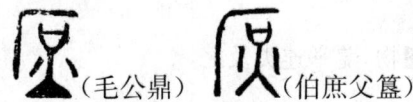

象屋下镫光辉煌之形。《书·皋陶谟》:"庶明厉翼。"《春秋考异邮》:"明庶风至。"皆用其本义。古庶、者同音。《周礼·秋官》:"庶氏以药物熏攻毒虫。"郑注:"庶读如药煮之煮。"是其证也。故庶孳乳为睹。《说文》:"睹,旦明也。从日,者声。"至许君训众,盖诸之假借。《礼记·曲礼》:"诸母不漱裳。"郑注:"诸母,庶母也。"《广雅·释诂》:"诸,众也。"

镫之形制,见于文字者,具述如前。《楚词·招魂》:"兰膏明烛,华镫错些。"此为膏镫见于载籍之始。至刘向《说苑·复恩》:"楚庄王赐群臣酒,日暮镫烛灭。"此汉人述春秋事,便文及之,不足以为证也。惟《招魂》一篇,据近人研究,定为汉世作品,是膏镫迟至汉代,始见载藉矣。余谓先民以动植物为食料,其脂肪可燃烧发光,自必知之甚早。盖其初,■诸燎烛,用以助光;其后遂专用为照夜之具,渐有镫之发明。自不能以见于载籍较迟,而疑古代无镫之使用矣。间尝考之,远古制作未兴,照夜之具,当用燎烛,文明既启,发明膏镫,二者同时并用,大抵燎烛光强,邦家大事用之；膏镫光弱，家中日常用之。经传序述，皆邦家大事，是以不见镫之记载。究之，膏镫使用，较为简便，渐次盛行，卒取燎烛地位而代之。消长之会，其在周秦之间乎？

《说文》："豆，古食肉器也。从口，象形。"又"梪，木大豆谓之梪。从木豆。"《尔雅·释器》："木豆谓之豆。"郭注："豆，礼器也。"又"瓦豆谓之登。"郭注："即膏镫也。"《诗·生民》："于豆于登。"《毛传》："木曰豆，所以荐菹醢也；瓦曰登，所以荐大羹也。"《仪礼·公食大夫礼》："实于镫。"郑注："瓦豆谓之镫。"盖豆原为食器，自发明脂膏作燃料后，盛膏于缸，施于豆上，以为照夜之具。使用既久，分而为二。盛食者为豆，照夜者为镫，各不相混。豆由瓦制而木制，而金制，质料虽异，功用如故。镫则析为缸柎分离，与缸柎相连二类矣。传世古器，周代之豆，与汉代之镫，形制悉同，即其明证据。兹绘如左，以质比较。

周豆（《博古》十八卷二十叶刘公铺）：

上为盘，中为柱，下为柎。

汉镫（《获古》二卷十叶池阳宫镫）：

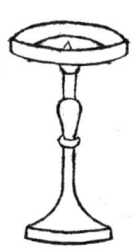

上为盘，中为柱，下为柎。又■为二：一，盘中有锥，所以植烛。盖照夜一具，从燎■为烛，烛■为镫，其间曾有烛镫并用之阶段，即植烛于镫，是也（上■即其例）。二，盘中无锥，所以盛膏（《陶斋》六卷四十七叶汉元■

镫），即现今通行之镫也。

汉代又有行镫，其形如左：

汉行镫（《获古》二卷十叶池阳宫镫）：

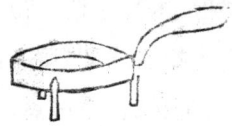

有盘，旁有柄，而下有三足，此即古代镫缸之演化。

《说文》：" 镫，锭也。从金，登声。"又"锭，镫也。从金，定。"《广雅·释器》：" 锭谓之镫。"是镫与锭为一物矣。颜注《急就篇》：" 有柎者曰锭，无柎者曰镫。"《声类》：" 有足曰锭，无足曰镫。"（《一切经音义》卷七、卷九引）是镫与锭分为二矣。余谓镫、锭一声之转，乃方音之歧异。观曲成锭（《陶斋》六卷五十四叶），其名称锭，形与镫同，是知强分之不当矣。

（原载《国立河南大学学术丛刊》1943 年第 1 期）

程瑶田年谱初稿

先生姓程,名瑶田,字易田;年六十,更字易畴,号葺翁,安徽歙县人,父讳□□,母汪太夫人。

清世宗雍正三年,乙巳(一七二五)一岁。

八月□日,先生生于歙县城内荷花池住宅。

本年先生师友年龄之可考者如次:

婺源江永(慎修)四岁。

歙汪廷龙(集池)三七岁。

淳安方粹然(心醇)二四岁。

歙江衡(岳南)一一岁。

嘉定王鸣盛(西庄)四岁。

歙汪随(谨度)四岁。

休宁戴震(东灵)三岁。

歙叶天赐(孔章)二岁。

休宁程杞(献可)一岁。

歙洪□□(又存)一岁。

雍正四年丙午(一七二六)二岁。

歙汪梧凤(在湘)一岁。

歙洪性錀(杭原)一岁。
雍正五年丁未(一七二七)三岁。
雍正六年戊甲(一七二八)四岁。
嘉定钱大昕(竹汀)一岁。
雍正七年己酉(一七二九)五岁。
大兴朱筠(竹君)一岁。
雍正八年庚戌(一七三〇)六岁。
镇洋毕沅(秋帆)一岁。
雍正九年辛亥(一七三一)七岁。
雍正十年壬午(一七三二)八岁。
二月十六日,四弟光烈(觊文)生。
始入家塾。
歙汪启淑《飞鸿堂印人传》云:"性诚笃,龆龀岁,凛然如成人,及就家塾,不待勉励,卓然有志于学。"
雍正一一年癸丑(一七三三)九岁。
雍正一二年甲寅(一七三四)十岁。
雍正一三年乙卯(一七三五)一一岁。
金坛段玉裁(茂堂)一岁。
歙金榜(辅之)一岁。
高宗乾隆元年丙辰(一七三六)一二岁。
曲阜桂馥(未谷)一岁。
乾隆二年丁巳(一七三七)一三岁。
始志于学。
按《濠上吟》云:"忆我舞勺时,心地颇不昧;志向好书史,襟怀得安泰。"又按《皖志列传稿》云:"少入塾,师问其志,曰:无志。穷达有命,穷为匹夫,不得曰非吾志而却之也;达为卿相,不得曰吾志不及此而逃之也。或曰:是圣贤也。曰:读书不当惟圣贤是法耶!顾瑶田质甚鲁,读书百遍不成诵,然好深湛思。平居鸡鸣起,然灯达旦,夜分方就寝,数十寒暑如一。"

乾隆三年戊午(一七三八)一四岁。

  兴化任大椿(幼植)一岁。

乾隆四年己未(一七三九)一五岁。

  曲阜孔继涵(荭谷)一岁。

乾隆五年戊甲(一七四〇)一六岁。

  夫人徐氏来归。

    按夫人名顺,字惠卿。歙北徐村人。长先生四岁。

乾隆六年辛酉(一七四一)一七岁。

  始应童子试。

乾隆七年壬戌(一七四二)一八岁。

  先生父延汪廷龙于家塾,教授时文。

  歙汪龙(叔辰)一岁。

乾隆八年癸亥(一七四三)一九岁。

  从汪廷龙受业。

  余姚邵晋涵(与桐)一岁。

乾隆九年甲子(一七四四)二十岁。

  从汪廷龙受业。

  高邮王念孙(怀祖)一岁。

  江都汪中(容甫)一岁。

  歙巴慰祖(予藉)一岁。

乾隆十年乙丑(一七四五)二一岁。

  从汪廷龙读书于竹园山渐鸿堂。

    按偕洪又存同学。

  与洪性鋿定交。

    按《五友记》云:"余长秔原一岁。岁乙丑,始相见,时与诸人共饮酒,秔原豪迈善谈辩,余则终席无一言。饮毕,散去。明日,秔原以书与余曰:'人不可无友,昨见子,乃真吾友也。'遂定交焉。"

冬,至杭州,应适籍试。

与江衡定交。

按《五友记》云:"乙丑之冬,瑶田至杭州,应商籍试,居与岳南门相对,遂识岳南。岳南见余今时文而称之,见余诗文称之。居两月,别岳南归。"

又按江衡原籍歙县,侨寓钱唐。

乾隆一一年丙寅(一七四六)二二岁。

与汪肇龙定交。

按《五友记》云:"汪肇龙,字稚川,与余同居城中。稚川居府城,余居县城,盖歙虽附郭,别为一城也。乾隆丙寅,余与稚川交。每家居时,余出门则适稚川,稚川出门恒适余。几无一日不相见。"

至杭州,应商籍试,馆江衡家。

秋,偕汪随由杭归歙,刻其途中所吟诗,曰《重跰集》。

乾隆一二年丁卯(一七四七)二三岁。

乾隆一三年戊辰(一七四八)二四岁。

读书飞布山。

按偕洪又存同学。

秋,补博士弟子员。

乾隆四年己巳(一七四九)二五岁。

纯安方粹然寄寓徽州城外之河西,先生数往访之。

与戴震定交。

按《五友记》云:"东原,名震,休宁隆阜人,先是己巳岁,余初识东原。当是时,东原方颛于小试,而学已粗成,出其所校太傅礼示余。太傅礼者,人多不治,故经传错互,字句讹说,学者恒苦其虽读。东原一一更正之。余读而惊焉,遂与东原定交。"

乾隆一五年庚午(一七五〇)二六岁。

从方粹然受业。

按偕弟光莹,友人汪肇龙,及姊丈汪松岑同学。

乾隆一六年辛未(一七五一)二七岁。

　　从方粹然受业。

　　戴震补休宁县学生。

乾隆一七年壬申(一七五二)二八岁。

　　春,至扬州,与叶天赐定交。

　　夏,游安庆。

　　戴震来歙,馆汪梧凤家

　　　按汪氏延戴震教其子灼,先生与汪肇龙、汪松岑,时与相处,由是学业日进。

　　　又按段玉裁编《戴氏年记》云:"其年家中乏食,与麺铺相约,日取麺为饔飧,闭户成《屈原赋注》。"是戴民馆歙,为时当不甚久。

乾隆一八年癸酉(一七五三)二九岁。

　　方粹然归浙江,爱西湖胜地,遂卜居钱唐。

乾隆一九年庚戌(一七五四)三十岁。

　　钱大昕成进士。

　　王鸣盛成进士,授翰林院编修。

乾隆二十年乙亥(一七五五)三一岁。

　　三弟方焜卒。

　　　按方焜行货瀋阳,航海归,死于山东。

　　戴震入京,寓歙县会馆。朱筠、钱大昕、纪昀等皆折节与之定交。

乾隆二一年丙子(一七五六)三二岁。

　　戴震馆尚书王安国第,其子念孙从之受经。

乾隆二二年丁丑(一七五七年)三三岁。

　　馆汪梧凤家。

　　撰《准望三图》。

　　　按《周髀用矩述序》云:"昔岁在己巳,始与戴东原交。东原与余言准望之法,余遂学焉,而未知其审也。其后九年,馆汪在湘家,因推求准望重测用较为法之理,乃疏记之而为三图:曰测高之图,曰因远知深之图,曰高广远三者皆不知,用三测互求之图。在湘奇之,为仪观焉。"

方粹然贻书先生,言湖由游览之余暇,著《十一经注疏类钞》一百卷,《礼服古制》二十卷,并脱稿可缮写。

江永与同志旧友讲业于灵山。

乾隆二三年戊寅(一七五八)三四岁。

家居制墨。

按先生家有墨庄,曾手制礼堂写经墨,列于墨谱之冠。

乾隆一四年乙卯(一七五九)三五岁。

家居制墨。

按钱大昕以四首诗题赠,盖由戴震之介绍也。

歙汪锡勇从先生学书。

冬,汪锡勇卒。

乾隆二五年庚辰(一七六○)三六岁。

四弟光烈商河南汝宁府。

段玉裁中举人。

乾隆二六年辛巳(一七六一)三七岁。

□月,父□□公逝世。

□月,母汪太夫人逝世。

按先生撰《书先考妣素行示后人》云:"先考富不及先祖,然好施与,于所当用不吝情,逢蒲节,制善药,无虚岁,以舆人,钤其封曰:'惟愿人人寿命长。'其事皆非积而不散者所为,而奉身之俭,则规模先祖而能继述之者也。"读此句知是时先生家境尚颇丰裕。

乾隆二七年壬午(一七六二)三八岁。

客游扬州,馆洪秔原家。

按洪氏在扬,经营鹾业。

戴震中举人。

江永卒。

乾隆二八年癸未(一七六三)三九岁。

春,客游凤阳,道经滁州,过醉翁亭。

按《刻章小传稿草》云:"世居县城之荷花池,用屈原赋葺之兮荷盖之语,而自号曰葺荷。是春过醉翁亭,时三十九岁,同欧阳文忠号醉翁之年。慕醉翁之行谊与其所为文词,因自呼葺翁。"

撰《濠上吟》。

按《濠上吟序》云:"濠上吟者,凤阳旅店中所作,独居无侣,良难为怀,感兴所至,遂成歌咏。发端于策蹇孤征,乃杂陈旅况,寓以思归之日。晤言自写,靡有次第矣。"

秋返歙。

按《濠上吟》云:"渊明在官日,八十有余期;今我为饥驱,出门将踰时。踰时犹在客,在客亦犹饥;愈饥良已难,此行复何为。去去装吾驾,荒涂易就迷。"

又按《图黍稷稻粱四谷记》云:"余尝至凤阳郡守署,时高粱将获,盗者甚众,告于官,其词并呼秫秫为秫秸云。"考先生游凤阳,原因不明,以情度之,当为父母既殁,家道中落,故来凤阳幕游以糊口。卒不得意,秋间即返。

江都焦循(理堂)一岁。

乾隆二九年甲申(一七六四)四十岁。

□月,葬考妣于城东李家山。

仪征阮元(云台)一岁。

乾隆三十年乙酉(一七六五)四一岁。

金榜应南巡试,赐举人,授内阁中书。

乾隆三一年丙戌(一七六六)四二岁。

戴震撰《绪言》。

高邮王引之(伯申)生。

乾隆三二年丁亥(一七六七)四三岁。

夏,方粹然来徽州。

秋,录所为时文,名《莲饮集》,凡五十六首,刻之。

冬,方粹然归杭州。

歙汪莱(孝婴)一岁。

乾隆三三年戊子(一七六八)四四岁。

撰《书势五事》。

按先生工书,自谓得晋人笔法,著《书势五事》以说其指。一曰虚运,二曰中锋,三曰结体,四曰点画,五曰顺折。其撰著年月无考,姑录于此。

乾隆三四年己丑(一七六九)四五岁。

撰《琴音记》、《琴音律数同源记》。

岳祖母徐门饶氏,年百岁,守节七十三年。先生吁请当道,为表其闾。

七弟光熠卒。

乾隆三五年庚寅(一七七〇)四六岁。

方粹然复来徽州,馆河西巴氏。

按七月□日,为方氏七十诞辰,先生协同门及所交游者称觞上寿。

秋,中恩科恩人。

洪又存卒。

按洪氏八月五日卒。九月十二日,先生得信,作诗寄挽。

乾隆三六年辛卯(一七七一)四七岁。

春,来京师。应礼部试,不第。

与王念孙定交。

按王念孙《果臝转语记跋》云:"昔余应考入都,始得交于程易畴先生,先生长于余十九岁,而为忘年交,同在京师,则晨夕过从;南北索居,则尺牍时通。相与商确古义者,四十余年。"

桐城张若滩闻先生名,延课诸子。

汪梧凤卒。

朱筠奉命提督安徽学政。

乾隆三七年壬辰(一七七二)四八岁。

　　应礼部试,不第。

　　金榜成进士,授修撰。

　　六月,洪性鍧卒。

乾隆三八年癸巳(一七七三)四九岁。

　　武邑令灵石何思温(圣容)延先生教授二子。

　　清廷开四库全书馆,以纪昀为总纂官。

　　戴震奉召充四库全书馆纂修官。

乾隆三九年甲午(一七七四)五十岁。

　　仍教授武邑。

　　　按《九谷考》云:"乾隆甲午夏,在武邑,采许叔重《说文解字》中言九谷者,类聚录之,次其先后而观之,有异名者,并存之以备考。"

　　成画册一卷。

　　　按朱筠《程茸翁画册跋尾》云:"武邑故汉县,……其地广衍,无名山可登眺,其物产枣梨,而草木之花可观者益少。茸翁读书其间,顾梨花一树,再春再以双钩法图之于册。既而图茉莉之变态数十,又图晚香芋,又图水仙。三华虽并后来绝域,不著于经记,然皆花之有香者也。又取小草之花,若蒺藜之为茨藜之为莱者,皆图之,则见于经而其花不贵。茸翁既为图,而复一一作诗以系之。"

　　夏,代何思温撰《重修武邑县文庙儒学碑记》。

乾隆四十年乙未(一七七五)五一岁。

　　应礼部试,不第。

　　戴震会试不第,奉命与乙未贡士一体殿试,赐同进士出身,授翰林院庶吉士。

　　王念孙成进士,授翰林院庶吉士。

　　四弟光烈来京师,捐九品职衔。

　　秋,何思温调任丰润,先生偕往。

　　十一月朔,往丰润文庙,揭牛鼎,得十一纸。

十一月,撰《记丰润县牛鼎呈朱竹君翁覃溪两太史》。

按先生考定为刘宋孝建时物。

乾隆四一年丙申(一七七六)五二岁。

来京师,馆柳树井何氏寓中。

影钞戴震《绪言》写本。

光烈归歙。

撰《禹贡三江考》三卷。

按《皖志列传稿》云:"《禹贡》三江,书策载者不一辞。全祖望遍举伪孔《书传》、班史《地理志》、《水经注》、《周礼疏》、《初学记》、《吴地记》、《吴越春秋》及宋明清诸家纪述论断,而以《水经》沔水注引郭景纯说为当,瑶田以为郑注《禹贡》,率引《地理志》,而三江不凭;班《志》三见扬州川,指《职方》之扬州其川三江言也。故《志》会稽曰扬州山,《志》具区曰扬州薮,与《职方》之文应,与《禹贡》之三江不相蒙。乃主郑氏江分彭蠡为三孔,而以《考工记》行奠水及为渊两法解汇泽,而正郦氏《水经注》以分江水为南江,并不合于桑《经》、班《志》。成《禹贡三江考》三卷。其说较诸家为优。"

冬,返歙。

乾隆四二年丁酉(一七七七)五三岁。

撰《叶节母汪安人传》。

按去冬返歙,道过扬州,叶天赐以其母汪安人行状示先生,且乞为传,故作应之。

撰《九谷考》四卷。

按《皖志列传稿》云:"自来言九谷者,梁稷不分;郑氏注三《礼》及为《诗笺》,独不详稷状;汉人言稷者多冒粟之名。瑶田则据《说文》:禾,嘉谷也;粟,嘉谷实也;米,粟实也;粱,未名也;稷,齐也,五谷之长。证粱即今之小米。连稿者曰禾,实曰粟,粟实曰米,米曰粱。古人贵禾,故谓之嘉谷。稷即今之高粱,其种最先,故曰五谷之长,成《九谷考》四卷。"

绘《枝条再荣图》。

按先生家有紫薇,花谢重开,因异而图之,题曰《枝条再荣》。

方粹然第三子岂君来歙,馆先生家。

戴震卒。

何思温卒。

乾隆四三年戊戌(一七七八)五四岁。

春,来京师,应礼部试,不第。

夏,访潘应椿(仿泉)于丰润。

按潘氏为先生姨母子,时官丰润县令。

四月,游披霞山,撰《石幢记》。

游温泉,登茅山文殊台,夜宿福泉寺,归,撰《灉水考》。

撰《庚水考》。

撰《论朱竹垞氏言京夷水地之误》。

撰《张择端清明上河图记》。

按先生考定此图为宣和以前物。

撰《改画记》。

撰《何圣容主事逸事记》。

乾隆四四年己亥(一七七九)五五岁。

馆丰润县。

按先生携其姻侄潘烇与弟奕甲,读书于城外之雷神庙。

四月二十二日,姨父潘□□(默庵)卒。

六月二十四日,撰《丰润牛鼎说示潘二生》。

撰《庙主称字议》。

撰《周髀用矩述》。

撰《言天疏节示潘二生》。

撰《星盘命宫说》。

撰《赵子昂画记》。

撰《魏母刘孺人传》。

乾隆四五年庚子(一七八〇)五六岁。

春,来京师,馆柳树井何氏寓中。

应礼部试,不第。

撰《程东冶说文引经异同叙》。

撰《桂馥说文系统图跋》。

四月,大兴金茗(槚山)以归安丁杰(小雅)之介,谒见先生。

哀集数年来所为时文,成《藤笈编》。

按《藤笈编叙》云:"己亥九月后,闻有乡试题,辄拟作之,得若干首。并甲午拟作数首,又数年旅寓中所得者,都为一卷。用李昌谷'白藤交穿织书笈'之句以名其编,志远游也。"

又按《非能编叙》云:"庚寅举于乡,计偕上京,比及庚子,中间仅一归耳,得文百首,署曰藤笈编。"

七月,撰《刻章小传》稿草。

按汪启季,号飞鸿堂主人,索先生刻章入谱,人各有小传,因草此诒之。

又按《小传》云:"能篆刻,不欲擅场,故人无知之者。"是先生于研讨经史余暇,栖情篆刻,今观入谱诸章,一以秦汉为法。

撰《吴仰唐刻章叙》。

按先生又撰《汤仲炎古巢印学叙》,于篆刻源流得失,言之綦详。

九月,先生有疾。

按先生有疾,延吉安裴鹤峰诊视,裴氏察其脉,谓贵且长寿。

十月朔,买舟南归。

十月初九日,长孙锡露(润之)生。

十一月,达扬州。

按先生病牙痛,汪中介桐城张一峰诊视,张氏察脉,谓多寿。

乾隆四六年辛丑(一七八一)五七岁。

客居扬州。

六月,得古铜剑一柄。

撰《异脉记》。

按先生病时,延医诊视,均谓脉主长寿,故撰此记之。

胡□□得孙退谷所藏吴季子之子剑剑铭拓本,以遗先生。

钱唐赵□□(晋斋)遗先生古戈拓本。

秋,返歙。

馆西溪南。

代□光国撰《重建太平十寺塔顶记》。

朱筠卒。

乾隆四七年壬寅(一七八二)五八岁。

正月,汪中自扬州遗先生古剑一柄。

三月,巴慰祖自汉阳遗先生古剑一柄。

撰《冶氏为戈戟考》。

撰《桃氏为剑考》。

撰《螟蛉蜾蠃异闻记》。

哀集年来所为时文,成《丰南草》。

秋,教授武昌。

按先生座师曹□□(芍陂)任湖北按察使,招先生来武昌,课诸子读。

乾隆四八年癸卯(一七八三)五九岁。

正月初十日,撰《赵子昂碑刻纪年碎录》。

六弟光英商于海州,中途他适。

七月二十九日,先生谒新任永州知府王□□(蓬心),王氏以古剑示先生,归而作《古剑欢》赠之。

八月□日,王氏绘说剑图,并题四绝句遗先生,先生次韵答谢。

哀集年来所为时文,成《楚游草》。

曹芍陂升任山西巡抚。

潘应椿任蓟州令。

孔继涵卒。

乾隆四九年甲辰(一七八四)六十岁。

二月十六日,来京师。

同月四日,谒翁方纲。翁氏出所藏古剑,请先生鉴定。

应礼部试,不第。

闰三月初十日,金茗卒,年二十四,先生为撰墓志。

同月□日,游蓟州盘山。

改字易畴。

按《游盘山记》云:"宿一夕,即返都门,余时盖将南归也。间日谒辞座师曹大宗伯,宗伯为作书以赠,误款余字易田为易畴,因私惟曰:顷自盘山来,乃误田为畴,虽田畴居盘山之说不符《水经注》,然余时六十,田旁益寿,可仍之。故余今字易畴。"

□月南归。

夏,来杭州。

撰《松石间书斋记》。

秋,来蓟州。

八月□日,游盘山。

同月十二日,撰《释人叙》。

五弟光执卒。

乾隆五十年乙巳(一七八五)六一岁。

春,来京师,寓莲华寺。

应礼部试,不第。

按先生自辛卯计偕入部,七赴礼闱,卒不得第。

秋,撰《河西寓公叙略》。

□月南归。

教授杭州。

按曹芍陂转任贵州巡抚,命其子育民从先生学。

乾隆五一年丙午(一七八六)六二岁。

裒集年来所为时文,成《武林草》。

□月来京师。

七月,撰《乡公钓台图书后》。

九月二十八日,游盘山。

十月,撰《游盘山记》。

撰《唐故田盘山上方院二大师遗行碑铭并序书后》。

按考定朱彝尊《吉金贞石志》署曰唐释知宗盘山上方道宗大师遗行碑之误,及其致误之由。

撰《磬折古义》一卷。

按《皖志列传稿》云:"《周礼·考工记》诸言磬句磬折,郑君度直矩解之,致与经前后文牴牾。瑶田谓磬折不明,由于倨句不明,欲明倨句,先辨矩字。矩有直者,有曲者,倨句之云折,直矩而为曲矩也。又曰:车人为耒,曰倨句磬折,韗人为皋陶,曰倨句磬折,匠人行奠水,曰磬折以参伍。此三磬折不见倨句之度者,同乎磬氏之倨句,一矩有半为磬折也。所以车人之事为倨句起例,于半矩数至一矩有半,谓之磬折,下即接车人为耒一条,弦其折体之六尺六寸,以定其弦之中步为六尺,以为凡命曰磬折者之定衡。二经相连,义取互足。成《磬折古义》一卷。"

孔广森卒。

乾隆五二年丁未(一七八七)六三岁。

七月初九日,季弟光烈卒。

八月□日,撰《看篆楼印谱叙》。

按番禺潘有为(毅堂)为先生同年友,富收藏。中秋日,邀先生及阳城张敦仁(古余)、安邑宋葆淳(芝山)往观,揭其印章为《看篆楼谱》,人各获其一,先生为之序。

潘有为赠先生程寿汉铜章。

同月□日,撰《先季弟觐文事略》。

九月初九日,撰《吴澂野藏夏承碑跋》。

同月□日,撰《江山卧游图书后》。

撰《沟洫疆理小记》一卷。

按《皖志列传稿》云:"匠人为沟洫,瑶田以为沟,沟也,纵横之说也,名之曰沟,象其形也。象形曰沟,会意曰洫。洫字从血,以洫承沟,是血脉之通流也。浍,会也,会众水以流达川也。初分终合,所以尽水之性情而不使有泛滥之害也。成《沟洫疆理小记》一卷。"

乾隆五三年戊甲(一七八八)六四岁。

春,大挑,选授江苏嘉定儒学教谕。

哀集年来所为时文,成《都门草》。

七月,往嘉定教谕任,作诗留别都门诸友。

歙程振甲(也园)作诗送行,并请沧州张□□(桂岩)画桑乾别思横轴以赠先生。

十月,到嘉定教谕任。

先生颜学署之堂扁曰让堂。并录刊朱子白鹿教条于扁下之屏。

十二月,撰《出山吟》,自励兼示诸生。

江西督学使翁方纲赠程寿汉铜章诗,先生次韵答谢。

钱大昕退休家居,先生时往谒谈。

乾隆五四年己酉(一七八九)六五岁。

正月二十日,为月课事告示诸生。

同月,以试事至大仓,过庄豁,留数日,与萧抡兄弟定交。

二月二十五日,游西林庵。

撰《黄忠节公留碧处小记》。

三月十二日,晓谕诸生,自爱远利。

撰《图黍稷稻粱四谷记》。

五月,二弟光莹卒。

秋,呈请上官,重修儒学明伦堂。

十二月十九日,晓谕诸生,宜敬遵钦训,不得把持诉讼,武断乡曲。

方矩卒。

任大椿卒。

乾隆五五年庚戌(一七九〇)六六岁。

二月,浙江督学使胡□□(希吕)按临昆山,先生往谒,奉谕:生员陋习,责成学官。

三月初三日,自昆山返嘉定。

三月十五日,晓谕生员,宜束身自爱。

四月十七日,先生见所告示上,墨迹径尺大圈,即禀呈督学使,并严加查访。

同日,成诗二律,以示退意。

  按诗题云:"余为嘉定教谕,有《出山吟》五首以示己志,到官月余。忽动归思,拟作《还山吟》,未果也,顷因学使者胡公言近日士习不佳,有破靴白颈之号,遂告示诸生,或以墨圈涂之。盖若辈所为,无足怪也。成诗二律,以当《还山吟》,用发览者一笑。"

五月,重修明伦堂告成。

同月十二日,出示严禁作践损坏明伦堂。

撰《嘉定廪生王有香丁本生父丧议》。

撰《重修当湖书院缘起》。

七月初一日,出示严禁损坏文庙石栏。

□月,呈请上官,修葺文庙,重建两庑。

代县令玉屏于一芳撰《募捐南翔镇育婴堂经费引》。

撰《奸宰官》、《讲相约》、《严保甲》三诗。

十二月初六日,晓谕生员,再申前令。

同月,撰《还山吟》。

乾隆五六年辛亥(一七九一)六七岁。

春,撰《嘉定令于君改任震泽思政诗序》。

巨野姚学甲署嘉定县令。

录教学恒言示诸生。

六月,撰《嘉定文庙重修两庑暨修儒学明伦堂记》。

七月,辞嘉定教谕。

按先生告归,邑人购忠烈名流手迹赠之,不肯受,曰:"先生不取吾邑一钱,岂破纸亦不受耶!"

姚令聘先生重修邑志,坚辞不就。

八月十二日,先生以《说剑图》示钱大昕。钱氏和卷中原韵,即以送别。

九月十二日,钱大昕和先生《还山吟》五首赠别。

受业陈诗庭(令华)画《让堂话别图》送行。

十月,王鸣盛撰五言古诗三十二韵,题《让堂话别图》送行。

同月,嘉定徐枢(云樵)画《练川祖道图》赠别。吴轩翅(勿斋)作记。

哀集近年来所为时文,成《疁城草》。

冬,返歙。

乾隆五七年壬子(一七九二)六八岁。

教授灵山。

撰《七尺曰仞说》。

撰《俞母江太君家传》。

江宁司马亶(达甫)遗先生叔和钟及雕戈搨本,请其鉴定。

撰《重定冶氏为戈戟考》。

乾隆五八年癸丑(一七九三)六九岁。

教授灵山。

撰《仪礼经注疑直》。

按吴承仕《仪礼经注疑直辑本序录》云:"寻程君撰著行世者有《通艺录》,而《疑直》独希见称述。意其端居治《礼》,时有发正,即随事录于简端,名之《疑直》者,取《曲礼》'疑事毋质,直而勿有'之义也。……此编为平时致力之书,非礼堂写定之作。"

又云:"《疑直》为书,盖有二术:一曰校字,二曰说义。"

七月二十二日,撰《考定丰润牛鼎非宋器记》。

冬,上灵山,采芄兰。

哀集年来所为时文,成《灵金草》。

巴慰祖卒。

乾隆五九年甲寅(一七九四)七十岁。

元旦日,撰《新成让堂记》。

按嗣君成小筑,为先生佚老之所,先生题曰让堂,因为之记。

八月撰《辞寿生日启》。

按七十诞辰,诸子谋延宾称寿,先生撰《辞寿生日启》,但仍循俗举办。

教授河西坞山中之僧寮。

司马亶卒。

汪中卒。

乾隆六十年乙卯(一七九五)七一岁。

哀集年来所为时文,成《山居草》。

夏,集自庚子以来所为时文,曰《非能编》,自序刻之。

撰《仪礼丧服文足征记》十卷。

按《皖志列传稿》云:"瑶田为学,不依傍传注,涵泳经文,得其真解。……其尤精悍者,仪礼丧服缌麻章末,长殇中殇降一等四句,郑氏以为传文,不杖期章,惟子不报传文,公妾以及士妾为其父母传文,郑氏以为失误。大功章,大夫之妾为君之庶子,女子子嫁者未嫁者为世父母叔父母姑姊妹,旧读以大夫之妾为建首,下二为字贯之,郑氏谓女子别起,贯下,斥传文为不辞。瑶田悉援据经史,疏通证明,规郑氏之失。惟胡世琦主郑氏,为书数千言,与瑶田驳辨,胡匡衷、胡培翚著《仪礼正义》,益申郑氏,而瑶田已前卒,不及见之矣。"

仁宗嘉庆元年丙辰(一七九六)七二岁。

征举孝廉方正。

五月,夫人徐氏卒。

□月,撰《亡室行略》。

嘉庆二年丁巳(一七九七)七三岁。

二月,布种苜蓿子,考验生活形状。

春,往杭州。

夏,归歙。

七月,验《芄兰疏证》。

十一月,验胡左元时文序。

  桉淳安胡左元,为先生妹婿,原籍歙县,寄寓威平。

王鸣盛卒。

嘉庆三年戊午(一七九八)七四岁。

三月二十一日,访芄兰于定光寺后山。

撰《图芄兰花记》。

撰《方晞原诗序》。

六月,往杭州。

七月,归歙。

撰《莳苜蓿纪讹兼图草木樨》。

胡□□(咏陶)自京归,遗先生绥宾钟拓木。

撰《虢叔旅作惠叔大族和钟图说》。

撰《郑邢叔作绥宾钟图说》。

嘉庆四年己未(一七九九)七五岁。

左目失明。

十月,门人洪印绥请以《解字小记》付梓。

  按《解字小记》原目四篇,皆为《果赢转语》,可知原有之小记,即转语也。今末字小记中,但有《果赢通义说》一文,略述依声命名不可为典要之旨,当为转语之椎轮,而后加推■为四篇者。

又按王念孙《果赢转语记跋》云:"虽所作《果赢转语》,未及付梓而没。"

同月清廷任命阮元署浙江巡抚。

嘉庆五年庚申(一八〇〇)七六岁。

正月,阮元实授浙江巡抚。

《释草小记》付梓。

按洪印绶序云："先生《解字小记》中，有《果赢转语》一种，学者惊其古艳斑驳，印绶谒而问焉，先生因以录目付，乃稍稍排类，谨记其缘起，将授梓矣，而先生年来善病，以《转语》卷帙繁重，令少迟缓之，而《释草》已刻若十首，近复成十余篇，并极精博，虽将来尚多附益，然亦可粗观厥成。请付开雕，庶见者争先睹之为快也。"

秋，撰《波险客阁跋尾》。

嘉庆六年辛酉（一八〇一）七七岁。

撰《叔母吴宜人孝行纪略》。

浙抚阮元铸无射编钟，重七斤十两。

十月，撰《刻杜门程生小名千儿二章记》。

按先生以平生著述，多未卒业，若以西矖白日，付之谈笑优游，则所业终不能就，故刻杜门程生印章以谢宾客，又先生小名千儿，因刻章以纪念父母。

金榜卒。

嘉庆七年壬戌（一八〇二）七八岁。

浙抚阮元征先生来浙。

按阮氏修葺杭州府学，较录礼器乐器而考定之。以先生曾于考工所记钟磬鼓三事，解说間字，辨论倨句之法，能正从来注家之误，故征之来浙而问之。

七月初四日，阮氏命匠铸镈钟，重百二十斤。

同月初七日，先生裒集考证古器诸文为一编，名《乐器三事能言》，呈正阮氏。

同月三十日，撰《杭州府文庙增铸镈钟纪略》。

左目全瞽。

八月十五日，撰《阮氏作和钟律中夹钟记》。

同月，撰《江由山卧游图书后》。

九月，撰《江山卧游图己酉卷书后》。

返歙。

撰《让泉记》。

嘉庆八年癸亥(一八〇三)七九岁。

三月长孙锡露卒。

阮元赠先生《曾子注释》四卷,大铜盘拓片二纸,并示李尚之郑注磬图。

撰《李尚之考工记图书后》。

夏,先生有病。

按《奉答阮中丞书》云:"瑶田自夏五抱痾数月,舌干喉燥,身热体痒之外,并无他病,然终日兀坐卧房,闭户不出,所幸气犹不馁,犹能努力餐食,无大病状,足慰锦注盛心,因差以自喜耳。"

《禹贡三江考》刊成。

按《奉答阮中丞寄示浙江图考等书附及水地管见就正书》云;"拙著《禹贡三江考》一编,因丙申在都,闻金、戴二君之绪论,窃以为有难通处,偶有所见,碎录之,不以示人,厥后金君成书,戴君未有著录,至于诸家之说,悉心一推勘,似与《禹贡》经文不能钩贯,虽复条举件系,再三送难,殊难折衷,束之高阁久矣。昨为整比,不欲弃置,权付开雕,反复校录,剜改颇多,随后刷印成书,邮呈大教。"

秋,撰《八十生日豫示儿子文》。

先生所撰《通艺录》各种■皆陆续付刊,至是全部告成,自为之序。

汪莱撰《通艺录考定磬氏倨句令鼓旁线中县而县居录右解》。

按程氏撰《磬折古义》,以明一矩有半之名倨,谓设县于股在鼓上稍右,股横于上,所以压之使正。泥成说者或疑之,莱覈以重心比例之法,而磬鼓直县之制以定。

程杞卒。

嘉庆九年甲子(一八〇四)八十岁。

撰《承隐记》。

按沧洲张桂岩,工画能诗,时为江都县丞,年八十矣。

撰《冶氏为戈戟考跋》。

秋,撰《程献可家传》。

钱大昕卒。

嘉庆十年乙丑(一八〇五)八一岁。

元旦,撰《后让泉记》。

十月,焦循母殷孺人卒,遣书先生,乞为先人撰墓志铭。

纪昀卒。

桂馥卒。

嘉庆一一年丙寅(一八〇六)八二岁。

撰《焦君墓志铭》。

嘉庆一一年丁卯(一八〇七)八三岁。

汪莱赴京师应试。

嘉庆一三年戊辰(一八〇八)八四岁。

十二月朔,撰《琴音记续编》。

按先生右目久盲,时左目亦瞽,令门人方轸写定付梓。

嘉庆一四年己巳(一八〇九)八五岁。

嘉庆一五年庚午(一八一〇)八六岁。

嘉庆一六年辛未(一八一一)八七岁。

嘉庆一七年壬申(一八一二)八八岁。

嘉庆一八年癸酉(一八一三)八九岁。

长子培卒。

汪莱卒。

嘉庆一九年甲戌(一八一四)九十岁。

秋,九十寿辰。

按先生遭长子丧,既踰祥,犹以心丧未除。不受贺。

□月□日,卒。

(原载《国立河南大学学术丛刊》1943年第1期)

楚公逆镈铭跋

《楚公逆镈铭》：

佳八月早申楚公自作

吴雷镈乓囗曰囗囗囗囗

囗囗公逆其万年寿

考亡彊孙子其永宝

右为楚公逆祭祀吴雷所作之器。逆即《史记·楚世家》熊咢，经孙诒让考证，已成定论，兹不具述。据《史记·十二诸侯年表》，周宣王二十九年为楚熊鄂元年，熊鄂在位九年，卒于宣王三十七年，是此器为西周末叶之物。吴雷即吴回，楚之高祖也。《说文》："雷，阴阳薄动生物者也。从雨，晶象回转形。㔾籀文雷，间有回回，雷声也。㔾古文雷。㔾古文雷。"又"回，转也。从囗。中象回转之形。㔾，古文。"按㔾象旋转之形，晶状旋转之物。回晶连读，即肖旅转之音。阴阳薄动，其声回晶，与物旋转之音相同，因以为名。嗣加雨为义符，遂成专词。是雷实含 rual、Luaj 二音。故镈铭之吴雷，即载藉之吴回，从文字形音义证之，确不可移。畏累、郁律、魁垒、窟礧、傀儡，皆其孳乳之诖词也。

《说文》："吴，大言也。从矢口。"《方言》："吴，大也。"是吴回、吴雷，犹言大回靁。古人用此为名者，如《书序》"中虺作诰"，《史记·殷本纪》作"中靁"；《战国策·魏策》"韩傀"，《史记·刺客传》作"韩相侠累"，《邹阳传·索隐》引作"韩缧。"考虺靁、傀累，皆回靁之异文。至《左传·哀公二十七年》之鄢魁垒，《史记·秦本纪》宁公时之威垒，亦沿用为名，则析为二字矣。又靁、禄双声，故回靁转为回禄。《国语·周语》："回禄信于聆隧。"章注："回禄，火神。"《左传·昭公十八年》："禳火于玄冥回禄。"杜注："回禄，火神。"《正义》引或云："回禄，即吴回也。"又《吕氏春秋·孟夏纪》："其祀灶。"高注："吴回，回禄之神。"诸家注解，并得其实，惟其命名之由，无有道及之者，盖音学不明久矣。

吴回之名，载籍所记，殊为纷岐，兹梳理如次。

《世本》："老童娶于根水氏，谓之祸福，产重及黎。"——《大荒西经》郭传引

《山海经·大荒西经》："颛顼生老童，老童生重及黎。"

《国语·楚语》："颛顼……命南正重司天以属神，命火正黎司地以属民。"

按《世本》、《大荒西经》皆以重、黎为老童二子，即颛顼之孙，《楚语》则以为颛顼之臣。传说虽异，然以重与黎为二人，则一也。

《山海经·大荒西经》："有人名曰吴回，奇左，是无右臂。"郭传："吴回，祝融弟，亦为火正也。"

《淮南子·时则训》："赤帝祝融之所司者万二千里。"高注："祝融，颛顼之孙，老童之子，吴回也。一名黎，为高辛氏火正，号为祝融，死为火神也。"

《潜夫论·志氏姓》："夫黎，颛顼氏裔子吴回也。"

按高诱、王符皆以黎为吴回，其说甚的。黎、靁双声，得相通转，是载籍之黎，即镈铭之靁矣。

《大戴礼·帝繫》："颛顼娶于滕皇氏，滕皇氏奔之子，谓之女禄

氏,产老童。老童娶于竭水氏,竭水氏之子,谓之高緺氏,产重黎及吴回。"

《史记·楚世家》:"楚之先祖,出自帝颛顼高阳。……高阳生称,称生卷章,卷章生重黎。重黎为帝喾高辛居火正,甚有功,能光融天下,帝喾命曰祝融。共工氏作乱,帝喾使重黎诛之而不尽,帝乃以庚寅日诛重黎,而以其弟吴回为重黎后,复居火正,为祝融。"

按《帝繋》以重黎、吴回为兄弟,合重黎为一,析黎回为二,司马迁复踵其误,遂致异说纷起。盖昧于声音通转之理、古人命名之由也。

《世本》:"颛顼生称,称生卷章,卷章生黎。"——《左传·昭公二十九年·正义》引。

《国语·郑语》:"夫荆……重黎之后也。黎为高辛氏火正,以淳耀惇大,天明地德,光昭四海,故命之曰祝融。"

《左传·昭公二十九年》:"颛顼氏有子曰黎,为祝融。"

按重与黎,兄弟也。重后无闻,黎为楚之高祖,子孙蕃衍,蔚为大国。史家序述渊源,子孙追美先世,详其嫡系而略于旁枝,理固宜然。

(原载于《国立河南大学学术丛刊》1946年第1期)

阳甲考

卜辞云：

　　癸未王卜贞：旬亡尤。在二月。王𡆥曰：大吉。甲辰，祭祖甲，㞢彝甲。（库一六一九）

　　癸丑王卜贞：旬亡尤。王𡆥曰：吉。在七月，甲寅，彡彝甲。佳王四祀。（续一·五一·三）

　　癸丑王卜贞：旬亡尤。王𡆥曰：吉。在三月，甲寅，祭彝甲。壹羌甲，㞢兆甲。（金三八二）

　　癸亥王卜贞：旬亡尤。王𡆥曰：吉。在四月，甲子，壹彝甲，㞢羌甲。（同上）

　　癸酉王卜贞：旬亡尤。在四月，甲戌，祭祖甲。㞢彝甲。（同上）

　　癸丑卜□贞：王旬亡尤。在三月，甲寅，祭彝甲，壹羌甲，㞢兆甲。（珠二四五）

　　癸亥卜贞：王旬亡尤。在三月，甲子，壹彝甲，㞢羌甲。（同上）

　　癸酉卜贞：王旬亡尤。在四月，甲戌，祭祖甲。㞢彝甲。（同上）

癸卯王卜贞:旬亡㕡。王凥曰:吉。在六月,甲辰,彡象甲。(珠二四四)

癸未卜泳贞:王旬亡㕡。在正月,甲申,祭祖甲,叠翏甲。(甲一·一九·五)

癸巳王卜贞:旬亡㕡。王曰凥:大吉。在九月,甲午,翌象甲。(前五·一六·三)

癸未王卜贞:旬亡㕡。在正月,王凥曰:大吉。甲申,祭翏甲,壹羌甲,叠兆甲。(金五一八)

癸酉卜,口贞:王旬亡㕡。在五月,甲戌,彡日翏甲。(前一·四二·一)

癸丑卜在口贞:王旬亡㕡。甲寅,翌翏甲,在八月。(菁一零三)

癸未王卜贞:旬亡㕡。王凥曰:吉。在二月,甲申,翌翏甲。(续一·五零·六)

癸亥卜在口贞:王旬亡㕡。在五月,甲子,祭象甲,壹羌甲,叠兆甲。(续三·二九·三)

癸未卜在霍贞:王旬亡㕡,在六月,祭祖甲,叠翏甲。(同上)

癸亥王卜在曹𬱖贞:王旬亡㕡。王凥曰:弘吉。在四月,甲子,祭翏甲,壹羌甲,叠兆甲。(续三·一九·二)

癸酉王卜在曹𬱖贞:旬亡㕡。王凥曰:吉。在五月,甲戌,壹翏甲,叠羌甲。(同上)

癸未王卜在曹𬱖贞:旬亡㕡。王凥曰:吉。在五月,甲申,祭祖甲,叠日翏甲。(同上)

郭沫若撰《卜辞通纂》,根据祀典诸王排列次第及祭后甲、叠先甲之例考定翏甲即阳甲,其说甚确。惟翏、阳相通,未得其解,兹为证明如次:

《书·尧典》:"汤汤洪水方割,怀山襄陵,浩浩滔天。"《广雅·释训》:"浩浩潒潒,流也。"汤汤即潒潒,其证一也。

《庄子·达生》:"水有罔象。"《释文》:"司马本作无伤。"罔象,一作无伤,其证二也。

《汉书·李寻传》:"涤盪民人。"《广雅·释诂》:"涤潒,洒也。"涤盪即涤潒,其证三也。

《说文》:"餰,昼食也。从食,象声。"餳,餰或从傷省声。餰或作餳。其证四也。

《说文》:"潒,水潒瀁也。从水,象声。读若荡。"潒、荡同音,其证五也。

《说文》:"愒,放也。从心,象声。"又,"惕,放也。从心,易声。"愒、惕同训,其证六也。

《广韵》三十七荡:"愒,放。愒,或作惕。"愒一作惕,其证七也。

此七证,象、阳同音,通用无别,可无疑矣。

至象或增口作象,盖甲文通例,凡托名标识之字,如人名地名,常增口以别于本字,故象甲多作象甲。后世此字湮废不用,改作同音之阳,微卜辞出现,自无从知其朔矣。

(原载于《儒效月刊》1946年第2卷第1期)

女娲考

女娲神话，据古籍所载，条述如次：

《山海经·大荒西经》："有神十人，名曰女娲之肠。化为神，处栗广之野。"郭传："女娲，古神女而帝者。人面蛇身，一日中七十变，其腹化为此神。栗广，野名。娲，音瓜。"

《楚辞·天问》："女娲有体，孰制匠之？"王注："传言女娲人头蛇身，一日七十化，其体如此，谁所制匠而图之乎？"郝懿行云："王逸注非也。《天问》之意，即谓女娲一体，化为十神，果谁裁制而匠作之，言其甚巧也。"

《淮南·说林训》："黄帝生阴阳，上骈生耳目，桑林生臂手，此女娲所以七十化也。"高注："女娲，王天下者也，七十变造化。此言造化治世，非一人之功也。"

《说文》："娲，古之神人圣女曰娲，变化万物者也。从女，呙声。"

按女娲即女和，亦即羲和。其腹化为十神，即《大荒南经》所谓羲和生十日也。考娲与和，古读同音，得相通用。《淮南·说山训》"呙氏之璧"，高注："呙，古和字。"是其证也。又《大荒东经》有女和月母之国。女和即羲和，余别有说，兹不具述。十神即十日，亦即十干。先民以十干与十二支配成六十之数以纪日，又以自甲至癸一周为一旬。旬制用干，因之纪日亦以干为重。故殷代诸王，用忌日为名，用干而不用支。夫昼夜循环，终始无端，日复一日，旬而又旬，此自然界之现象也。先民解释此种现象，根据生气主义 Amimism 之信仰，以为万物皆有精灵，其性情行为，亦如人类。因谓羲和为日母，生出十日；流传即久，成为女娲一体化为十神之说；扩而充之，遂以娲为变化万物之神人圣女矣。综其演变之迹，可分为三阶段。

一、羲和生十日；

二、女娲化十神；

三、娲变化万物。

至《淮南·说林训》言女娲七十化，《天问》王注、《大荒西经》郭传皆言一日中七十变化，其说与前大异。余谓七为衍文，十为本字。盖初文十作丨，七作十，嗣后丨演变为十，为十，形与十混，传写者疑不能决，两存其字，因为误为七十。故《说林训》原文当为女娲十化，王、郭二注沿袭传讹之本，不能是正，且妄增"一日"二字，于是女娲不仅七十化，而成为千变万化，此许慎变化万物之说所由来也。

女娲神化，传至汉代，成为整理乾坤之神圣。

《淮南·览冥训》："往古之时，四极废，九州裂，天不兼覆，地不周载，火爁焱而不灭，水浩洋而不息，猛兽食颛民，鸷鸟攫老弱。于是女娲炼五色石以补苍天，断鳌足以立四极，杀黑龙以济冀州，积芦灰以止淫水。苍天补，四极正，淫水涸，冀州平，狡虫死，颛民生。背方州，抱圆天，和春阳夏，杀秋约冬，枕方寝绳，阴阳之所拥沈滞不通者，窍理之；逆气戾物，伤民厚积者，绝止之。当此之时，……侗然皆得其和，莫知所由生。……考其功烈，上际九天，下契黄垆，名声被后世，光辉熏万物。……道鬼神，登九天，朝帝于灵门，宓穆休于太祖之下。然而不彰其功，不扬其声，隐真人之道，以从天地之固然，何则？道德上通，而智故消灭也。"

盛德大业,千古无两,真不愧神人圣女之称。惟与神话之初形,相距不可以道里计矣。

(原载于《儒效月刊》第 2 卷第 4 期,1946 年 7 月 1 日)

周代铸器所用金属考

《东方杂志》第四十一卷第六号,刊载岑仲勉先生《周铸青铜器所用金属之种类及名称》。曩在宝鸡时,本校化学系主任李相杰,素留心吾国科学史料,曾持此文询余以金属命名之由,余谓之曰:"肤吕为铜,鈇镐为锡,玄镠、鋈、鈗为铅;至其命名之由,非三言两语所能明也。"嗣返开封,端居多暇,因草是篇,以答李君之问,并以质诸世之考古学者。民国三十五年二月二十六日识于国立河南大学。

周代铸器,所用金属,据彝铭所载,种类不一,名称互殊,兹胪举如次:

《舀鼎》:"邢叔锡舀赤金鋬,……舀用兹金,作朕文考宫伯鬻牛鼎。"

《麦鼎》:"麦锡赤金,用作鼎。"

《录簋》:"锡赤金,……用作文考辛公宝鬻簋。"

《说文》:"铜,赤金也。从金,同声。"

是赤金为铜,周代用以铸器,记载分明,无待烦言。他如:

《邾公牼钟》:"邾公牼择厥吉金,玄镠,肤吕,自作和钟。"

《邾公华钟》:"邾公华择厥吉金,玄镠,赤镛,用铸厥和钟。"

《叔夷镈》:"敕择吉金,铁镉,铧铝,用作铸其宝镈。"

《叔夷钟》:"桓武灵公,锡夷铁镉,玄镠,铧铝,夷用作铸其宝钟。"

《侴儿钟》:"得吉金镈铝,以铸和钟。"

《曾伯陭壶》:"唯曾伯陭迺用吉金镐,鉴,用自作醴壶。"

《曾伯霥簠》:"余择其吉金黄镛,余用自作旅匜。"

《郘钟》:"作为余钟,玄镠,镛铝。"

《弭伸簠》:"弭仲作宝医,择之金,镁鋂,镁镛。"

《少口剑》:"作为元用,玄镠,镈吕。"

曰肤吕,曰铁镉,曰玄镠,曰鉴,曰鋂,皆金属之名也。余谓肤吕为铜,铁镉为锡,玄镠、鉴、镠为铅。试分别证明之。

肤吕

肤吕一作铧铝,又作镛吕、镛铝,为叠韵謰词。盖矿质之通名,在金属与石之间,可为金属而未成者也。其合音为朴。《说文》:"磺,铜铁朴石也。从石,黄声。读若穬。"又"铤,铜铁朴也。从金,廷声。"磺与铤,异名同实,朴即肤吕也。考肤吕之为矿朴,与坏垒之为土坏,同一语根。《说文》:"坏,丘一成者也。一曰,瓦未烧。从土,不声。"又"垒,垒墼也。从土厽,厽亦声。"未炼之矿质谓之肤吕,犹未烧之土器谓之坏垒。(后世谓含苞未放之花为菩蕾,亦一音之转。)已炼之矿质名之为金,犹已烧之土器名之为瓦也。

矿质之发见,以铜为最早。凡形似之物,例得同名。先名既名矿质为肤吕,自后各种金属,次第发见,亦以肤吕名之。迨冶炼之后,依其色泽,始各锡以专名。惟铜虽有专名,仍沿旧称,从其朔也。

郘公华公钟言赤镛,曾伯霥簠言黄镛,曰赤曰黄,因铜质所含成分不同,故其色各异。是赤镛黄镛,犹言赤铜黄铜也。

鉃镐

鉃镐一作鉃鐈，一省作鐈。余谓鉃，发声词也。因涉镐鐈，故加金旁，因为发声，故可省略。镐鐈同音通用，盖锡之初名也。考凡从高受声诸字，多含青白二色之义。如：

缟　《诗·出其东门》："缟衣綦巾。"《毛传》："白色男服也。"

皜　《孟子·滕公文》："皜皜乎不可尚已。"赵注："皜皜，甚白也。"

滈　《史记·司马相如传》："邑乎滈滈。"按滈滈形容水之白光。

暠　《汉书·司马相如传》："暠然白首。"按暠然形容发之灰白。

翯　《说文》："翯，鸟白肥泽貌。从羽，高声。"

膏　《说文》："膏，肥也。从肉，高声。"按脂肪色泽青白，故得膏名。

蒿　《说文》："蒿，菣也。从艸，高声。"陆机云："青蒿也。"

《说文》："锡，银铅之间也。从金，易声。"按银为白金，铅为青金，锡在银铅之间，其色青白，恰与从高受声诸字，义相符合。是镐为金属，非锡不足以当之矣。

玄镠

《说文》："玄，幽远也。象幽而人覆之也。黑而有赤色者为玄。"《广雅·释器》："玄，黑也。"《尔雅·释器》："黄金谓之璗，其美者谓之镠。"郭注："镠即紫磨金。"《说文》："镠，弩眉也。从金，翏声。一曰，黄金之美者。"《禹贡》："华阳黑水惟梁州，……厥贡璆铁银镂砮磬。"《孔传》："璆，玉名。"《释文》："韦昭、郭璞云：紫磨金。"按镠璆皆从翏声，义实相因，故精金美玉皆可名之。声转为镣。《尔雅·释器》："白金谓之银，其美者谓之镣。"《说文》："镣，白金也。从金，尞声。"为璙。《说文》："璙，玉也。从玉，尞声。"又转为镂。《说文》："镂，刚铁也。可以刻镂。从金，娄声。"镂训钢铁,亦精金之名,其质甚坚,可以刻镂,引伸之义也。是镠璎为精金美玉之通称,凡金玉之精美者,皆可名之。周金铭词常言玄镠,盖谓黑色之美金也。铁矿未发见前,惟铅色黝黑,恰与相合,是玄镠即铅矣。至《说文》铁训黑金,铅训青金,盖因矿质之发见,铅比铁先,应用亦较早。先民既目铅为玄镠,嗣有铁矿,其色尤黑,遂名铁为黑金,铅为青金,以资识别。实则铅在青黑之间,目为青金,名实殊不相符。

鉴

《说文》:"鉴,铁也。一曰,鬻首铜也。从金,攸声。"按《说文》通例,凡义有两岐者,皆言"一曰"以别之。鉴一训鬻首铜,谓以铜饰鬻首为鉴,乃别一义。考凡从攸受声诸字,多含青黑二色之义。如:

　　黟　《说文》:"黟,青黑缯发白色也。从黑,攸声。"
　　虨　《说文》:"虨,黑虎也。从虎,黟声。"
　　滺　《说文》:"滺,久泔也。从水,脩声。"按凡物久泔则霉蔫,其色黴黑,故谓之滺。

铅色在青黑之间,恰与从攸受声诸字,差相符合。是金铭之鉴,当指铅言,毫无可疑。至许君训鉴为铁,盖铅与铁色泽相近,不过浅深称异。先民辨色,原不精严;因物命名,初无定约,故两者皆可名之,犹黄金赤铜,皆谓之昜也(说详下文)。又《国语·齐语》:"美金以铸剑戟,试诸狗马;恶金以铸鉏夷斤斸,试诸土壤。"古代目铁为恶金,用制农器,断无施诸宗彝之理,是金铭之鉴,是铅非铁,此为极确之反证矣。

鈆

鈆,铅之异文也。试分形音义证之。《说文》:"沇,沇水出河东垣东王屋山,东为泲。从水,允声。兖,古文沇如此。"按兖为沇之古文,即鈆为铅之异文,此形之相合也。《说文》:"兖,山间陷泥地。从口,从水败貌。读若沇州之沇。九州之渥地也,故以沇名焉。兖读若沇。"鈆从允声,☒既读沇,铅从☒声,音读自同。又《汉书·地理志》:"允吾。"应劭曰:"允吾,音铅牙。"此音之相合也。《书·禹贡》:"济河惟兖州,……厥土黑坟。"按许君言沇为九州之渥地,渥者肥厚之谓也,土地肥厚,其色青黑,与铅色正同。是鈆之得名,由于色之青黑,此义之相合也。形音义三者皆合,故曰鈆,铅之异文也。

弭仲簠言镁鈗镁鏞,按镁即朴之本字,谓矿之素质。是镁鈗镁鏞,犹言素铅素铜也。

综上考释,列为左表:

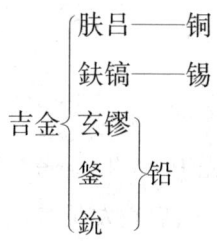

此外又有易金之名。

《小臣宅彝》:"伯锡小臣宅画十戈九,易金,车马两。扬公伯休,用作父乙尊彝。"《尔雅·释器》:"黄金谓之璗。"《广雅·释器》:"赤铜谓之锡。"按璗锡皆从易声,为易之后起字。矿之发见,铜先于金,是易初以名铜,继以名金,嗣后各造专字,使不相混。至铭词之易金,自指铜言,无待言矣。

(原载于《东方杂志》1946年第42卷第18期)

殷卜辞中所见先公先王再续考

曩者海宁王静安先生撰《殷卜辞中所见先公先王考》及《续考》，用新材料以证旧史实，钩沈汲断，为史学界放一异彩。嗣后亡友吴其昌补其未备，撰三《续考》，惟搜讨虽勤，所获实寡，未足以袭踵前效也。余治龟契，多历年所，于殷代先公先王为先生所未详未备者，得四人焉：曰夔，曰昌若，曰曹圉，曰冥。因以暇日，撰为是篇，博雅君子，幸教正之！

夔

卜辞云：

贞夔于夔。（前六·一八·二）

夔于夔■十月。（前六·一八·四）

夔于夔六牛。（前七·二十·二）

壬申贞禾于夔。（后上二二·四）

□□又于夔。（后下一·四）

甲子卜贞夔于夔。（续一·一·一）

于夔高祖。（佚六四五）

癸未贞年于夔。（佚三七六）

于夔叀六牛。(报氏拓片)
贞※年于夔九牛。(同上)
癸巳贞于高祖夔。(同上)

《说文》:"夔,神魖也,如龙,一足。从夊,象有角手人面之形。"按夔,甲文作🙾,🜨,象人而有角,) 象其身如龙,乂象手,✓象足。文作侧面形,故仅见一手一足。昔人云夔一足者,盖泥于字形,而生误解之说也。

卜辞之夔,尊为高祖,其为殷之先后,灼然无疑。余谓夔即晏龙,又夔与契若卨,实为一人之分化,盖殷之始祖也。兹据典籍所载,试明其说。

《书·尧典》:"帝曰:'夔!命女典乐。'"
《礼记·乐记》:"夔始制乐以赏诸侯。"
《山海经·海内经》:"帝俊生晏龙,晏龙是始为琴瑟。"

按《尧典》言夔典乐,《乐记》言夔始制乐,与《海内经》言晏龙始为琴瑟,当为一事而传说异辞。盖典乐以官职言,乐为共名,琴瑟为别名,是始制乐,即始为琴瑟也。又许君言夔形如龙,与晏龙之名,恰相印合,亦可为夔即晏龙之旁证。

《书·尧典》:"帝曰:'契,百姓不亲,五品不逊,女作司徒,敬敷五教在宽。'"
《国语·鲁语》:"契为司徒而民辑。"
《国语·郑语》:"商契能和合五教,以保于百姓者也。"
《汉书·古今人表》:"上中:卨。"
《说文》:"偰,高辛氏之子,为尧司徒,殷之先也,从人,契声。"

按契为夔之转音。契古读 K'iät,夔古读 g'iwed,声同韵近,得相通转。契一作卨。《说文》:"卨,虫也。从厹,象形。读与偰同。"考卨即窩之本字。《吕氏春秋·适威》:"周鼎有窩,曲状甚长,上下皆曲。"卨古读 siät,窩古读 t'siet,声既相同,韵亦最近,此音之相合也。窩之为物,曲状甚长,与许君夔形如龙之说相同。与《海内经》晏龙之名亦符,此形之相合也,至偰从契声,离、偰同音,发音部位,一在舌根,一在舌尖,盖为复声类 ks 之分化。

《山海经·海内经》:"帝俊有子八人,是始为歌舞。"

《左传·文公十八年》:"高辛氏有才子八人,……天下之民,谓之八元。……世济其美,不陨其名,以至于尧,尧不能举,舜臣尧,……举八元,使布五教于四方。"

《史记·五帝本纪》:"帝喾高辛者,黄帝之曾孙也。"《索隐》:"宋衷曰:'高辛,地名,因以为号;喾,名也。'皇甫谧云:'帝喾,名夋也。'"

按夋为俊之本字,是帝俊即帝喾,亦即高辛。帝俊有子八人,即高辛之才子八人;帝俊八子始为歌舞,即高辛八子布五教于四方。夔即晏龙,晏龙为帝俊之子,当为八子之一。始为琴瑟,即始为歌舞之异辞。契为高辛之子,当为才子八人之一。为尧司徒,以官位言;布五教于四方,以职掌言,亦为一事之异辞。考《礼记·王制》言:"乐正崇四术,立四教,顺先王诗书礼乐以造士。春秋教以礼乐,冬夏教以诗书。"又《左传·僖公二十七年》赵衰言:"悦礼乐而敦诗书。"盖礼乐即歌舞之禅变,诗书为五教之典籍。是夔与契为一人之分化,固极明显,而典乐与布教,亦为一事之两面,亦毫无可疑矣。

卜辞云:

辛亥卜又变于𤉐。(戬九·七)

贞事人于𤉐。(前一·五十·六)

贞勿事人于𤉐。(同上)

癸酉卜贞变于𤉐三小宰卯三宰。(前七·二六·一)

袁于[羔]从才雨。(后上二二·二)

庚午袁于[羔]又从才雨。(后上二二·三)

贞勿袁于[羔]。(后下四十·七)

辛亥又袁于[羔]。(续一·五十·一)

隹[羔]耄禾。(续一·四九·三)

□□□敝贞袁于[羔]小宰。(续一·四九·二)

[栗]方于[羔]。(续一·四九·一)

甲午卜韦贞袁于[羔]。(续一·四八·八)

癸卯卜亘贞[栗]年于[羔]。(卜三十)

贞[栗]年于[羔]。(卜三三)

甲午卜[凹]贞[出]于[羔]。(佚六六)

《史记·殷本纪》："相土卒，子昌若立。昌若卒，子曹圉立。"余谓卜辞之[羔]，当即昌若。试言其证。

[羔]字从[羊]从火会意。[羊]即篆文之羍，《说文》："羍，羊子也。从羊，大声。读若达同。羍，羍或省。"甲文之[羊]，即省体之羍。盖[羊]为初文，象形；羍乃后起，形声。[羊]上之[人]，当为釱之初文。《说文》："釱，铁钳也。从金，大声。"[羊]火合体，会用釱挟羊以炮于火之意也。《楚辞·招魂》："胹鳖炮羔，有柘浆些。"《汉书·杨恽传》："烹羊炰羔，斗酒自劳。"先民食羔，恒用炮炙，因以名羊子，此羍训羊子之所由来也。字之结构，与魚正同。《说文》："魚，灼龟不兆也。从龟火。"[羔]从[羊]火，犹魚从龟火。魚训灼龟，是[羔]当释为炮羔矣。

古人音读，有缓急之殊，其命名也，亦有分合之异。如勃鞮为披，寿梦为乘，是其例也。窃意[羔]即昌若之合音。以声类求之，当为灼之初文。《说文》："灼，炙也。从火，勺声。"段注："灼谓凡物以火附著之，如以楚焞柱龟曰灼龟，其一耑也。"盖[羔]之本义为炮羔，引申之为凡物以火附著之名，字亦由会意演为形声。微卜辞出现，自无从知其初形朔义矣。

263

《说文》:"羔,羊子也。从羊,照省声。"按羔,古读 Kâu,照古读 d i̯äw,韵同声异,例不相谐;且羔从羊从火,形至明白,不见从照省声之迹,学者每疑许君为妄说。余谓羔字结构,与秋相同。《说文》:"秋,禾谷孰也。从禾,𪚰省声。𪚰,籀文不省。"羔从照声,犹秋从𪚰声,仅著火形,其义自见。先民造字,避繁就简,当有此例,不足为异。至羔从照声,而音读有舌根舌尖之殊,当为复声类 kd 之分化。羔与羍,俱训羊子,一读 kâu,一读 t'ât,即其分化之明证也。又灼古读 d i̯uk,与照同音,惟异平入,得相通用。是羔为灼之初文,义为炮羔,亦即羔之初文本义矣。

殷代祀羔,有㞢有侑,又有来年,且能为害,与先公先王悉同。征之字形,稽之祀典,既无不合。余故曰:卜辞之羔,当即昌若。

矢

卜辞云:

  贞㞢于王矢宰。(前一·四五·三)

  贞勿㞢王矢三宰。(同上)

  㞢于王矢□二犬。(后下四·一四)

按王矢为殷之先王,即曹圉也。《史记·殷本纪》:"昌若卒,子曹圉立。曹圉卒,子冥立。"卜辞之矢,盖曹圉之合音。《说文》:"矢,倾头也。从大,象形。"考其语根,当为复音 t'zâg ngâg,故从之得声诸词,皆有倾斜不正之义,孳乳为鉏铻:

  《楚辞·九辩》:"圆凿而方枘兮,吾固知其鉏铻而难入。"

为趡隅:

  《礼记·曲礼》:"抠衣趡隅,必慎唯诺。"按趡隅,不安貌,旧注训为趡走之趡,失之。

为龃龉:

《太玄·亲》:"其志龃龉。"范注:"龃龉,相恶也。"

为鉏牙:

《考工记·玉人》:"牙璋中璋七寸,射二寸,厚寸,以起军旅,以治兵守。"郑注:"二璋皆有鉏牙之饰于琰侧,先言牙璋,有文饰也。"

为杈枒:

《文选》王延寿《灵光殿赋》:"枝掌杈枒而斜据。"

为鉏铻:

《说文》:"铻,鉏铻也。从金,御声。"

为齼齬:

《说文》:"齼,齼齬,齿不相值也。从齿,虍声。"

为齺齬:

《说文》:"齺,齺齬,齿不正也。从齿,取声。"

为槎牙:

《释名·释形体》:"牙,槎牙也。随形言之也。"

为陬隅:

《广雅·释言》:"陬隅,角也。"

为岨峿:

《文选》陆机《文赋》:"或妥帖而易施,或岨峿而不安。"

倒之则为龉差:

《荀子·君道》:"天下之变,境内之事,有弛易龉差者矣。"

为隅积:

《荀子·荣辱》:"安知廉耻隅积。"

为偶睉:

> 《淮南子·原道》:"所谓人者,偶睉智故,曲巧伪诈,所以俛仰于世人而与俗交者也。"

为隅差:

> 《淮南子·本经》:"衣无隅差之削。"

综上诸词,观其声义演变之迹,证卜辞之矢,即曹圉之合音,形义既符,音亦切合。

《左传·成公十八年》:"西鉏吾。"杜注:"西鉏吾,宋大夫。"《释文》:"西鉏吾,人名也。"按鉏吾即曹圉之转音。命名取义,先后相同。

又按曹圉,《史记·殷本纪·索隐》引《世本》作"粮圉",《国语·鲁语》韦注又作"根圉",《礼记·祭法·正义》引《世本》于"曹圉"后,增"根圉"一代,凡此皆传写之讹。《抱朴子》云:"书三写,以鲁为鱼,以帝为虎。"此之谓矣。

黾

卜辞云:

> 癸酉卜※禾于黾。(后下三三·五)原文"黾"上有三字,系记数之辞搁入正文,今删去。

《史记·殷本纪》:"昌若卒,子曹圉立。曹圉卒,子冥立。冥卒,子振立。"按卜辞之黾,即《殷纪》之冥。盖黾、冥同音,古籍常通无别。《左传·定公四年》:"还塞大隧,直辕冥阨。"《史记·春申君列传》:"秦踰黾隘之塞而攻楚。"冥阨即黾隘,其证一也。《吕氏春秋·有始览》言"山有九塞,其二为冥阨"。《淮南子·坠形》引作"渑阨"。冥阨即渑阨,其证二也。《史记·楚世家》:"涉鄳塞。"《正义》引《括地志》云:"故鄳城在陕州河北县东十里虞邑也。"又引杜预云:"河东太阳有鄳城,是也。"鄳塞即鄳城,其证三也。是卜辞之黾,即《殷纪》之冥,盖同音通用。

卜辞又云:

> 丙变🔲矢黾。(戬二一·八)

🔲(昌若)、矢(曹圉)、黾(冥)三世之名,依次序列,黾字虽残泐,然其首尚清晰可辨。是卜辞之黾,即《殷纪》之冥,除同音通用外,此证尤确不可移。

《礼记·祭法》:"冥勤其官而水死。"郑注:"冥,契六世之孙也。其官玄冥,水官也。"又,"殷人禘喾而郊冥,祖契而宗汤。"郑氏引《月令》"其帝颛顼,其神玄冥"以释之。是冥即玄冥,以水官之名名为水官之人,并以为水神之名,犹弃为后稷,即以其名名弃,并以为农神之名也。《左传·昭公十八年》:"禳火于玄冥、回禄。"杜注:"玄冥,水神。"《二十九年》:"水正曰玄冥。"又《月令》孟冬、仲冬、季冬之月,其神皆为玄冥,三冬于五行属水,故以玄冥当之。是冥生为水官,死于水,又为水神,有功于国,有德于民,宜其庙食千秋矣。

卜辞又云:

> 癸巳🔲于季。(前七·四一·二)
> 贞🔲、于季。(后上九·六)

王先生云:"季亦殷之先公,即冥是也。《楚辞·天问》曰:'该秉季德,厥父是臧。'又曰:'恒秉季德。'则该与恒皆季之子。该即王亥,恒即王恒,皆见于卜辞,则卜辞之季,亦当是王亥之父冥矣。"余谓卜辞中季与冥二名并见,盖一为本名,一为官名也。

(原载于《新中华》第5卷第4期,1947年2月16日)

王皇名号溯源

王皇名号，自汉以来，代有诠释，大抵穿凿附会，毫无是处。降及近世，诞说朋兴，离真愈远。余撰斯篇，因形明义，因义说形，俾千载疑滞，涣然冰释。一得之愚，谨以质诸世之治文字学及古史学者。

《说文》："王，天下所归往也。董仲舒曰：古之造文者，三画而连其中谓之王。三者，天地人也，而参通之者王也。孔子曰：一贯三为王。"按王，甲文金文作左列诸形：

　　　　太（藏四七）王（戬三八）王（后下七）
　　　　王（孟鼎）王（善夫克鼎）

当为王之本字，亦即皇之初文。《说文》："主，镫中火主也。从王，象形；从丶，丶亦声。"段注："《释器》：'瓦豆谓之登。'郭曰：'即膏镫也。'膏镫，《说文·金部》之镫锭二字也。其形如豆，今之镫盏，是也。上为盌，盛膏而然火，是为主。其形甚微，而明照一室。"余谓丶象火主，象膏镫，其义为皇。《说文》："皇，光美也。从日，往声。"盖以本体言谓之镫，以作用言谓之王。

《说文》："皇，大也。从自王。自，始也。始王者，三皇，大君也。自读若鼻，今俗以作始生子为鼻子。"是按皇，金文作左列诸形：

皇(毛公鼎)皇(秦公簋)

当为煌之初文。《说文》："煌,煌煌,辉也。从火皇声。"盖呈象镫,୵୵象光,合之为皇,正象镫光辉煌之形。《说文》："镫,锭也。从金,登声。"又"锭,镫也。从金,定声。"《急就篇》："锻铸铅锡镫锭鐎。"颜注："镫所以盛膏,夜然燎者也。其形若杅而中施釭。有柎者曰锭,无柎者曰镫。"考王象镫,曰象釭,曰施୵上,形与颜说适合。

镫为照夜之具,初为瓦制,自金属发明后,或用铜制。今日穷乡僻壤,犹有沿用之者,其形如次:

其一釭柎相连,即୵之本形。其二,另施膏釭,即呈之木形。

《楚辞·招魂》："兰膏明烛,华镫错些。"镫之见于记载,以此为最早。余谓镫之形制,实源于豆,其用早在周前。兹据典籍所载,述之如次:

《诗·生民》："卬盛于豆,于豆于登。"《毛传》："木曰豆,瓦曰登。豆,荐菹醢也;登,大羹也。"

《仪礼·公食大夫礼》："大羹湆不和,实于镫。"郑注："瓦豆谓之镫。"

《礼记·祭统》："夫人荐豆,执校。执醴授之执镫。"郑注："校,豆中央直者也。镫,豆下跗也。"

《尔雅·释器》："木豆谓之豆。"郭注："豆,礼器也。"

《尔雅·释器》："瓦豆谓之登。"郭注："即膏登也。"

《说文》："豆,古食肉器也。从口,象形。"

《说文》："梪,木豆谓之梪。从木豆。"

《说文》："䇒,礼器也。从廾持肉在豆上,读若镫同。"

《广雅·释器》："锭谓之镫。"

豆为瓦器,用以盛食,人文日进,或用木制,自金属发明后,或用金制。质料虽有精粗,实用初无二致,故三者并行于世。先民以动植物为食料,其脂肪可燃烧发光,遂利用为照夜之具,自必发明甚早,不能以见诸载籍较迟,因疑远古无镫之使用也。盛膏之器,其初用豆,制作日精,遂分为二。考之载籍,征之字形,豆镫混用,即可知其渊源于一本矣。

《说文》:"燭,庭燎大燭也。从火,蜀声。"按燃烛照夜,远在镫前,二物用途,各有便利。烛光强,能照远,宜于祭祀宾客;镫光小,能持久,宜于居家常用,故二者并行不废。又古代燃烛照夜,多用人执。《仪礼·燕礼》:"宵则庶子执烛于阼阶,司宫执烛于西阶,上甸执大烛于庭,阍人为大烛于门外。"又《礼记·曲礼》:"童子隅坐而执烛。"自镫制发明,亦用人执,對揚二文,即其明证。

《说文》:"對,应无方也。从丵口,从寸。對,對或从士。汉文帝以为责對而面言,多非诚對,故去其口以从士也。"按对金文作左形:

※(令鼎)※(召伯簋)

一象手执皇,二象手执主,盖黑夜无光,持镫照人谓之对。一从皇作,一从主作,皇象镫光辉煌,主象镫中火主,是皇与主,实为一物,灼然无疑。而※象镫形,亦得一确切之明证矣。

《说文》:"揚,飞举也,从手,易声。敭,古文揚,从攴。"按扬,金文异形甚多,兹列三类如次:

※(揚鼎)※(毛公鼎)※(令鼎)

三文皆象人坐而举镫形:一为釭柎相连之镫,二为※上施日之镫,形至明白,无待诠释;三为镫釭,传世西京宫镫,其遗制也。

《尔雅·释诂》:"暀暀,皇皇,美也。"王为暀之本字,皇为煌之初文,形义既同,音亦相合,故载籍常通用无别。《书·洪范》"建用皇极",《史记·宋世家》作"王极";《仪礼·聘礼》"宾入门皇",郑注:"古文皇皆作王。"是其证也。

王为庙号,最早见于卜辞,兹举数例如次:

贞:㞢于王矢,宰。(前一·四五)

贞:勿㞢于王矢,三宰。(同上)

贞:㞢于王亥。(前一·四九)

贞:㞢于王亥,卅牛。辛亥用。(前四·八)

贞:㞢于王恒。(后一·九)

贞:勿㞢于王恒。(后二·七)

矢、亥、恒,皆殷代先君之名,名上加王,盖以镫光之辉煌,形容先君威灵之赫濯,死后之庙号,非生时之尊称也。《尔雅·释亲》:"父之考为王父,父之妣为王母;王父之考为曾祖王父,王父之妣为曾祖王母;曾祖王父之考妣为高祖王父,曾祖王父之妣为高祖王母。"其名即源于此。郭注:"加王者尊之也。"犹差一间。

皇为庙号,稍后于王,其初用于祖先,见于周金者如次:

《中辛父簋》:"中辛父作朕皇祖日丁,皇考日癸尊簋。"

《叔角父簋》:"叔角父作朕皇考宕公尊簋。"

《鄘侯簋》:"爰作皇妣屄君中妃祭器。"

《辛中姬鼎》:"辛中姬皇母作尊鼎。"

《叔䍙父簋》:"其夙夜用亯孝于皇君。"

《史兽作父庚鼎》:"对扬皇尹丕显休。"

《毕鲜簋》:"毕鲜作皇祖益公尊簋。"

《郜公簋》:"郜公诫作旅簋,用追孝于皇祖皇考。"

《秦公簋》:"丕显朕皇祖,受天命,鼐宅禹迹。"

《颂鼎》:"用作朕皇考龚叔,皇母龚姒宝尊鼎。"

见于《诗》、《书》者次:

《书·顾命》:"皇后冯玉几。"

《诗·信南山》:"是剥是菹,献之皇祖。"

《诗·瞻卬》:"无忝皇祖。"

《诗·闵予小子》:"念兹皇祖。"

《诗·雍》:"假哉皇祖。"

《诗·閟宫》:"皇祖后稷,……周公皇祖。"

《诗·闵予小子》:"於乎皇考,……休矣皇考。"

除皇祖、皇考、皇母、皇妣外,又有皇舅、皇姑之称,见《仪礼·士昏礼》、《聘礼》、《士虞礼》、《特牲馈食礼》、《少牢馈食礼》。此外又有皇尸之称:

《诗·楚茨》:"皇尸载起。"

《仪礼·特牲馈食礼》:"皇尸卒,主人拜,尸答拜。"

《仪礼·少牢馈食礼》:"尸告饱,祝西面于主人之南,独侑不拜,侑曰:皇尸未实,侑!尸又食。"

《仪礼·少牢馈食礼》:"尸执以命祝。卒命祝,祝受以东北面于户西,以嘏于主人曰:皇尸命工祝,承致多福无疆于女孝孙。"

尸所以代表祖先,以享祭祀,故其尊严,与祖先等。

庙号之皇,其次用于主宰宇宙之至上神,见于金铭者如次:

《大克鼎》:"肆克友于皇天。"

《克鼎》:"肆克恭于皇天。"

《毛公鼎》:"丕显文武,皇天弘厌厥德,配我有周,膺受大命。……肆皇天亡斁,临保我有周,丕巩先王配命。……用卬邵皇天,绸缪大命。"

《徐王义楚耑》:"用享于皇天。"

《宗周钟》:"我惟司配皇天,王对作宗周宝钟。"

《宗周钟》:"惟皇上帝百神,保余小子。"

《师訇簋》:"肆皇天无斁,临保我有周于四方。"

见于《诗》、《书》者如次:

《书·梓材》:"皇天既付中国民,越厥疆土于先王。"

《书·召诰》:"皇天上帝,改厥元子。……其自时配皇天。"

《书·君奭》:"时则有若伊尹,格于皇天。"

《书·顾命》:"皇天改大邦殷之命。……皇天用训厥道。"

《书·吕刑》:"皇帝哀矜庶戮之不辜。……皇帝清问下民。"

《诗·抑》:"肆皇天弗何。"

《诗·皇矣》:"皇天上帝,临下有赫。"

《诗·正月》:"有皇上帝,伊谁云憎。"

《诗·雍》:"燕及皇天。"

《诗·閟宫》:"皇皇后帝。"

天、帝同义,皆至上神,为世间一切之主宰,因以形容祖先威灵之辞,推以形容至上神之盛德大业。

王为人君尊号,最早见于商代。兹举卜辞数例如次:

辛酉卜,争贞:今日,王步于羣。(前二·二六)

乙酉卜,縠贞:王吏土方正。(卜二三三八)

癸卯卜,王贞:乙巳,其酒祖乙,肜,亡它。在七月。(卜上二〇)

甲戌卜,尹贞:王宾大乙,肜夕,亡囚。(卜下二四)

癸酉卜贞:王旬亡畎。在五月。甲戌,肜日。兆甲。(珠三·七六)

癸卯卜贞:王旬亡畎。在五月。在喜㛿。惟王来正人方。(续三·一八)

传世典籍,以《商书》为最古,《盘庚》三篇,王凡十一见;《高宗肜日》,王凡三见;《西伯戡黎》,王凡五见;《微子》一举先王,三呼王子。是商代以王为人君尊号,至为明晓。曰先王,曰我王,是生死皆得称之。惟庙号之王,例在名上;尊号之王,例在名下,盖由状词演变为名词,此其异也。周代诸君,自太王以来,一律称王,即沿商代遗制。春秋之世,蛮夷诸邦,楚、吴称王;及至战国,魏首僭号,诸国继之,并为七雄,无不以王为通称矣。

王为尊号后,皇遂演变为状词。

《诗·文王有声》:"皇王惟辟,皇王烝哉!"
《诗·闵予小子》:"於乎皇王!"

王、皇原为一字,至是析而为二,一为名词,一为状词。

皇为天神尊号,最早见于《楚辞》。

《离骚》:"麾蛟龙以梁津兮,诏西皇使涉予!"
《九歌·东皇太一》:"吉日兮良辰,穆将愉兮上皇!"
《九章·橘颂》:"后皇嘉树,橘来服兮!受命不迁,生南国兮!"

曰西皇,曰东皇,曰上皇,曰后皇,皆天神之称,盖由状词演变为名词。亦有单言皇者,皇考皇天,皆得名之。

《离骚》:"皇览揆余于初度兮,肇锡余以嘉名!"
《离骚》:"皇剡剡其扬灵兮,告余以吉故!"
《离骚》:"陟陞皇之赫戏兮,忽临睨夫旧乡!"

至用以称古代人王,亦约见于是时。

《庄子·天运》:"故夫三皇五帝之礼义法度,不矜于同而矜于治。故譬三皇五帝之法度,其犹柤梨橘柚耶!其味相反,而皆可于口。"

《庄子·天运》:"余语女!三皇五帝之治天下,名曰治之,而乱莫甚焉。三皇之知,上悖日月之明,下睽山川之精,中堕四时之施。"

《吕氏春秋·贵公》:"天地大矣,生而弗子,成而弗有,万物皆被其泽,得其利,而莫知其所由始,此三皇五帝之德也。"

《吕氏春秋·用众》:"夫取于众,此三皇五帝之所以大立功名也。"

《吕氏春秋·禁塞》:"上称三皇五帝之业以愉其意,下称五伯名士之谋以信其事。"

《吕氏春秋·孝行》:"夫孝,三皇五帝之本务,而万事之纪也。"

帝原为天神之称,古人神视其祖先,因以为人王之庙号。

《易·归妹》:"帝乙归妹,其君之妹,不如其娣之袂良。"

《书·酒诰》:"自成汤咸至于帝乙。"

《书·多士》:"自成汤至于帝乙。"

《国语·周语》:"帝甲乱之,七世而殒。"

《左传·文公二年》:"宋祖帝乙。"

《左传·哀公九年》:"微子启,帝乙之元子也。"

庙号之帝,至战国时代,演为人王之尊称。盖当时各国皆称王,关涉既多,强弱渐判,乃谋立一更尊之号,于是借天神及祖先之庙号而称之曰帝。齐秦并称东西帝,魏使辛垣衍说赵尊秦为帝,是也。

斯时渐次以皇帝王霸为世运递降之等级。

《庄子·在宥》:"得吾道者,上为皇而下为王。"

王皇同义,至是以道德之高下分而为二。

《吕氏春秋·谕大》:"昔舜欲旗古今而不成,既足以成帝矣;禹欲帝而不成,既足以正殊俗矣……五伯欲继三王而不成,既足以为诸侯长矣。"

《吕氏春秋·务大》:"昔有舜服海外而不成,既足以成帝矣;禹欲帝而不成,既足以王海内矣;汤武欲继禹而不成,既足以王通达矣;五伯欲继汤武而不成,既足以为诸侯长矣。"

当时以能旗古今服海外者为德业至高之人主,否则为帝,再次为王,最后为伯。

《管子·兵法》:"明一者皇,察道者帝,通德者王,谋得兵胜者霸。"

皇帝王霸,为世变递降之等级,至是始定。至于皇为人君尊号,始于秦代。

《史记·秦始皇本纪》:"二十六年,……秦初并天下,令丞相御史曰:……寡人以眇眇之身,兴兵诛暴乱,赖宗庙之灵,六王咸伏其辜,天下大定。今名号不更,无以称成功,传后世,其议帝号。丞相绾、御史大夫劫、廷尉斯等皆曰:'昔者五帝,地方千里,其外侯服、夷服,诸侯或朝或否,天子不能制。今陛下兴义兵,诛残贼,平定天下,海内为郡县,法令由一统,自上古以来未尝有,五帝所不及。臣等谨与博士议曰:古有天皇,有地皇,有泰皇,泰皇最贵。臣等昧死上尊号,王为泰皇。……'王曰:'去泰著皇,采上古帝位号,号曰皇帝。'"皇与帝合为一词,用为人王尊号,至是始定。

贾谊《新书·威不信篇》:"苟舟车之所达,人迹之所至,莫不率服,而后云天子;德厚焉,泽湛焉,而后称帝;又加美焉,而后称皇。"

《春秋繁露·三代改制质文篇》:"通天地、阴阳、四时、日月、星辰、山川、人伦,德侔天帝者称皇帝。"

皇帝固定为尊号后,经汉儒之润色与增饰,与秦初称号之意固殊,距皇为辉煌之初谊,尤不可以道里计矣。

(原载于《新中华》第6卷第12期,1948年6月16日)

耒耜答问

史地系专修科同学询问古代的耒耜是否即现代的犁,因作此篇以答之。

耒耜是中国最古的农具,《说文解字》说:

> 耒,手耕曲木也。从木推丰。古者垂作耒耜以振民也。
>
> 枱,耒也,从木,吕声。一曰:徙土辇,齐人语也。㮙,或从里。
>
> 枱,耒端木也。从木,台声。鈶,或从金,台声。

《释名·释用器》说:

> 耒,来也,亦推也。
>
> 耜,齿也,似齿断物也。

解释耒耜的形状和功用,甚为明晰。考耒,金文作:

象手持耒。汉武梁祠石室画像前第一石题字"神农氏因宜教田,辟土种谷",其图神农手持之器,柄曲而下翘,头歧而二,就是这个东西。

我以为耒耜实为一物,古语多复音,耒当读 diə liə。《说文解字》中的耜字或体作梩,《释名》训耒为来为推,推即"耜"、"枱"的转音,"梩"、"来"即耒的转音。语言变单音后,各制专字,所以分而为二了。

《说文解字》说:

> 邰,炎帝之后,姜姓所封,周弃外家国。从邑,台声。右扶风之县,是也。

《汉书·地理志》说:

> "斄,周后稷所封。"颜注:"读与邰同,音骀"。

古音邰读 dâi,斄读 lâi,就是耜耒的转音。周家以农业开基,因以农具为封地之名。

《说文解字》说:

> 㠯,用也。从反已。
>
> 厶,奸邪也。《韩非》曰:"仓颉造字,自营为厶。"

我以为㠯与厶实即一字,古音㠯读 diə,厶读 si,声音远隔,是后来的转变。"耜"、"枱"、"耛"皆从㠯声,㠯,金文作:

𠃊

近来释者,皆以为耜的初文,象形。考枱训"耒端木",是耒的一部分,枱训"臿",刺土之器也,皆与此形不甚相像,解为耜的初文,似难确定。《周礼·考工记》说:"车人为耒,庛长尺有一寸,中直者三尺有三寸,上句者二尺有二寸。自其庛缘其外以至于首以弦其内,六尺有六寸,与步相中也。坚地欲直庛,柔地欲句庛;直刺则利推,句庛则利发,倨句磬折,谓之中地。"其形制如左:

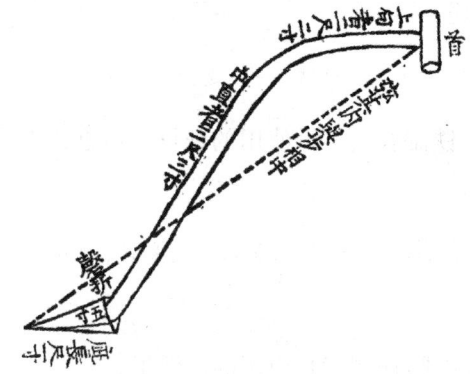

郑注:"庛,读如棘刺之刺。刺,耒下前曲接耜。"贾疏:"耜谓耒头金。"考庛,古音读 tsâi,盖耜之用在刺土,故由 diə 转为 si,再转为 tsâi。其转化与"耤"、"畟"语根有关,因涉及范围太广,兹不具述。至于由歧头变为独头,当与牛耕有关。

《周易·系辞》说:

"斲木为耜。"《释文》:"京云:耜,耒下耴也。"

大概原始的农具是木做的,所以耒训"手耕曲木",耜训"耒端木"。商代的冶铜术已达到最高峰,据石璋如河南后冈的殷墓一文说:

墓形既定,即可在圈定的范围内动手挖掘。他们所用的工具,我们无法直接知道,但由墓壁下层的铲痕来看,每一痕迹,宽约六公分,与殷墟出土的铜质戚锛等宽度相当。那么,很可能的,戚锛就是他们的挖墓工具了。

挖墓工具很可能的是铜质戚锛,据卜辞所载,商代农业,已甚发达,统治阶级,亦甚重视,所用的农具,也很可能的可以推定是铜质的了。至于铁制的农具,大量使用,当在东周以后。《国语·齐语》说:

美金以铸剑戟,试诸狗马;恶金以铸锄夷斤斸,试诸土壤。

《孟子·滕文公篇》说:

许子以釜甑爨,以铁耕乎?

《管子·海王篇》说：

> 耕铁之重加七，三耕铁，一人之籍也。

这都是东周以后，铁制农具大量使用的证据。最近科学院考古研究所辉县发掘团报告说：

> 发现大批的铁制生产工具，包括铁斧、铁锛、铁刀、铁锹、犁铧、镢头等。

这可以证明战国时代，铁制工具应用的广泛了。

现代南方种水田用的犁，其形如左：

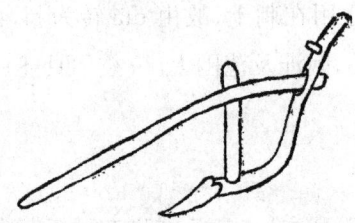

这种形制，显然是从耒耜演变来的。所以古代的耒耜，就是现代的犁。《庄子·胠箧篇》说："耒耨之所刺。"《释文》："耒，李云：犁也。"这是极正确的解释。

综上考释，列表如下：

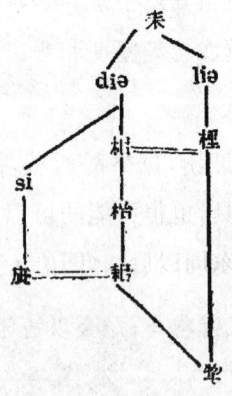

（原载于《新史学通讯》第3期，1951年3月2日）

西王母考

一 西王母释名

西王母之名,最早见于《山海经》,兹录如下:

玉山,是西王母所居也。西王母其状如人,豹尾虎齿而善啸,蓬发戴胜。——《西山经》

西王母梯几而戴胜,杖。其南有三青鸟,为西王母取食。在昆仑虚北。——《海内北经》

流沙之滨,赤水之后,黑水之前,有大山,名曰昆仑之丘。……有人,戴胜,虎齿,有豹尾,穴处,名曰西王母。——《大荒西经》

按"西"表示方位。"王"有神义,《荀子·礼论》:"郊者并百王于上天而祭祀之也。"杨注:"百王,百神也。"是其证。"母"为貘的音假。古代从母和从莫得声的字,例相通用,其证有四:

一、《诗·卫风·伯兮》:"使我心痗。"《小雅·十月之交》:"亦孔之痗。"《毛传》并云:"痗,病也。"字一作瘼,《小雅·十月》:"乱离瘼矣。"《大雅·桑柔》:"瘼此下民。"《毛传》并云:"瘼,病也。"

二、《礼记·内则》:"淳母。"郑注:"母读曰模。"金文母、毋二字不分。

三、《左传·僖公二十八年》:"原田每每。"杜注:"喻晋军美盛,若原田之草每每然。"字一作莫,《文选》左思《蜀都赋》:"秔稻莫莫。"李注:"莫莫,茂也。"

四、《汉书·古今人表上中》:"嫫母。"颜师古曰:"嫫,音謩,字从巾,即嫫母也。"

是西王母犹言西方神貘。从《山海经》所载居处、形状、服饰考之,当为西方貘族所奉祀的图腾神像。所谓貘族,即《穆天子传》中的膜及西膜,说详下文。《西山经》云:"玉山是西王母所居。"谓貘族所建立的图腾神祠在玉山之上。又《大荒西经》云"穴处"①,谓图腾神像依其生活习惯,安置在洞穴之中。《西山经》云"其状如人",《大荒西经》云"有人",谓图腾神像与人相似。《西山经》云"豹尾虎齿而善啸",《大荒西经》云"虎齿有豹尾",谓图腾神像虽然具有人形,却还存其本来面目和特性。至于《西山经》、《大荒西经》俱云"戴胜",《海内北经》云"梯几而戴胜",这是附加在图腾神像上的服饰,所以显示其威严。此种似人非人,半人半兽的怪物,在原始氏族社会时代奉以为宗神,是人类文化发展必经的阶段,现今落后的民族,还保存有这种遗迹。我们生于今日,距离原始氏族社会时代既已久远,所以对于《山海经》上的记载,自然无从索解了。

西王母为西方貘族所奉祀的图腾神像,既已解释如上,貘是什么动物呢,也是应当研究的一个问题。现将文献所载,述之如下:

《尸子》:"程,中国谓之豹,越人谓之貘。"②

《尔雅·释兽》:"貘,白豹。"郭注:"似熊,小头,痺脚,黑白驳。能舐食铜、铁及竹骨。骨节强直,中实少髓。皮辟湿。或曰:豹,白色者别名貘。"

---

① 编者按,"又大"原作"上",据《中国古代神话与史实》"西王母"节改。
② 原注:《列子·天瑞篇·释文》引。

《说文》:"貘,似熊黄黑色。出蜀中,从豸,莫声。"

按貘又声转为猛:

《山海经·西山经》:"南山,……兽多猛豹。"郭璞注:"猛豹似熊小,毛浅有光泽,能食蛇,食铜、铁。出蜀中。"

又转为貊:

《后汉书·西南夷传》:"哀牢夷出貊兽。"李善注:"《八郡志》:貊大如驴,似熊,多力,食铁,所触无不拉。"

按貘分两类,同名异实。一为肉食类,即豹的别名,《尸子》、《尔雅》、《山海经》所载属之;一为奇蹄类,形颇似熊,《说文》、《后汉书》、《八郡志》所载属之。郭璞注《山海经》和《尔雅》,混为一谈,是一个大错。至于貘族所奉祀的图腾,当为肉食类的豹而非奇蹄类的貘,至为明显。

二　西王母居地

西王母所居之地,典籍所载,述之如次:

《山海经·西山经》:"玉山为西王母居。"又《海内北经》:"西王母在昆仑虚北。"《大荒西经》:"西王母穴处昆仑之丘。"考玉山为昆仑的异名,《淮南子·坠形训》:"西北方之美者,有昆仑之球琳琅玕焉。"高诱注:"球琳琅玕,皆美玉也。"因为山出美玉,所以又名玉山。

《后汉书·郡国志》:"金城郡……临羌有昆仑山。"

《括地志》:"昆仑山在肃州酒泉县南八十里。"(《史记·秦本纪》引)

按昆仑所在,《后汉书·郡国志》和《括地志》所载,最为明确。

《汉书·地理志》:"金城郡,……临羌西北至塞外,有西王母石室、仙海、盐池,北则湟水所出,东至允吾入河。西有须抵池,有弱水、昆仑山祠。"

《晋书·张轨传》："凉州刺史酒泉太守马岌上言：'酒泉南山，即昆仑之体也。周穆王见西王母，乐而忘归，即谓此山。此山有石室、玉堂，珠玑镂饰，焕若神宫，宜立西王母祠，以裨朝廷无疆之福。'骏从之。"

又《沮渠蒙逊载记》："蒙逊西至苕萝，遣前将军沮渠成都将骑五千袭卑和虏，蒙逊率中军三万继之，卑和虏率众迎降。遂循海而西，至盐池，祀西王母寺。寺中有玄石神图，命其侍郎张穆赋焉，铭之于寺前。"

《水经注·河水》："有湟水，出塞外，东经西王母石室、石釜、西海、盐池北，故阚骃曰：'其西，即湟水之源也。'"

按传说中的西王母之遗迹，经两汉到南北朝，仍然存在。以其地望考之，当在今西宁之西青海以北之祁连山上。所谓酒泉南山，亦即祁连。盖祁连山脉东西延袤千余里，界于甘、青两省之间，诸书记载，虽然有些距离，要之同在一个山中。

《史记·匈奴传》云：

"骠骑将军……击匈奴，过居延，攻祁连山。"《索隐》："《河西旧事》云：'山在张掖、酒泉二界上，东西二百余里，北百里。有松柏五木，美水草，冬温夏凉，宜畜牧养。'……祁连一名天山，亦曰白山也。"

《汉书·霍去病传》云：

"去病至祁连山。"颜师古曰："祁连山即天山也。匈奴呼天为祁连。"

按天山，匈奴呼为祁连山，亦即昆仑的异名。天者至高无上之名。昆仑即穹隆的转音，《尔雅·释天》："穹苍，苍天也。"郭注："天形穹隆，其色苍苍，因名云。"故以其高言之，谓之天山；以其形言之，谓之昆仑。是西王母所居之昆仑，即今之祁连山，信而有征。后世纷纭之说，皆齐东野人之言，不足辩也。

《尔雅·释地》云：

> "觚竹、北户、西王母、日下,谓之四荒。"郭注:"觚竹在北,北户在南,西王母在西,日下在东,皆四方昏荒之国,次四极者。"

按《尔雅》成书,约在西汉成帝时代,当时关于西王母的神话,已极盛行,真像因而隐晦,所以把距离长安不过二千余里的祁连山,竟目为昏荒之国。

《汉书·西域传》云:

> 安息长老传闻条支有弱水,西王母,亦未尝见也。

按云"传闻",自然不是目睹;云"未尝见",自然无事实可凭。由于远人故弄玄虚,方士因而捕风捉影,从此谬悠之说,无稽之谈,层出不穷,西王母遂堕入了虚无缥缈之乡。

三 周穆王与西王母的往来

《竹书纪年》云:

> 穆王
> 十三年,西征,至于青鸟之所憩。
> 十七年,西征昆仑丘,见西王母。西王母止之,曰:"有鸟䳽人。"
> 西王母来见,宾于昭宫。

按周穆王西征昆仑,见西王母,西王母亦东来报聘,穆王宾之于昭宫,是西周时代一件大事,故《纪年》郑重记之。此所谓西王母,是当时貘族的君长,不是《山海经》所载的图腾。这次巡游,《穆天子传》记载极详,兹录其相见时的情形如下:

> 癸亥,至于西王母之邦。吉日甲子,天子宾于西王母。乃执白圭,玄璧以见西王母。好献锦组百纯,□组三百纯,西王母再拜受之。□乙丑,天子觞西王母于瑶池之上。西王母为天子谣曰:"白云在天,丘陵自出。道里悠远,山川间之。将子无死,尚复能来。"天子

答之曰:"予归东土,和洽诸夏,万民平均,吾顾见汝。比及三年,将复而野。"西王母又为天子吟曰:"徂彼西土,爰居其野,虎豹为群,于鹊与处。嘉命不迁,我惟帝女。彼何世民,又将去子。吹笙鼓簧,中心翱翔。世民之子,唯天之望。"天子遂驱升于弇山,乃纪其迹于弇山之石而树之槐,眉曰"西王母之山"。①

按《穆天子传》一书,文辞简质,确是周代的作品。记载两君相见的事,饮酒赋诗,温文尔雅,固然不免有缘饰的辞句,然大体皆可信为史实。后世史学家们对于此事,疑信参半,甚或视为神话,盖由于不了解《山海经》所载的西王母是貘族的图腾,穆王所见的西王母是貘族的君长,人与神,混为一谈,自然不能得到事实的真像。

《史记·秦本纪》云:

> 造父以善御,幸于周缪王。得骥、温骊、骅骝、騄耳之驷,西巡狩,乐而忘归。

又《赵世家》云:

> 缪王使造父御,西巡狩,见西王母,乐之忘归。

按穆王西征,《史记》不载入《周本纪》而载入《秦本纪》及《赵世家》中,盖司马迁生于汉代,已经视西王母为神话,但穆王西征,分明记载于古代史上,又不能抹煞不提,故将此事附见于不重要处,庶几两面周全。在处理史料上,确实费一番心思。

四 《穆天子传》中的膜及西膜

《穆天子传记》穆王西征达昆仑后,有所谓膜者凡十六见,一作西膜,凡六见,皆西王母的省称。膜即貘之误文,盖《穆天子传》出于汲冢,经荀勖等以今隶写定,历代传钞转刻,讹夺改窜,势所难免,貘误为膜,当由于

---

① 原注:今本多讹舛,不可句读,兹据《山海经·西山经》郭注引《穆传》改正。

此。犹幸赖此字之存,得据以考定西王母之真像,使千古沉埋的史迹,豁然大明于今日,真可谓一字千金。兹列举传中记载貘族的礼俗、语言、物产及其他事实如下:

> 赤乌之人其献酒千斛于天子,食马九百,羊、牛三千,稷麦百载。天子使郊父受之。……天子乃赐赤乌之人其墨乘四,黄金四十镒,贝带五十,朱三百裹。其乃膜拜而受。
>
> 曹奴之人戏觞天子于洋水之上,乃献食马九百,牛、羊七千,穄米二百。天子使逢固受之。天子乃赐曹奴之人戏□黄金之鹿,白银之麈,贝带四十,朱四十裹。戏乃膜拜而受。
>
> □之人潜时觞天子于羽陵之上,乃献良马、牛、羊。天子以其邦之攻玉石也,不受其牢。……天子乃赐之黄金之婴二六,朱三百裹。潜时乃膜拜而受。
>
> 天子祭于铁山,祀于郊门,乃彻祭器于剖间之人。温归乃膜拜而受。
>
> 鄸韩之人无皂乃献良马百匹,服牛三百,良犬七十,牤牛二百,野马三百,牛、羊二千,稷麦三百车。
>
> 天子乃赐之黄金银婴四七,贝带五十,朱三百裹,变□雕官。无皂上下乃膜拜而受。
>
> 智氏之夫献酒百□于天子。天子赐之狗□采,黄金之婴二七,贝带四十,朱丹三百裹,桂姜百□。乃膜拜而受。
>
> 哥余之人命怀献酒于天子。天子赐之黄金之婴,贝带,朱丹七十裹。命怀乃膜拜而受。诸舒献酒于天子。天子赐之黄金之婴,贝带,朱丹七十裹。诸舒乃膜拜而受。
>
> 天子觞重□之人□□,乃赐之黄金之婴二九,银乌一只,贝带五十,朱七百裹,筒□桂姜百□,丝□雕。□□乃膜拜而受。
>
> □只,天子使柏夭受之。……□乃膜拜而受。
>
> 文山之人归遗乃献良马十驷,用羊三百守狗九十,牤牛二百,以

行流沙。……又赐之黄金之婴二九,贝带三十,朱三百裹,桂姜百
　　□。归遗乃膜拜而受。
　　　　巨蒐之人□奴觞天子于焚留之山,乃献马三百,牛、羊五千,秋
　　麦千车,膜稷三十车,天子使柏夭受之。好献枝斯之英四十,
　　□□□□,珧佩百只,琅玕四十,□□十箧。天子使造父受之。□乃
　　赐之银木□采,黄金之婴二九,只带四十,朱三百裹,桂姜百□。□
　　奴乃膜拜而受。

按穆王达昆仑命后,所经之处,部落酋长皆有贡献,穆王亦赐以相当的礼物,以报答他们的厚谊。贡献的物品,除牛、羊、犬、马外,还有麦、稷,且其数量甚大,足以证明这些部落的畜牧及农业,已经发达到十分繁荣的程度。"膜拜而受"谓用貘族的礼节,拜受周王的赏赐。

　　　　至于黑水,西膜之所谓鸿鹭。
　　　　爰有□木,西膜之所谓□。
　　　　至于苦山,西膜之所谓茂宛。
　　　　爰有答堇,西膜之所谓木禾。
　　　　至于文山,西膜之所谓□。

按此言物名、地名,西膜与中华不同。郭注云:"西膜,沙漠之乡,以言外域人名物,与中华不同。春秋叔弓败莒师于濆水,《谷梁传》'狄人谓濆泉为失台,号从中国,名从主人'之类也。"其言外域人名物与中华不同,是也,谓西膜为沙漠之乡,望文生义,失之。

　　　　膜稷三十车。
　　　　有模堇,其叶是食明后。

按膜稷、模堇,犹言胡椒、戎菽,谓貘地所产的稷与堇为中华所没有的东西。又模堇之模,亦当作膜。

　　　　封膜画于河水之阳,以为殷人主。

按此言穆王封貘族名画者于河水之北,以主持殷人的祭祀。由此可以证

明这时周室的威灵尚能达到远方。《管子·小匡篇》："昔吾先王周昭王、穆王,世法文、武之远迹,以成其名。"确非虚语。

五　嫫母与西王母

《荀子·赋篇》云：

> 嫫母,力父,是之喜也。

《吕氏春秋·遇合》云：

> 若人之于女也,无不悦美者,而美者未必遇也,故嫫母执乎黄帝。黄帝曰："厉女德而弗忘,与女正而弗衰,虽恶奚伤?"

《淮南子·说山篇》云：

> 嫫母有所美,西施有所丑。

《列女传》云：

> 黄帝妃曰嫫母,于四妃之班居下。貌甚丑而最贤,心每自退。

《论衡·逢遇篇》云：

> 或以丑面恶色称媚于上,嫫母、无盐是也。嫫母进于黄帝,无盐纳于齐王。

按嫫母即西王母的演变,盖西王母本名为貘,貘与母同音通用,流俗相传,望文生义,误以为女性的尊称,然其本来面目,尚未全忘,乃并二名而称为嫫母。因其蓬发、戴胜、虎齿、豹尾的本像,犹流传于民间,故演化为一形貌丑陋的女神。又因其与昆仑山神黄帝之宫密迩邻居①,一男一女,自然成为配偶,随社会文化的发展与宗教意识形态的转变,黄帝由山神演化为人王,嫫母亦由夫贵妻荣,演化为一位有德无貌的后妃。

---

① 原注：说详拙著《黄帝考》。

六　晚周及西汉时代的西王母

《庄子·大宗师》云：

> 夫道，……西王母得之，坐乎少广。莫知其始，莫知其终。

按《山海经》载之西王母，原为西方貘族所奉的图腾，随社会文化的发展与宗教意识形态的转变，图腾本义，渐次消亡。一方面由于名词的误解与无意的附会，逐渐演变为黄帝的后妃，随封建制度的巩固，凝为一成不变的史实；他方面犹保存其本来面目而演变为西方的山神，"莫知其始，莫知其终"，成为道家理想中得道的真人。同时，与燕齐方士服药求仙的方术相结合，因而转化为汉代长生不死的女仙。

司马相《如大人赋》云：

> 吾乃今日睹西王母曤然白首，戴胜而穴处兮，亦幸有三足乌为之使。必长生若此而不死兮，虽济万世不足以喜。

扬雄《甘泉赋》云：

> 想西王母欣然而上寿兮，屏玉女而却虙妃。

《太平经》钞《师策文》云：

> 乐莫乐兮长安市，使人寿若西王母；比若四时周反始，九十字策传方士。①

按西王母传至汉代，变虎齿豹尾的凶容，为曤然白首、长生不死的老妪。盖汉承暴秦之后，统一海内，鉴于秦的失败，采用休养生息政策；同时，铁器耕具，普遍使用，生产力因之向前迈进，遂造成武帝时代物质富裕、国威远扬的局面。当时贵族阶级，席富履厚，肆情欢乐，唯是百年光阴，转瞬即逝，"欢乐极兮哀情多"，故"长生无极，永受嘉福；千秋万岁，长乐未

---

① 原注：见《太平经》钞三十八丙部之四。

央"，为当时贵族唯一的希望。一班无聊方士与御用文人，投其所好，竞言长生，由是服食求仙，风靡一时，西王母因而成为当时贵族朝夕崇拜的对象。

《汉书·五行志》云：

> 哀帝建平四年正月，民惊走，持稾或棷一枚，传相付与，曰"行诏筹"。道中相过逢，多至千数，或被发徒践，或夜折关，或踰墙入，或乘传骑奔驰，以置驿传行。经历郡国二十六，至京师。其夏，京师郡国民聚会里巷仟佰设祭，张博具，歌舞，祀西王母。又传书曰："母告百姓，佩此书者不死；不信我言，视门枢下，当有白发。"①

按当时西王母的崇拜，不仅甚行于贵族阶级，并且普遍于民间了。

七　西王母与东王公

汉《尚方镜铭》云：

> 尚方作竟其大巧，上有仙人不知老；渴饮玉泉饥食枣，东王父，西王母。②

冯云鹏《金石索》云：

> 武梁祠后石室画象第二石，"画云物神仙之状，上作二神：一男一女，疑东王公、西王母也"。汉人镜铭中每乐道之。

按西王母传到汉代，无端配以东王公。于黄帝与嫘母外，在仙籍中又新添一掌故。此种鄙俗不堪的捏造，当时贵族虽昏愚，岂不知其虚妄，只因生命无常，富贵难保，于百无聊赖之时，姑用此以自慰借而已。

《神异经·东荒经》云：

> 东荒山中有大石室，东王公居焉。长一丈，头发皓白。人形，鸟

---

① 原注：互见《汉书·哀帝本纪》。
② 原注：见前朝鲜总督府博物馆陈列品图鉴第四辑所载白铜尚方仙人画像镜。

面而虎尾。戴一黑熊。左右顾望。恒与一玉女投壶,每投千二百矫,设有入不出者,天为之嘘嘘,矫出而脱误不接者,天为之笑。

按《神异经》为综录古代神话的一部书籍,服虔《左传注》已引之①,则其成书当在汉代,今本或非其旧。其言东王公居处、形状、服饰,全仍《山海经》述西王母事所编成。一公一母,一东一西,真是天造地设,西王母从此不感寂寞了。

又《中荒经》云:

> 昆仑之山,……下有回屋,方百丈,仙人九府治之。上有大鸟,名曰希有。南向,张左翼覆东王公,右翼覆西王母,背上小处无羽,一万九千里。西王母岁登翼上,会东王公也。……其鸟铭曰:有鸟希有,碌赤煌煌,不鸣不食;东覆东王公,西覆西王母。王母欲东,登之自通。阴阳相须,唯会益工。

按经言昆仑山上有一大鸟,名曰希有。左翼覆东王公,右翼覆西王母,身大一万九千里。每年西王母经过翼上,与东王公相会一次。"阴阳相须,唯会益工",不仅反映当时贵族祈求长生的幻想,并反映其荒淫颓废的生活。

八　汉代以后的西王母

《汉武帝故事》云:

> 七月七日,上于承华殿斋,日正中,忽见有青鸟从西方来。上问东方朔,朔对曰:"西王母暮必降尊像上。"……是夜漏七刻,空中无云,隐如雷声,竟天紫气。有顷,王母至,乘紫车,玉女夹驭,戴七胜,青气如云,有二青鸟,夹持母旁。下车,上迎拜,延母坐,请不死之药。母曰:"……帝滞情不遣,欲心尚多,不死之药,未可

---

① 原注:见《左传·文公十八年》孔疏引。

致也。"因出桃七枚,母自啖二枚,与帝二枚。帝留核著前。王母问曰:"用此何为?"上曰:"此桃美,欲种之。"母笑曰:"此桃三千年一著子,非下土所植也。"留至五更,谈语世事而不肯言鬼神,肃然便去。东方朔于朱鸟牖中窥母。母曰:"此儿好作罪过,疏妄无赖,久被斥逐,不得还天,然原心无恶,寻当得还,帝善遇之!"母既去,上怅然良久。

按《汉武帝故事》记武帝一生杂事,《隋书·经籍志》著录二卷,不题撰人。宋晁公武《郡斋读书志》始云:"世言班固作。"又云:"唐张柬之《书洞冥记后》云:'《汉武故事》,王俭造也。'"今存一卷。其记西王母与武帝相会,系脱胎于周穆王见西王母事,并杂以神仙家言,虚构而成。

《汉武帝内传》云:

> 到夜二更之后,忽见西南如白云起,郁然直来,径趋宫庭,须臾转近。闻云中箫鼓之声,人马之响。半食顷,王母至也。县投殿前,有似鸟集,或驾龙虎,或乘白麟①,或乘白鹤,或乘轩车,或乘天马,群仙数千,光耀庭宇。既至,从官不复知所在,唯见王母乘紫云之辇,驾九色斑龙。别有五十天仙,……咸住阶下。王母唯扶二侍女上殿。侍女年可十六七,服青绫之袿,容眸流盼,神姿清发,真美人也。王母上殿,东向坐,著黄金褡襡,文采鲜明,光仪淑穆,带灵飞大绶,腰佩分景之剑,头上太华髻,戴太真晨婴之冠,履玄璚凤文之舄,视之可年三十许,修短得中,天姿掩蔼,容颜绝世,真灵人也!
>
> 帝跪谢。……上元夫人使帝还坐,王母谓夫人曰:"卿之为戒,言甚切急,更使未解之人,畏于意志。"夫人曰:"若其志道,将以身投饿虎,忘躯破灭,蹈火履水,固于一志,必无忧也。……急言之发,欲成其志耳,阿母既有念,必当赐以尸解之方耳。"王母曰:"此子勤心已久,而不遇良师,遂欲毁其正志,当疑天下必无仙人,是故我发阊

---

① 编者按,原无"或乘白麟",据《中国古代神话与史实》"西王母"节补。

宫,暂舍尘浊,既欲坚其仙志,又欲令向化不惑也。今日相见,令人念之,至于尸解下方,吾甚不惜。后三年,吾必欲赐以成丹半剂,石象散一,具与之,则彻不得复停。当今匈奴未弥,边陲有事,何必令其仓卒舍天下之尊,而便入林岫?但当问笃志如何。如其回改,吾方数来。"王母因拊帝背曰:"汝用上元夫人至言,必得长生,可不勉勖耶"?帝跪曰:"彻书之金简,以身佩之焉。"

按《汉武帝内传》亦记武帝一生杂事。其述西王母降,特为详细,文辞繁缛,并且采用佛家之言,可证其成书当在汉武帝故事之后。作者把西王母塑造成一个绝世美人,后世诗词、小说及雕刻、绘画,运用这个神话,创造了很多精妙的作品,成为我国艺术中一部分极珍贵的遗产。

九 关于西王母其他问题

甲 西王母与中国最早的交通

贾谊《新书·修政语上》云:

尧……身涉流沙地,封独山,西见王母。

《大戴礼·少问篇》云:

昔虞舜以大德嗣尧,……西王母来献其白玉琯。

按尧封独山,见西王母,系后世附会周穆王见西王母事所编成,自然不能信为史实。惟舜时西王母来献白玉琯,并见《世本》及《尚书大传》,当为相传的旧说。考昆仑在古代以产玉出名,朦族利用此项材料,作成乐器,在远古时代即已传入中国,当为可能的事实。至云西王母以白玉琯献舜,其不可信为史实,与尧见西王母相同。

乙 西王母司天之厉及五残

《山海经·西山经》云:

西王母……是司天之厉及五残。

郝懿行《笺疏》云：

> 按厉及五残，皆星名也。……《月令》云："季春之月，命国傩。"郑注云："此月之中，日行历昴，昴有大陵积尸之气，气佚则厉鬼随而出行。"是大陵主厉鬼，昴为西方宿，故西王母司之也。五残者，《史记·天官书》云："五残星出正东，东方之野，其星状类辰星，去地可六七丈。"《正义》云："五残一名五锋，出则见五方毁败之征，大臣诛亡之象。"西王母主刑杀，故又司此也。

按古代西方之神——东勾芒、西蓐收、南祝融、北玄冥——为春秋以来天文学发达与五行学说相结合的产物。东方为春而生，西方为秋而主杀，既已各有专司，又复以西王母司刑杀者，因为西王母位在西方，且与蓐收同为猛兽，一虎一豹，物类相连，所以也成为主刑杀的凶神。

丙　羿请不死之药于西王母

《山海经·海内西经》云：

> 海内昆仑之虚在西北，帝之下都。昆仑之虚方八百里，高万仞。……石神之所在。在八隅之岩，赤水之际，非仁羿莫能上冈之岩。

《楚辞·天问》云：

> 帝降夷羿，革孽夏民。………阻穷西征，岩何越焉？……安得乎良药，不能固臧？

《淮南子·览冥篇》云：

> 譬若羿请不死之药于西王母，姮娥窃以奔月，怅然有丧，无以续之。

张衡《灵宪》云：

> 羿请无死之药于西王母,姮娥窃之以奔月。①

按后羿为东夷部族的宗神,与西王母可谓风马牛不相及,其所以构成后羿西上昆仑,求不死之药于西王母的神话,当由于嬴秦为东夷部族的一支,西迁雍陇,与貘族比邻而居。部族既已迁移,其宗神自然不能不随之而迁移。两族既有接触,其宗神亦自然不能不随之而有接触。故后羿上昆仑,见西王母的神话,实为两族文化互相融和的反映。

(原载于《开封师范学院学报》1957年第2号)

---

① 原注:见《后汉书·天文志》引。

土方考

殷虚卜辞载贞伐土方，凡数十见，皆武丁时事。兹录其辞如次：

癸巳，卜㱿，贞旬亡祸。王占曰："有祟，其有来嬉。"乞至五日丁酉，允有来嬉自西。沚馘告曰："土方征于我东鄙，戈二邑，🀆方亦侵我西鄙田。"——菁二

"癸巳，卜㱿"为叙辞，记贞卜之时及贞卜者之名。"贞旬亡祸"为命辞，问次一旬之内有无灾祸。"王占曰：有祟，其有来嬉"为占辞。既卜之后，谓自癸巳后之五日，果有警报来自西方，有沚国之主名馘者，报告土方攻击我之东鄙，有二邑受其灾害，同时🀆方亦侵略我西鄙之田。所谓我东鄙，我西鄙，皆告者自称其国之辞，非谓殷之东鄙西鄙也。由此可证土方在殷之西，与沚为邻。

……王占曰："有祟，其有来嬉。"乞至九日辛卯，允有来嬉自北。寺妻口告曰："土方侵我田，十人。"——菁六

此为封于寺地之妻口报告土方侵略之事。言乞至九日辛卯，可以推知贞卜之日为癸未。其云"来嬉自北"，可知寺地在殷之北，西与土方为邻。

辛酉，卜㱿，贞王从沚馘伐土方。——铁一一二、二

丁丑，卜𣪘，贞令𢀛从沚䍂伐土方。受有又。——库一五九九

……王从沚䍂伐土方。我受又。四月。——粹一一〇四

乙酉卜，贞今春勿从沚䍂伐土方。——殷甲二二四一

丁巳，卜𣪘，贞王更沚䍂从伐土方。——续六、一六、七

囗巳，卜𣪘，贞王更沚䍂从伐土方。——粹一〇九九

戊午，卜宾，贞王从沚䍂伐土方。受有又。——后上一七、五

……贞王从沚䍂伐土方。囗囗囗。——后上一七、六

巳巳，卜争，贞从伐土方。——粹一一〇三

此贞王沚䍂伐土方，王更沚䍂从伐土方。从当训领，《史记·春申君传》云："吴之信越也，从而伐齐。"《索隐》云："从音绝用反。刘氏云：从犹领也。"是其证。是王从沚䍂伐土方，王更沚䍂从伐土方，犹言殷王率领沚䍂往伐土方。盖此次战役，由于土方侵略沚国，沚国求殷援助，故殷王率领之以同伐土方也。

乙卯，卜争，贞沚䍂偁册。王从伐土方。受有又。——续三、一〇、二

囗囗，囗争，贞沚䍂偁册。王从伐土方。受有又。——库一五四九

贞沚䍂偁册。王从伐土方。我受有又。——前五、二三、二

……册。䍂土方。——龟一、一六、一六

囗囗，卜𣪘，贞沚䍂偁册。㬌土方，王从。——粹一〇九八

偁册不详何义。"㬌土方王从"，即王从㬌土方。宾词先置于主语之前，卜辞中不乏其例。"王从㬌土方"与"王从伐土方"，语句相同，是㬌亦征伐之意也。

己酉，卜𣪘，贞今春土更土方伐。——■一五八八

囗囗，囗𣪘，贞今春王伐土方。受有又。——续三、九、一

囗囗，囗𣪘，贞今春王伐土方。受有又。十二月。——粹一一〇五

> 乙卯,卜𣪠,王叀土方征。——卜二三三八
> 贞勿,土方。——续存上五九一
> □□,□□,□王伐土方。受有又。——龟二、九、二
> ……伐土方。受有又。——后上一八、一
> 余其征土方。勿□□□。——续三、九、六
> 丁亥,卜争,贞我受土方又。——粹一一〇一
> 贞我弗其受土方又。十一月。——戬一三、一
> ……我□受土方又。——河甲六三四
> 贞我弗其受土方又。——珠四七三

此贞征伐土方,能否受神之庇佑也。或不言"受有又",盖省文。

> 庚申,卜𣪠,贞今春王𥄂伐土方。——龟一、二、七
> 庚申,卜𣪠,贞今春王𥄂土方。受有又。——龟二、九、二
> 壬辰,卜𣪠,贞今春王𥄂土方。受有又。续三、一〇、一
> 癸巳,卜𣪠,贞今春王𥄂土方。受有又。——同上
> 贞王𥄂土。王从𡻕。贞王勿𥄂土方。——前七、七、四
> 贞王勿𥄂土方。——续存上五九二
> ……𥄂土方。……勿𥄂土方。——前七、一二、四

此贞王𥄂土方,王勿𥄂土方。𥄂即眚若省之异文,义与征伐相同。《周礼·大司马》:"冯弱犯寡则眚之。"《诗·常武》:"省此徐土。"并其例证。

> 丁酉,卜𣪠,贞今春王收人五千征土方。受有又。三月。——后上三一、五
> 丁酉,卜争,贞今春王收人五十征土方。受有又。——后下一、三
> □□,□宾,贞今春王收人征土方。——续三、八、九
> 贞勿收人伐土。——续三、一一、一

此贞收人征土方,收人五千征土方,辞例与"登人伐下□,受有又"(续三、

七、一)、"贞登人三千乎伐𢀖方"(前七、二、三)相同。登为征之通假,《说文》:"征,召也。"登人谓召集人众,收人盖亦召集人众之意。

　　贞今□寇伐土方。受有又。——前六、三○、一

此贞寇伐土方能否受神之庇佑。寇有钞掠之意,《易·蒙》:"上九击蒙,不利为寇,利御寇。"钞掠他国谓之寇,被他国钞掠亦谓之寇。古言简质,美恶不嫌同辞也。

　　□戌,卜争,贞令三族从沚𢧢伐土方。受有又。——殷甲九四八

此贞殷王命令三支亲族率领沚𢧢以伐土方,能否受神之庇佑也。可证征伐土方战役不止一次。

　　己巳,卜𢻰,贞勿令妇好乎从沚𢧢伐土方。下上若,受我又。——前四、三八、一

　　贞王勿令妇好从伐土方。——库二三七

此贞殷王勿令妇好率领沚𢧢伐土方。好为女姓,即殷人子姓之本字,盖武丁所娶同姓之妇。

　　贞只征土方。贞弗其只征土方。——殷甲三三四六

此贞伐征土方能否有所俘获也。

　　甲寅,卜争,贞戉其只征土方。——续三、九、五

此贞伐征土方能否有所俘获。戉即《周书·世俘篇》"吕他命伐越戏方"之越,为殷之属国。

　　癸巳,卜争,贞告土方于上甲。四月。——契六八
　　贞告土方于上甲。——天六○
　　贞告土方于唐。——天六一

此贞征伐土方告祭于先祖上甲及成汤也。

以上皆殷室征伐土方命龟贞卜之辞。《今本竹书纪年》云："武丁五十年,征豕韦,克之。"余谓卜辞之伐土方,即《纪年》之征豕韦。豕韦为土方之别名,陶唐实土方之本号,《国语》、《左传》所谓唐杜,《史记·秦纪》所谓荡社,即并二名而连称之也。土方史迹,虽书阙有间,不可详知,然兴衰起伏,传记所载,尚存涯略。兹旁稽曲证,依次述之,以供治古代史者参考焉。

《诗·商颂·长发》云：

洪水芒芒,禹敷下土方。

《楚辞·天问》云：

禹之力献功,降省下土方。

《书序》云：

帝釐下土方,设居方,别生分类,作《汩作》、《九共》九篇。

按土方之名,典籍所载,仅此三见。诸家注解,并失其实,兹不具述。

《国语·晋语》载士匄云：

昔匄之祖,自虞以上为陶唐氏,在夏为御龙氏,在商为豕韦氏,在周为唐杜氏。周衰,晋继之,为范氏。（互见《左传·襄公二十四年》）

按士匄为陶唐苗裔,世守宗祊,谱谍具存,故能数典不忘其祖。陶唐、御龙、豕韦、唐杜,实一名之禅递。其国历虞、夏、商、周,长为一方之侯伯。自古国祚之悠久与世系之明确,无有踰之者矣。卜辞所谓土方,即士匄所述之陶唐。古音唐属阳韵,土属鱼韵,阴阳对转,故得相通。方为邦国之称,卜辞所习见。连言之曰唐杜。杜为土之后起字,声系相同,例得通用,《诗·鸱鸮》"彻彼桑杜",《方言三》郭注引作"桑土"；又《绵》"自土沮漆",《齐诗》作"自杜",是其证也。

《左传·哀公六年》引《夏书》云：

> 惟彼陶唐,帅彼天常,有此冀方。今失其常,乱其纪纲,乃灭而亡。

按《左传》所引之《夏书》,文辞工整,当为后世所追述。《周书·职方》云:"河内曰冀州。"《吕氏春秋·有始览》云:"两河之间为冀州,晋也。"可知陶唐故居原在冀州,其地即春秋时之晋国,位于殷之西北,与卜辞言"允有来媦自西"、"允有来媦自北",地位适合。"今失其常,乱其纪纲,乃灭而亡",杜注云:"灭亡谓夏桀也。"《正义》引王肃云:"太康时也。"可知夏族曾居其地,因纪纲紊乱而灭亡。

《诗含神雾》云:

> 庆都与赤龙合婚,生赤帝伊祁尧也。(《初学记》九引)

《汉成阳灵台碑》云:

> 厥后尧求祖统,庆都告以河龙。

按神话谓庆都与赤龙合婚而生尧,是为陶唐始祖。赤龙一作河龙,即《庄子·达生篇》所载齐桓公所见之委蛇,声转为伊祁,唐陶氏族奉之为图腾,后乃演化为姓氏。神话谓陶唐始祖是始妣庆都与图腾委蛇配合所生。由此可以证明陶唐氏族由母系转入父系之过程,而尧姓伊祁,亦得一正确之解释矣。

《礼记·明堂位》云:

> 土鼓,蒉桴,苇籥,伊耆氏之乐也。

又《郊特牲》云:

> 伊耆氏始为蜡。蜡也者,索也,岁十二月合聚万物而索飨之也。

按伊耆即伊祁。《明堂位》言"土鼓,苇籥,为伊耆氏之乐",《郊特牲》言蜡祭为伊耆氏所创。此种简陋之乐器与多神之崇拜,皆符合氏族社会文化发展之实况。其可信据,远在儒家谓"伯夷主礼,龙夔教舞"之上。

《周书·史记解》云:

> 久空重位者危。昔有共工，自贤，自以无臣，久空大官，下官交乱，民无所附。唐氏伐之，共工以亡。……
>
> 文武不行者亡。昔者西夏性仁非兵，城郭不修，武士无位，惠而好赏，财屈而无以赏。唐氏伐之，城郭不守，武士不用，西夏以亡。

按氏族社会有语言而无文字，其本族光荣之战迹与异族仇杀之宿恨，常由族中长老口传指授，垂示后昆。故唐氏之伐共工，亡西夏，载于汉人辑录之《周书》，固不免有后世缘饰之辞，然必有史实为之素地，与儒家谓"流共工于幽州以变北狄，放驩兜于崇山以变南蛮，杀三苗于三危以变西戎，殛鲧于羽山以变东夷"，自不可相提并论。

《左传·昭公元年》郑公孙侨对晋叔向云：

> 昔高辛氏有二子，伯曰阏伯，季曰实沈。居于旷林，不相能也，日寻干戈，以相征讨。后帝不臧，迁阏伯于商丘，主辰，商人是因，故辰为商星。迁实沈于大夏，主参，唐人是因，以服事夏商。其季世曰唐叔虞。当武王邑姜方震大叔，梦帝谓己："余命而子曰虞，将与之唐，属诸参而蕃育其子孙。"及生，有文在其手曰虞，遂以命之。及成王灭唐而封大叔焉，故参为晋星。

按参为白虎，西方七宿之一，《尔雅·释天》以房星尾为大辰，尾宿第五星与参宿第三星之赤经，相距约一百八十度。故参在昼则尾在夜，参出尾没，尾出参没，二星永不并见于天空。阏伯主辰，实沈主参，高辛因其兄弟不和而使之永不相见，盖先民解释自然界现象之神话，公孙侨引之以说明晋主参神之由来也。"其季世曰唐叔虞"，可证商之末世，陶唐遗族仍居大夏。其地所在，据《史记·晋世家》云："唐在河汾之东方百里，故曰唐叔虞。"《集解》引《世本》云："居鄂。宋忠曰：鄂地在今大夏。"《正义》引《括地志》云："故鄂城在慈州昌宁县东二里。"唐之昌宁县即今山西乡宁县。地在河汾之间，疑东为间之误字。

《左传·昭公二十九年》云：

> 及有夏孔甲，扰于有帝。帝扬之乘龙，河汉各二，各有雌雄。孔

> 甲不能食，而未获豢龙氏。有陶唐氏既衰，其后有刘累，学扰龙于豢龙氏，以事孔甲，能饮食之。夏后嘉之，赐姓曰御龙，以更豕韦之后。龙一雌死，潜醢以食夏后，夏后飨之。既而使求之，惧而迁于鲁县，范氏其后也。

按刘累为陶唐氏之后，以扰龙之术事夏后孔甲，赐姓曰御龙，即士匄所谓"在夏为御龙氏"也。其云"以更豕韦之后"者，杜注云："更，代也。以刘累代彭姓之豕韦。"考古人分周天二十八宿为十二次。西北■宫配营室、东壁二宿，名曰娵訾之次，是为卫之分野。娵訾之次，于辰为亥，■神为豕。卫地本古之韦国，故定为豕韦分野，因之别名豕韦之欠，而国于其地者谓之豕韦氏。原为祝融之后彭姓所居，夏后以封刘累，故豕韦有彭姓、刘姓之分。至于《诗·长发》云："韦顾既伐，昆吾夏桀。"《郑笺》云："韦，豕韦，彭姓也。"《国语·郑语》云："大彭，豕韦为商伯矣。"又云："彭姓：彭祖、豕韦、诸稽，则商灭之矣。"盖刘累受封，寻迁鲁县，旧地空虚，故彭姓复占有之。迨商室勃兴，开疆拓土，始则被其侵略，卒为其所灭亡。

《吕氏春秋·慎大览》云：

> 武王胜殷，入殷，未下舆，……封帝尧之后于黎。

《礼记·乐记》云：

> 武王克殷，反商，未及下车而封。……帝尧之后于祝。

《史记·周本纪》云：

> 武王追思先圣王，乃褒封。……帝尧之后于蓟。

《潜夫论·五德志》云：

> 武王克殷而封其胄于铸。

按武王所褒封之帝尧后裔，当为陶唐另一支系。曰祝曰铸，同音通用，《淮南子·俶真篇》云："今夫冶工之铸器。"高注云："铸读如唾祝之祝也。"是其证。黎与蓟皆误字。《左传·襄公二十三年》云："臧宣叔娶于铸。"杜注云："铸国，济北蛇丘县所治。"《续汉书·郡国志》云："济北蛇丘，……有铸乡亭。"刘昭注云："周武王未及下车，封尧后于铸。"传世铜器有铸公簠、铸子簠，皆其遗物。

《史记·晋世家》"唐有乱"，《正义》引《括地志》云：

> 故唐城在绛州翼城县西二十里，即尧裔子所封。《春秋》云：'夏孔甲时有尧苗裔刘累者，以豢龙事孔甲。夏后嘉之，赐氏御龙，以更豕韦之后。龙一雌死，潜醢之以食夏后，既而使求之，惧而迁于鲁县。'夏后召孟，别封间累之孙于大夏之墟为侯。至周成王时，唐人作乱，成王灭之而封太叔，更迁唐人子孙于杜，谓之杜伯，即范匄所云"在周为唐杜氏"。

按《括地志》言刘累迁鲁后，夏后别封其孙于大夏之墟为侯，此说虽无他证，然与史实甚相符合。士匄所谓在商为豕韦氏，盖袭用夏代封号，实则豕韦之地，久已属商。至于《今本纪年》云"王师征豕韦，克之"，即卜辞所载战役。结果为商所克，自后臣属于商，故公孙侨云"以服事夏商"也。唐之绛州翼城县，今仍沿旧名。服虔谓大夏在汾浍之间，即指此地言之。

又按《括地志》言成王灭唐，迁其子孙于杜，谓之杜伯。杜即土之后起字，唐与杜，实一名之别异。唐、杜连称，犹楚一名荆，累言之曰荆楚也。韦昭解《国语》，杜预注《左传》，并以为二国之名，失之。

《周书·王会篇》云：

> 北唐以闾。闾似独。

按成王灭唐，迁其子孙于杜，谓之杜伯。其未迁者，徙居大夏之北，谓之北唐。《汉书·地理志》云："太原郡晋阳，故《诗》唐国。"即北唐也。《山海经·北山经》云："县雍之山……其兽多闾麋。"郭注云："今在晋阳之西，名汲瓮。"又云："闾即独也。似驴而歧蹄，角如麢羊，一名山驴。"是北唐产闾，证之《山经》，地望适合。《王会篇》记成王时远方诸侯各以方物献见，虽难认为史实，然北唐确有其国，固无疑也。

《竹书纪年》云：

> 北唐之君来见，以一骊马，是生绿耳。(《穆天子传》郭注引)

按穆王时，北唐之君以方物来见，可见周室威灵，尚能及远。自是以后，载籍不复见其名，盖晋国日强，蚕食邻近，为其所吞并矣。

《国语·周语》云：

> 周之兴也，鸑鷟鸣于岐山；其衰也，杜伯射王于鄗。

《墨子·明鬼篇》云：

> 周宣王杀其臣杜伯而不辜。杜伯曰："吾君杀我而不辜，若以死者为无知则止矣，若死而有知，不出三年，必使吾君知之。"其后三年，周宣王合诸侯而田于圃田，车数百乘，从数千人，满野。日中，杜伯乘白马素车，朱衣冠，执朱弓，挟朱矢，追周宣王，射之车上，中心折脊，殪车中，伏弢而死。

按唐自周初迁杜以后，历二百余年，至是始见载籍。宣王杀杜伯不以其罪，其后因田猎受伤，殪于车中，自是事实。至于杜伯为祟，射杀宣王，当由巫觋之流，曲加附会，藉以惑世诬民，《墨子》采之以证明其右鬼之说耳。《汉书·郊祀志》载杜亳有五杜主祠，雍菅庙亦有杜主祠，《地理志》载京兆尹杜陵有杜主祠四所，可证故事感人之深与流传之久。鄗即鄗京，《墨子》作圃田。圃为音假，田为衍文。古从高、从甫得声之字，例得通用。《淮南子·地形篇》云："镐出鲜于。"《山海经·北山经》郭注引作"薄水出鲜于山"是其证。传世铜器有杜伯鬲、杜伯盨，皆其遗物。

《国语·晋语》云：

> 昔隰叔子违周难于晋国，生子舆，为理，以正于朝，朝无奸官；为司空，以正于国，国无败绩。世及武子，佐文、襄，为诸侯，诸侯无二心。及为卿，以辅成、景，军无败政。及为成师，居太傅，端刑法，缉训典，国无奸民，后之人可则，是以受随、范。及文子，成晋荆之盟，丰兄弟之国，使无有间隙，是以受郇、栎。

《史记·赵世家》云：

> 晋定公之十四年，范中行作乱。……二十一年，……奔齐。

按，杜伯被宣王所杀，其子隰叔避难适晋，前后八世，历事献、文、襄、灵、景、厉、悼、平、昭、顷诸朝，皆膺显职，屡建大勋。至吉射以作乱奔齐，杜氏之族，自后无闻。其余宗支宦各国，代有闻人。如晋献公时为太子申生傅之杜原，文公时为司寇之屠岸贾，平公时为膳宰之杜蕢，《左传·宣公十五年》秦之力士杜回，《史记·商君传》论变法之杜挚，《韩非子·存韩篇》之秦相杜仓，《吕氏春秋·谕大》、《务大》两篇以安天下之术说周昭文君之杜赫，又如晋襄公夫人杜祁、栾黡之妻栾祁，皆杜氏苗裔，载在典册，班班可考查。

《史记·秦本纪》云：

> 宁公二年，公徙居平阳。遣兵伐荡社，三年，与亳王战，亳王奔戎，遂灭荡社。十二年，伐荡氏，取之。

按，荡社，《集解》引徐广云：“荡，音汤。社，一作杜。”盖即《国语》、《左传》所谓唐杜也。考荡与唐古读同音，《说文》云：“唐，大言也。从口，庚声。啺，古文唐，从口、昜。”社与杜声系相同，得相通用。《左传·昭公十二年》云：“前城人败陆浑于社。”《释文》云：“社，本作杜。”并其例证。秦宁公伐荡社而云与亳战，亳王奔戎者，亳即■之遗文。■，《说文》作镐。《墨子·非攻下》篇云：“天乃命汤于镳宫。”继之曰：“汤奉桀众以克有属诸侯于薄。”薄，《孟子·滕文公下》、《荀子·正论》并作亳。《吕氏春秋·具备》篇云：“汤尝约于郼薄矣。”高注：“薄或作亳。”考亳为正文，薄为假借。镳与亳盖一地。天命汤始于镳宫，故汤乃于亳以应之。《礼记·祭义》：“焄蒿悽怆。”郑注云：“蒿或为藃。”《尔雅·释草》，《释文》云：“蘸，谢，蒲苗反。……孙，蒲矫反。《字林》，工兆反。”据此推之，镳实通镐，即通亳也。《说文》：“亳，京兆杜陵亭也。从高省，乇声。”又“镐，温器也。从金，高声。武王所都，在长安西上林苑中，字亦如此。”亳为京兆杜陵亭，秦宁公时为杜伯所居，因称亳王。镐在长安西上林苑中，与杜陵正不远，与亳王所居当是一地。《周语》云：“杜伯射王于鄗。”而汉杜主祠乃在杜陵，知杜陵乃镐之一隅，武王时京邑固甚广大，不限于上林矣。是亳即■，亳王即■王也。《索隐》云："西戎之君号曰亳王，盖成汤之胤，其邑曰荡社。"又引徐广云："一作荡社，言汤邑在杜县之界，故曰汤社也。"《集解》引皇甫谧云："亳王号荡，西夷之国也。"望文生义，张冠李戴，其失甚矣。

又按杜自隰叔适晋后，其余宗支，仍居原地，世守宗祊。及周室东迁，犬戎西去，势渐强大，奄有宗周旧地。至秦宁公东向发展，蚕食邻近，乃遣兵伐而灭之。《正义》引《括地志》云："雍州三原县有汤陵，又有汤台，在始平县西北八里。按其国盖在三原、始平之界矣。"汤陵、汤台，即唐陵、唐台，亦即杜陵、杜台。考秦宁公三年与亳战，亳王奔戎，遂灭荡社。盖■王兵败，京邑沦陷，故奔戎以避其锋。嗣复国于旧京之北，至十二年，秦复遣兵取之，自是始亡。汤陵、汤台，盖复国十年中及国亡后所留存之遗迹也。

《魏书·高祖纪》云：

丁亥，怀州民伊祁苟初自称尧后，应王，聚众于重山，洛州刺史冯熙讨灭之。

按陶唐苗裔，历三代、秦、汉、魏、晋，至南北朝，重复见于载藉。自古一系相承之史迹，源远流长，无逾于此者，因揭出之，以殿斯篇。

(原载于《开封师范学院学报》1962年第2期)

《名原》述评

一、引言

瑞安孙仲容先生为晚清朴学大师。生平著述,计三十余种,其范围之广,成就之大,世有定评,无俟赘述。先生研究金文,著《古籀拾遗》、《古籀余论》,继治甲文,著《契文举例》,其略例七篇,别为《名原》。

《名原·叙录》云:

> 每惜仓沮旧文不可复覩,窃思以商、周文字展转变易之迹,上推书契之初轨。

按此为先生自述其撰著之旨,意在根据新出之材料以阐明文字构成之理论。

又云:

> 今略摭金文、龟甲文、石鼓文、贵州红岩古刻与《说文》古籀互相勘校。楬其歧异以箸渻变之原,而会最比属以寻古文大小篆沿革之大例。

按利用地下材料与纸上遗文互相释证,为考古学上极重要之方法。先生运用于文字学上,一扫过去任意胡猜之习,故其成就,突过前修。惜为材料所限,又拘于六书,冥索孤求,千虑一失,时亦有焉。昔朱骏声著《说文段注拈误》,谓"尺璧之珍,不欲其有微刊",今师其意,谨依原书次第,逐一匡正。

二、原始数名

原始数名,先生谓:

> 自一至三,咸以积画成形。

其说是也。顾自五至十,以线之变化释之,殊乖造字初谊。按一二三三皆积画,五六七八九十皆假借。五至十非不可积,不如假借之简便也。五即午交之午之本字,象×在二之间。六义不详。七即切之初文,象一物从中切断为二。《说文·八部》:"八,别也。象分别相背之形。"九象兽足蹂地。十即柷之初文。象形。《说文·木部》:"柷,大杖也。从木,兑声。"

又古代记数之法,书契而外,有积算之制。算为计数之工具,以竹为之,或称筹策。因算位自左而右,筹式纵横相间,故布筹成数,有纵横两式:

纵者为 丨 丨丨 丨丨丨 丨丨丨丨 丁 丅 ㄒ ㄓ;

横者为 一 二 三 亖 三 ⊥ ⊥ ㄑ ㄒ。

摹写布筹之式用代数字,始见于新莽时之布货。文字与算策,两不相涉,先生牵合为一,失之。

三、古章原象

《尚书·皋陶谟》云:"予欲观古人之象,日、月、星辰、山、龙、华虫作会;宗彝、藻、火、粉米、黼、黻绣绣以五采,彰施于五色作服。"按日、月、星辰、山、龙、华虫、宗彝、藻、火、粉米、黼、黻,汉世《尚书》家谓之十二章。古者用为旌旗衣服之饰,所以辨等级,明贵贱也。《左传》哀公七年,鲁景伯谓:"周之王也,制礼尚物,不过十二,以为天地之大数也。"杜注:"天有十二次,故制礼象之。"可证此种取象于天数之制度,出于姬周文盛之世,非前代所有。且文字虽原于绘画,然两者实分道发展,一为艺术,一为记载事物之工具。故十二章乃艺术之应用,固不能谓之文字,更非取象于此而创制文字。

四、象形原始

文字原为图画与语言结合之产物。先生云:

> 书契权舆,本于图象。

其说是也。《说文叙》云:"黄帝之史仓颉,见鸟兽蹄迒之迹,知分理之可相别异也,初造书契。"谓书契为仓颉所造,自难征信。初民以田渔为生,见鸟兽蹄迒之迹知分理之可相别异,受其启发,因而利用绘画以图写物象,遂有文字之发明。既非一手一足之烈,亦非一时所完成。

象形文字之演进,先生分为三阶段:

一、原始象形——画成其物,全如作绘;

二、省变象形——省易之,或改文就质,微具匡郭;或删繁成简,觕写大意;或举偏赅全,略规一体;

三、后定象形——最后整齐之,以就篆引之体。

篇中分析马、犬、夔、象、禹、鱼、止、出、先、雨、云、啬、稽、牢、毕、宦、矛、母诸字,揭其歧异,明其沿革,皆极精确。他如隹鸟不分,它虫同物,尤具卓识。又如析凤朋为二,凤象羽毛形,朋象连贝形,正许君之违失,释千古之疑滞,在古文字学上尤为一大贡献。

又按鸟兽虫鱼,为先民生活所取资。四者之中,兽尤重要,故所造之字,较三类为多。其结构大抵略图全形,如鸟作鸟形,兽作兽形,所谓共同体也。明著特点，如马之长鬣，鹿之歧角，所谓特别体也。先生虽发明此例，顾未能正确运用，例如牛羊同象牲体形，以角为其特征，内环者为牛，外环者为羊；犬豕同象走兽形，以腹之肥瘦、尾之长短为其特征，瘦腹长尾者为犬，肥腹短尾者为豕。篇中混而一之，昧造字之初形矣。

他如鬲、鼎、甗三字，亦混而为一。涉及之字，如：

  🖼此为寡浴之寡之专字，象鬲中盛水，两手奉之从头上倾注之形，八即淋下之水液也。

  🖼此为冶铸之铸之初文，从🖼，声。🖼象鬲中盛经过火后之金属流质，两手奉之以注入皿中之形。

二字与鬻，绝不相关。

五、古籀撰异

古文传至汉世，历数千年，形体既有变迁，字义复有演化。初形本义，渐失真传。后人不得其解，附会穿凿，势所难免。先生云：

  古象形文，其偏旁离析之，皆不得独成一字；而凡骈合文，虽重累复错，形声必有所取。

其说是也。篇中考释之字，如爵、觞、牵、益、丽、畏、德、蠹诸字，皆极精碻。又如《召伯簋》之"仆章土田"，即《诗·鲁颂·閟宫》之"土田附庸"；《无臭鼎》之"无臭"，《毛公鼎》之"亡臭"，皆当读为无斁，尤属创见。顾所释之字，有强为离析者，如：

  🖼，此昏字。《说文·夕部》："昏，暓也。从夕，昏声。"字象人张口拚舌手足失措之形。"朩"即"橺"之初文，络丝之柎也。象征病人神志昏乱，举动失常。

  🖼，此婚字。从女，昏声。《说文·女部》"婚"下所载籀文"䰩"字，即从此误。

𦔻，此聑字，即闻之古文，从耳，𡳿声。

又如：

𦎅，象鸟缚其翼，两手奉之之形。

𩱧，从𦎅，刖声。𩱧象鼎中煮肉，旁置匕，即《诗·周颂·我将》"我将我亨"之"将"字。

此皆独成一字，强为离析者。

又有数字误合为一者，如：

𠂕，此为矢字别构，即𡰩之形误。

夨，此为疑之初文，象人正立张望之形。

彑，此即希字，野豕也。象形。

彖，此为修豪兽之本字。许君与希误合为一。

𠮲，此吹字。《说文·口部》："吹，嘘也。从口、欠。"段注："口欠则气出。会意。"

此皆形义各别，误合为一。

六、转注楬橥

《说文叙》云："转注者，建类一首，同意相受，考老是也。"先生云：

徐楚金《系传》以《说文》部首说解"凡某之属皆从某"释之，其义最塙。

按此说浮泛不切，非正义也。考转注之说，清代学者聚讼纷如，厥后刘师培转注说为最通畅。所谓建类一首，即字形同旁；所谓同意相受，即本义互训，此正例也。若字形同旁，本义亦同而非互训者，变例也。兹举例明之：

甲、互训转注

茅，菅也。从艸，矛声。

菅，茅也。从艸，官声。

乙、同训转注

蹈,践也。从足,舀声。
蹋,践也。从足,昜声。

丙、递训转注

请,谒也。从言,青声。
谒,白也。从言,曷声。

丁、方言转注

逆,迎也。从辵,屰声。关东曰逆,关西曰迎。
迎,逢也。从辵,卬声。

甲为正例,乙、丙、丁为变例。考清代学者谓象形、指事、会意、形声为文字之体,转注、假借为文字之用。古代字少,不周于用,故假借常见而转注实不多觏。

篇中发明文字结构之通例二:

女字注女于旁。
国名注邑于旁。

凡甲文、金文从女、从邑之字不见于《说文》者,皆可以此例求之。又女姓之字,亦多从女旁。

七、奇字发微

凡古文而异者谓之奇字,亦谓之变体。先生云:

今所见金文、龟甲文亦恒觏变体。緐则偏旁重复,骈枝为絫;省则象画删简,形声并隐。

篇中考释之字,如眉、召、县、洹、饱、且、鼙、糌诸字,皆极精碻。惟分析偏旁,间有失之琐碎,至乖原义者。例如:

⿱下从页，上象眉形，旁加两点，示眉左右各一也。

⿱从酉，从𠬪，或从廾，召声。象酉酨坫上，二人以两手相授受之形。吴大澂谓："古者主宾相见，有绍介相佑助；尊俎之间，有授受之礼，故绍字从𠬪从酉，此绍字之本义也。引伸之为绍继，为绍承，义亦相近。"（《韶字说》）此虽以后世之制说之，顾与原义相差不远。

⿱释湎甚确。结构不明。

⿱甲文作𦔮，象人蹠耒而耕之形。金文增昔作声符。

此皆分析讹误，宜加更正。

八、《说文》补阙

《说文》一书，自来文字学家奉为圭臬，举凡经传习见之字为该属所不载者，辄斥为俗书。顾自甲文、金文发现后，不仅相承习见之字证其确有来历，其间奇文异体为《说文》所不载者，尤更仆难数。先生究其原因云：

或小篆本无此字，许君不能尽见古文，遂不免漏略；或《说文》本有而传写挩佚，皆未能决定。

篇中考定之字，如：

虩，从虎，从幺，从本，义为虎皮癹甲。

嫨，从女，棗声，即邾国曹姓之曹之本字。

卉，象手奉梲形，义当训送。

寞，从宀，从莫，莫亦声，义当训置。

琛，从玉，彖声，即《荀子·大略篇》"诸侯御荼"之本字，杨注云："荼，古舒字，玉之上圆下方者也。"

𡫳，从宀，䜌声，义与䜌同。

皆极精确。他如：

綂,从糸,弋声,即材、韬之异文。
　　婄,从女,从壴,壴亦声。
　　罞,从网,从苗,即罞字。《尔雅·释器》:"麋罟谓之罞。"郭注:"冒其头也"。

此亦《说文》所无而解释讹误。又如:

　　䢉,此即農之异体。
　　焚,《说文·火部》:"焚,烧田也。从火、林。"

此则《说文》所有而误释者。

九、结语

　　晚清时代,古文字学有名著二:一为吴大澂之《说文古籀补》,一即先生之《名原》。吴书类聚彝器文字,分别部居,一遵《说文》,开文字综合研究之端。顾兼收货币、玺印、陶瓦等文,体例犹未尽善。继之而起者,甲骨、吉金、货币、玺印、陶瓦,咸有专书,分门别类,蔚为巨观。先生之书,体大思精,为文字分析研究奠定基础。时至今日,材料大备,如能继承遗绪,推阐证发,不难为斯学放一异彩矣。

　　(原载于《孙诒让研究》,杭州大学语言文字研究室编,上海:中华书局,1963年)

殷顽辨

范文澜著《中国通史简编》修订本第一编第三章第二节说：

　　……商贵族（士大夫）当了俘虏，被周人称为献（字形亦作鬲）民、民献、人献或献，他们反抗周的统治，所以也被称为顽民或殷顽。
　　顽民原来是大小奴隶主，现在当了俘虏，丧失过去的威福，顽固地反抗周统治是很自然的。……

按《古文尚书》及《逸周书》，凡称殷朝的遗民，概谓之献民或献臣，献与鬲，形义既殊，音亦远隔，不可混为一谈。至于顽民一词，始于汉代，非周初所固有。此种名词，关系古代史实及史料真伪问题颇大。兹逐一解释如下，以供研究中国古代史者的参考。

一 鬲

　　《盂鼎》："锡汝邦司四伯，人鬲自驭至于庶人，六百又五十又九夫。锡夷司王臣十又三百，人鬲千又五十夫。"
　　《矢令簋》："赏贝十朋，臣十家，鬲百人。"

按鬲为虏之转音，古音鬲读来纽支韵，虏读来纽鱼韵，双声通转。

《说文》:"获也,从丑,从力,虍声。"徐锴《系传》:"《春秋左传》原轸曰:'武夫力而拘诸原。'故从力;丑,穿之也。"(见《说文解字通释》)《诗·大雅·常武》:"仍执丑虏。"《正义》:"虏者,囚系之名。"《礼记·曲礼》:"献民虏者,操右袂。"郑注:"民虏,军所获也。"是古代谓战争所俘的敌人为虏。此种俘虏,统治阶级得以任意赏赐其臣下,《盂鼎》、《矢令殷》及《曲礼》所载,是其明证。又《史记·李斯传》:"而严家无格虏者。"《索隐》:"格,强悍也;虏,奴隶也。言严整之家,本无格悍奴仆也。"可知古代以战争所获的俘虏,作为奴隶,用之于生产事业。

虏又转为累,《左传》僖公三十三年:"君之惠,不以累臣衅鼓。"杜注:"累,囚系也。"又成公三年:"两释累囚。"杜注:"累,系也。"考《说文》:"累,……大索也。从系,晶声。"《汉书·李广传》:"以剑斫绝累。"颜注:"累,索也。"盖累所以系俘,因谓俘为累,义与徐锴所谓"从力,丑,穿之也"恰相符合。又转为羸。《易·大壮·九三》:"羝羊触藩,羸其角。"《释文》:"羸,马云:'大索也。'王肃作缧。郑、虞作累。蜀才作纍。"

鬲一作甂,《逸周书·世俘》:"馘甂亿有十万七千七百七十有九。"考《说文》:"鬲,鼎属也,实五觳。斗二升曰觳。象腹交文,三足。……甂,汉令,鬲,从瓦,麻声。"可知鬲为古文,甂为汉代俗字,其作俘虏解,皆假借也。

二 献民 献臣

《古文尚书》:

> 民献有十夫。(《大诰》)
> 汝劼毖殷献臣。(《酒诰》)
> 越献臣百宗工。(同上)
> 其大惇典殷献民。(《洛诰》)

《逸周书》:

及百官里居献民。(《商誓》)

国君诸侯,乃征厥献民。(《度邑》)

俘殷献民,迁于九毕。(《作雒》)

此皆周初称殷代遗民为献民或献臣的明证。所谓献民或献臣,《尚书》孔《传》释为贤者或善臣,《周书》孔《注》释为士大夫,皆与文义不符。献当为櫱之省假,《说文》:"櫱,伐木余也。从木,献声。……枿,櫱或从木,辥声"。《诗·卫风·硕人》:"庶姜孽孽。"《释文》:"《韩诗》作辥辥。"《吕氏春秋·过理篇》:"宋王作为蘖台。"高注:"蘖当作辥……蘖与辥,其音同。"孳乳为孽,《说文》:"孽,庶子也。从子,辥声。"在木为櫱,在人为孽,是献民或献臣,犹言余孽也。

《史记·周本纪》:"武王……封商纣子禄父殷之余民。"又,"周公……颇收殷余民,以封武王小弟封为卫康叔。"是《史记》称殷代的余孽,概谓之余民。《广雅·释诂》:"遗,余也。"故余民亦称遗民,《周本纪》:"成王既迁殷遗民,周公以王命告,作《多士》、《无佚》。"是其证。司马迁少习古文,其著《史记》,采用古代史料,尽译为汉代的语文,称殷代的余孽为余民或遗民,恰与櫱、孽之义符合,是献民或献臣,犹言余孽,证之《史记》,确不可易。

汉世通行的《今文尚书》,悉易献为仪,如:

民仪有十夫。(《尚书大传·大诰》)

民仪九万夫。(《汉书·翟义传》)(据王引之校,删献字)

民仪响慕。(班固《车骑将军北征颂》)

古音献属寒韵,仪属歌韵,阴阳对转。《说文》:"䡇,车衡载辖者。从车,义声。䡇或从金,献。"献之转为仪,与䡇之重文作钀,例正相同。

又《尚书·皋陶谟》:"万邦黎献。"汉代《今文尚书》悉作"黎仪",如:

安惠黎仪。(《斥彰长田君碑》)

黎仪以康。(《泰山都尉孔宙碑》)

黎仪瘁伤。(《堂邑令费凤碑》)

此皆古文作献,今文作仪之证。黍献、黍仪,犹言黍庶。伪孔《传》:"献,贤也。"望文生训,全乖本义。

《尚书》中又有所谓义民者,如:

> 乃惟以乐多方之义民。(《多方》)
>
> 兹乃三宅无义民。(《立政》)

义民与仪民,意义完全不同。义盖俄之假借。《广雅·释诂》:"俄,衺也。"王念孙《疏证》:"古者俄、义同声,故俄或通作义。《多方》云:'乃惟以乐多方之义民,不克永于多享。'义与俄同,衺也。衺民即上文所云'有夏之民叨懫'也。以,用也。言桀用倾衺之民,故不克永于多享。下二句云:'惟夏之恭多士,大不克明保享于民。'正谓此也。《立政》云:'谋面用丕训德,则乃宅人,兹乃三宅无义民。'义亦与俄同,言谋面既大顺于德,然后居贤人于官而任之,则三宅皆无倾衺之民也。"其说甚是。《左传》文公十六年:"掩义隐贼。"义、贼并举,亦其一证。

三　顽民

顽民一词,始见《书序》。《书序》说:

> 成周既成,迁殷顽民,周公以王命诰,作《多士》。

其后梅赜本伪《古文尚书》继之。梅本《毕命》说:

> 毖殷顽民,迁于洛邑。

按《书序》为汉人作品,经近代学者考证,已成定论。至于梅本《尚书》之伪,更无待论。是则顽民一词,始于汉代,信而有征。凭空杜撰的呢?还是有所根据呢?是亦当研究的问题。考顽与献,声近韵同;顽与仪,歌寒对转。是顽民云者,实献民、仪民的音假。观郑玄注《书序》,训民为无知之称,而未释顽字,可知其不作顽梗解。嗣后撰伪孔《传》者,望文生义,据《左传》僖公二十四年"心不则德义之经为顽"释之,从此以后,成为史实,千余年来,无有发其覆者。兹特究其来历,明其演变,写为斯篇,以就正于世之研究中国古代史者。

(原载于《中州学刊》1981年第1期)

《殷周文字释丛》（选录）

吉

☗（藏一五九·一）☗（前二·一五·七）☗（前四·一八·四）☗（前八·七·二）☗（后上一〇·二）☗（林一·二·六）☗（戬一〇·三）☗（戬一三·九）☗（旂鼎）☗（毛公鼎）☗（沈儿钟）☗（齐镈）☗（虢季子白盘）☗（贤簋）☗（申鼎）☗（攻吴王监）☗（格伯作晋姬簋）☗（陈侯鼎）☗（黄韦俞父盘）☗（光伯簋）☗（中子化盘）

《说文·口部》："吉，善也。从士口。"吴其昌曰："吉象一斧一砧之形。"（《金文名象疏证》五〇八）于省吾曰："☗形本象置句兵于箙卢之中。凡纳物于器中者，为防其毁坏，所以坚实之，宝爱之，故引伸有吉利之义。"（《殷契骈枝》三·二八）按吴、于二说非也。字从☗（太、土等皆其省形）、从☐。☗，兵器也。象形。黄濬《邺中片羽初集》（下四）有铜器作☗形，题曰："蟠夔古兵。"盖即此物。当为镁之初文。《说文·矛部》："镁，矛属。从矛，害声。"《广雅·释器》："镁，铍也。"考《说文·金部》："铍，大针也。一曰:剑如刀装者。从金，皮声。"凡形似之物，古人即赋以同一之名。铍为大鍼,即《广雅·释器》"镵谓之铍"之铍,古代医家用以破肿溃痈之具也。剑如刀装者,即《文选》左思《吴都赋》"羽族以觜距为刀铍"之铍,刘渊林注:"铍,两刃小刀也。"盖谓两刃如剑而形制如刀,故许君曰:"剑如刀装。"即《说文》所谓矛属之䥺也。从声类求之,古从吉从曷从害得声之字例相通用,如《楚辞·远游》:"意恣睢以拮矫。"("拮矫"今本误作"担挢",兹依《射雉赋》注引改)《文选》潘岳《射雉赋》:"眄箱笼以揭骄。"拮矫即揭骄。《尚书·泰誓》:"予曷敢有越厥志。"敦煌本曷作害。是圡之为䥺,犹拮之为揭,曷之为害矣。从𠙵乃附加之形符。古文通例,凡引伸本义或假作他义之字,常加𠙵以别之。

圡为利器,故引伸有善实坚固之义。《释名·释言语》:"吉,实也,有善实也。"孳乳为劼,《尔雅·释诂》:"劼,固也。"为诘,《尚书·立政》:"其克诘尔戎兵。"马注:"诘,实也。"为佶,《诗·小雅·六月》:"四牡既佶。"《郑笺》:"佶,壮健之貌。"为颉,《说文·页部》:"颉,直项也。从页,吉声。"为齮,《说文·齿部》:"齮,齿坚实也。从齿,吉声。"为硈,《说文·石部》:"硈,石坚也。从石,吉声。"为黠,《说文·黑部》:"黠,坚黑也。从黑,吉声。"

豦

豦(豦篹)

《说文·豕部》:"豦,斗相丮不解也。从豕虍。豕虎之斗不相舍。读若蘮蒘艸之蘮。司马相如说:'豦,封豕之属。'一曰:虎两足举。"戴侗曰:"按豕虎无斗理,相如之说是也。"(《六书故》一七·三一)按戴说甚谛。许君释豦,分为三义,凌乱无次。余谓封豕之属,一义也;斗相丮不解,二义也;虎两足举,三义也。《玉篇·豕部》:"豦,封豦,豕属也。"与司马相如说同,当为此字之本义。字从豕虍,盖以虎文象征其威猛。司马相如《上林赋》云:"柞蚝豦(今本误作"遽")。"即用其本义。二三两义,载籍作據。《盐铁论·击之篇》:"虎兕相據而蝼蚁得志。"此斗相丮不解之义也。《史记·吕太后纪》:"见物如苍犬,據高后腋。"此虎两足举之义也。

《说文·虍部》:"虞,钟鼓之柎也。饰为猛兽。从虍,異象其下足。鐻虞或从金,豦声。虡,篆文虞省。"按钟鼓之柎,饰为猛兽,盖象虞形而加以夸饰。《汉书·郊祀志》:"建章、未央、长乐、东宫钟虞铜人皆生毛。"颜注:"虞,神兽名也。悬钟之木,刻饰为之,因名曰虞也。"《贾山传》:"县石铸钟虞。"颜注:"虞,猛兽之名。"《后汉书·董卓传》注引《前书音义》:"虞,鹿头龙身,神兽也。"张衡《西京赋》:"洪钟万钧,猛虞趯趯,负筍业而余怒,乃奋翅而腾骧。"薛综注:"当筍下为两飞兽以背负。"虞原象豦形,自后世加以夸饰,因有神兽猛兽之名矣。

《尔雅·释兽》:"豦,迅头。"郭注:"今建平山中有豦,大如狗,似猕猴,黄黑色,多髯鬣。好迅奋其头,能举摘人,玃类也。"郝懿行曰:"《西山经》云:'崇吾之山,有兽如禺而文臂,豹尾而善投,名曰举父。'举豦声同,禺即猕猴之属,郭说疑此是也。"按豦一属豕类,一属玃类,同名异实。

象

象(毛公鼎)象(井侯簋)象(师寰簋)象(录伯簋)象(克钟)象(趩簋)象(邾公华钟)

《说文·彑部》:"象,豕也。从彑,从豕。读若弛。"王筠曰:"象字疑即豕字重文,音义皆同,家之古文豭,亦证也。"按王说是也。金文豭字作左列诸形:

豭(颂壶)豭(弔家匜)豭(易天簋)
豭(寡子卣)豭(卯簋)豭(伯家父鬲)

一从豕,一从象,是其证矣。

《毛公鼎铭》云:"女毋敢象。"《井侯簋铭》云:"不敢象。"《邾公华钟铭》云:"不象于吾身。"皆假为隊。《尔雅·释诂》:"隊,落也。"《说文·𨸏部》:"隊,从高隊也。从𨸏,豕声。"俗作墜,《广雅·释诂》:"墜,堕也。"从音言之,彖与队,古读定纽双声,歌术对转。

《广雅·释言》:"彖,挩也。"《玉篇·彑部》:"彖,他乱切。才也。豕走挩也("挩"今本误作"悦")。"按彖又读透声元韵,由阴声转为阳声,昔人所谓"音随义异"是也。彖善逃窜,古人名动同词,故引伸有走挩之义。对转术,孳乳为遂,《说文·辵部》:"遂,亡也。从辵,㒸声。"亡与逃义同,《辵部》又云:"逃,亡也。从辵,兆声。"是也。旁转文,孳乳为遯,《辵部》:"遯,逃也。从辵,豚声。"一作遂,《书·微子》:"我不顾,行遯。"敦煌本遯作遂,是证。为遁,《辵部》:"遁,逃也。从辵,盾声。"对转脂,孳乳为遗,《辵部》:"遗,亡也。从辵,贵声。"

亞

✠(前六·八·六) ✠(前七·三·九·二) ✠(后上三〇·五) ✠(后下二七·一) ✠(戬三九·一) ✠(屯甲二六九五) ✠(丙申甬) ✠(亚耳尊) ✠(延盨) ✠(亚盉) ✠(梱父乙壶) ✠(父辛簋) ✠(传尊) ✠(虢簋)

《说文·亞部》:"亞,醜也。象人局背之形。贾侍中说:'以为次第也。'"按亞,火塘也。象形。原始社会有祀火之俗,于室之中央砌一✠形之塘,燃火其中,昼夜不息,视为神圣之所,无敢跨越。现今西南兄弟诸族,遗俗尚存,可资参证。故亞为殷代宗彝中习见之图铭,盖所以象征祖先之神所凭依也。

《左传》襄公二十九年,郑裨竈字谌;昭公三年,齐公孙竈字子雅。按谌者,煁也。《尔雅·释言》:"煁,烓也。"郭注:"今之三隅竈。"《说文·火部》:"煁,烓也。从火,甚声。"朱骏声曰:"行竈之名,如今之风垆,无釜竈也。"雅者,亚也。雅、亞同音。《庄子·齐物论》:"鸱雅耆鼠。"《释文》:"雅本亦作鴉。于加反。"是其证。王引之曰:"雅读如窫。窫、雅古同声,(雅古音伍,说见《唐韵正》。)故窫通作雅。《玉篇》引《仓颉篇》曰:'楚人呼竈

325

曰窜。'"(《春秋名字解诂下》)按王说是也。亞为象形,雅为假借,窜为形声,三者一也。古人名字相应,二子名窜,一字熊,一字亞,取同义也。

王

▲(藏四七一)▲(前一·七·五)王(前一·二〇·四)▲(后上八·一一)▲(后上九·三)王(后下七·一)▲(菁二·一)▲(戬一·五)王(戍甬鼎)王(宰宙簋)王(艅尊)王(赵鼎)王(盂鼎)王(楷伯簋)王(戊寅鼎)王(散盘)王(无叀鼎)王(师寰毁)王(善夫克鼎)王(攻吴王监)王(姑口句鑃)王(者泻钟)

《说文·王部》:"王,天下所归往也。董仲舒曰:'古之造文者,三画而连其中谓之王。三者,天地人也,而参通之者王也。'孔子曰:'一贯三为王。'王,古文王。"吴大澄曰:"王,大也,盛也。从二,从▲。▲,古火字。地中有火,其气盛也。火盛曰王,德盛亦曰王。"(《说文古籀补》一·二)罗振玉曰:"卜辞从▲从▲,并与▲同。吴中丞释为古火字,是也。……又卜辞中或作▲,作▲,则亦但从火,亦得示盛大之义矣。"(《殷虚书契考释》中一九)按吴、罗二说是也。甲文作▲,象火炎地上之形。金文作▲,《考工记》云:"画缋之事,……火以圜。"郑注:"形如半环。"此即其形象矣。其上横书或一或二,指火之炎上而大放光明也。

祀火为原始社会普遍之习俗。其始也以火为神,继则以熊熊之光象征其威严,因谓之王。逮进入阶级社会后,宰制者之权力无限扩大,前之所以尊崇其神者,今则移以尊崇其首领,此人王名号之所由来也。韩康注《易》曰:"王,盛也。盛德之至,故曰王天下也。"(《慧琳音义》二二·四引)润饰以儒家之言,掩盖王之初形本义矣。

白

ᗅ(藏四三·一)ᗅ(前三·一·一)ᗅ(前三·三一·二)ᗅ(前

七·九·二)㠯(后上二五·二)㠯(后下四三·九)㠯(林一·一·一·四)㠯(林一·八·一三)㠯(孟鼎)㠯(不嬰簋)㠯(鲁伯鬲)㠯(虢季子白盘)㠯(杞伯簋)㠯(格伯簋)㠯(矢簋)㠯(克钟)

《说文·白部》："白，西方色也。阴用事，物色白。从入合二。二阴数。㿟古文白。"朱骏声曰："按日未出地平时，先露其光恒白，今苏俗语昧爽曰东方发白，是也。字当从日，丨指事，训太阳之明也。晧、皞、昀等字亦皆从日训白。《庄子·人间世》'虚室生白'，崔注：'白者日光所照也。'《知北游》'若白驹之过隙'，《释文》：'白驹，日也。'……皆可为从日之证。"（《说文通训定声》九·五九）按朱说非也。此字初文作㠯，中㠯象火盛，外㠯象光环，省作㠯。义当训明，《荀子·儒效篇》："则贵名白而天下治也。"杨注："白，明显之貌。"《荣辱篇》："身死而名弥白。"杨注："白，彰明也。"是其证也。引伸为色素之名，《释名·释采帛》："白，启也，如冰启时色也。"

经传称禹曰伯禹，益曰伯益，本字皆当作白，义与王亥、王季之偁王相同。《春秋元命苞》："伯之为言白也，明白于德也。"其润饰以儒家之言，与王训"盛德之至故曰王天下"相同。

辛　䇂

䇂(藏一六·四·四)䇂(藏二七·二·一)䇂(前四·二四·一)䇂(后上一六·一一)䇂(林二·二七·一四)䇂(戬二六·三)䇂(萃二七六)䇂(父辛簋)䇂(姚辛簋)䇂(无仲卣)䇂(录簋)䇂(孟辛父鬲)䇂(趞鼎)䇂(申鼎)䇂(考卣)䇂(令1父辛卣)䇂(父辛盉)䇂(责父辛觯)䇂(祖己父辛卣)䇂(同上)䇂(蔿簋)䇂(剌卣)

《说文·辛部》："辛，秋时万物成而孰，金刚味辛，辛痛即泣出。从一、䇂。䇂，辠也。"又《䇂部》："䇂，辠也。从干二。二，古文上字。读若愆。张林说。"徐灏曰："辛与䇂形声相近，义亦通，疑本一字。辠、辜、辥、辞等字并从辛,而其义皆当为辛,即其明证。"按徐说是也。古读复音 senmgen 或 sān mgǎn。后世析为二字,读辛为 sen,读辛为 mgǎn。(古语除单音外,兼具复音。拙著语源学根据谐音系统与联绵字结合,已经详细考定。)

周伯琦曰:"辛,木柴也。从木干而去其支叶,上则衡叠之。象形。"桉周说近是。余谓辛即薪之初文。象形。《说文·艸部》:"薪,荛也。从艸,尧声。"《史记·仲尼弟子传》:"颜辛(今本误作幸,兹依《家语·七十二弟子解》校改),字子柳。"古人名字相应。《史记·天宫书》云:"柳为鸟注,主木草。"辛之为薪,此其证矣。考古代所谓薪,分为二类:一、爨薪,所以取热;二、烛薪,所以取光。《急就篇》:"薪炭雈苇炊孰生。"谓爨薪也。《庄子·养生主》:"指穷于为薪,火传也,不知其尽也。"(指为脂之误或假,脂膏也。朱桂曜说。)谓烛薪也。

龍

龍(藏一〇五·三)龍(拾五五)龍(前四·五三·四)龍(前四·五四·二)龍(后上三〇·五)龍(戬四三·一)龍(龍母尊)龍(昶仲无龍鬲)龍(同上)龍(昶仲无龍匕)

《说文·龍部》:"龍,鳞虫之长。能幽能明,能细能巨,能短能长。春分而登天,秋分而潜渊。从肉飞之形。童省声。"罗振玉曰:"《说文解字·龍》:'从肉飞之形,童省声。'卜辞或从䇂,即许君所谓童省;从𠙻,象龍形;𠙻其首,即许君误以为从肉者,𠃊其身矣。"(《殷虚书契考释》中三三)按龍从𠙻头上戴䇂。𠙻象巨口长身之虫,盖即巴字。章炳麟曰:"《说文》:'巴,虫也。或曰:食象蛇也。象形。'《山海经》曰:'巴蛇食象,三岁而出其骨。'则巴蛇为本义。《释鱼》'蟒,王蛇。'《说文》无蟒,盖本作莽。古音莽如姥,借为巴也。郭璞《图谱》曰:'惟蛇之君,是谓巨蟒。小则数寻,大或百丈。'惟百丈故能食象。小者或有数寻,故人得食之以治腹心之疾。蟒之即巴明矣。"(《文始》五·一七)其说是。余谓龍,神化之巴也。头上戴辛者,初民视巴为神物,故以烛薪之辉煌象征其威灵也。从音言之,龍古读复音 miung liung 或 miǎng liǎng。《易·说卦传》:"震为龍。"《释文》:"龍,虞、干作駹。"《考工记·玉人》:"上公用龍。"郑司农云:"龍当为尨。"《春秋元命苞》:"龍之言萌也。"皆其例证。是龍古音除读来声东韵外,又读明声阳韵,与蟒读明声鱼韵,阴阳对转。又巴与蟒,声近韵同,例相通转,《诗·大雅·皇矣》:"貊其德音。"《释文》:"貊,本又作貊,……《左传》作莫。"《吕氏春秋·离俗篇》:"乃负石而沈于募水。"高注:"募,水名也,音千百之百。"巴之为蟒,犹貊之作莫,募之音百矣。形义既符,音亦切合,龍为神化之巴,可无疑矣。

闻一多曰:"按古书言龍,多谓东宫苍龍之星。《乾卦》六言龍(内九四"或跃在渊",虽未明言龍而实亦指龍),亦皆谓龍星。《史记·天官书·索隐》引石氏曰:'左角为天田。'《封禅书·正义》引《汉旧仪》曰:'龍星左角为天田。'《九二》:'见龍在田。'田即天田也。苍龍之星即心宿三星,当春夏之交,昏后升于东南,秋冬之交,昏后降于西南。《后汉书·张衡传》曰:'夫玄龍迎夏则陵云而奋鳞,乐时也;涉冬则淈泥而潜蟠,避害也。'玄龍即苍龍之星,迎夏奋鳞,涉冬潜蟠,正合龍星见藏之候。《说文》曰:'龍,……春分而登天,秋分而潜渊。'亦谓龍星。《九五》'飞龍在天',春分之龍也;《初九》'潜龍',《九四》'或跃在渊',秋分之龍也。《天官书》曰:'东宫苍龍——房,心。心为明堂,大星天王,前后星子属。不欲直,直则天王失计。'是龍欲曲,曲则吉,直则凶也。《上九》'亢龍',亢有直义,亢龍即直龍。用九'见群龍无首',群读为卷,群龍即卷龍。古王者衣饰有所谓卷龍者,《诗·九罭·传》曰:'衮衣,卷龍也。'《周礼·司服》郑众注、《诗·采菽·笺》、《释名·释首饰》说衮义并同。《说文》曰:'衮,天子享先王,卷龍绣于下裳,幅一龍,蟠阿上鄉。'蟠阿即卷曲之状。……《海外西经》曰:'轩辕之国,……人面蛇身,尾交首上。'以《天官书》'权轩辕,轩辕黄龍体'证之,是蛇身而尾交首上者即卷龍。其星谓之权者,亦当读为卷。盖东方房心(苍龍)之为卷龍,亦犹中央权(黄龍)之为卷龍也。卷龍如环无端,莫辨首尾,故曰'无首',言不见首耳。龍欲卷曲,不欲亢直,故亢龍则有悔,见卷龍无首则吉也。"(《周易义证类纂》四六)按闻说精确不移。古人察星之形,详星之势,与物彷佛,即以其物名之。东方七宿合为一象,因角为龍角,心为龍心,尾为龍尾,故曰苍龍。后人不瞭龍为神化之巴,又混星宿取象之苍龍为一谈,因而徜彷迷离,成为神化莫测之物矣。

金文有作左列形者:

🐉(郘钟)🐉(王孙钟)

从🐉,从🐍。🐍即🐉之省形。《说文·巳部》:"巳,已也。四月易气已出,会气已臧,万物见,成文彰,故巳为它。象形。"巳象它形,龍字从之,是龍实神化之巴,又得一确证矣。或又增🐍,其义未详。

鳳

🐦(藏四一·四)🐦(藏五五·三)🐦(藏九七·一)🐦(藏一〇六·二)🐦(藏二六〇·四)🐦(藏五五八)🐦(前四·四三·一)🐦(前四·四三·三)🐦(后上三一·一四)🐦(后下三九·一〇)🐦(菁五·一)🐦(拾一一·四)

《说文·鸟部》:"鳳,神鸟也。天老曰:'鳳之象也,麐前鹿后,蛇头鱼尾,龙文龟背,燕颔鸡喙。五色备举。出于东方君子之国,翱翔四海之外,过崐崘,饮砥柱,濯羽弱水,莫宿风穴。见则天下大安宁。'从鸟,凡声。🐦,古文鳳。象形。鳳飞,群鸟从以万数,故以为朋党字。🐦,亦古文鳳。"罗振玉曰:"《说文解字》鳳,古文作🐦、🐦二形。卜辞从🐦,与🐦略同。从🐦(即凡字,古金文作🐦,与此小异),与篆文同。惟从🐦或省作🐦,与许书篆、古二文不合耳。龍字从🐦,鳳字所从亦与龍同,此于古必有说,今无由知之矣。"(《殷虚书契考释》中三二)按鳳,象侧立之鸟,昂首修尾,羽毛缤纷之形。《山海经·南山经》云:"丹穴之山,……有鸟焉,其状如鸡,五采而文,名曰鳳皇。……自歌自舞。见则天下安宁。"余谓鳳,神化之雉也。《广雅·释鸟》:"野鸡,雉也。"《玉篇·隹部》:"雉,野鸡也。"雉为习见之鸟,羽毛华丽,古代东夷部族用以为图腾。由于社会制度之演进,原始意义,渐次消亡,因转化为神鸟。天老云"出于东方君子之国",是其遗痕犹残存于后世传说之中矣。头上戴辛,义与龍同,或增丷,象其光芒四射也。

甲文又有作左列形者:

(前二·三○·六)(同上)(前三·二八·四)(前三·二九·一)(前三·二九·二)(后上一四·八)(后上三○·八)(粹八二六)(粹八二七)(粹八三○)(粹八四四)

象形兼注日为声符,后世文字日趋简易,因演化为从鸟凡声之鳳矣。头上戴辛,辛象辛燃烧时光芒上射之形。古读复音 t'zok ngok,声转为鷟鸑,古读 t'iûk mgûk。倒之为鸑鷟,《说文·鸟部》:"鸑,鸑鷟,鳳属,神鸟也。从鸟,狱声。"又"鷟,鸑鷟也。从鸟,族声。"考《国语·周语》云:"周之兴也,鸑鷟鸣于岐山。"韦注引三君云:"鸑鷟,鳳之别名也。"《河图括地象》作"周之兴也,鳳鸣于岐山。"是鸑鷟即鳳之异名,意谓灵光焕发之神鸟也。

《说文·鸟部》:"鵔,鵔鸃,鷩也。从鸟,夋声。"又"鸃,鵔鸃也。从鸟,义声。"按鵔鸃即鷟鸑之转音,古读 siwən mgiwən 或 sia mgia。所谓鷩即丹雉,《尔雅·释鸟》:"鷩,雉。"樊光曰:"丹雉也。"《左传·昭公十七年》孔疏引《说文·鸟部》:"鷩,赤雉也。从鸟,敝声。"丹雉与赤雉同,义为灵光焕发之雉,可证雉即鳳鸟。惟自神化之后,无有识之者矣。《论语·述而篇》:"鳳鸟不至,河不出图,吾已矣乎!"孔子因鳳鸟不至而兴叹,实则鳳鸟仍在人寰,人习见之而不察耳。

《山海经·西山经》:"女床之山,……有鸟焉,其状如翟而五采文,名曰鸾鸟。见则天下安宁。"《说文·鸟部》:"鸾,亦神灵之精也。赤色,五采,鸡形。鸣中五音。颂声作则至。从鸟,䜌声。"按鸾鸟之形状瑞应与

《南山经》所载之鳳鸟悉合,当即鳳鸟之异名。盖鳳之言蓬也,其飞蓬蓬然,故谓之鳳。鸾之言玲珑也,其鸣玲珑然,故谓之鸾。

《吕氏春秋·古乐篇》:"昔黄帝命伶伦作为律。伶伦自大夏之西,乃之昆仑之阴("昆仑"原作"阮隃",依毕、王校改),取竹之溪谷(原作"取竹于嶰溪之谷",依孙校改),以生空窍厚钧者断两节间,其长三寸九分而吹之,以为黄钟之宫。吹曰舍少。次制十二筒以之昆仑之下,听鳳皇之鸣,以别十二律。其雄鸣为六,雌鸣亦六,以比黄钟之宫适合("比"原作"此",依毕校改)。黄钟之宫皆可以生之,故曰黄钟之宫,律之本也("律"下原有"吕"字,依孙校删)。"按渔猎时代之人民,常模仿动物之声以诱致鸟兽。嗣后发舒情感亦利用之作为歌曲,故鸟兽实为自然界天然之乐师。此种情形,印地安人即其显著之例证。人文日进,乃截竹为筒,制为乐管。由于管上所开之孔,部位不同,声音亦异,因而有乐律之发明。所谓伶伦制律,实初民模仿鸟兽之声,藉乐管以传出,悠扬悦耳,使听者发生共鸣之感也。故伶伦即玲珑之转音,亦即鳳皇之鸣声。伶伦作律,与《吕氏春秋·异用篇》云:"昔蛛蝥作网罟。"正相类似。初民观察蛛蝥结网以捕捉飞虫,因而发明网罟。十口相传,随社会制度之演进,蛛蝥由昆虫转化为太昊之臣,与初民模仿鸟声之玲珑,制为乐律,嗣后演化为黄帝之臣,实无二致也。

闻一多曰:"《尔雅·释鸟》:'狂,薄鸟。'郭注:'狂鸟五色有冠,见《山海经》。'《大荒西经》:'有五采之鸟,有冠,名曰狂鸟。'注:'《尔雅》云:"狂,梦鸟。"即此也。'按狂即下文'皇,黄鸟',而皇又即上文'鸥鳳,其雌皇',故曰五采有冠也。狂、黄音同。以其黄质而五采皆备成章,故又谓之黄鸟。黄与皇、狂音亦同也。又谓之薄鸟者,《大荒西经》:'五采之鸟仰天,名曰鸣鸟。'《书·君奭》:'我则鸣鸟不闻。'马融、郑玄并以鸣鸟为鳳皇,是也。薄鸟盖即鸣。一曰孟鸟,《海内西经》:'孟鸟在貊国东北,其鸟文赤黄青。'鸣、孟、薄一声之转。"(《尔雅新义》二二八)按闻君谓《尔雅·释鸟》之薄鸟即《海内西经》之孟鸟,亦即《大荒西经》及《书·君奭》之鸣鸟,皆鳳鸟之异名,其说是也。盖古代以鳳鸟之鸣为吉祥之兆,故谓之鸣鸟。惟谓狂、黄、皇音同，以其黄质而五采皆备成章，故又谓之黄鸟，殊觉未安。余谓皇为本字，狂、黄音假。皇者煌也，谓神光焕发之鸟，与鳳字头上戴䍿若䍿，及鵟鷟、鵔鸃命名之义，恰相符合。

甲文又有作左列形者：

※（侯六甲一一九）※（同上一二○）

或从※作，与龍之异体相同。

《汉书·宣帝纪》元康三年诏曰："今春五色鸟以万数，飞过属县。"神爵三年诏曰："迺者正月乙丑，鳳皇、甘露降集京师，群鸟从以万数。"许君云："鳳飞，群鸟从以万数，故以为朋党字。"即本此为说。考朋党之名，起于晚周，非造字时所有。且经传朋字甚多，与鳳了不相涉，亦绝无通用者。盖朋字隶书作朋，与古文※形相近似，故后人误为一字，遂牵合附会而为是说，疏谬甚矣。

吾

※（藏九四·四）※（藏一○二·一）※（余九·一）※（余九·三）
※（前一·二九·三）※（前六·三四·五）※（燕八）

按上揭奇字，余永梁释为舌（《殷虚文字续考》一）。于省吾从之，谓"※字有点，象舐物之残糜"，并引《山海经·海外南经》岐舌国以证明上端岐出之由（《殷契骈枝续》一六）。按余、于二说非也。字从※（一作※、※，省作※、※）、从凵。※象※燃烧时火光四射之形，当为灻之初文。《说文·火部》："灻，小热也。从火，干声。"考干为※之形误。火为※之演变。凵为附加之形符。字之结构，与※、※同。孳乳为烖，《说文·炎部》："烖，火光也。从炎，舌声。"为煇，《说文·火部》："煇，火热也。从火，覃声。"为焱，《说文·炎部》："焱，火行也。从炎，占声。"为焰，《说文·炎部》："焰，火行微焰焰也。从炎，臽声。"一作燄，《说文·火部》："燄，火燄燄也（今本作"火门"也。兹依《六书故》引唐本《说文》改正）。从火，閻声。"《玉篇·火部》：

333

"爓,火焰也。"焰即爓之俗字。对转盍孳乳为燂,《说文·火部》:"燂,火光也(今本作"火飞",兹依《文选·景福殿赋》、《琴赋》注引改)。从火,爾声。一曰:蓺也。"为燿,《说文·火部》:"燿,明也。从火,翟声。"

又按燯在卜辞中用为祭名,如"庚辰卜燯母庚"(前一·二九·三)、"贞王燯父乙"(《殷缀》一四八)是其证。从声类求之,当为禴之本字。丈与禴,古读定纽双声,侵缉对转。《易·萃·六二》:"孚乃利用禴。"虞注:"禴,殷春祭名也。四时祭之省者也。"《释文》:"禴,殷春祭名。马、王肃同。郑云夏祭名。蜀才作躍。刘作爚。"又《既济·九五》:"东邻杀牛,不如西邻之禴祭,实受其福。"虞注:"禴,夏祭也。"王注:"牛,祭之盛者也,禴,祭之薄者也。"一作礿,《尔雅·释诂》:"禴,祭也。"《释文》:"禴字又作礿,同。夏祭名。"《释天》:"夏祭曰礿。"《释文》:"礿,本或作禴,字同。"《说文·示部》:"礿,夏祭名也。从示,勺声。"

商

丙(藏一一一·四)丙(藏二一四·一)丙(前二·一·一)禼(后上一八·二)禼(后下一〇·一四)禼(戬三七·七)禼(佚五一八)禼(燕四九三)禼(康侯簋)禼(商妇甗)禼(商角盖)禼(商丘弔簠)禼(取膚匜)禼(商叔簋)禼(殷甗)禼(卾止簋)禼(丁未角)禼(帅鼎)禼(冀尊)禼(蔡侯盘)

《说文·冏部》:"商,从外知内也。从冏,章省声。禼,古文商。禼,亦古文商。禼,籀文商。"按商,星名也。《左传·襄公九年》:"陶唐氏之火正阏伯居商丘,祀大火而火纪时焉,相土因之,故商主大火。"《公羊传·昭公十七年》:"大辰者何?大火也。"何注:"大火谓心星。"字象丙置冂上。冂,物之安也,亦谓之堤,《淮南子·诠言训》:"瓶瓯有堤。"高注:"堤,瓶瓯下安也。"今俗谓之底座。盖商人祭祀时,设烛薪于冂上以象征大火之星。或增⊙⊙,象星形,意尤明显。又增凵,附加之形符也。

考心宿三星为东方七宿之一,在房宿之东,尾宿之西,中有一等大星,其色极红,故谓之大火。商人主之。始以名其部族,继以名其国邑及朝代。

曑

曑(毛公鼎)曑(曶鼎)曑(克鼎)曑(默钟)曑(鱼鼎匕)

《说文·晶部》:"曑,商星也。从晶,㐱声。"按曑象曑宿三星在人头上,光芒下射之形。或省人,义同。

《左传·昭公元年》郑公孙侨对晋叔向曰:"昔高辛氏有二子,伯曰阏伯,季曰实沈。居于旷林,不相能也,日寻干戈,以相征讨。后帝不臧,迁阏伯于商丘,主辰,商人是因,故辰为商星。迁实沈于大夏,主参,唐人是因,以服事夏商。其季世曰唐叔虞。当武王邑姜方震太叔,梦帝谓已,余命而子曰虞。将与之唐,属诸参而蕃育其子孙。及生,月文在其手,曰虞。遂以命之。及成王灭唐而封太叔焉,故参为晋星。"按曑为白虎,西方七宿之一。《尔雅·释天》以房星尾为大辰。尾宿第五星与参宿第三星之直径,相距约一百八十度,故参在书则尾在夜。参出尾没,尾出参没,二星永不并于天空。阏伯主辰,实沈主参,高辛因其兄弟不和而使之永不相见。盖先民解释自然界现象之神话,公孙侨引之以说明晋主参星之由来也。由此可证我国天文学发达之早,与观察之精。

帝

帝(前三·一八·五)帝(前七·一五·二)帝(林一·一一·一八)帝(林二·二五·三)帝(戬五·一三)帝(屯甲一一五七)帝(周愙鼎)帝(歔狄钟)帝(寰子卤)帝(师仲父鼎)帝(同上)帝(秦公簋)帝(井侯簋)

《说文·上部》:"帝,谛也。王天下之号也。从上,朿声。帝,古文帝。"吴大澂曰："许书帝古文作❄，与鄂不之❄同意，象华蒂之形。"(《字说》一)明义士曰："吴大澂谓象花蒂之形。蒂为花之本，故引伸以为人主之称。近人皆宗其说。按吴说未确。❄从一，从❄，从❄。❄为❄省，❄象束形，一即古文上。袞束柴于上者帝也，故引伸为禘。"(《柏根氏旧藏甲骨文字考释》四四)叶玉森曰："帝……从❄、❄，并米渻，即袞字。❄、❄象架薪，❄、❄象束薪。《旧唐书》引礼卢注：'禘，帝也。'卜辞之帝，亦多假用作禘。《礼·大传》：'不王不禘。'是为王者宜禘。禘与袞并祭天之礼。禘必用袞，故帝从袞。帝为王者，宜袞祭天，故帝从一或二，并象天也。"(《殷契钩沈》五)按明、叶二说是，吴说非也。❄若❄象积柴，❄若❄象植柴之架，❄所以束之。古者祭天，燔柴为礼。《礼记·祭法》："燔柴于泰坛，祭天也。"《郊特牲》："天子适四方，先柴。"郑注："所到必先燔柴，有事于上帝也。"《尔雅·释天》："祭天曰燔柴。"郭注："既祭，积薪烧之。"《说文·示部》："祡，烧柴燎以祭天神。从示，此声。"盖以火光之熊熊，象征天神之威灵。《诗·大雅·皇矣》："既受帝祉。"《郑笺》："帝，天也。"《荀子·强国篇》："百姓贵之如帝，商之如天。"杨注："帝，天神也。"此本义也。《周书·谥法》："德象天地曰帝。"《尔雅·释诂》："帝，君也。"移天神之号以尊人王，盖王权扩张，阶级森严之反映。

天神谓之帝，因之祭祀天神谓之禘。《诗序》："《长发》，大禘也。"《郑笺》："大禘，郊祭天也。"《尔雅·释天》："禘大祭也。"禘为王者之大祭，王者推其始祖所自出，以为天帝所生，即天帝之子，故大祭时以其祖配之。《礼记·大传》、《丧服小记》皆曰："王者禘其祖之所自出，以其祖配之。"《诗序》："《雝》，禘太祖也。"《郑笺》："禘，大祭也。……太祖谓文王。"盖王者为欲巩固其统治地位，故尊崇其祖与天相配，以示其权力之有所授，使臣民慑服，毋敢作非分之思。观射父谓"宠神其祖以取威于民"(《国语·楚语下》)，正道出其隐衷矣。

帆

❄(前二·二七·四)❄(前四·二三·五)❄(前六·一六·一)❄

（后上一四・二）❂（后上・二八・四）❂（后下三七・五）❂（后下三九・一四）❂（后上一四・六）❂（戬三三一四）❂（粹一五四五）❂（屯乙九〇九一）❂（燕七九五）

按上揭奇字，罗振玉释为苣，谓："《说文解字》：'苣，束苇烧也。'此从𠬝执火，或从屮，象蓺木形，与𡔹同意，殆苣之本字。或从木，省作屮。"（《殷虚书契考释》中五）王襄析为三。以❂、❂为古蓺字，"象人执火形"（《殷契类纂正编》四七）。❂、❂为古埶字，"许说种也，石鼓埶作𡎐，从木从土从𠬝，此省土"（同上一二）。❂为风之本字，引华学涑说，谓："米象指风向八方之形。❂即𠂆之所由讹，今隶飒之从凡，亦一证。《说文》风篆文从凡，即十之讹，十为米之省。古文从⊙，即古日字，金文作⊗与米形近，故讹从日也。"（同上五九）商承祚释❂为𡔹，谓："象人燔积木之形。"（《殷契佚存考释》一一）又谓："❂与❂一字。"（同上五七）唐兰谓："此字当以王释蓺及埶之本字为较近，惜彼误分为二耳。古屮、米通用，故❂或作❂，其本义则人持屮木为火炬也。后人谓是种植之形，则增土而为𡎐，其形小变则更为𡎐，而火炬之本义湮。其本义因别孳乳为从火埶声之爇，《诗》曰：'谁能执热，逝不以濯。'热当即火炬，故必濯手也。又孳乳为蓺，烧也。然则此本人执火炬之形，为埶之初字，而其义则当于后世之爇若蓺。卜辞用于田某地之下者，当解为烧，火烈俱举也。或以纪时，如云'❂入不雨，夕入不雨'，读为蓺入，殆如上灯时候矣。"（《天壤阁甲骨文存考释》四六）按诸家之说非也。字象人坐而两手执苣。《礼记・檀弓上》："童子隅坐而执烛。"《管子・弟子职》："昏将举火，执烛隅坐。"考古代所谓烛，实即火苣，束薪蒸为之，然烧极速，旧苣将尽，接以新苣，故必有人焉专司其事。

《诗・小雅・庭燎》："庭燎之光。"《毛传》："庭燎，大烛。"《仪礼・士丧礼》："宵为燎于中庭。"郑注："燎，火燋。"《释文》："燋，本作烛。"按燋燎为一复音之分化，与烛同实而异名。考卜辞中之❂，依义皆当释为燎，如"庚寅卜何贞叀❂戒禱于妣辛"（通六三）、"丙寅卜，贞❂用雒岁"（天四六），意谓燔柴以祭。《吕氏春秋・季冬纪》："乃命四监，收秩薪柴，以供寝

337

庙及百祀之薪燎。"高注:"燎者,积聚柴薪,置璧与牲于上而燎之,升其烟气,故曰以供寝庙及百祀之薪燎也。"是其证矣。又如"戊申卜,王往田🔥"(前二·二·七·四)、"王其田,🔥,亡戋"(后下三九·一四),意谓夜间持火以猎。《诗·郑风·大叔于田》:"叔在薮,火烈具举。"孔疏:"此为宵田,故持火炤之。"《尔雅·释天》:"宵田为獠。"郭注:"獠,犹燎也,今之夜猎载炉照者也。江东亦呼猎为獠。"是皆夜间持火以猎之证也。盖🔥原为执烛照明之专字,假借为燎。借义行而本字废,故不复见于载籍矣。

皇

堂(毛公鼎)堂(函皇父簋)堂(颂鼎)堂(吴龏父簋)堂(士父钟)堂(酅侯簋)堂(师仲父鼎)堂(录伯簋)堂(默钟)堂(杜伯盨)堂(叔向簋)堂(秦公簋)堂(郑公华钟)堂(叔皮父簋)堂(齐鞄氏钟)堂(王孙钟)堂(齐镈)堂(禾簋)

《说文·王部》:"皇,大也。从自,始也。始皇者三皇,大君也。自读若鼻。今俗以始生子为鼻子。"吴大澂曰:"皇,古文作堂,从日有光。日出土上则光大,火在地中则气盛。皇、王二字取义亦相类。"(《字说》三)汪荣宝曰:"按《王制》云:'有虞氏皇而祭,深衣而养老;夏后氏收而祭,燕衣而养老;殷人冔而祭,缟衣而养老;周人冕而祭,玄衣而养老。'《内则》文同。然则皇者,舜时宗庙之冠,与夏之收、殷之冔、周之冕相当。舜推循尧道,无所改作。皇之为服,必三王以来相沿之旧制。古文皇字即象其形。⊖象冠卷,川象冠饰,土象其架,与主之从土为象镫足之形同例。"(《释皇》)按吴、汪二说非也。皇即煌之本字,《说文·火部》:"煌,煌辉也。从火,皇声。"其字下作堂,即镫之初文,焚膏照夜之器也。上作川若艹,象镫光参差上出之形。孳乳为睢,《说·日部》:"睢,光美皃也。从日,往声。"为韡,《说文·舞部》:"韡,华荣也。从舞,堂声。读若皇。《尔雅》曰:'韡,华也。'葟,韡或从艸、皇。"

《尔雅·释诂》:"皇,君也。"《独断上》:"皇帝至尊之称。皇者煌也,盛德煌煌,无所不照。"按皇为宰制者之称,义与王、白及帝相同。

《说文·丶部》:"主,镫中火主也。从宝,象形。从丶,丶亦声。"王筠曰:"其下为镫檠,上曲者镫盌,丶则镫炷矣。"按皇与主结构相同,惟一象镫光辉煌,一象镫中火主;又 ⊙、∪ 皆象镫缸,一作俯视形,一作侧视形,是其异也。

易

昂(前·四三·四)昂(前四·一〇·二)昂(前七·一四·一)昂(后下一九·五)昂(佚五〇九)昂(易鼎)昂(同簋)昂(貉子卣)昂(敌簋)昂(易弔盨)昂(易儿鼎)昂(宅簋)昂(不易戈)

《说文·勿部》:"易,开也。从日、一、勿。一曰飞扬。一曰长也。一曰强者众皃。"林义光曰:"按云开见日也。古作昂,从日,一蔽之。昂,飞也,云飞而日见也。或作昂,从日,从一,从丿。丿,引去之象。"《文源》五·二)马叙伦曰:"易为晹之初文。从旦,易声。"(《六书疏证》一八·七〇)按林、马二说非也。字象 ⊙ 庪丁上,结构与昂相同。⊙,镫缸也,传世西京宫镫,即其遗制。金文或增彡,象镫光之下射也。本义当训光明。孳乳为陽,《说文·皀部》:"陽,高明也。从皀,易声。"为晹,《日部》:"晹,日出也。从日,易声。"为瑒,《玉部》:"瑒,金之美者,与玉同色。从玉,湯声。"为钖,《金部》:"马头饰也。从金,陽声。"为碭,《石部》:"碭,文石也。从石,易声。"光与热相因,故又孳乳为煬,《火部》:"煬,炙燥也。从火,易声。"为湯,《水部》:"湯,热水也。从水,易声。"

揚

昂(毛公鼎)昂(趞尊)昂(窀鼎)昂(静簋)昂(免簋)昂(叙编钟)昂(召伯簋)昂(茉伯簋)昂(井鼎)昂(刺鼎)昂(师酉簋)昂(同上)

▨(师簋)▨(揚簋)▨(䍙卣)▨(郅侯鼎)▨(矢簋)▨(令鼎)▨(仲父盘)▨(丁揚卣)▨(封簋)▨(同上)▨(揚鼎)▨(同上)▨(揚簋)▨(小子省卣)▨(宅簋)▨(友簋)▨(▨卣)▨(舍父鼎)▨(君父簋)▨(颂簋)▨(同上)▨(陈侯因资錞)▨(同卣)▨(豆闭簋)▨(克鼎)▨(善鼎)▨(无叀簋)▨(大鼎)▨(虢弔钟)▨(郑公𨒪钟)▨(杉鼎)

《说文·手部》："揚，高举也（今本作"飞举"，兹依《文选·南都赋》李注引改）。从手，昜声。𢾙，古文揚，从攴。"吴大澂曰："▨，对揚也。从廾，从日，从玉。执玉以朝日。日为君象。"（《说文古籀补》一二·三）按吴说非也。金文揚字可分五类：一，象人坐而两手举镫。二，象人坐而两手举日；日，镫缸也。三，象人坐而两手举王；王即王之省形。四，象人坐而两手举𢆉若𢆉。镫已庪于兀上，毋烦人举，古人作字，往往任意增省，而未顾及事理之不当也。五，作𢾙。𢆉即王之异形，𢾙象手持𠃌，与《说文》所载古文略同。

《易象上传》："君子以遏恶揚善。"虞注："揚，举也。"《仪礼·乡射礼》："南揚弓。"郑注："揚犹举也。"此本义也。引伸为越，《易·夬》："夬揚于王庭。"郑注："揚，越也。"越者踰也，踰举足，故为揚、为动，《吕氏春秋·必己篇》："尽揚播入于河。"高注："揚，动也。"为振，《汉书·五行志上》："骄揚奢侈。"颜注："揚谓振揚张大也。"为称，《春秋谷梁传·僖公元年》："以其不足乎揚。"《释文》："揚，称揚也。"为道，《诗·鄘风》："墙有茨，不可详也。"《释文》："详，《韩诗》作揚，揚犹道也。"为说，《广雅·释诂》："揚，说也。"

對

▨(前四·三四)▨(林二·二五·一〇)▨(屯甲七四〇)▨(同上)▨(虢弔钟)▨(褱盘)▨(师𡢘父鼎)▨(令鼎)▨(颂鼎)▨(毛公鼎)▨(封簋)▨(𤱿伯簋)▨(静簋)▨(趞簋)▨(元年师兑簋)▨(叔编

钟)※(对卣)※(燮簋)※(同簋)※(师酉簋)※(茉伯簋)※(𩵦侯鼎)※(默钟)※(朐簋)※(卯簋)※(召伯簋)※(盠䮦尊)※(大保簋)※(师旂鼎)※(录伯簋)※(毫鼎)

《说文·丵部》:"對,䧹无方也。从丵,从口,从寸。對,對或从士。汉文帝以为责對而为言,多非诚對,故去其口以从士也。"林义光曰:"按古作※,作※,本不从口。※者業省,从又持業。業,版也。業本覆簨之版,引伸为书册之版,《曲礼》:'请業则起。'注:'谓篇卷也。'版亦即笏,對者执之,所以书思對命。或作※,从土,土者壬省,挺立以對也。亦或作※,从口。"《文源》六三一)杨树达曰:"《左氏传》记楚之始兴也,曰:'若敖蚡冒筚路蓝缕以启山林。'《宣公十二年》)又记郑之始建也,曰:'昔我先君桓公与商人皆出自周,庸次比耦以艾杀此地,斩其蓬蒿藜藿而处之。'《昭公十六年》)此對字从寸从丵之义也。许君所云从口者,非从口舌之口,乃从口,犹国邑之从口也。许君所云从士者,古文士、土不分,文实从土,非从士,《玉篇》、《广韵》皆云對字从土,是也。从土从口,与从寸从丵义不相关,故知其非矣。"《小学述林》二·五五)按林、杨二说,皆诘诎难通。金文對字可分四类:一,象手持※(或两手奉之),※,辉煌之镫也。二,象手持辛,辛即烛薪,与镫实异而用同。罗振玉谓:"金文中別字极多,与后世碑版同,不可尽据为典要。即以此器言之,(按指同簋)對字作※,讹別已甚。"《贞松堂集古遗文》六·八)盖由不瞭辛之初形本义,以不误为误,慎矣。三,象手持丵(或两手奉之,与篆文業同);丵,然烧发光之辛也。四,象人坐而两手举※若※,结构与兿相同。其他或增贝,或省又,古人作字,任意增省,不拘常规也。

《广雅·释诂》:"對,当也。"盖黑夜无光,持镫以当明,故有相当之义。引伸为答,《诗·大雅·皇矣》:"以對于天下。"《桑柔》:"听言则對。"《郑笺》并云:"對,答也。"为应,《仪礼·士冠礼》:"冠者對。"《礼记·仲尼燕居》:"子贡越席而對。"郑注并云:"對,应也。"为遂,《诗·大雅·荡》:"流言以對。"《毛传》:"對,遂也。"《礼记·祭统》:"對揚以辟之。"郑注:

"對,遂也。"为配,《易·无妄》:"先王以茂對时。"《释文》:"對,配也。"《诗·大雅·皇矣》:"帝作邦作對。"《毛传》:"對,配也。"为向,《广雅·释诂》:"對,向也。"

圝

☗(前六·四五·四)☗(前六·四五·五)☗(前六·四五·六)☗(后上一二·一一)☗(后下三七·六)☗(粹一一〇七)

上揭奇字,罗振玉释罗,谓:"《说文解字》:'罗以丝罟鸟也。从网,从维。'卜辞从隹在毕中,☗与网同。篆书增维,于谊转晦。"(《殷虚书契考释中》四九)按罗说非也。字象鸟立☗上。☗,田网也。卜辞云"贞☗弗其☗"(铁二四〇·四)、"贞☗弗其☗,亡☗"(后上一二·一一),可证☗、☗二字义近。从形象考之,当为圝之初文。《说文·囗部》:"圝,率鸟者系生鸟以来之,名曰圝(今本《说文》混圝、囮为一字,兹依《北户录》引及王筠校改)。从囗,繇声(四字依《说文通例》补)。"王筠曰:"率者捕鸟毕也,以静字为动字,犹言毕之罗之矣。"其说是也。后世假游字为之,《文选》潘岳《射雉赋》:"恐吾游之晏起,虑原禽之罕至。"徐爰注:"游,雉媒名,江淮间谓之游。"赋又云:"良游呃喔,引之规里。"徐注:"良游,媒也,言媒呃喔其声,诱令入可射之规内也。"☗正象鸟立☗上以招诱同类,使入可射之规内,其为圝之初文审矣。

卜辞中☗字用法有二:一,本义,如"王其☗"(库一一二九)、"贞弗其☗"(前六·四五·五)是也。二,引伸义,如"丁酉,卜出,贞☗☗吕方"(录六三八)、"贞弗其☗土方"(后下三七·六)是也。引伸义,后世作诱,《左传·僖公十年》:"币重而言甘,诱我也。"《史记·越王勾践世家》:"吴大宰嚭贪,可诱以利。"卜辞之☗,意与此同,谓诱至或弗诱至而击之也。考从繇、从由、从秀得声之字,音同字通,《说文·竹部》:"籀,读书也。从竹,榴声。《春秋传》曰:'卜籀云。'"按今本《左传》凡卦兆之字皆作繇。《手部》:

"擂,引也。从手,留声。抽,擂或从由,搰,擂或从秀。"籀从擂声,与繇通用,又抽与搰皆擂之籀文,是𢆉之为诱,犹繇之为籀,擂之为抽为搰矣。

能

𧰼(能匋尊) 𤰚(毛公鼎) 𧰼(番生簋) 𤰚(沈子簋) 𧰼(县改簋)

《说文·能部》:"能,熊属。足似鹿。从肉,㠯声。能兽坚中,故称贤能,而强壮称能杰也。"徐铉曰:"㠯非声,疑皆象形。"按象形之字有兼声者,如甲文之麋,金文之能是也。盖兽类象形者多,不能一一毕肖,故必兼声以成之。能从㠯声,故古音读如台。《周礼·春官·大宗伯》:"以栖燎祀司中司命。"郑注:"司中,三能,三阶也。"《释文》:"能,他来反。"《史记·天官书》:"魁下六星两两相比者曰三能。"《集解》:"苏林曰:'能音台。'"是其例也。

徐灏曰:"能,古熊字。《夏小正》曰:'能罴则穴。'即熊罴也。罴古文作𤉡,从能,亦其证。假借为贤能之能,后为借义所专,遂以火光之熊为兽名之能而昧其本义矣。"按徐说是也。

《尔雅·释鱼》:"鳖三足,能。"按《左传·昭公七年》:"郑子产聘于晋。晋侯疾,韩宣子逆客,私焉。曰:'寡君寝疾,于今三月矣,并走群望,有加而无瘳。今梦黄能入于寝门,其何厉鬼也?'对曰:'以君之明,子为大政,其何厉之有?昔尧殛鲧于羽山,其神化为黄能以入于羽渊,实为夏郊,三代祀之。晋为盟主,其或者未之祀也乎?'韩子祀夏郊。晋侯有间。"《释文》:"能,如字。一音奴来反。亦作熊,音雄,兽名。能,三足鳖也。解者云:'兽非入水之物,故是鳖也。'一曰:'既为神,何妨是兽。'案《说文》及《字林》皆云:'能,熊属。足似鹿。'然则能既熊属,又为鳖类,今本作能者胜也。"考黄能入梦,乃鲧之神,神状似能,非真能兽也。兽非入水之物,而神则可以入水。《山海经·中山经》:"骄山,……神蠱围处之。其状如人而羊角,虎爪。恒游于睢漳之渊。出入有光。"《海外东经》:"朝阳之谷，神曰天吴，是为水伯。在䢻䢻北，两水间。其为兽也，八首人面，八足八尾，皆青黄。"是神之兽形者，未尝不入于水也，何得以入渊之文而疑其非兽乎？《释文》载一说曰："既为神，何妨是兽。"此说是也。若以为鳖，则黄字义不可通。《尔雅·释鱼》："鳖三足，能，"不云色黄。《逸周书·王会篇》："东胡献黄能（《白帖》卷九七"熊"下引。今本《逸周书》作"黄䴋"，盖后人所改）。《六韬》："散宜生得黄熊而献之纣。"（《文选·南都赋》李注引）则能固有色黄者。（黄能盖即䴋也。《尔雅·释兽》："䴋如熊，黄白文。"《诗·大雅·韩奕》曰："赤豹黄䴋。"）传言黄能，当是兽而非鳖甚明。

《山海经·中山经》："从山，……从水出于其上，潜于其下。其中多三足鳖。枝尾。食之无蛊疫。"汉代释《左传》者，疑能非入水之物，乃附会神话中之三足鳖，加以能名，以证明能为水物，故可入水。成帝时撰《尔雅》者，漫不加察，即据之以载入书中，遂成为千古之故实矣。又《史记·夏本纪》："乃殛鲧于羽山以死。"《正义》："鲧之羽山，化为黄熊，入于羽渊。熊，音乃来反，下三点为三足也。束晳曰：'《发蒙纪》云："鳖三足曰熊。"'"根据《尔雅》之谬说，妄造能下三点之熊字，是又附会中之附会矣。

黄

𤣥（藏一五九·三）𤣥（前三·二四·四）𤣥（续六·二七·二）𤣥（林一·九·五）𤣥（林一·二五·一三）𤣥（库一八一一）𤣥（屯甲三〇八四）𤣥（毛公鼎）𤣥（黄韦俞父盘）𤣥（师䞣父鼎）𤣥（颂簋）𤣥（师袁簋）𤣥（师酉簋）𤣥（买簋）𤣥（褱盘）𤣥（师艅簋）𤣥（𤓰黄簋）𤣥（伯家父簋）𤣥（休盘）𤣥（趞曹鼎）

《说文·黄部》："黄，地之色也。从田，炗声。炗，古文光。𤎸，古文黄。"林义光曰："按炗为古文光，无所考。古作𤣥（弭仲匡）、作𤣥（番生敦，广字偏旁）。𤎸、𤎸象禾谷可收形（与𤓰形近），𤓰束之，秋禾之色黄色也。变作黄,作黄,作黄。"(《文源》六·五〇)按林说非也。字象兽皮平张,头足腹尾具备之形。当为鞹之初文。《说·革部》:"鞹,去毛皮也。《论语》曰:'虎豹之鞹。'从革,郭声。"按鞹之言廓也。《尔雅·释诂》:"廓,大也。"孙炎曰:"廓,张之大也。"《方言一》:"张小使大谓之廓。"盖古代制革之法,张皮于架,以刀刮去其毛,今时犹沿用之,此正象其张于架上之形也。从音言之,古音黄读匣声阳韵,鞹读见声铎韵。同纽双声(古读喉牙不分),阳入对转。《说文·弓部》:"彉,满弩也。从弓,黄声。读若郭。"《汉书·吾丘寿王传》:"十贼彉弩。"颜注引张晏曰:"彉,音郭。"黄之为鞹,犹彉之读郭,彉之音郭矣(按字在卜辞中多假为暵)。

《说文·革部》:"革,兽皮治去其毛曰革。革,更也。象古文革之形。革,古文革。从卅,卅年为一世而道更也。臼声。"林义光曰:"按从卅,非革之义。廿、十亦不为卅。古作黄(毛公鼎勒字偏旁),象兽头角足尾之形,与皮从形近。曰即彐,象手治之。变作革(师兑敦勒字偏旁)。"《文源》六·三三)按林说是也。革与黄形义相近,故字之从革作者亦从黄作,如金文霸字作左列诸形:

霸(守簋)

霸(遹簋)

一从革,一从黄,即其明证。惟革象治去兽皮之毛,黄象已治去毛之皮,是其异也。

桓

(前一·九·三) (前一·四二·一) (前四·二一·三) (前五·一六·二) (前六·六三·六) (林一·一一·八) (林一·一一·一) (戬四九·一)

按上揭奇字,象两弋并植形,当为桓之初文。《说文·木部》:"桓,亭邮表也。从木,亘声。"戴侗曰:"柱之植立者曰桓。双植以为门者谓之桓门,亦谓和门,亦谓华表。桓、和、华一声也。……古者诸侯之葬植桓楹,穿中为鹿卢以县率下棺。天子之葬,斲石为碑以为鹿卢。《记》曰:'公室视丰碑,三家视桓楹。'后人效之,因刻碑焉以志墓,谓之桓碑也。"(《六书故》二一·五九)徐灏曰:"按双植为门谓之桓门。公之命圭琢为二柱,故曰桓圭。因之四植者亦谓之桓,特立者亦谓之桓矣。"按戴、徐二说,与字形如形影之相应,❉之为桓,可无疑矣。再从音理证之,殷王有名河亶甲者,卜辞作❉甲。❉即河亶之合音。是❉为桓之初文,不仅形义相符,音亦吻合无间。

叀

❉(藏一二九·三)❉(前五·一·五)❉(前六·六·三)❉(后上五·九)❉(后下三·一〇)❉(后下三三·五)❉(戬九·二)❉(虢叔钟)❉(仲叀父簋)❉(蔡姞簋)❉(叀卣)❉(无叀鼎)❉(录伯簋)

《说文·叀部》:"叀,專小谨也。从幺省,中,财见也。中亦声。❉,古文叀。❉,亦古文叀。"按叀即簠之初文。《说文·竹部》:"簠,圜竹器也。从竹,專声。"簠为竹器之圜者。❉象系,〇象腹,❉象座,十象织文。甲文或省座,亦为一字。金文或增❉,象文饰也。孳乳为箪,《说文·竹部》:"箪,笥也。从竹,单声。"《礼记·曲礼上》:"凡以苞苴箪笥问人者。"郑注:"箪、笥,盛饭食者。圆曰箪,方曰笥。"为篅,《竹部》:"篅,判竹圜以盛谷者。从竹,耑声。"《仓颉篇》:"篅,圆仓也。"(《众经音义》四引)转文为笔,《竹部》:"笔,篅也。从竹,屯声。"《广雅·释器》:"笔谓之篅。"为幒,《巾部》:"幒,载米䋎也。从巾,盾声。读若《易》屯卦之屯。"《广韵》十八谆:"幒布贮。"于宫室为圖,为囤,《释名·释宫室》:"圖以草作之,團團然也。"又"囤,屯也,屯聚之也。"一作庉,《广雅·释宫》:"庉,舍也。"于草为蓴,《艸部》:"蓴,蒲丛也。从艸,專声。"《广雅·释草》:"蒲穗谓之蓴。"王念孙曰:"蒲穗形圆,故谓之蓴。蓴之为言團團然丛聚也。《说文》云:

'尃,蒲丛也。'蒲草丛生于水则谓之尃,蒲穗丛生茎末亦谓之尃,训虽各异,义实相近也。"于水为湍,《水部》:"湍疾濑也。从水,耑声。"《孟子·告子上》:"牲犹湍水也。"赵注:"湍水圜也。"于形体为膞,《释名·释形体》:"膝头曰膞。膞,圜也,因形圜而名之也。"于形状为團,《说文·囗部》:"團,圜也。从囗,専声。"转文为敦,《诗·豳风·东山》:"有敦瓜苦。"《毛传》:"敦,犹専専也。"専与團同。于动作为搏,《说文·手部》:"搏,圜也。从手,専声。"为轉,《车部》:"轉,运也。从车,専声。"唐兰曰:"按❀、❀非一字,❀当为甫,❀当为叀,金文皆如此,本极易,别而诸家混之者,以罗振玉释卜辞❀为圃,遂谓已有甫字,而卜辞❀、❀二字用法相同,遂误认为一字耳。"(《天壤阁甲骨文存考释》三二)按唐说非也。❀、❀确为一字。❀与甫,渺不相涉。《说文·用部》:"甫,男子之美偁也。从用、父,父亦声。"考金文作:

❀(甫丁爵)❀(甫人匜)❀(穌甫人匜)❀(曩甫人匜)

形与篆文悉合。至偏旁从甫之字,如:

❀(不嬰簋)❀(虢季子白盘)

❀(邾公孙班镈)❀(齐镈)❀(獵镈戈)

❀(克鼎)

❀(师寰簋)❀(同上)

其所从之甫,虽与❀形近似,然其中直上端无不微曲,犹存父字遗痕,分别皎然,绝少例外。(仅《不嬰簋》搏字、《师寰簋》博字各一见)尤有进者,金文團字作左揭形:

❀(召卣)❀(敔子鼎)

其所从之叀皆作❀,可叀、叀实即一字之确证。唐云:"本极易别。"不知何所见而云然也。

347

🔣(蔡侯鼎)🔣(蔡侯鼎)🔣(蔡侯鉼)🔣(蔡侯缶)🔣(蔡侯簠)🔣(蔡侯盘)🔣(蔡侯戈)

郭沫若曰："蔡声侯名，《史记·蔡世家》作产。今器名作🔣，当即产之异文。《番生簋》有'朱䰜弘靳'一语，《毛公鼎铭》作'朱䰜弘靳'。《说文》䌛之古文作🔣，即是䰜字。䰜与䰜至少其音必相同。🔣之结构与䰜同例，其音赤必同于䌛。䌛与产，古音同在元部。🔣从四甾，甾乃古圃字。则此奇字乃田产之产字。"（《考古学报》一·四）陈梦家曰："《番生簋》的'朱䰜'，《毛公鼎》作'朱䰜'，即此字。"（《考古学报》二·一一八）孙百朋曰："蔡侯名🔣，篆书形体与䌛字相近，即缵字。"（《寿县蔡侯墓出土遗物》二一）按三说皆牵附难通，误不待辩。字中从叀，两旁从二甾。叀即䰜之省形。《说文·妥部》："䰜，治也。幺子相乱，爪冶之也。读与亂同。"按䰜象两手绞丝形。§为丝束，⊢为绞具。盖丝易乱，用⊢收之，则有条不紊，故训为冶，许说失之。甾、東同字，圜形之竹器也。（说详释東。）考古代文字在结构上尚未定型化，往往因隙乘间，重迭其体以取美观。例如：

🔣（前六·五〇·七）

🔣（宁沪二·四五）

渔从四鱼，涉从四止，美观之外，别无深意。🔣从四甾，亦犹是也。

字形既明，次言音义。考古文有字，除结构与🔣全同外，其爰声表义亦复相同。《说文·雨部》："靁，阴阳薄动生物者也。从雨；畾，象回转形。🔣，籀文靁，间有回；回，靁声也。🔣，古文靁。🔣，古文靁。"又《口部》："回，转也。从口，中象回转之形。🔣，古文回。"盖象水旋之形，《说文·水部》："渊，回水也。从水，象形，左右岸也，中象水皃。故颜回字子渊。"是其证。回象旋转之水，田象旋转之物，二字连读，即肖旋转之声。阴阳薄动，其声回田，与物旋转之声相同，故造字象之读为ruǎi luǎi。

靁读复音，尚有二证：一、《尚书·金滕》："天大雷电以风。"《汉书·

梅福传》："雷风著灾。"一从田，一从回。二、西周末叶《楚公逆镈铭》之吴雷，《史记·楚世家作》吴回。

虇字音义既明，进而释󰀀，自可迎刃而解。中󰀀象治丝，治丝必往复缠绕，方能成束。𠚍象圆形之器。前者含有圆意，后者具有圆形，合之表示圆义，而音亦寓于其中。从虇字古读复音倒之，当读d'uɑn luɑn。自语言单音化俊，以一字代表一音，书作檀栾。汉枚乘《梁王菟园赋》："修竹檀欒。"（《藝文类聚》六五引）谓竹茎之圆也。一作团栾。唐陆羽诗："披书寓直月团栾。"谓月形之圆也。宋范成大《上元纪吴下节物诗》："撚粉团栾意，熬秄膈膊声。"自注："团栾，糰子。"谓粉糰之圆也。

畐

󰀀（士父钟）󰀀（畐父辛爵）

《说文·畐部》："畐，满也。从高省，象高厚之形。读若伏。"戴侗曰："畐即䨈也。"（《六书故》二八·八）马叙伦曰："畐字，父辛爵作󰀀，正象烹物之器。叔氏钟作󰀀，此其异文也，则戴说是也。盖篆本作󰀀，上象盖而下象铛。满也者，古读满如门，以声训。"（《六书疏证》一·七七）按戴、马二说非也。字象长颈鼓腹圜底之器，当为瓿之初文。《说文·瓦部》："瓿，瓾也。从瓦，音声。"连言之则曰瓿甊，《尔雅·释器》："甌瓿谓之瓵。"郭注："瓿甊，小罂。"《方言五》："瓿甊，罂也。……自关而西，晋之旧都，河汾之间，其大者谓之甀，其中者谓之瓿甊，其小者谓之瓶。"《广雅·释器》："瓿甊，瓶也。"或体作䍃，《说文·缶部》："䍃，小缶也。从缶，音声。"是畐为长颈鼓腹圜底之器，恰与字形相符。再从声类求之，凡从畐从音得声之字，音同用通，如《说文·走部》趋读若匐；又以火干肉之煏，今俗作焙，是其证矣。

《汉书·苏武传》："赐武马畜、服匿、穹庐。"孟康曰："服匿如罂，小口，大腹，方底，用受酒酪。"晋灼曰："河东北界人呼小石罂受二斗所曰服匿。"按服匿者，畐之缓音也。

畐为盛器,充盈于中,因以象征丰满。变易为富,《说文·宀部》:"富,备也。一曰:厚也。从宀,畐声。"为福,《示部》:"福,备也。从示,畐声。"为葍,《用部》:"葍,具也。从用,苟省。"孳乳为服,《舟部》:"服,用也。一曰:车右騑,所以舟旋。从舟,𠬝声。"为備,《人部》:"備,慎也。从人,𤰈声。"于心为愊,《心部》:"愊,诚志也。从心,畐声。"于体为腹,《肉部》:"腹,厚也。从肉,复声。"于布帛为幅,《巾部》:"幅,布帛广也。从巾,畐声。"广亦满也。于器为鍑,《金部》:"鍑,如釜而大口者。从金,复声。"盛满,故衍于畐。于车为輹,《车部》:"輹,轮轐也。从车,畐声。"轮轐充盈牙毂间空处,故孳乳于畐。于衣为複,《衣部》:"複,重衣也。从衣,复声。一曰:褚衣。"充盈于中,丰满无间,故引伸有逼迫之义,《尔雅·释言》:"逼,迫也。"逼即畐之俗字。孳乳为楅,《木部》:"楅,以木有所畐束也。从木,畐声。"为榎,《木部》:"榎,机持缯者。从木,复声。"为輹,《车部》:"輹,车轴缚也。从车,复声。"为牻,《牛部》:"牻,《易》曰:'牻牛乘马。'从牛,甸声。"牻牛乘马,亦以緐勒束之也。对转蒸为繃,《糸部》:"繃,束也。从糸,崩声。"

亯

𠅷(前二·三八·四)𠅷(前四·二一·四)𠅶(前六·六三·五)𠅷(后上一二·九)𠅷(后上二一·六)𠅷(后下一七·九)𠅷(拾掇二·一三〇)𠅷(白者君盘)𠅷(丰兮簋)𠅷(仲辛父簋)𠅷(齐镈)𠅷(孟鼎)𠅷(虞司寇壶)𠅷(周㝬鼎)𠅷(殳季良父壶)𠅷(鄩侯簋)𠅷(昶伯匜)𠅷(茉伯簋)𠅷(仲叔父簋)𠅷(雁伯原鼎)

《说文·亯部》:"亯,献也。从高省,𠆢象进孰物形。《孝经》曰:'祭则鬼亯之。'𠅣,篆文亯。"吴大澂曰:"古亯字,象宗庙之形。"(《说文古籀补》五·九)按吴说非也。余谓亯,烹饪器也。上象盖,中象颈,下象鼓腹圜底,当为甗之初文。《说文·虍部》:"甗,古陶器也。从豆,虍声。"许君云古陶器者,谓汉时已不用也。陶器多品,不止于豆,虘为专器而取于豆者,从其著也,与匠从斤意同。从声类求之,㐭与虘,古读晓纽双声,鱼阳对转。今音许羁切,后世之音变也。

㐭,烹饪器也,先民迷信鬼神,每食必祭,食物孰后,先荐鬼神,然后自食,故引伸有进献及祭祀之义。《尔雅·释诂》:"享,献也。"(舍人云:"献食物曰享。")《广雅·释言》:"㐭,祀也。"享即㐭字。篆文作𠅢,隶变作享。《书·盘庚上》:"兹予大享于先王。"《易·随·上六》:"王用享于西山。"《诗·小雅·天保》:"是用孝享。"《周颂·载见》:"以孝以享。"皆其引伸之义。至于《礼记·曲礼》:"五官致贡曰享。"《考工记·玉人》:"诸侯以享天子。"则以神道尊事人王。盖阶级制度形成后,王权扩张之现象,与王、皇诸字原以火光象征神灵,嗣后移以为人主之尊称,恰相适应。

公

Ⲙ(叉卣) Ⲙ(应公鼎) Ⲙ(伯作大父卣)

《说文·八部》:"公,平分也。从八、厶。八犹背也。《韩非》曰:'背厶为公。'"按Ⲙ,象侈口深腹圜底之器,当为瓮之初文。《说文·瓦部》:"瓮,大罌也("大"字依《慧琳音义》四七引增)。从瓦,公声。"一作甕,《史记·秦始皇本纪》:"陈涉甕牖绳枢之子。"《淮南子·原道训》:"蓬户瓮牖。"甕牖即瓮牖也,《说文·缶部》:"䍃,汲缾也。从缶,雝声。"隶变作甕,《周礼·天官·膳夫》:"酱百二十甕。"《释文》:"甕,徐、刘音瓮。"又作罋,《汉娄寿碑》:"桊枢罋牖。"罋牖亦即瓮牖。隶变为甕,《仪礼·既夕礼》:"甕三。"郑注:"瓦器,其容盖一觳。"《礼记·杂记》:"甕甒。"《释文》:"甕甒,盛醯醢之器。"其演变交第:Ⲙ为象形初文也;于象形加义符瓦为瓮,后起之字也;其后为䍃,为罋,隶变作甕,作甕,则纯形声字矣。至其用途,或盛或汲,先民生活简陋,一器不妨数用也。

甲文、金文有作左列形者:

☒（前·二三·七）☒（菁一〇·一）☒（屯甲一七七八）☒（沪一·一四〇）☒（盂鼎）☒（毛公鼎）☒（郜公鼎）☒（毕鲜簋）☒（秦公簋）☒（帍角父簋）☒（录簋）☒（邾公釛钟）☒（楚公钟）☒（邾公华钟）☒（虢文公鼎）☒（鵰公剑）☒（剌鼎）☒（楷伯簋）☒（公史簋）

☒上增八，变易词性，假作他义之形符也。

甲文又有作左列形者：

☒（藏二一〇·三）☒（林一·五·八）☒（粹五〇二）☒（粹九八四）☒（佚六三二）☒（录六〇八）☒（续存下四五八）

☒即☒之繁文，☒为☒之别构，如☒一作☒，又作☒，是其证。盖重叠其体，固为茂密，例与吾字，《毛公鼎铭》作☒，室字，《舍☒鼎铭》作☒相同。

金文又有作左列形者：

☒（穌公簋）☒（佢公壶）

☒上增八，结构与☒相同。甲文☒为☒之繁文，于此又得一确证矣。

☒，大罌也。象形。自后世一假为背厶之公，再假为尊号之名，因别造从瓦公声之瓮以代本字。学者惑于《韩非》之说，深信不疑。☒之初形本义，淹晦不传者历二千余年，至余始发其覆，其愉快为何如也。

品

☒（前五·三五·四）☒（后下九·一三）☒（戬一·一〇）☒（井侯簋）☒（穆公鼎）

《说文·品部》："品，众庶也。从三口。"林义光曰："按☒象物形。"（《文源》六·一一）按林说是也，惜未能质言其名。余以區从品证之，盖象甌形。甌，小盆也，三之者，古人以三为多数，犹星之作☒，示其小而多也。品从三口，例与劦从三力，众力也；雥从三隹，群鸟也；卉从三屮，屮之总名也相同。许君训为众庶，引伸之义也。

區

■（子禾子釜）

《说文·匚部》："區，踦區，藏匿也。从品在匚中。品，众也。"按區当甌之初文。《说文·瓦部》："甌，小盆也。从瓦，區声。"《方言五》："甌，陈、楚、宋、魏之间谓之题，自关而西谓之甌，其大者谓之甌。"盖甌为小盆，而甌又小于甌，故云其大者谓之甌也。《淮南子·说林训》："狗彘不择甌甌而食。"《楚辞》东方朔《七谏》："甌甌登于明堂兮，周鼎潜乎深渊。"可证古代用以盛食。品象其形，匚所以藏之。

又按凵与區形制全同。由于用途之异，分化为二，大者为凵，用以贮物，小者为區，用以盛食。从音理言之，古读见纽（或影纽）双声，侯东对转。

司

■（前二·一四·四）■（前四·二八·一）■（菁二·一）■（续存上七〇）■（毛公鼎）■（默钟）■（弔向簋）■（扬簋）■（大梁鼎）■（司母戊鼎）

《说文·司部》："司，臣司事于外者。从反后。"马叙伦曰："司盖从■，即匕箸之匕，从口。到匕于口，即饲小儿饭之义。饲，伺之初文也。"（《六书疏证》一七·四九）按马说非也。字从凵，从■。凵即甌，盛食之器；■为■之倒文，扱食之具，二者皆所以设食，即司之本义。孳乳为祠，《尔雅·释诂》："祠，祭也。"又《释天》："春祭曰祠。"郭注："祠之言食。"考古人每食必祭，郭云"祠之言食"，引伸之义也。《说文·示部》："祠，春祭曰祠，品物少，多文词也。从示，司声。"望文生义，其失甚矣。

曾

̸(鄫伯簠)̸(余义编钟)̸(易鼎)̸(弔姬簠)̸(段簋)̸(曾子簠)

《说文·八部》:"曾,词之舒也。从八,从曰,囧声。"林义光曰:"按窗字作囧,未可据,窗又非声。曾为词,亦无分散之义。古作̸,当为赠之古文,以物分人也。从口(转注),从八田。八,分也。"(《文源》一〇·一九)杨树达曰:"按曾为会意兼声字,当云从曰,从田,从八,田亦声。从曰者,五篇上《曰部》云:'曰,词也。从口,乙,象口气出形。'从田者,十篇下《囧部》云:'囧在墙曰牖,在屋曰囧。'或作田,又或作窗。从八者,《八部》釆下云:'八象气之分散。'五篇上《兮部》兮下云:'八象气越于。'曾从曰,从田,从八,盖谓口气上出穿田而散越也。……口气上出穿田而散越,故训为语之舒。"(《小学金石论丛补遗》一)按林、杨二说非也。曾即䰞若甑之初文。象形。《说文·鬲部》:"䰞,鬶属。从鬲,曾声。"又《瓦部》:"甑,䰞也。从瓦,曾声。"《尔雅·释器》:"䰞谓之鬻。"《释文》:"䰞,本或作甑。"《方言五》:"甑自关而东谓之甗,或谓之鬻。"是甑即䰞之重文,䰞与鬻一音之转,䰞与甗同实而异名。《说文·鬲部》:"鬻,大釜也。一曰:鼎大上小下若甑曰鬻。从鬲,兓声。读若岑。"又《瓦部》:"甗,甑也。一穿也。从瓦,鬳声。读若言。"《考工记》:"陶人为甗,实二鬴,厚半寸,唇寸。……甑实二鬴,厚半寸,唇寸,七穿。"郑注:"量六斗四升曰鬴。郑司农云:'甗无底甑。'"从文字考之,形制如左:

̸(前五·四·一)̸(前七·三七·一)̸(趞亥鼎,會字偏旁)

上形如鼎,下形如鬲,中仅一穿者甗也。上大小小,中有七穿者甑也。《仪礼·少牢馈食礼》:"雍氏概鼎匕俎于雍爨。……廪人概甑甗匕一敦于廪爨。"盖甑甗以炊饭,与鼎以烹肉同。其器下体承水,上体盛饭,中设一箅。金文曾字从田,即象其形。《说文·竹部》:"箅,蔽也。所以蔽甑底。从竹,畁声。"段玉裁曰:"甑者蒸饭之器,底有七穿,必以竹席蔽之,米乃不漏。"其说是也。箅为甑之特征,故造字取以为象。下从𠙴,所以承之。上从八,与𠙴从八作甘相同,变更词性之形符也。

卯

∮(藏一·二)∮(藏一四四·一)∮(前三·七·五)∮(前七·四·三)∮(后上二三·六)∮(菁九·七)∮(林一·一·二)∮(戬二九·七)∮(旅鼎)∮(戍甬鼎)∮(段簋)∮(刺鼎)∮(趞尊)∮(散盘)∮(召卣)∮(卯𨛕甗)∮(番匊生壶)

《说文·卯部》:"卯,冒也。二月万物冒地而出。象开门之形,故二月为天门。非,古文卯。"林义光曰:"按古作∮,不从二户,即兜鍪之鍪本字,首铠也。卯、鍪古同音。∮象兜鍪形,两旁与兜从( )同意。"(《文源》一·二四)吴其昌曰:"卯之始义为双刀对植之形。"(《殷虚书契解诂》六)按林、吴二说非也。余谓卯,门闭也。象形。其制如左:

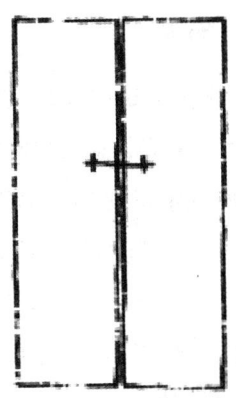

一为横木(变形作一),所以持门户,[ ]为纵木(正面作∥),空其中以受一。一纵一横,其用乃备。

《礼记·月令》:"修键闭,慎管钥。"郑注:"键牡,闭牝也。管钥,搏键器也。"按一象键,[ ]象闭。古者门内之守,于门扉施闭。其制,于两扉各树小木而横凿穿以受键,故谓之牝。键者,为木肩以横贯二木之穿中,故谓之牡。

《说文·卵部》:"卵,凡物无乳者卵生。象形。卝,古文卵(四字依《五经文字》、《九经字样》引补)。"按卝即關之初文。篆文作卝,兼象其闭,盖繁文也。《说文·糸部》绾下云:"读若鸡卵。"段玉裁谓"古卵读如管",其说是也。管与關,古读同音,《书·金縢》之管叔,《墨子·耕柱篇》作關叔,是其证。又《礼记·内则》:"濡鱼卵酱。"郑注:"卵读为鲲。鲲鱼子或作攔也。"《释文》:"卵,依注音鲲,古门反,鱼子也。攔,音關。"考鲲攔古读见纽双声,韵亦文元相近。是卝为卝之繁文,不仅形义相符,音亦吻合无间,而卵为门闭,亦得一确证矣。

自来文字学家解释卵字,大抵附会许说,穿凿不经,甚或妄造字形,逞臆胡说(如龚橙谓卝当作○○)。其初形本义,至余始发其覆。千载疑滞,一朝冰释,当为治斯学者所同声称快矣。

又按卵部原有㲋、㲋二篆,其说解如左:

㲋,卵也。从卵,段声。

㲋,卵不孚也。从卵,段声。

两字音义,划然有别。㲋读徒玩切,即今之蛋字。㲋读古瓦切,即今湘俗所谓 kwa 蛋。杨雄《法言·先知篇》:"雌之不才,其卵㲋矣。君之不才,其民野矣。"㲋与野协韵,其字正读 kwa 而当作㲋。李轨注云"㲋败",是也。五代时作音义者亦误为徒玩切矣。他如《管子·五行篇》:"羽卵者不段。"尹注:"谓离散不成。"《淮南子·原道训》:"鸟卵不㲋。"高注:"卵不成鸟曰㲋。"考段当作叚,㲋当作㲋。惟《吕氏春秋·明理篇》之"鸡卵多假"。假即㲋之同音假借,独为不误。毕沅校改作㲋,慎矣。

苜

卝(林一·九·二) 卝(戬一·九) 卝(屯乙八六〇九)

《说文·苜部》:“苜,目不正也。从,从目。读若末。”一作眜,《说文·目部》:“眜,目不正也。(正,今本误作明。兹依《广韵》十三末眜下注校改。)从目末声。”目不正则视不明,孳乳为蔑,《苜部》:“蔑,目劳无精也。从苜,从戍。人劳则蔑然也。”为瞢,《目部》:“瞢,瞢兜,目眵也。从目,蔑省声。”转脂为昧,《目部》:“昧,目不明也。从目,未声。”为眆,《目部》:“眆,目冥远视也。从目,勿声。”转幽为瞀,《目部》:“瞀,低目谨视也。从目,敄声。”《玉篇·目部》:“瞀,目不明皃。”为瞐,《目部》:“瞐,氐目视也。从目,冒声。”转宵为眊,《目部》:“眊,目少精也。从目,毛声。”《玉篇·目部》:“眊,不明皃。”

苜又孳乳为烖,《说文·苜部》:“烖,火不明也。从苜,从火,苜亦声。”为烕,《火部》:“烕,灭也。从火戌。火死于戌,阳气至戌而尽。”

苜𢦏为卜辞习见之成语,饶宗颐释为𦍌𢦏,谓“如连读可解为羊灾,言五行者有羊祸之语”,并引《汉书·五行志》羊旤为证(《巴黎所见甲骨录》三一)。按饶说非也。苜𢦏犹言无𢦏。经传作蔑,《诗·大雅·板》:“丧乱蔑资。”《毛传》:“蔑,无也。”《论语·雍也篇》:“亡之命矣夫。”《汉书·宣元六王传》引作“蔑之命矣夫”,颜注:“蔑,无也。”

甲文又有作左列形者:

(前·二八·五)(前四·一八·一)(前四·三七·五)(林二·二五·六)

苜下增,乃晚期文字,义与苜同。

病

(前一·一二·五)(前六·三二·一)(前六·五〇·二)(前七·二一·二)(后下二九·四)(戬三四·四)

上揭奇字,丁山《释疾》谓:“齿犹言齿病,即周常见之疾字也。许君言从,矢声,而秦两诏椭量刻辞丞相斯云疾,疾则从人作,与

所从之人同也。又按祭,卜辞作🩸;杀,卜辞作🩸;育,卜辞作🩸,所从之𠂇𠂉,皆象血液,则🩸外之𠂇𠂉,亦可谓象血液形。日本象大版,亦象斧依。人体流血,倚版寝息,此🩸之全角,亦疾之初义矣。"《释疾》)胡厚宣从之,谓:"举秦量刻辞疾字作🩸以证🩸之为疾,实形义俱安,不可移易之论也。"《商史论丛初集·殷人疾病考》三)按丁、胡二说非也。疾字,甲文、金文及秦篆作左列诸形:

🩸(后下三五·二)

🩸(毛公鼎)🩸(上官鼎)

🩸(大騩权)🩸(旬邑权)🩸(两诏椭量)🩸(元年诏版)🩸(同上)🩸(同上)

象人著矢。古多战事,人著矢,斯疾已。其去大作疒,乃后起之字,已失初形。丁说明系杜撰,胡君不察,又从而附和之,甚矣其谬也!余谓🩸,病之初文也。《说文·疒部》:"病,疾加也。从疒,丙声。"字象人卧日上(日即床之初文,寝榻也),意谓人病卧床不起,由于有物附身作祟。《左传·襄公十年》:"晋侯……及着雍,疾。卜,桑林见。"(杜注:"祟于卜兆。")《昭公元年》:"寡君之疾病,卜人曰:'实沈台骀为祟。'"《史记·赵世家》:"晋景公疾,卜之,大业之后不遂者为祟。"台骀,地示也,实沈,大业,人鬼也,桑林,物魅也。可证古人以为疾病之生,由于有物附身作祟,故造字作人卧日上以象之。

病对转鱼,孳乳为痛,《说文·疒部》:"痛,病也。从疒,甫声。"又孳乳为痛,《疒部》:"痛,卧惊病也。从疒省,丙声。"对转鱼,孳乳为怖,《心部》:"怖,惶也。从心,甫声。怖,怖或从布声。"又孳乳为怲,《心部》:"怲,忧也。从心,丙声。"为妨,《女部》:"妨,害也。从女,方声。"

晨

🩸(前四·一〇·三)

《殷周文字释丛》（选录）

☒（輨侯鼎）☒（师晨鼎）☒（郡公錳）

《说文·晨部》："晨，早也，昧爽也。从臼、辰。辰，时也。辰亦声。刊夕为夙，臼辰为晨，皆同意。"按晨象两手持辰之形。辰，蜃之初文也。象形。《说文·虫部》："蜃，雉入淮所化。从虫，辰声。"先民利用其壳以除田秽，《淮南子·泛论训》："古者剡耜而耕，摩蜃而耨。"高注："蜃，大蛤，摩令利，用之耨，除田秽也。"是其证。辰为除田秽之器，古人名动同词，因之两手持辰以除田秽谓之晨矣。

又按晨即耨之初文。《说文·木部》："耨，薅器也。从木，辱声。鎒，或作从金。"考耨经传通作鎒，《吕氏春秋·任地篇》："耨柄尺、此其度也，其耨六寸，所以间稼也。"高注："耨所以耘苗也。刃广六寸，所以入苗间也。"盖上古之世，制作未兴，先民利用摩锐之蜃壳以除田秽，及文物改进，乃断木为柄，削木为刃，自金属发明后，则柄用木而刃用金，故其字有从木从金之分。据《任地篇》言"柄长一尺，刃广六寸"，可证其仍为坐而操作，与持辰无异。《易·系辞下》："耒耨之利。"《释文》："耨，奴豆反。马云：鉏也。"《庄子·胠箧篇》："耒耨之所刺。"《释文》："耨，乃豆反。李云：锄也。"锄即鉏之后起字，《说文·金部》："鉏，立薅斫也。从金，且声。"考耨与鉏，实一器之演进，名异而用同。盖坐而薅草，其器曰耨，其柄短；立而薅草，其器曰鉏，其柄长。耨之用浅，鉏之用深。观于晨、耨、鎒三字之演变，与鉏之后起，可以明了古代农业技术发展之程序矣。从音理言之，晨读定声真韵，耨读泥声幽韵。旁纽双声，阴阳对转。

杨树达曰："按晨为会意字，如许说，臼辰二字义不相会，辰时不能以手臼也。盖吾族以农立国，俗尚早起，农民两手持蜃往田，为时甚早，故以两手持辰表昧爽之义。"（《小学述林》二·五一）按晨训昧爽，于经传无征，杨说皮傅不切，非正义也。《说文·晶部》："曟，房星，为民田时者。从晶，辰声。晨，曟或省。"考星以晨或辰为名者，其在东方，恒星为房星，行星为岁星，皆以时晓见。故昧爽之晨或辰，即由星名之晨引伸而起，犹日月二字本以名太阳太阴者，引伸为日夜之日，年月之月也。

359

菶

䒬（静簋）䒬（静卣）䒬（卯簋）䒬（史懋壶）䒬（遹簋）䒬（召伯簋）䒬（井鼎）

按上揭奇字，从艸，从△，方声，当为薄之初文。《说文·艸部》："薄，林薄也。一曰蚕薄。从艸，溥声。"徐锴曰："木曰林，艸曰薄，故云丛薄。"《广雅·释草》："草藂生为薄。"是杂草丛生谓之薄，与菶从艸，从△，形义恰相符合。从音理言之，方读帮声阳韵，薄读滂声铎韵。旁纽双声，阳入对转。形义既符，音亦切合。菶为薄之初文，可无疑矣。

古音薄与亳通，《吕氏春秋·具备篇》："汤尝约于郼薄矣。"高注："薄，或作亳。"《孟子·滕文公下》："汤居亳。"《汉书·地理志》："山阳郡薄。"臣瓒曰："汤所都。"是其证也。

薄又与镐若镳通，《山海经·北山经》："虫尾之山，……薄水出焉。"郭注："《淮南子》曰：'薄水出鲜于山。'"按今本《淮南子·坠形训》作"镐出鲜于"，此薄与镐相通之证也。《国语·周语》："杜伯射王于鄗。鄗，《墨子·明鬼篇》作圃田。按田为衍文，圃即鄗之音假，亦其一证。）《墨子·非攻下》云："天乃命汤于镳宫。"继之曰："汤奉桀众以克有夏属诸侯于薄。"镳与薄盖一地，天命汤始于镳宫，汤乃于薄以应之。《礼记·祭义》："焫蒿凄怆。"郑注："蒿，或为蔍。"《尔雅·释草》："蔍，廉。"《释文》："蔍，谢，蒲苗反。……《字林》工兆反。"此薄与镳相通之证也。盖古音薄读 kuak bʻuak，镳读 kau bʻau 系同一语根之分化，故亳、薄、镐、镳，可互相通。

或曰："汤都亳，武王都镐，东西异地，不能混为一谈。"余谓古人用字尚音。《说文·高部》："亳，京兆杜陵亭也。从高省，乇声。"《金部》："镐，温器也。从金，高声。武王所都，在长安西上林苑中，字亦如此。"考《国语·周语》云："杜伯射王于鄗。"而《汉书·郊祀志》载杜主祠在杜陵，可证亳、镐实为一地。是镐之为菶，犹亳之为薄矣。（又亳与鄗同音。《吕氏春秋·简选篇》:"西至鄭郭。"高注:"鄭郭在长安西南。"按鄭郭即鄭鄠,亦其一证。)

自来治金文者于𦮴京讫无定释,惟吴大澂、罗振玉皆谓𦮴京即镐京,极具卓识。吴大澂曰:"丰多丰草,镐多林木,故从艹,从㐁,它邑不得称京,其为镐京无疑。"(《说文古籀补附录》一一)罗振玉曰:"𦮴京疑即镐京。《竹书纪年·周纪》沈约注:'周德既隆,草木茂盛,蒿堪为宫室,因名蒿室。既有天下,遂都于镐。'𦮴字从艹,象草木茂盛,殆即镐京之初字欤?"(《辽居》乙二七)余受二说启示,悟𦮴即薄之初文,展转互证,𦮴、镐相通之故,豁然大明。昔人谓考证之学,譬如积薪,后来居上,此即一例矣。

夔

𝍠(前六·一八·二)𝍠(前七·二〇·二)𝍠(后下一四·五)𝍠(粹一)𝍠(粹三)𝍠(粹五)𝍠(粹八)𝍠(亚鼎)𝍠(无夔卣)

《说文·夂部》:"夔,神魖也。如龙,一足,从夂,象有角手人面之形。"按⊘象人面有角,丨象其身如龙,入象手,圡象足。文作侧面形,故仅见一手一足。《国语·鲁语》:"木石之怪曰夔蝄蜽。"韦注:"木石,谓山也。或云:'夔一足,越人谓之山缫也。'或云:'独足。'"《庄子·达生篇》:"山有夔。"《释文》:"司马云:'状如鼓而一足。'"是夔为山中怪物,当为猿类之幻化。云一足者,拘泥于字形,因生误解之说也。至于《韩非子·外储说》、《吕氏春秋·察传篇》载孔子对鲁哀公问,皆以为舜臣。一释为"夔非一足也,一而足也",一释为"若夔者一而足矣,故曰夔一足,非一足也"。盖神话演变为史实后,晚周学者润饰之辞。

《山海经·西山经》:"刚山,……是多神𩳁。其状人面,兽身,一足,一手。其音如钦。"郭注:"𩳁亦魑魅之类也。音耻回反。或作𩳁。"郝懿行曰:"按𩳁疑为𩳁字之或体,《说文》云:'𩳁,神兽也。从鬼,隹声。'与郭音义俱合。又云'或作𩳁'者,𩳁当为魃,《说文》云:'魃,厉鬼也。'《玉篇》云:'魃,丑利切。'"又曰:"按《说文》云:'夔,神魖也。如龙,一足,从夂，象有角手人面之形。'许君所说形状，正与此经合。再证以魖字之解，则知神魖当为神夔，字之讹也。"（《山海经笺疏》二·三二）按郝说精确不移。夔古读复音 g'ie d'ie，自语言单音化后，以一字代表一音，故别造形声之魖以代表第二音。自是夔读 g'ie，魖读 d'ie，析而为二。又媿古音读 t'iet，与魖为旁纽双声，阴入对转，亦一字之分化也。

传世铜器有《无夔卣》，无夔人名，义取压胜。《左传·僖公二十六年》："楚人灭夔。"《公羊传》作灭隗。《书·尧典》："帝曰：'夔，命女典乐。'"《乐纬》："昔归典叶声律。"宋忠曰："归即夔。"（《水经》江水注引）《尔雅·释训》："鬼之为言归也。"是夔、鬼、归音同用通。《庄子·杂篇·徐无鬼·释文》："以人名篇。"无夔，犹无鬼也。

又按此字，王先生初释夂（《观堂集林》九·二），继改释夔（《古史新证》三）。林义光释忧（《文源》四·三），容庚《金文编》（五·三七）从之。形义皆不相符，兹不逐一辩正。

金文又有作左列形者：

夔（艅尊）

孙诒让、林义光皆释为夔，确无可易。惟孙谓"中从禾即象手形"（《名原》上一），林谓"禾象其尾"（《文源》一·三），于义为短。按《大戴礼记·五帝德》："龙夔教舞。"《荀子·成相篇》："夔为乐正鸟兽服。"盖古代相传夔为乐师，故其字作手持禾形。禾，旄牛尾也。《周礼·春官·序官》："旄人。"郑注："旄，旄牛尾，舞者所持以指麾。"孙诒让曰："云舞者所持以指麾者，谓以旄牛尾为舞者之翳也。"（《周礼正义》九·三二）此正其形象矣。

臭

臭（鄦臭鼎）臭（毛公鼎）

《说文·介部》："臭，大白泽也。从大、白。古文以为泽字。"按臭象人头上蒙俱。俱，方相也，汉人谓之魌头。大，人也。中一横画为羡文。

当为禓之初文。《说文·示部》："禓，逐强鬼也（四字依《篆隶万象名义》及《韵会》引补）。道上祭也。从示，昜声。"逐强鬼即索室驱疫，《周礼·夏官》："方相氏掌蒙熊皮，黄金四目，玄衣朱裳，执戈扬盾，帅百隶而时难，以索室殴疫。"郑注："蒙，冒也。冒熊皮者，以惊殴疫疠之鬼，如今魌头也。时难，四时作方相氏，以难却凶恶也。《月令》'季冬命国难。'索，廋也。"考逐强鬼为古代一种感致巫术，即以鬼攻鬼，幻想用虚假之动作以招致实际之效果也。道上祭即衍祭，《周礼·春官》："大祝……辨九祭，……二曰衍祭。"郑注："郑司农云：'衍祭，祭羡之道中（依孙校增"祭"字）。如今祭殇，无所主命。'"从字之结构考之，逐强鬼为本义，道上祭为引伸义。古音臭读透声铎韵，禓读定声阳韵。旁纽双声，阳入对转。是臭为禓之初文，不仅形义相符，音亦切合无间。

传世铜器有《无臭鼎》，无臭人名，义取压胜，与无斁同。《史记·太史公自序》有司马无泽，《秦始皇本纪》有冯毋择。无泽、毋择，即无臭也。许君云臭"古文以为泽字"，此即其确证矣。

亡臭为古代习用之成语，《师訇簋铭》："肆皇帝亡臭。"《毛公鼎铭》："肆皇天亡臭。"亡臭即无臭。一作无罢，《静簋铭》："静学无罪（罪即罢之省形）。"经传皆作无斁，《书·雒诰》："我惟无斁。"《诗·周南·葛覃》："服之无斁。"《大雅·思齐》："古之人无斁。"《周颂·振鹭》："在此无斁。"《鲁颂·駉》："思无斁。"《泮水》："徒御无斁。"一作无射，《大雅·思齐》："无射亦保。"《周颂·清庙》："无射于人斯。"按臭为本字，罢、斁、射皆同音假借。

臭与皋形近，皋一作皐，形与睪近，故古籍中常互混淆，如《诗·小雅·鹤鸣》："鹤鸣于九皋。"《毛传》："皋，泽也。"按皋当作臭，毛公训为泽，以本字释借字也。《荀子·大略篇》："望其圹皋如也。"皋如，《家语·困誓篇》作睪如，《列子·天瑞篇》同。皋亦臭之形误，睪为同音假借。臭，《唐韵》音古老切，《说文系传》音奸皓反，盖误以皋字之音为臭字之音。《广韵》二十二昔音昌石切，《集韵》二十陌音直格切，乃其本音。许君云"古文以为泽字"，是其确证。《玉篇·大部》臭音公老切，又昌石切，两音并存。盖其混淆,在六朝时已然。

吴大澂释䚇为斁(《说文古籀补》三·一一)。林义光谓臬即䚇、䍩之省变(《文源》八·八)。唐兰谓䚇为臬之形误,臬为昊之异文(《古文字学导论》·下五一)。容庚析䚇、臬为二:一释斁,与吴同(《金文编》三·三五);一释臬,云:"《说文》所无。"(同上,五·三二)按诸说纷纭,误不待辩。

䍩

䍩(沇兒钟)䍩(邾公华钟)䍩(邾公牼钟)䍩(鄎子簠)䍩(郐王义楚耑)䍩(攻吴王監)䍩(曾伯簠)䍩(寡兒鼎)䍩(陈贻簠)䍩(其肜句鑃)

《说文·収部》:"䍩,引给也。从収,䍩声。"桉䍩象两手奉䍩。《说文·夲部》:"䍩,司视也。从目,从夲,令吏将目捕辠人也。"寻夲为惊人之物,增目作䍩,示昭鉴无隐。许君云:"令吏将目捕辠人。"盖据汉俗言之,非造字时之初义也。从声类求之,当为度之本字。古从众得声之字,与度相通。《释名·释兵》:"铎,度也,号令之限度也。"《后汉书·张衡传》:"惟盘逸之无斁兮,惧乐往而哀来。"李注:"斁,……音徒故反,古度字也。"是其证。《广雅·释器》:"祋,度,杖也。"祋即殳,《说文·殳部》:"祋,殳也。从殳,示声。或说城郭市里高县羊皮,有不当入而欲入者,暂下以惊牛马曰祋,故从示殳。"度即䍩,与祋异物而用略同。祋为惊牛马之物,度则用以惊人。《周礼·地官·司市》:"凡市入,则胥执鞭度守门。"郑注:"凡市入,谓三时之市,市者入也。胥,守门察诈伪也。必执鞭度,以威正人众也。度谓殳也,因刻丈尺耳。"郑君训度为殳是也,谓刻丈尺,则因误度为度量衡之度而附会,王引之已辨正之矣(说详《经义述闻》),兹不赘述。

金文又有作左列形者:

䍩(静簋)

《静簋铭》:"静学无罙。"杨树达曰:"余疑罙为䍩之省形,当读为斁。《说文》云：'殬，败也。'无殬犹他器言亡尤也。"（《金文说》七·一八九）按杨说是也，惜尚差一间。罪为臭之假借，无罪即无臭也。

方

才（藏三二·四）才（藏一五一·二）才（前一·三·一）才（前四·四四·六）才（后上一六·八）才（后上二九·一〇）才（毛公鼎）方（孟鼎）才（鄂侯鼎）才（曾伯簠）方（秦公簋）￪（不娶簋）于（录伯簋）

《说文·方部》："方，并船也。象两舟省，总头形。"按方当为枋若柄之初文。从刀，一指握持之处。（变形作廾。）字之结构，与刃从刀、丶指刀鉴相同。《鹖冠子·武灵王篇》："手握兵刃之枋而希战。"陆注："枋，柄也。"当为此字之本义。《考工记》："秦无庐。"郑注引郑司农云："庐读为纑，谓矛戟柄。"此则由刀柄引申为一切器物之柄矣。

《说文·木部》："柄，柯也。从木，丙声。"按柄与枋，音同字通，《仪礼·士冠礼》："加柶面枋。"郑注："今文枋为柄。"《士昏礼》："绤幂加勺皆南枋。"郑注："今文枋作柄。"是其证也。从文字发展次第言之，方为初文，指事；枋、柄皆后起字，形声。

《说文·手部》："把，握也。从手，巴声。"按把亦方之后起字。《礼记·曲礼上》："左手承弣。"郑注："弣，把中。"孔疏："弣，谓弓把也。"《释文》："把音霸，手执处也。"从音理言之，方与把，古读帮纽双声，鱼阳对转。今人通呼柄为把，读必驾切，已不知把即柄之转音，更不知方即把之初文，盖古义之淹晦久矣。

奭

￪（珠五六四）￪（珠五六五）

按上揭奇字，从亚，从人。《说文·臣部》："亚，乖也。从二臣相违。读若诳。"霍世休曰："䀠为眄之形讹,金文作○○。"其说是也。《说文·眄部》："眄,左右视也。从二目。读若拘,又读若'良士瞿瞿'。"按䀠训乖,即左右视引伸之义。眄与䀠,古读见纽双声,鱼阳对转。形音义三者皆合,其为一字明矣。审是,✶从䀠从人,当即篆文奭之异形。《眄部》："奭,目袤也。从眄,从大。大,人也。"从眄与从䀠同,从大(象人正立之形),与从✶(象人席地而坐之形)同,是甲文之✶,即篆文之奭,确无可疑。

眄若奭孳乳为惧,《说文·心部》："惧,恐也。从心,瞿声。愳,古文。"盖心怀恐惧,则瞿然左右视也。为趜,《走部》："趜,走顾皃。从走,瞿声。读若劬。"为顾,《页部》："顾,还视也。从页,雇声。"为虩,《虎部》："虩,《易》：'履虎尾虩虩。'恐惧也。一曰：'蝇虎也。'从虎,㻺声。"为狂,《犬部》："狂,多畏也。从犬,去声。"又孳乳为瞿,《瞿部》："瞿,鹰隼之视也。从隹、眄,眄亦声。读若章句之句。"鹰隼求狐兔,左右顾盼。为矍,《瞿部》："矍,隹欲逸走也。从又,持之瞿瞿也。读若《诗》云'穬彼淮夷'之穬。一曰：视遽皃。"隹欲逸走,必左右视也。惧对转阳,变易为惶,《心部》："惶恐也。从心,皇声。"为恇,《心部》："恇,狂也。从心,匡声。"旁转东,变易为恐,《心部》："恐,惧也。从心,巩声。恭,古文。"为恭,《心部》："恭,战栗也。从心,共声。"

《说文·丬部》："䀩,目惊䀩然也(今本"目"上有"举"字,兹依《广韵》九遇䀩下引《埤苍》删)。从丬,从眄,眄亦声。"按眄、奭、䀩盖累增字。目惊䀩然,即左右视引伸之义。经传作瞿,《礼记·檀弓上》："曾子闻之,瞿然曰呼!"孔疏："闻童子之言,乃便惊骇。"又"瞿瞿如有求而弗得。"孔疏："瞿瞿,眼目速瞻之貌。"

《说文·丬部》："䙆,惊走也。一曰：往来也。从丬,䀠声。"按䀠与眄同,是䙆、䀩实为一字,许君训惊走,一训往来,二义相因,盖人遇异外,左右顾盼,仓皇逃避也。孳乳为遽,《说文·辵部》："遽,传也。一曰：窘也。从辵,豦声。"

趌

❦(秦公簋)

孙诒让曰："窃疑此字当从盖省声，即《说文》趌字之异文。盖声与曷声古音同部。"(《古籀拾遗上》五)按孙说近是。《尔雅·释言》："曷，盍也。"古音曷与盍为匣纽双声，韵亦术盍相近，例可通用。《说文·走部》："趌，趌趌也。从走，曷声。"又"趌，趌趌，怒走也。从走，吉声。"考《秦公钟》、《秦公簋》两铭并云"趌趌文武"，如释为趌，义不相适。余谓趌当读为朅，《诗·卫风·伯兮》："伯兮朅兮。"《毛传》："朅，武貌。"又《硕人》："庶士有朅。"《毛传》："朅武壮貌。"古人以武勇为美德，故以趌趌形容之。朅对转元，变易为桓，《书·牧誓》："尚桓桓。"郑注："桓桓，威武也。"《诗·周颂·桓》："桓桓武王。"《郑笺》："桓桓有威武之武王。"《鲁颂·泮水》："桓桓于征。"《毛传》："桓桓，威武貌。"是《秦公钟》、《秦公簋》两铭之趌趌，犹《书·牧誓》、《诗·周颂》、《鲁颂》之桓桓矣。

朅又孳乳为仡，《书·秦誓》："仡仡勇夫。"《孔传》："仡仡壮勇之夫。"《说文·人部》："仡，勇壮也。从人，乞声。"一作矻，《汉书·王褒传》："终日矻矻。"如淳曰："矻矻，健作貌。"

《虢季子白盘铭》云："趄趄子白。"与《秦公钟》、《秦公簋》两铭之"趌趌文武"，语意全同。其字皆从走作，走含行动之义，盖威武由行动以表现也。《说文》训趌趌为怒走，怒走与威武义相因，《广雅·释诂》："噈，怒也。"又"偈，怒健也。"是其证。

㛰

李(陈侯因齐錞)

按上揭奇字，当为㛰之初文。《说文·夕部》："㛰，瞽也。从夕，昏声。"字下从𡕒，考金文婚字所从之偏旁作𦥑，即此字，形较完整，象人张口挢舌手足失措之形。上从尒，尒与爾同，金文嬭一作妳，篆文邇古文作迩，是其证。尒、爾并檷之初文。《说文·木部》："檷，络丝柎也。从木，爾声。读若昵。"尒象络丝之架，爾象架上缠丝。络丝必速转其器，因以象征病人神志昏乱，举动失常也。经传作昏，《左传·哀公十六年》："失志为昏。"《周语》："无夭昏札瘥之忧。"韦注："狂惑曰昏。"《晋语》："君子失心，鲜不夭昏。"韦注："昏，狂荒之疾。"孳乳为惛，《说文·心部》："惛，怓也。从心，昏声。"《玉篇·心部》："惛，乱也，痴也。"为怋，《说文·心部》："怋，不憭也。从心，民声。"《玉篇·心部》："怋，闷也，不明也。"（今本《说文》惛、怋二字互讹，兹依《玉篇》校改。）为顝，《说文·页部》："顝，系头殟也。从页，昏声。"

㛰古音 xuən muən，孳乳为眩泯，《汉书·司马相如传》："视眩泯而亡见兮。"颜注："眩泯，目不安也。"倒之为瞑眩，《孟子·滕文公上》："若药不瞑眩，厥疾不瘳。"赵注："瞑眩，药攻人疾，先使瞑眩溃乱，乃得瘳愈。"为冥眴，《汉书·扬雄传》："冥眴而亡见。"颜注："冥眴，视不谛也。"重言之为泯泯芬芬，《逸周书·祭公解》："汝无泯泯芬芬。"孔注："泯芬，乱也。"《书·吕刑》："泯泯棼棼。"《孔传》："泯泯为乱，棼棼同恶。"转幽，孳乳为沟瞀，《荀子·儒效篇》："甚愚陋沟瞀而冀人之以己为知也，是众人也。"杨注："沟瞀，无知也。"为瞀彀，《说文·子部》："彀，乳也。从子，𣪊声。一曰：彀，瞀也。"徐锴曰："彀瞀，愚闇也。"为恂瞀，《玉篇·心部》："恂，恂愗，愚皃。"

孙诒让曰："《陈侯因𬸦敦》云：'淖（朝）𡜂者（诸）侯。'𡜂旧释昏，近是。朝昏，犹言朝朝莫夕也。"（《名原》下二）按孙说是也。𡜂假为昏，《说文·日部》："昏，日冥也。从日，民声。"（依唐本改。）

釁

（颂鼎）（鲁遵父簋）（子仲匜）（邾公釛钟）（殳季良父壶）（铸公簠）（王妇匜）（邾公华钟）（齐侯敦）（齐侯匜）

（国差𦉢）❀（陈公子甗）❀（虞司寇壶）❀（交君簠）❀（邾友父鬲）❀（杞伯壶）❀（毕鲜簋）❀（师仲父鼎）❀（归父盘）❀（釁朕鼎）

《说文·釁部》："釁，血祭也。象祭灶也。从爨省，从酉；所以祭也。从分，分亦声。"按釁，金文作上揭诸形，象两手奉盛水之鬲，从头上倾注，八若八，淋下之水滴也。《周礼·春官·女巫》："掌岁时祓除衅浴。"郑注："岁时祓除，如今三月上巳如水上之类。衅浴，谓以香熏草药沐浴。"《国语·齐语》："管仲，……齐使受之而退，比至，三衅三浴之。"韦注："以香涂身曰衅。"盖用香草如水沐浴谓之釁。王筠曰："古之釁，犹后世之祓禊耳。"其说是也。

金文又有作左列形者：

❀（毳簋）❀（㝆兑簋）❀（沬伯寺簋）❀（杞伯壶）❀（𠫑壶）❀（德簋）❀（伯其父簠）❀（伯家父簋）❀（无叀鼎）❀（陈逆簋）

从页，从水，从皿，象事，谓盛水于皿以沐浴。或省水，或省皿，皆别构也。

金文又有作左列形者：

❀（毛弔盘）❀（器伯盘）❀（𦀚侯盘）

合釁頮为一。古人作字，变化任意，此即其一例矣。

《周礼·春官·大祝》："隋釁。"郑注："隋釁，谓荐血也。凡血祭曰釁。"《说文·血部》："衅，以血有所刉涂祭也。从血，幾声。"按釁与衅，义相同。古音釁读晓声文韵，衅读群声微韵。旁纽双声（古音喉牙不分），阴阳对转。盖衅为本字，釁为假借。许君误以假借为本字，故其解说字形，支离附会，毫无是处。

釁古音 xuən muən。《国语·齐语》："三衅三浴之。"韦注："衅，亦或为熏。"《汉书·贾谊传》："豫让釁面吞炭。"颜注："釁，熏也。"此音 xuən 之证也。釁寿为周金铭辞习见之成语，经传皆作眉寿。釁与眉为明纽双声，微文对转，此音 muən 之证也。

釁与眉，截然二字，渺不相涉，由于偶尔借用，容庚《金文编》（四·三）

369

混而为一,疏矣。

我

〸(藏三五・三)〸(前四・三一・七)〸(后上一六・九)〸(后下二一・一八)〸(戬二六・八)〸(粹一四六九)找(盂鼎)𢆉(毛公鼎)𢆉(召鼎)找(师衮簋)我(召伯簋)𢆉(不娶簋)𢆉(鬲攸比鼎)𢆉(散盘)𢆉(曾伯簋)我(齐鞄氏钟)𢆉(弔向簋)𢆉(郘公𨦡钟)𢆉(弔我鼎)𢆉(王孙钟)

《说文·我部》:"我,施身自谓也。或说:'我,顷顿也。'从戈、𠂆。𠂆,古文垂也。一曰:古文杀字。𢦔,古文我。"郭沫若曰:"余意,我字本即《诗·豳风》'既破我斧,又缺我锜'之锜。《传》:'凿属曰锜。'《说文》:'锜,鉏鎯也。'旧于鉏鎯不得其解。今案古之所谓鉏鎯,即今人之所谓锯矣。锯之齿不相值,故鉏鎯引伸而为龃龉、齟牙。锯音居御切,正鉏鎯之促音。锯字在古本戈之别名,存世有燕昭王戈,文曰:'郾王詓作五牧锯。'(《周金文存》六·二十)其证。戈之一名锯,亦犹我若锜(古音读柯)之一名鉏鎯,同属牙喉音之通转。"(《殷契粹编考释》一九七)按郭说近是,惜尚差一间。《诗·豳风·破斧》:"既破我斧,又缺我锜。"《毛传》:"凿属曰锜。"《释文》:"锜,《韩诗》云:'木属。'"陈乔枞曰:"谨案《毛诗》云:'凿属曰锜,木属曰銶。'与《韩诗》以锜为木属,銶为凿属者互异。马瑞辰曰:'《说文》:"锜,鉏鎯也。"鎯或从吾作铻。《广韵》:"鉏铻,不相当也。"鉏铻二字叠韵,盖器之有齿,参差不齐,能相错磨者,犹齿不相值曰龃龉,盖即今之锯也。《管子》曰:"一车必有一斤,一锯一釭,一钻一凿,一銶一轲。"则锯与凿、銶同为军实所需。'胡承珙曰:'器之以木为者多矣,不得遂名木属,疑木属为苿属之误。《说文》:"苿,两刃臿也。"《方言》:"臿,宋、魏之间谓之铧。"苿、铧古今字。案《说文》又曰:"枱,苿臿也。从木,𠂆象形,吕声。"苿从木,𠂆象形,宋、魏曰苿也。或从金、亏作𨥥。鲁商瞿字子木,亦当为茉之误,或省借作木耳。'乔枞谓《说文》锜下云:'江淮之间谓釜曰锜。'《毛诗·召南传》云:'釜有足曰锜。'郭璞《方言注》云:'锜,三脚釜也。'釜之有足者名锜,铧之有齿者亦名锜,然则锜之为物,盖如舌而有三齿,与茉之有两刃者相似,故《韩诗》以为茉属,而《说文》以鉏鎯为训也。今世所用鉏,犹有三齿五齿者,盖即是物,而马以锜为今之锯,其说非是。"《韩诗遗说考》)按陈说精确不移。我象长柄而有三齿之器,即锜之初文。原为兵器,《破斧》三章以斨、锜、銶并言,是其证。自农业发达后,利用之为耕具,所谓鉏鎯,即鉏之缓音也。再从声类求之,凡从我、从奇得声之字,例相通用,如《吕氏春秋·先识览》:"求国之长者得义莳田邑礼之。"义莳,《说苑·权谋篇》作锜畤。是我之为锜,形义即符,音亦切合。自假为施身自谓以后,别造锜字代之,初形本义,因之晦矣。

戉

ナ(藏四二·一)ナ(藏二四五·一)ナ(前三·四·一)ナ(前三·四·三)戉(后上三〇·八)ナ(后下二二·一四)ナ(林一·一·七)ナ(戬二七·五)ナ(司母戊鼎)ナ(罗文)ナ(且戊尊)ナ(且戊卣)(兄日戉)ナ(父戊鼎)ナ(冈戊父爵)ナ(戊寅鼎)ナ(癸罗爵)ナ(辈簋)ナ(段簋)ナ(豆闭簋)ナ(枚家卣)ナ(戈父戊甗)ナ(父戊爵)ナ(且戊爵)ナ(陈猷釜)

《说文·戉部》:"戉,中官也。象六甲五龙相拘绞也。戉承丁,象人脅。"林义光曰:"按古作戉,作戉,与戊同形,即戉字,声转为戊也。"(《文源》二·一三)容庚曰:"《虢季子白盘》'锡用戉,用政蛮方',字形与戊同,与戉为一字。"(《金文编》一二·二八)郭沫若曰:"戉象斧钺之形,盖即戚之古文。许书:'戚,戉也。从戉,未声。'段注云:'《大雅》曰:"干戈戚扬。"《传》云:"戚,斧也。扬,钺也。"依《毛传》戚小于戉,扬乃得戉名。《左传》:"戚钺秬鬯,文公受之。"戚、钺亦分二物,许则浑言之耳。'按戚小于戉之说是也。古音戚、戉同在幽部，故知戉即是戚，十二支之戌则戊也。金文、骨文均作㦰，较之戉形，实有大小别。"（《甲骨文字研究》下九）按林、容、郭三说非也。字象兵器，一望了然。从声类求之，当为劉之初文。《书·顾命》："一人冕执劉。"郑注："劉，盖今镶斧。"考《说文》无劉字，而有从劉得声之鐂、瀏，盖偶夺佚。其字从金，从刀，卯声。卯，古读复音 mǎu lǎu，故从之得声诸字分为二系，如茆、昴、貿读 mǎu，珋、留、柳、窌、聊、聊、奅、聊读 lǎu。戉与卯同音，是戉之为劉，犹卯之读 lǎu 矣。

王先生曰："卜辞屡言卯几牛，卯义未详，与尞、瘞沈等同为用牲之名。以音言之，则古音卯劉同部，柳留等字篆文从丣者古文皆从卯，疑卯即劉之假借字。《释诂》：'劉，杀也。'"（《戬寿堂所藏殷虚文字考释》五）按先生说是也。戉为初文，卯为假借，劉为后起字。劉训杀者，盖劉为兵器，用之以杀人即谓之劉，此义之相因者也。

今

A（藏四六·四）A（藏一〇九·三）A（前三·二〇·三）A（前五·二五·三）A（后上一一·九）A（后下一·九）A（菁八·一）A（戬二七·五）A（毛公鼎）A（孟鼎）A（师兑簋）A（师虎簋）A（师寰簋）A（谏簋）A（召伯簋）

《说文·亼部》："今，是时也。从亼，从㇇。㇇，古文及。"林义光曰："按亼㇇义不可晓。古作A作A，即含之古文。A为口之倒文，亦口字。A象口含物形，含从今得声，音本如今。含不吐不茹，有稽留不进之象。……今为是时，亦从稽留不进之义引伸。"（《文源》五·一）马叙伦曰："今为檭之初文。檭音影纽，今音见纽，同为破裂清音。由今为是时之义所专，乃造檭字。檭下曰'棽也'，棽下曰'复屋栋也'。A从A一，象屋复栋形，音义皆得吻合。指事。"（《六书疏证》一〇·四五）按林、马二说牵附无理，非正义也。今即箹之初文。象形。《说文·竹部》："箹，籥也。从竹,拑声。"又"籋,箝也。从竹,爾声。"段玉裁曰:"夹取之器曰籋。今人以铜铁作之谓之镊子。"孳乳为钳,《说文·金部》:"钳,以铁有所刧束也。从金,甘声。"为拑,《手部》:"拑,胁持也。从手,甘声。"从音言之,凡从今从甘得声之字,音同用通,如《易·说卦》:"为黔喙之属。"《释文》:"黔,郑作黚。"《山海经·西山经》:"西次二经之首曰钤山。"郭注:"音髡钳之钳。"是今之为箝,犹黔之作黚、钤之音钳矣。

器

𠱠(散盘)𠱏(周悊鼎)𠱪(黄韦俞父盘)𠱣(畏卣)𠱫(弔姬簠)𠱞(函皇父簋)𠱛(鄦侯簋)𠱤(耸鼎)𠱬(郱公华钟)𠱵(子弔嬴芮君𥁕)𠱠(秦公簋)𠱝(仲盘)𠱶(陈侯因𬮯簠)

《说文·㗊部》:"器,皿也。象器之口,犬所以守之。"林义光曰:"按犬守器,非守器之口。四 𠙴 象物形,以犬守之。"(《文源》六·四一)马叙伦曰:"按皿也者,𠙴 卢饭器之训,𠙴 器双声,古书多借器为 𠙴 耳。器为㹞之转注字,㹞声谈类,㗊下曰'读若戢',戢声亦谈类,则器自从㗊得声,当入犬部。说解经校者迭改之矣。"(《六书疏证》五·四)按林、马二说非也。字从犬,从㗊,结构与嚣相同。《说文·㗊部》:"嚣,声也。气出头上。从㗊,从页。页,首也。"《玉篇·㗊部》:"嚣,喧哗也。"嚣从页㗊,义为人之喧声,器从犬㗊,即犬之吠声矣。从声类求之,当为㹞之初文。《说文·犬部》:"㹞,犬吠声也。从犬,斤声。"古音器读群声微韵,㹞读疑声文韵。旁纽双声,阴阳对转。稽之字形,核之音义,器为初文,㹞为后起字,昭然若揭矣。

㹞一作猌,《玉篇·犬部》:"㹞,犬声。猌,同上。"孳乳为狠,《说文·犬部》:"狠,犬斗声。从犬,艮声。"旁转阳,孳乳为猩,《犬部》:"猩,猩猩,犬吠声。从犬,皇声(今本"皇"皆误作"星",兹依牟庭说校改)。"为犷,《犬部》:"犷,犬犷犷不可附也。从犬,广声。"旁转侵,乳为獡,《犬部》:"獡,犬吠不止也。从犬，兼声。读若槛。"旁转谈，孳乳为猣，《犬部》："猣，小犬吠。从犬，敢声。"迓又孳乳为豤，《说文·豕部》："豤，豕齧也。从豕，艮声。"为虓，《虎部》："虓，虎声也。从虎，斤声。"

枭 嚚

上揭奇字，罗振玉释嚚，谓："许书无嚚字而有嚚，注：'譁讼也。从吅，壬声。'《集韵》：'嚚或作嚚。'以是例之，知嚚即许书之嚚矣。嚚字见于《周官》，以卜辞诸文考之，知从王者，乃由🌿传写而讹。"（《殷虚书契考释》中七五）叶玉森释枭，谓："疑从木，从三口或四口，并为枭字。《说文》：'枭，鸟群鸣也。从品在木上。'卜辞文字凡表众多之意者，往往较篆增繁，如羴之作羴，器之作𣛁，是其例也。"（《殷契钩沈》五）按罗、叶二说是也。枭与嚚实一字，象群鸟栖于木上，众口争鸣之形。古音读 sāu mgáu 或 sǎk mgǎk，肖其聒噪之声也。孳乳为卒愕，宋玉《高唐赋》："卒愕异物，不知所出。"为错愕，《后汉书·寒朗传》："而二人错愕不能对。"皆以状惊慌失声之容。倒之则为嗷嗷，《史记·信陵君传》："晋鄙嗷嗷宿将。"《正义》引《声类》云："嗷，大唤；嗷，大呼。"为哑咋，《太玄·乐次三》："嗷呱哑咋，号咷倚户。"

枭孳乳为噪，《说文·言部》："噪，扰聒也。从言，枭声。"为譜，《言部》："譜，大声也。从言，昔声。读若笮。"为诅，《言部》："诅，训也。从言，且声。"为𥩭，《立部》："𥩭，惊皃。从立，昔声。"为怍，《心部》："怍，惭也。从心，乍声。"为詐，《言部》："詐，惭语也。从言，作声。"为诈，《言部》："诈,欺也。从言,乍声。"

噩孳乳为嚚,《说文·叩部》："嚚,譁讼也。从叩,𡵂声,𡵂亦声。"为詻,《言部》："詻,论讼也。《传》曰：'詻詻孔子容。'从言,各声。"为语,《言部》："语,论也。从言,吾声。"

禽

✡(禽簋) ✡(大祝禽鼎) ✡(不娶簋) ✡(同上)

《说文·内部》："禽,走兽总名。从厹象形。今声。禽、离、兕头相似。"马叙伦曰："禽实擒之初文。禽兽皆取获动物之义,特兽或为田犬之名,而借以为田猎之名,若禽则完全为取获动物之名,故柳下惠姓展名获字禽也。禽字金文《禽敦》作✡,《大祝禽鼎》作✡,《禽章敦》作✡,皆从本书田网也之毕,今声。毕所以捕取动物,故即从毕而被以当时名捕取动物曰今之声而为禽。"(《六书疏证》二八·四一)按马说非也。字从✡,令声。✡象巨首长身而有足,盖爬虫类之动物也。当为离之本形,亦即螭之初文。《说文·内部》："离,山神,兽形。从禽头,从内从中。欧阳乔说：'离,猛兽也。'"又《虫部》："螭,若龙而黄。北方谓之地蝼(蝼,今本作蟥,兹依《史记·封禅书》校改)。从虫,离声。或曰：无角曰螭。"离与螭实一字。《左传·文公十八年》："以御螭魅。"《释文》："螭,山神兽形。"《宣公三年》："螭魅罔两。"杜注："螭山神,兽形。"二字同训,是其证矣。离上从中,象火光三出,所以象征神灵。字之结构,与✡相同。《吕氏春秋·应同篇》："黄帝之时,天先见大螾("大螾"上有"大蝼"二字,盖校语栏入正文,兹依《史记·封禅书》删)。"《史记·封禅书》："黄帝得土德,黄龙地螾见。"所谓大螾地螾即离若螭。《荀子·赋篇》："螭龙为蝘蜓。"杨注："蝘蜓,守宫。"《吕氏春秋·举难篇》："螭食乎清而游乎浊。"高注："螭,龙之别也。"离若螭,盖神化之守宫也。《尔雅·释鱼》："蝾螈,蜥蜴。蜥蜴,蝘蜓,守宫也。"郭注："转相解,博异语,别四名也。"《说文·易部》："易,蜥易,蝘蜓,守宫也。象形。"《虫部》："蝘,守宫(二字依《一切经音义》二〇引补)。在壁曰蝘蜓,在

375

艸曰蜥易。从虫，匽声。"又"虺，荣蚖，它医，以注鸣者。从虫，元声。"《古今注·鱼虫篇》："蝘蜓，一曰守宫，一曰龙子。善于树上捕蝉食之。其五色长大者名为蜥蜴，其短而大者名为蝾螈，一曰蛇医。大者长三足，其色玄绀，善魅人。一曰绿螈。"远古时代，山泽未闢，爬虫动物族类蕃衍，故造走兽总名之字，用为义符。

《中国古代神话与史实》

洪水

洪水神话,典籍所载,述之如次:

《吕氏春秋·爱类》:"昔上古龙门未开,吕梁未发,河出孟门,大溢逆流,无有丘陵沃衍,平原高阜,尽皆灭之,名曰鸿水。禹于是疏河决江,为彭蠡之障,干东土,所活者千八百国。此禹之功也。"

按此言洪水之来,由于龙门未开,吕梁未发,故河水大溢逆流,致成洪水。

《淮南子·人间训》:"古者沟防不修,水为民害,禹凿龙门,辟伊阙,平治水土,使民得陆处。"

按此言洪水之来,由于沟防不修。

《尚书·禹贡》:"导河积石,至于龙门。"

《淮南子·修务训》:"(禹)凿龙门,辟伊阙。"(高诱注:"龙门本有水门,鲔鱼游其中,上行得上过者,便为龙,故曰龙门。")

《水经注·河水》:"河水又出于阳纡陵门之山,而注于冯逸之山。"

按《山海经·海内北经》言："凌门之山，河出其中。"清郝懿行案："陵门即凌门也，或云即龙门，凌、龙亦声相转徇也。"凌、龙声近。龙门在今陕西韩城县东，河所出。

《淮南子·齐俗训》："禹之时，天下大雨，禹令民聚土积薪，择丘陵而处之。"

按此言洪水之来，由于大雨。

综上三说，洪水为灾，一由地势，二由人为，三由天时。凡此皆后起之传说，其原始神话，乃由共工之振滔。

《淮南子·本经训》："舜之时，共工振滔洪水，以薄空桑。龙门未开，吕梁未发，江淮通流，四海溟涬。民皆上丘陵，赴树木。舜乃使禹疏三江五湖，辟伊阙，导瀍、涧，平通沟陆，流注东海。鸿水漏，九州干，万民皆宁其性。"

按此言共工振滔洪水，禹治平之，当为最早神话之真象。

《山海经·大荒西经》："有禹攻共工国山。"

《荀子·成相》："禹有功，抑下鸿，辟除民害逐共工，北决九河，通十二渚，疏三江。"

又《议兵》："禹伐共工。"（《战国策·秦策》同）

按大水之来，或由天作淫雨，山洪暴发，或由秋水时至，百川沸腾，及其平息，青山无恙，两岸沙明，初民睹此自然界之剧变，幻想所及，构成神话，此禹逐共工抑洪水之传说所由来。

《山海经·海外北经》："共工之臣，曰相柳氏。九首，以食于九山。相柳之所抵，厥为泽溪。禹杀相柳，其血腥，不可以树五谷种。禹厥之，三仞三沮，乃以为众帝之台。在昆仑之北，柔利之东。相柳者，九首，人面，蛇身而青。不敢北射，畏共工之台。台在其东，台四方，隅有一蛇，虎色。首冲南方。"

又《大荒北经》："共工臣，名曰相繇。九首，蛇身自环，食于九

土,其所歍所尼,即为源泽,不辛乃苦,百兽莫能处。禹湮洪水,杀相
繇,其血腥臭,不可生谷,其地多水,不可居也。禹湮之,三仞三沮,
乃以为池,群帝是因以为台。在昆仑之北。"

按相柳、相繇,原为复祠,繇、柳之分化,古读 dı̭og、lı̭og,九首蛇身,当
即《楚辞·天问》"雄虺九首,儵忽焉在"之雄虺,又《招魂》:"雄虺九首,往
来儵忽,吞人以益其心些。"又繇、柳之合音为 d'ı̭og,声转为螣。《荀子·
劝学》:"螣蛇无足而飞。"《说文》:"螣,神蛇也。从虫,朕声。"《山海经·
海外北经》言:"相柳之所抵,厥为泽溪。"又《大荒北经》言:"其所歍所尼,
即为源泽。"是亦造成洪水之灾者,故禹杀之,塞洪水以为众帝之台。

《山海经·海内经》:"洪水滔天,鲧窃帝之息壤以堙洪水,不待
帝命,帝令祝融杀鲧于羽郊,鲧复生禹,帝乃命禹卒布土以定九州。"
郭璞注:"息壤者,言土自长息无限,故可以塞洪水也。"

按此言鲧开始布土,禹完成鲧之功劳,从此九州安定。至鲧之失败,
是不待帝命。

《淮南子·坠形训》:"禹乃以息土填洪水以为名山。"

按禹用息土以填塞洪水,造成名山,此即所谓敷土平水与山。

《夏书》:"禹堙洪水十三年。"(《汉书·沟洫志》引《史记·河渠
书》"堙"作"抑"。《索隐》:"抑者,遏也。……堙、抑皆塞也")

《国语·鲁语》:"鲧障洪水而殛死,禹能以德修鲧之功,……
故……夏后氏……郊鲧而宗禹。"

《孟子·滕文公下》:"昔者禹抑鸿水而天下平。"

《荀子·成相》:"禹有功,抑下鸿,辟除民害逐共工。"

按洪从共声,鸿从江声,共工即以水为名。《孟子·滕文公下》:"当尧
之时,水逆行,泛滥于中国,蛇龙居之,民无所定,下者为巢,上者为营窟。
《书》曰:'洚水警余。'洚水者,洪水也。使禹治之。"《广韵》、《集韵》"洚"并

读"胡公切"。鲧塞洪水,禹修鲧之功,亦塞洪水,故夏后氏郊鲧而宗禹。

《庄子·天下篇》:"墨子称道曰:'昔者禹之湮洪水,决江河,而通四夷九州也,名山三百,支川三千,小者无数。禹亲自操橐耜而九杂天下之川,腓无胈,胫无毛,沐甚雨,栉疾风,置万国。禹大圣也,而形劳天下也如此。'"

《淮南子·修务训》:"禹沐(原有"浴",据王校删)霪雨,栉扶风,决江疏河。"

又《要略训》:"禹之时,天下大水,禹身执蔂锸(原作"垂",据王校改)以为民先。"

《吕氏春秋·贵因》:"禹通三江五湖,决伊阙,沟沟陆。"(原作"沟回陆",据王校改。沟沟陆者,通沟道也。)

《韩非子·五蠹》:"禹之王天下也,身执耒锸以为民先。"

按此言禹堙洪水,决江河,洪水须堙,江河须决。山东武梁祠石室画象第九幅为"夏禹长于地理,脉泉知阴",此图禹头戴笠,手执锸,正所谓栉风沐雨、身执耒锸者。

《墨子·兼爱中》:"古者禹治天下,西为西河渔窦,以泄渠孙皇之水。北为防原派,注后之邸,嘑池之窦,洒为底柱,凿为龙门,以利燕、代、胡、貉与西河之民。东方漏之陆,防孟诸之泽,洒为九浍,以楗东土之水,以利冀州之民,南为江、汉、淮、汝,东流之注五湖之处,以利荆、楚、干、越与南夷之民。"

按此所谓泄、注、洒、凿、漏、流,皆为决疏之法。追原鲧,禹治水传说之改变,实为战国时势之反映。战国之时,交通四辟,水利大兴,因为防止水患,故盛行筑堤之法。为便利交通,振兴农业,故又盛行疏水灌溉之法。但筑堤之害处多而利益少,疏水灌溉,则有利而无弊,故防洪水之传说,渐归于鲧,而疏洪水之传说,渐归于禹。

《汉书·沟洫志》贾让奏:"古者……大川无防,小水得入,陂障卑下,以为汙泽。……盖堤防之作,近起战国,雍防百川,各以自利。齐与赵、魏以河为竟。赵、魏濒山,齐地卑下,作堤去河二十五里。河水东抵齐堤,则西泛赵、魏。赵、魏亦为堤去河二十五里。虽非其正,水尚有所游荡,时至而去,则填淤肥美,民耕田之。或久无害,稍筑室宅,遂成聚落。大水时至漂没,则更起堤防以自救,稍去其城郭,排水泽而居之,湛溺自其宜也。"

按春秋时齐桓公盟誓有"毋雍泉"(《谷梁》说),说是堤防之作,近起战国,不甚可据。自从战国君主雍防百川,各自为利,以邻国为壑(《孟子·告子》),于是鲧成为雍泉之罪魁了。

《尚书·禹贡》:"北过降水,至于大陆。"

《史记·夏本纪》同。《集解》引郑玄曰:"《地理志》降水在信都南。"《索隐》:"《地理志》降水字从'系',出信都国,与虖池、漳河水并流入海,"《正义》引《括地志》云:"降水源出潞州屯留县西南,东北流,至冀州入海。"

《汉书·地理志》:"北过降水,至于大陆。"颜师古注:"降水在信都。"

《史记·魏世家》:"绛水可以灌平阳。"(《正义》引《括地志》曰:"绛水……源出绛山。")

《水经注·浊漳水》:"郑玄注《尚书》'北过降水'云:降,下江反,声转为共。今河内共北山,淇水出焉,东至魏郡黎阳,入河,近所谓降水也。……盖周时,国于此地者恶言降,故改云共耳。"

《吕氏春秋·慎人》:"故许由虞乎颍阳,而共伯得乎共首。"(高诱注:"共国,伯爵也。弃其国,隐于共首山,而得其志也。")

《荀子·儒效》:"至共头而山隧。"(杨倞注:"共,河内县名。共头,盖共县之山名。……共音恭。")

《吕氏春秋·诚廉》:"又使保召公就微子开于共头之下而与之盟。"(高诱注:"共头,水名。")

《庄子·让王》:"故许由娱于颍阳,而共伯得乎共首。"

按黄河自古为害北方,夏族居黄河流域,降水为河水支流,共工之国,当即河内共县(今河南辉县),共工振滔洪水,亦即降水。

共工　句龙

共工神话,典籍所载,述之如次:

《山海经·大荒西经》:"不周(负子),有两黄兽守之。有水曰寒暑之水,水西有湿山,水东有幕山。有禹攻共工国山。"(郝懿行按:《文选·甘泉赋》及《思玄眩》、《太平御览》五十九卷引此经,并无"负子"二字。当据正。)

《楚辞·天问》:"康回冯怒,地何(故)以东南倾?"(王逸注:"康回,共工名也。"《太平御览》三六、《事类赋》注四引此,并有"以"字,无"故"字。当据正。)

《淮南子·原道训》:"昔共工之力,触不周之山,使地东南倾,(高诱注:"共工以水行霸于伏牺、神农间者也,非尧时共工也。不周山,昆仑西北。")与高辛争为帝,遂潜于渊,宗族残灭,继嗣绝祀。"

又《天文训》:"昔者共工与颛顼争为帝,怒而触不周之山,(高诱注:"共工,官名。伯于虑羲、神农之间。其后子孙任智刑以强,故与颛顼、黄帝之孙争位。不周山,在西北也。")天柱折,地维绝。天倾西北,故日月星辰移焉;地不满东南,故水潦尘埃归焉。"

又《兵略训》:"颛顼尝与共工争矣。……共工为水害,故颛顼诛之。"

又《本经训》:"舜之时,共工振滔洪水,以薄空桑。(高诱注:"共工,水官名也,柏有之后。振,动也。滔,荡也。欲壅防百川,滔高堙庳,以害天下者。薄,迫也。空桑,地名,在鲁也。")龙门未开,吕梁未发,江淮通流,四海溟滓。民皆上丘陵,赴树木。(高诱注:"龙门,河之隘也。在左冯翊夏阳北,禹所凿也。吕梁,在彭城吕县。石生水中,禹决而通之,民所由得度也,故曰吕梁也。未发之时,水道不通,江淮合流,四海溟涬,无岸畔也。")舜乃使禹疏三江五湖,辟伊阙,导瀍、涧,(高诱注:"伊阙,山名也。禹所开以通伊水,故曰辟伊阙。在洛阳西南九十里,瀍、涧,两水名。")平通沟陆,流注东海。鸿水漏,九州干,万民皆宁其性。"

又《坠形训》:"共工,景风之所生也。"高诱注:"共工,天神也。人面蛇身,离为景风。"

《归藏·启筮篇》:"共工,人面蛇身,朱发,"(《山海经·大荒西经》郭璞注引。)

《神异经》:"西北荒有人焉,人面朱发,蛇身人首足,而食五谷,禽兽贪恶顽愚,名曰共工。"

《左传·昭公二十九年》:"蔡墨曰:'共工氏有子曰句龙,为后土。'"

《荀子·议兵》:"是以尧伐驩兜,舜伐有苗,禹伐共工,汤伐有夏,文王伐崇,武王伐纣。此四帝两王,皆以仁义之兵行于天下也。"

又《成相》:"禹有功,抑下鸿,辟除民害,逐共工。"

《史记·律书》:"颛顼有共工之陈,以平水害。"

岑家梧《水家仲家风俗志》说水家之传说:"洪水泛滥,……于是天神放下水鼠,到处挖洞疏导,洪水始退。"(载《西南民族文化论丛》)

按洪之言共也,因水为共工所振滔,故谓之洪水。共工与句,侯东对转,实一名之分化。句之言纠也,当即纠龙,亦即《广雅·释鱼》之"蒬龙",故今俗犹谓大水为龙水。《淮南子·原道训》言"共工……与颛顼争为帝,遂潜于渊",盖共工为水虫,故失败后潜藏于渊。《山海经·大荒西经》则言"有禹攻共工国山",《荀子·议兵篇》言"禹伐共工",又《成相》言"禹……逐共工"。盖洪水之起,由于共工之振滔,禹攻伐之,驱逐之,水自平息。《左传·昭公十七年》言:"共工氏以水纪,故为水师而水名。"盖共工原为水物,故以水纪。其神话当分两系:一、《淮南子·天文训》言:

"共工……触不周之山,天柱折,地维绝。"此盖先民解释天象地形之神话。谓日月星辰之移于西北,水潦尘埃之归于东南,由于天倾西北,地不满东南,其原因为共工触不周之山,使天柱折、地维绝所致。二、《淮南子·本经训》言:"共工振滔洪水,以薄空桑。"此盖与鲧塞洪水为一事,传说分化为二,说详《鲧和禹》篇。

《尚书·洪范》:"箕子乃言曰:'我闻在昔,鲧陻洪水,汩陈其五行。帝乃震怒,不畀洪范九畴,彝伦攸斁。鲧则殛死,禹乃嗣兴。天欲锡禹洪范九畴,彝伦攸叙。'"

《国语·周语》:"古之长民者,不堕山,不崇薮,不防川,不窦泽。……昔共工弃此道也,虞于湛乐,淫失其身,欲壅防百川,堕高堙庳,以害天下,皇天弗福,庶民弗助,祸乱并兴,共工用灭。其在有虞,有崇伯鲧,播其淫心,称遂共工之过,尧用殛之于羽山。其后伯禹念前之非度,釐改制量。……共之从孙四岳佐之,高高下下,疏川导滞,钟水丰物,封崇九山,决汩九川,陂鄣九泽,丰殖九薮,汩越九原,宅居九隩,合通四海。……莫非嘉绩,克厌帝心。皇天嘉之,祚以天下,赐姓曰'姒',氏曰'有夏',……祚四岳国,命以侯伯,赐姓曰'姜',氏曰'有吕'。"

按《国语·周语》所载,全由神话演为人话,一事析为二事,兹与《淮南子·本经训》两相对比,列表如次:

《淮南子·本经训》	《国语·周语》
共工振滔洪水,以薄空桑	共工壅防百川,以害天下
	伯鲧遂称共工之过
	共工用灭
	尧殛鲧于羽山
禹疏三江五湖	伯禹疏川导滞
鸿水漏九州干	合通四海

振滔洪水,全为神话。壅防百川,盖据春秋战国时代以邻国为壑(见《孟子·告子》),壅防百川,各自为利(见《汉书·沟洫志》)为背景立说,明为人话。至共工与伯鲧为一人之分化,说详《鲧和禹》篇。

《逸周书·史记解》:"昔有共工自贤,自以无臣,久空大官,下官交乱,民无所附,唐氏伐之,共工以亡。"

按《汉书·地理志·河内郡》:"共,故国。"今属河南辉县,当即共工之国。唐,即陶唐。《帝王世纪》:"尧都平阳。"(《史记·五帝本纪》《正义》引)今属山西临汾。《逸周书·史记解》言唐氏伐共工而亡之,当为事实。

《国语·鲁语》:"共工氏之伯九有也,其子曰后土,能平九土,故祀以为社。"(《礼记·祭法》"伯"作"霸","九有"作"九州","九土"亦作"九州"。)

《左传·昭公二十九年》:"共工氏有子曰句龙,为后土。"

按共工即鲧,句龙即禹,其证如次:

《国语·周语》:"古之长民者,不堕山,不崇薮,不防川,不窦泽。……昔共工弃此道也,虞于湛乐,淫失其身,欲壅防百川,堕高堙庳,以害天下。"

又《鲁语》:"……以死勤事则祀之,……鲧鄣鸿水而殛死,禹能以德修鲧之功,……皆有功烈于民者也。"(《礼·祭法》无"以德"二字)

《尚书·洪范》:"鲧陻洪水,汩陈其五行,帝乃震怒,不畀洪范九畴,……鲧则殛死,禹乃嗣兴,天乃锡禹洪范九畴。"

《山海经·海内经》:"洪水滔天,鲧窃帝之息壤以堙洪水。"

共工壅防百川,堕高塞卑,以害天下,与鲧窃帝之息壤以塞洪水,遂致大灾相同。证一。

《逸周书·史记解》:"昔共工自贤,自以无臣,久空大官,下官交乱,民无所附,唐氏伐之,共工以亡。"

《楚辞·离骚》:"鲧婞直以忘身兮,终然夭乎羽之野。"

闻一多《楚辞校补》曰:"言鲧行婞直,不顾己身之安危也。……夭之为言夭遏也。《淮南子·俶真训》曰:'天地之间,宇宙之内,莫能夭遏,'又曰:'四达无境,通于无圻,而莫之要御夭遏者。'夭遏双声连语,二字同义,此曰'夭乎羽之野',犹《天问》曰'永遏在羽山'矣。《礼记·祭义》疏引郑志答赵商曰:'鲧非诛死,鲧放诸东裔,至死不得反于朝。'放之令不得反于朝,即夭遮遏止之使不得反于朝也。"

《吕氏春秋·行论》:"尧以天下让舜,鲧为诸侯,怒于尧曰:'得天之道者为帝,得地之道者为三公,今我得地之道,而不以我为三公。'"

共工自贤,与今我得地之道而不以我为三公,与鲧婞直以忘身相同。证二。

《史记·楚世家》:"共工鲧氏作乱,帝喾使重黎(即祝融)诛之而不尽。"

《山海经·海内经》:"帝令祝融杀鲧于羽郊。"

《韩非子·外储说右上》:"尧……又举兵而诛共工于幽州之都。"

诛共工者为祝融,杀鲧者亦为祝融。证三。

《汲冢琐语》:"晋平公梦朱熊窥其屏,恶之而有疾,使问子产,子产曰:'昔者共工之卿浮游,败于颛顼,自沉于淮。'"(《路史》注引。《太平御览》卷九〇六引"朱熊"作"赤熊","自沉于淮"作"自没沉淮之渊"。)

《国语·晋语》:"平公有疾,……客问君疾,对曰:'寡君之疾久矣,上下神祇。无不遍谕,而无除,今梦黄熊入于寝门。……'子产曰:'……侨闻之,昔者鲧违帝命,殛之于羽山,化为黄熊,以入于羽渊,实为夏郊。'"

此二事同为晋平公有疾,而问子产,一梦黄熊,一梦朱熊,所说鲧与共工卿浮游化熊入渊事又绝类,明为一传说之分化。证四。

《吕氏春秋·行论》:"尧以天下让舜,鲧为诸侯,怒于尧曰:'得天下之道者为帝,得地之道者为三公,今我得地之道,而不以我为三公。'以尧为失论,欲得三公,怒其(原作"甚",据王校改)猛兽欲以为乱,比兽之角,能以为城,举其尾,能以为旌。召之不来,仿佯于野以患帝,舜于是殛之于羽山,副之以吴刀。"(《论衡·率性篇》略同)

此传说演化为两支:

《韩非子·外储说右上》:"尧欲传天下于舜,鲧谏曰:'不祥哉!孰以天下而传之于匹夫乎!'尧不听,举兵而诛杀鲧于羽山之郊。共工又谏曰:'孰以天下而传之于匹夫乎!'尧不听,又举兵而诛(《太平御览》卷六四五引作"流")共工于幽州之都。"

是尧传天下于舜,鲧与共工同因进谏而被诛,谏辞全同。证五。

句龙即禹,其证如次:

《国语·鲁语》:"共工氏之伯九有也,其子曰后土,能平九土,故祀以为社。"(又见《礼·祭法》)

《左传·昭公二十九年》:"共工氏有子曰句龙,为后土。……后土为社。"

又昭公十七年:"共工氏以水纪,故为水师而水名。"

《淮南子·泛论训》:"禹劳天下,死而为社。"

句龙为共工子,禹为鲧子。句龙平九土,禹劳天下,句龙祀以为社,禹死而为社,是句龙即禹,甚为明显。禹与句,古读同音。《方言》:"䞨,貌治也。吴、越饰貌为䞨。"《说文》:"䞨,健也。一曰:匠也。从立,句声,读若龋。"又《吕氏春秋·应言》:"然而视之䴲焉,美无所可用。"(高诱注:"䴲读龋齿之龋,鼎好貌。")《淮南子·人间训》说高阳魋为室云:"其始成,竘然善也。"(高诱注:"竘,高壮貌。")吕氏言"蜗焉美"犹《淮南》云"竘然善"矣。

《文选》宋玉《登徒子好色赋》:"旁行踽偻。"李善注:"踽偻,伛偻也。"

《汉书·东方朔传》:"行步俯旅。"颜师古注:"俯旅,曲躬貌。"

《庄子·达生》:"见痀偻者承蜩。"王先谦注:"痀偻,老人曲腰之貌。"

《方言》九:"车……或谓之𨏢笼,……秦晋之间,自关而西,谓之枸篓。"

《集韵·麌韵》:"篼(音矩),果羽切。篼篓,规车辋则也。"

按禹与句古读同音,既已证明,偻、篓与笼古亦同音。枸篓即𨏢笼,亦即篼篓,故句龙即禹龙,禹为龙族,说详《鲧和禹》篇。

《天问》之"康回"即《尧典》之"庸违"。不过《尧典》那一整段文字,似乎从未被读懂过。原文如下:

帝曰:"咨畴若予采。"

驩兜曰:"都!共工方鸠僝(栫)功。"

帝曰:"吁!静言庸违(回)象(滰)恭(洪)滔天。"

帝曰:"咨四岳,汤汤洪水方割(害),怀山襄(蠡)陵,浩浩滔天,下民其咨,有能俾乂?"

佥曰:"于!鲧哉。"

《周语下》灵王太子晋说:"昔共工氏……壅防百川,堕高堙庳,以害天下,……祸乱并兴,共工用灭,其在有虞,有崇伯鲧,播其淫心,称遂共工之过。"《尧典》的话完全可与《周语》相印证,"僝"当读为栫,《说文》曰:"以柴木壅水也。""方鸠栫功"即《周语》之"壅防百川"。"象"是"滰"之省,"滰"即"烫"字。"恭"当从"水"作"洸",即"洪"之别体。"滔天"即下文之"浩浩滔天",指洪水。"滰洪滔天"即《淮南子·本经篇》所谓"共工振滔洪水,以薄空桑",《周语》之"害天下"亦指此而言。"庸违"当从《左传·文公十八年》、《论衡·恢国篇》、《潜夫论·明暗篇》、《吴志·陆抗传》作"庸回"。但自《左传》以来,都将"庸回"解为"用邪",《史记·五帝本纪》也译为"用僻",实在是大错。实则"庸回"是"潓洪滔天"的主词,正如"共工"是"方鸠僝功"的主词,庸回与共工是一个人。(闻一多:《伏羲考》,《闻一多全集》第一卷,开明书店一九四八年版)

按闻一多谓《楚辞·天问》之"庸回"即《尚书·尧典》之"庸违",其说精确不移。"康"当作"庸",因形近而误。"庸"即"融"之通假。如祝融,《路史后记》作"祝庸",是其证。《说文》:"融,炊气上出也,从鬲,虫省声。"挚乳为赨。又云:"赨,赤色也。从赤,虫省声。"盖以火光象征神灵。故《归藏·启筮篇》、《神异经》并言共工"朱发"。"回"、"违"皆虫,如虺之音假,《尔雅·释鱼》:"蝮虫(今本虫作虺)博三寸,首大如擘指。"(郭璞注:"此自一种蛇,人自名为蝮虺。今蝮蛇细颈,大头,焦尾,色如艾,绶文,文间有毛似猪鬛,鼻上有针。大者长七八尺,一名及鼻,非虺之类,此足以明此自一种蛇。"(见《斯干》及《颜田儋传》注)《说文》:"虫,一名蝮,博三寸,首大人如擘指,象其卧形。"又,"虺,以注鸣,《诗》曰:'胡为虺蜥(今诗作蜴)?'从虫,兀声。"虫若虺,即蚖如螈。盖虫为初文,象形,虺为虫之后起形声字,蚖为虺之异文。盖虺从兀声,蚖从元声,兀与元实为一字又二物,皆以注鸣(注即咮之通假),是其证,螈又蚖之同音假借。

《尔雅·释鱼》:"蝾螈,蜥蜴;蜥蜴,蝘蜓;蝘蜓,守宫也。"

《方言》:"守宫,秦晋、西夏谓之守宫,或谓之蠦蠪,或谓之蜥蜴。其在泽中者谓之易蜴,南楚谓之蛇医,或谓之蝾螈,东齐海岱谓之蠑螈,北燕谓之祝蜓。"(郭璞注:"蜓易,南阳人又呼蝘蜓。""蠑螈,似蜓易,大而有鳞,今所在通言蛇医耳。")

《说文》:"易,蜥蜴,蝘蜓,守宫也,象形。"又云:"在壁曰蝘蜓,在草曰蜥蜴。"又云:"蝾螈、蛇繋以注鸣者。"

《诗经·小雅·正月》:"胡为虺蜴?"《毛传》云:"蜴,螈也。"郑玄

《笺》云:"虺蜴之性,见人则走。"孔颖达义疏云:"虺蜴,一名蝾螈,蜴也,或谓之蛇医,如蜥蜴,青绿色,大如指,形状可恶。"

《汉书·东方朔传》:"射守宫不中,云:'臣以为龙又无角,谓之为蛇又有足,跂跂脉脉善缘壁,是非守宫即蜥蜴。'"(颜师古注:"跂跂,行貌也。脉脉,视貌也。"《尔雅》云:"蝾螈,蜥蜴;蜥蜴,蝘蜓,守宫。"是则一类耳。)

《古今注》:"蝘蜓,一名龙子,一曰守宫。善上树,捕蝉食之,其长细五色者名为蜥蜴;短大者名蝾螈,一曰蛇医。大者长三尺,其色玄绀者善螫人,一名玄螈,一曰绿螈也。"

```
虫─虺─虬
   └─螈─原
```

《国语·郑语》载史伯引《训语》:"夏之衰也,褒人之神化为二龙,以同于王庭,而言曰:'余,褒之二君也。夏后卜杀之,与去之,与止之,莫吉。卜请其漦而藏之,吉。乃布币焉,而策告之。龙亡而漦在,椟而藏之,传郊之。'及殷、周莫之发也。及厉王之末,发而观之,漦流于庭,不可除也。王使妇人不帏而噪之,化为玄鼋。"韦昭注:"鼋,或为虬。虬,蜥蜴,象龙。"

按《史记·夏本纪》太史公曰:"禹为姒姓,其后分封,用国为姓,故有……褒氏,……"是褒为禹后。"同"即交合之谓。《山海经·海内经》:"伯陵同吴权之妻阿女缘妇。"郭璞注:"同犹通,言淫之也。"《急就篇》亦有"沐浴揄撼寡合"之语。"二龙同于王庭",使我们联想起那"左右有首"的人首蛇身交尾像。

"二君",韦昭注:"二先君"。《史记·周本纪》,《集解》引虞翻曰:"龙自号褒之二先君也。"由二龙为"同于王庭"的雌雄二龙推之,所谓"二君"自然是夫妇二人。夫妇二人有着共同为人"先君"的资格,并且是龙的化身,这太象伏羲女娲了。(参考闻一多:《伏羲考》,《闻一多全集》第一卷,开明书店一九四八年版)

鲧和禹

鲧、禹神话，典籍所载，述之如下：

《山海经·海内经》："鲧、禹是始布土，均定九州。……洪水滔天，鲧窃帝之息壤以堙洪水，不待帝命。帝令祝融杀鲧于羽郊，鲧复生禹。帝乃命禹卒布土，以定九州。"

又《大荒南经》："禹攻云雨。"

又《大荒西经》："有禹攻共工国山。"

《墨子·非攻下》："黄者三苗大乱，……高阳乃命禹于玄宫，……以征有苗。……禹既已克有三苗，焉历为山川（即甸山治水），别物上下，乡制四极，而神明不违。"

《楚辞·天问》："不任汩鸿，师何以尚之？佥曰何忧，何不课而行之？鸱龟曳衔，鲧何听焉？顺欲成功，帝何刑焉？永遏在羽山，夫何三年不施？伯禹愎鲧（王逸注："愎一作腹。"），夫何以变化？纂就前绪，遂成考功。何续初继业，而厥谋不同？洪泉极深，何以寘之？地方九则，何以坟之？应龙何画？河海何历？鲧何所营？禹何所成？……阻穷西征，岩何越焉？化为黄熊，巫可活焉？咸播秬黍，莆雚是营，何由并投，而鲧疾修盈？"

《左传·昭公七年》："郑子产聘于晋。晋侯有疾。韩宣子逆客，私焉曰：'寡君寝疾，于今三月矣，并走群望，有加而无瘳。今梦黄熊入于寝门，其何厉鬼也？'对曰：'以君之明，子为大政，其何厉之有？昔尧殛鲧于羽山，其神化为黄熊，以入于羽渊，实为夏郊，三代祀之。晋为盟主，其或者未之祀也乎？'韩子祀夏郊。"（《国语·晋语》略同）

《归藏·启筮》："鲧殛死，三岁不腐，副之以吴刀，是用出禹。"（《路史·后纪》注引）

同上："鲧死，三岁不腐，剖之以吴刀，化为黄龙也。"《山海经·海内经》郭璞注引）

《吕氏春秋·行论》:"帝舜于是殛之于羽山,副之以吴刀,禹不敢怨。"

《史记·夏本纪》:"舜……乃殛鲧于羽山以死。"(《正义》:"鲧之羽山,化为黄熊,入于羽渊。熊音乃来反,下三点为三足也。束晳《发蒙记》云:'鳖三足曰熊。'")

按神话大意,言洪水滔天,鲧堙之而殛死,禹纂前绪,卒成其功,从此九州安定。《山海经·海内经》言"鲧复生禹",即《楚辞·天问》言"伯禹腹鲧",亦即《左传》言"昔尧殛鲧于羽山,其神化为黄熊,以入于羽渊",《归藏·自筮》言"鲧死三岁不腐,剖之以吴刀,化为黄龙"。此为生物孚化之神话。《广雅·释诂》:"腹,生也。"腹训生者,字实假为孚。《通俗文》:"卵化曰孚。"《集韵》:"孵,化也。"孚、孵同,化亦生。《淮南子·泰族训》:"夫蛟龙伏寝于渊,而卵剖(原作"割",据王校改)于陵。"高诱注:"绞龙……乳于陵而伏于渊,其卵自孚也。"鲧腹生禹,即谓鲧鱼孚化生为禹虫。

夏为龙族,传说禹自身为龙。《海内经》注引《归藏·启筮篇》"鲧死,三岁不腐,剖之以吴刀,化为黄龙",《初学记》二二、《路史后记》注一二并引末句作"是用出禹"。禹是龙,所以《列子·黄帝篇》说夏后氏也是"蛇身人面"。传说多言夏后氏有龙瑞。《史记·封禅书》,"夏得木德,青龙止于郊。"《尚书大传》描写禹受禅的情形,说:"于是八风循通,庆云丛聚,蟠龙奋迅于其藏,蛟鱼踊跃于其渊,龟鳖咸出于其穴,迁虞而事夏。"(这大概就是后来的鱼龙漫衍之欢。)龙是水族之长,所以龙王受禅,蛟鱼龟鳖之属都那样欢欣鼓舞。夏人的器物多以龙为饰。《礼记·明堂位》:"有虞氏之旗,夏后氏之绥。"郑注谓"有虞氏当言绥,夏后氏当言旗",甚确。《周礼·司常》:"交龙为旗。"《明堂位》又曰:夏后氏以龙勺。""夏后氏之龙簨虡。"要晓得原始人器物上的装潢,往往是实用的图腾标记,并无纯粹的审美意义。传说夏后氏诸王多乘龙。《括地志》说:"禹平天下,二龙降之,禹御龙行域外,既周而还。"(敦煌旧抄《瑞应图》残卷引)《大荒西经》引《归藏·郑母经》曰:"夏后启筮御飞龙登于天。"《海外西经》、《大荒西经》都说启乘两龙。《左传·昭公二十九年》说孔甲:"帝赐之乘龙、河汉各二。"夏人的姓和禹的名,其字都与龙有关。刘师培《姒姓释》说"姒"、"巳"同文,姒姓即巳姓(《左庵集》五)。实则"巳"、"蛇"古同字,金文龙多从"巳"。(闻一多,《伏羲考》,《闻一多全集》第一卷,开明书店一九四八年版)

《大戴礼·帝系篇》:"鲧娶于有莘氏,有莘氏之子,谓之女志氏,产文命。"

《汉书·古今人表》第八"女志"颜师古注:"鲧妃,有藜氏女,生禹。"

《集韵·志韵》:"姞,有莘氏之女,鲧娶之。"

《吴越春秋·越王无余外传》:"鲧娶于有莘氏之女,名曰女嬉。年壮未孳,嬉于砥山,得薏苡而吞之,意若为人所感,因而妊孕,剖胁而产高密。家于西羌,地曰石纽。"

《遁甲开山图荣氏解》:"女狄暮汲石纽山下泉水中,得月精如鸡子,爱而含之,不觉吞,遂有娠,十四月生夏禹。"(《竹书纪年统笺》引)

《竹书纪年》:"帝禹夏后氏,母曰修己,出行,见流星贯昂,梦接意感,既而吞神珠,修己背剖而生禹于石纽,虎鼻大口,两耳参镂,首戴钩铃,胸有玉斗,足文履已,故名文命。"

《路史·后纪》:"鲧纳有莘氏曰志,是为修己,年壮不字,获若后于石纽,服媚之而遂孕,岁有二月,以六月六日屠龋而生禹于棘道之石纽乡,所谓刳儿坪者,长于西羌,西夷之人也。"

《蜀王本纪》:"禹本汶山广柔县人也,生于石纽,其地名痢儿畔。禹母吞珠孕禹,坼堛而生。"(《太平御览》卷八二引)

《三国志·秦宓传》:"禹生石纽,今之汶山郡是也。"谯周《蜀本纪》:"禹本汶山广柔县人也,生于石纽,其地名刳儿坪。"

《水经注·沫水》广柔县:"有石纽乡,禹所生也。今夷人共营之,地方百里,不敢居牧。有罪逃野,捕之者不逼,能藏三年,不为人得,则共原之,言大禹之神佑之也。"

《华阳国志》:"汶川石纽山中,夷人以为禹生处,共营其地,方百里内,今犹不敢居牧。"

《帝王世纪》:"(鲧)纳有莘氏女曰志,是为修己,山行,见流星贯昂,梦接意感,又吞神珠,臆圮胸拆,而生禹于石纽。"

按《史记·六国年表》:"禹兴于西羌。"《吴越春秋·越王无余外传》:"鲧娶于有莘氏之女,名曰女嬉,……产高密(禹),家于西羌,曰石纽。"《后汉书·戴良传》:"大禹出石羌。"《新语·述事篇》:"大禹出于西羌。"疑禹本为羌族传说之人物,羌为西戎,是以古有戎禹之称。《太平御览》八二引《尚书纬·帝命验》云:"修纪……生姒戎文命。"注云:"姒,禹氏。禹生戎地,一名文命。"《潜夫论·五德志》:"修纪……意感生白帝文命戎禹。"禹为社神,古以石为社,故言生于石。

马培棠《三代民族东迁考略》说:"《史记集解》引皇甫谧曰:'孟子称禹生石纽,西夷人也。''石纽'一词,不得其意,幸《艺文类聚》引作'生于石坳','坳'当为'纽'之正字。古人抄写,多有省文,'坳'或作'幼',在所不免。而'幼'与'纽'形极相似,声亦相近,仓卒讹写'坳'作'纽'。大禹所生,自当以'石坳'为正。坳亦作凹,坑坎之意也,然则禹生于石坳者,自石之坑坎中生乎?《淮南·修务》曰:'禹生于石。'虽不言'坳',而坳意自寓其中,则大禹石生,此又一证也。虽然,生禹之石,何处之石乎?《艺文类聚》引《隋巢子》曰:'禹产于崐石。''崐'或作'崑',即'昆山'也。《淮南·诠言》注曰:'昆山,昆仑也。'惟孙诒让辑《隋巢》佚文作'禹生于砥石'。"(见《禹贡》半月刊第七卷,一九三七年第六、七期)

按禹为社神,古以石为社,故言生于石,马说误。

《大戴礼·五帝德》:"宰我曰:'请问禹?'孔子曰:'高阳之孙,鲧之子也,曰文命。敏给克济,其德不回,其仁可亲,其言可信。声为律,身为度,称以上士,亹亹穆穆,为纲为纪。巡九州,通九道,陂九泽,度九山。为神主,为民父母。左准绳,右规矩,履四时,据四海,平九州,戴九天。明耳目,治天下。举皋陶与益,以赞其身,举干戈以征不享、不道无道之民。四海之内,舟车所至,莫不宾服。'"

《墨子·鲁问》:"禹、汤、文、武,百里之诸侯也,说忠行义,取天下。"

按《五帝德》为战国齐鲁间学者所撰辑,其记述神话少而人事多。

《国语·周语》:"昔夏之兴也,融降于崇山。"(韦昭注:"崇,崇高山也。夏居阳城,崇高所近。")

《汉书》臣瓒引《世本》曰:"禹都阳城。"

金鹗《禹都考》:"赵岐《孟子注》:'阳城在嵩山下。'《括地志》:'嵩山,……在洛州阳城县西北二十三里。'"

按《吕氏春秋·君守》:"夏鲧作城。"《淮南子·原道训》:"昔者伯鲧作三仞之城,诸侯背之,海外有狡心。"《吴越春秋》:"鲧作城以卫君,造郭以守民,此城郭之始也。"阳城在嵩山之南,今河南登封县东南,据考古工作者的调查和发掘,在战国时代阳城的西面,即今五渡河西岸的王城岗一带,发掘出的古城墙基槽遗址,可能就是"禹都阳城"。

冯夷

冯夷神话,典籍所载,述之如次,

《庄子·大宗师》:"夫道……冯夷得之,以游大川。"(《释文》:"大川,河也。崔本作'泰川'。")

《淮南子·齐俗训》:"昔者冯夷得道,以潜大川。"高诱注:"冯夷,河伯也。华阴潼乡堤首里人,服八石,得水仙。"

《楚辞·远游》:"令海若舞冯夷。"王逸注:"冯夷,水仙人。"

又《九歌·东君》:"乘水车兮荷盖,驾两龙兮骖螭。"王逸注:"言河伯以水为车,骖驾螭龙而戏游也。"

《山海经·海内北经》:"从极之渊,深三百仞,维冰夷恒都焉,冰夷人面乘两龙。"郭璞注:"冰夷,冯夷也。"

《淮南子·原道训》:"昔者冯夷、大丙之御也,乘云车,入云蜺,游微雾,骛怳忽,历远弥高以极往。"(高诱注:"夷或作迟,丙或作白,皆古之得道能御阴阳者也。"《文选》枚乘《七发》李善注引)许慎注:"冯迟、大白,河伯也。"

又《说林训》:"鸟有沸波者,河伯为之不潮,畏其诚也。"(高诱注:"鸟,大鹏也。翱翔水上,扇鱼令出,沸波攫而食之,故河伯深藏于渊。畏其精诚,为不见。")

《水经注·河水》河水:"注于冯逸之山。"(冯逸即冯夷。逸与夷一音之转。)

《龙鱼河图》:"河伯姓吕,名公子。夫人姓冯,名夷。"(《后汉书·张衡传》李贤注引)

《圣贤冢墓记》:"冯夷者,弘农华阴潼乡堤首里人,服八石,得水仙为河伯。"(同上引)

《清泠传》:"冯夷,华阴潼乡堤首人也。服八石,得水仙,是为河伯。一云以八月庚子浴于河而溺死。一云渡河溺死。"(《庄子·大宗师》《释文》引)

《博物志》:"昔夏禹观河,见长人鱼身,出曰:'吾河伯精。'"(《楚辞·九歌·河伯》王逸注引)

《史记·六国年表》秦灵公八年:"初以君主妻河。"《索隐》曰:"谓初以此年取他女为君主,君主犹公主也。妻河,谓嫁之河伯,故魏俗犹为河伯娶妇。盖其遗风。殊异其事,故云'初'。"

《史记》褚少孙补《滑稽列传》:"魏文侯时,西门豹为邺令。豹往到邺,会长老,问之民所疾苦。长老曰:'苦为河伯娶妇,以故贫。'"《正义》:"河伯……姓冯氏,名夷。"

《风俗通》:"秦昭王使李冰为蜀守,开成都县两江,溉田万顷。神须取女二人以为妇,冰自以女与神为婚,径至祠劝神酒,酒杯澹澹,因厉声责之,因忽不见。良久,有两苍牛斗于江岸,有间,辄还,流汗谓官属曰:'吾斗疲极,不当相助耶?南向腰中正白者,我绶也。'主簿刺杀北面者,江神遂死。"(《史记·河渠书》《正义》引)

按河伯本水鸟,畏鹠攫食,故深藏于渊。冯夷,河伯名,即水神,以声类求之,当即鶸鷈。

《尔雅·释鸟》:"鹠,须蠃。"郭璞注:"鹠,鹭鹠,似凫而小,膏中莹刀。"

《方言》八:"野凫,其小而好没水中者,南楚之外谓之鹭鹠,大者谓之鹘鷈。"

《说文》:"鶸,鶸鷈也。从鸟,辟声。鷈,鶸鷈也。从鸟,虒声。"

《本草拾遗》:"鶸鷈,水鸟也。如鸠鸭,脚连尾,不能陆行,常在水中,人至即沉,或击之便起。"

古音冯夷读 b'wǎng dí,辟鸵读 bíek díei,双声通转,初民信万物皆有精灵,鸟高飞,鱼深藏,乃物性之常,鶸鷈以鸟而居水中,反于常情,因生疑惑,遂由幻想而构成水鸟为河伯之神话。历代相传,析而为二:河伯为冯夷,水鸟为鶸鷈,非由语根上求其本源,自无从知其朔矣。又因浮沉水中,出没倏忽,遂发生乘两龙、驾云车之神话。至《龙鱼河图》诸书所载,以河伯实有其人,乃后起之传说。

《竹书纪年》:夏帝芬"十六年,洛伯用与河伯冯夷斗"。

《国语·周语下》:"谷洛斗。"(黄谟《国语补韦》云:"灵王时,偶值暴水,两川相触,故谓之斗。")

同上:"使至于争明以妨王宫。"(《国语补正》:"明,灵爽也。二川斗,是其神以灵爽争胜也。")

《归藏》:"昔者河伯筮与洛战,而枚占昆吾,占之,不吉也。"(《初学记》二十引)

按用与洛神名,冯夷河神名,二神相斗,自属神话。

《穆天子传》:"辛丑,天子西征,至于䣙人,河伯之子孙䣙柏絮,且逆天下于智之□。"

同上:"戊寅,天子西征,骛行至于阳纡之山,河伯无夷之所都居,是惟河宗氏。河宗柏夭逆天子燕然之山,河水之阿。"

按䣙人即冯夷。䣙、冯古读同音,《汉书·诸侯年表》:"䣙城制侯刘缞。"《楚汉春秋》作"封为凭城侯"。人、夷同字,卜辞人方即东夷,金文东夷字亦作人,是其证。䣙人为奉冯夷为宗神之国,无夷即冯夷,柏絮为国主之名,柏夭为河伯庙中宗主之名。上言穆王初至冯夷之境,柏絮始迎之,下言穆王将至河伯庙,柏夭迎之于燕然山。

讙头　丹朱

讙头神话,述之如次:

《山海经·海外南经》:"讙头国在其南。其为人,人面,有翼,鸟喙,方捕鱼。一曰在毕方东,或曰驩朱国。"

又《大荒南经》:"有人焉,鸟喙,有翼,方捕鱼于海。"

又,"大荒之中有人,名曰驩头。鲧妻士敬,士敬子曰炎融,生驩头。驩头,人面,鸟喙,有翼,食海中鱼,杖翼而行,维宜芑苣、穋杨是食,有驩头之国。"

又《大荒北经》:"西北海外,黑水之北,有人有翼,名曰苗民。颛顼生驩头,驩头生苗民,苗民釐姓,食肉。"

按讙头人面,鸟喙,有翼,食鱼,明为神化之水鸟,以声类求之,当即鸲鹆。《说文》:"鸲,鸲鹆也。从鸟,句声。其俱切。"又,"鹆,鸲鹆也。从鸟,谷声。古者鸲鹆不逾泲。余蜀切。"《左传·昭公二十五年》:"有鸜鹆来巢。"鸜本又作鸲。《公羊传》作"鹳",音权。《谷梁传》作"鸛"亦作"颧"。《周礼·考工记》作"鹳",亦作"鸛"。《尔雅·释鸟》:"鸛鹉、鹛鶨,如鹊短尾。射之,衔矢射人。"又韩愈《远游联句》:"开弓射鴅吺。"孙注:"《史记》吺即驩兜字,古文《尚书》亦作驩兜为鴅吺。"是讙头之为鸟名,信而有征。

《尚书·舜典》:"放驩兜于崇山。"

《荀子·议兵》:"尧伐驩兜。"

按驩兜即讙头,由神话变为人话,成四罪之一了。

又讙头神话分化为丹朱,兹述丹朱传说如次,以资比证。

《竹书纪年》:"放帝子朱于丹水。"

《淮南子·兵略训》:"尧战于丹水之鴅浦。"高诱注:"尧以楚伯受命,灭不义于丹水。丹水在南阳。"

《吕氏春秋·召类》:"尧故于丹水之浦,以服南蛮。"高诱注:"丹水在南阳。浦,岸也,一曰崖也。"

《尚书·尧典》:"帝曰:'畴咨若时登庸?'放齐曰:'胤子朱启明。'帝曰:'吁!嚚讼,可乎?'"

又《益稷》:"无若丹朱傲,惟慢游是好,傲虐是作,罔昼夜頟頟,罔水行舟,朋淫于家,用殄厥世。"

《韩非子·说疑》:"其在记曰:'尧有丹朱,舜有商均,启有五观,商有太甲,武王有管、蔡。'五王之所诛者,按父兄子弟之亲也。"

《尚书逸篇》:"尧子丹朱不肖,舜使居丹渊为诸侯,号曰丹朱。"(《太平御览》卷七十引)

按丹朱即驩兜、讙头。其证有四:朱即驩兜、讙头之简名,《山海经·海外南经》言:"讙头国或曰讙朱国。"头、兜与朱音近,通用。其证一也。丹朱被放居丹水,驩兜亦放于崇山,其证二也。讙头即鹳鹉,朱亦即鴲,其证三也。《国语·周语上》:"有神降于莘。"惠王问内史过,内史过以为丹朱之神,请使太宰帅狸姓、奉牺牲粢盛往焉。韦昭注:"狸姓,丹朱之后也。"又《大荒北经》言:"讙头生苗民,釐姓。"狸与釐同音通假,其证四也。

《尚书》曰:"无若丹朱傲,惟慢游是好,傲虐是作,罔昼夜頟頟,罔水行舟,朋淫于家,用殄厥世。"《论语》云:"羿善射,奡荡舟,俱不得其死然。"依《书·释文》及《说文》证之,则"傲"、"奡"字通也。"傲",《汉书·刘向传》、《论衡·谴告篇》作"敖"。《管子·宙合篇》云:"若敖之在尧也。"尹注云:"敖,尧子,丹朱。"

是知丹朱与敖,即是一人。自《尚书》有"用殄厥世"之说,《论语》有"不得其死"之叹,于是尧诛丹朱一事,为先秦旧籍所常见,与夏启诛伯益,大甲戮伊尹,骊山女为天子等事,并传。今搜列诸证,述之于次。

《左传·哀公六年》:"孔子引《夏书》曰:'维彼陶唐,帅彼天常,有此冀方。今失其行,乱其纪纲,乃底而亡。'"此即枚书《五子之歌》所本。陶唐以失行乱纪而亡,明指丹朱而言。且夏代去尧未远,其说当非虚造。其证一。

《庄子·盗跖篇》云:"尧杀长子。"《释文》引崔云:"长子考监明。"盖"长子考监明"即"胤子朱启明"之讹。《路史·国名纪》言:"监明先死不得立。"《古微书》且误以为"中侯文"(乔松年《纬捃》纠正之),皆误会崔说也。按《吕氏春秋·去私篇》云:"尧有子十人。"《求仁篇》云:"臣以十子。"而《孟子》言"九男",《尚书大传》、《淮南·泰族篇》言"九子",其一盖即丹朱。丹朱不终臣舜,故但云九也。《庄子》所谓长子,即《书》所谓胤子,实指丹朱。其证二。

《庄子·齐物论篇》:"尧问于舜曰:我欲伐宗、脍、胥敖。"《人间世篇》云:"尧攻丛、枝、胥敖,国为虚厉,身为刑戮。"胥敖即敖也。其证三。(宗即崇,鲧所封,丛与崇音近相通。见王氏《读书杂志·余篇·楚辞类》。脍者,《周书·史记篇》众氏所伐之邻也。重黎后育于尧,见《楚语》,当是尧命众氏伐之。脍音在泰部,转入支部为枝,古皆读浅喉音,《管子·度地篇》之枝水,即《虞书》之浍也。)

《韩非子·说疑篇》言"尧诛丹朱",与五观、管、蔡并举。其证四。

《汉书·邹阳传》云:"不合则骨肉为仇敌,朱、象、管、蔡是矣。"其证五。

《吕氏春秋·召类篇》《淮南子·兵略篇》并云:"尧战于丹水之浦。"《论衡·恢国篇》云:"尧有丹水之师。"《刘子·兵术篇》云:"尧战丹水(据宋本,今误"舟")。"按《汉书·律历志》云:"尧让天下于虞,使子朱处于丹渊为诸侯。"丹渊盖即丹水。《史记·五帝本纪》《正义》引《荆州记》云:"丹水县在丹川,尧子朱之所封也。"而《海内南经》注引《竹书》云:"后稷放帝朱于丹水。"(《史记·五帝纪》《高纪》《正义》引略同。今《竹书》在帝尧三十八年。)盖封者放之美名,既放而复伐之,后稷亦尧所使也。其证六。

《鹖冠子·世兵篇》云:"尧伐有唐。"按《史记·五帝纪》《集解》引谯周云:"以唐封尧之子。"是知有唐即丹朱之封号。《路史·国名纪》分唐为三,不足据也。其证七。

《书》言:"放驩兜于崇山。"《孟子》及《庄子·在宥篇》同。《荀子·兵略篇》、《战国策·秦策》皆言"尧伐驩兜"。按驩兜即丹朱,古音驩读舌头音,《尔雅·释兽》:"狸、狐、貒、貈。"《说文》引貒作貛。《方言八》:"貛,关西谓之貒。"貒与丹同纽,丹之为驩,犹貒之为貛。古音"兜"、"朱"皆舌头音。《诗·鼓钟》《毛传》之朱离,《文选·东都赋》作兜离,是其证也。若《神异经》引《书》作"鴅兜",《尚书大传》注作"鴅吺"。(又见韩愈《远游联句》。郭忠恕《汗简》、《困学纪闻》十八引《古文尚书》。《广韵》引误作䲷兜。《一切经音义》七十三云:"鴅,古欢字。")鴅从丹声,即丹之异文,吺与朱,声近相通。《书》"攴戕",《汉书·人表》作"朱戕";《诗》"静女其姝",《说文》引作"妵",皆其左证。又《海外南经》"驩头"注:"一作讙朱。""头"、"兜"亦互通字。《史记·宋世家》"景公头曼",《人表》作"兜栾",亦一声之转也。《大荒北经》:"驩头生苗民,苗民釐姓。"而《周语》韦注谓:"狸姓,丹朱之后。"狸、釐字通,则讙头即丹朱矣。丹朱既放而复受伐,其子姓且降为苗民,亦可悲矣! 其证八。(邹汉勋《读书偶识》亦以驩头、丹朱为一人,又以为非尧子丹朱,其说似是而非。)

《庄子·盗跖篇》云:"尧不慈。"《鹖冠子·世兵篇》云:"尧有不慈。"《吕氏春秋·当务篇》、《淮南子·泛论篇》、《越绝书·吴人内传》俱云:"尧有不慈之名。"《刘子·妄瑕篇》云:"尧有不慈之诽。"《楚辞·哀郢篇》云:"尧舜之抗行兮,瞭杳杳薄天。众谗人之嫉妒兮,被以不慈之伪名。"凡所谓不慈,皆指杀朱事也。其证九。

由上列诸证观之,丹朱之见杀,殆无疑义,然尧之为此,亦岂本怀?《史记·五帝纪》《正义》引《竹书》云:"舜囚尧,复偃塞丹朱,使父子不得相见。"可知丹朱之覆亡,乃舜矫尧之命行之。禅让之祸,古今所同,魏文所以致叹于舜、禹之事也。(见《魏略》)

丹朱称敖,与象称敖同义。《左·庄十四年传》、《楚辞·天问》注并云:"楚人谓未成君曰敖。"是以朱封于丹,象封于有庳,皆在南服,皆未成君,乃获敖称。《大戴礼·帝系篇》象敖与重华并举,刘景升与袁谭书亦然。以辞例推之,必是称谓也。

上述邵瑞彭《謏闻录·尧诛丹朱考》九证至确,兹附于此,以申其意。

伯夷　皋陶　许由

伯夷神话,典籍所载,述之如次:

《山海经·海内经》:"伯夷父生西岳,西岳生先龙,先龙是始生氐羌,氐羌乞姓。"郭璞注:"伯夷父,颛顼师。今氐羌,其苗裔也。"

《国语·郑语》:"姜,伯夷之后也。"

按伯夷是姜姓部族的始祖。氐羌为部族之名。古者女子系姓,因婚媾之故,诸夏名之为姜姓。

传说中伯夷为校正刑法之人:

《尚书·吕刑》:"皇帝清问下民,鳏寡有辞于苗,德威惟畏,德明惟明。乃命三后,恤功于民。伯夷降典,折民惟刑;禹平水土,主名山川;稷降播种,农殖嘉谷。三后成功,惟殷于民。"

按《尚书·吕刑》为吕国遗书,篇首言:"惟吕命王,享国百年,耄荒,度作刑以诘四方。"吕命王即吕令王,亦即吕灵王,古命、令通用无别。《周礼·春官》"太卜",郑玄注:"定作其辞,于将卜,以命龟也。"郑司农云:"吴伐楚,楚司马子鱼卜战,令龟曰:'鲋也,以其属死之。'"《左传·僖公九年》:"令不及鲁。"《释文》:"令,……本又作命。"《庄子·田子方》:"先君之令。"《释文》:"令,本或作命。"又令与灵音同通用。《尔雅·释诂》:"令,善也。"《广雅·释诂》:"灵,善也。"是其证。《逸周书·谥法》:"极知鬼神曰灵,……死见神能曰灵,好祭鬼神曰灵。"是古代以灵为王者之号,以其崇信鬼神也。吕为姜姓之国,伯夷之后,尊其宗神,故言皇天命三后恤功于民,伯夷位置在禹、稷之上。盖伯夷乃神羊之名,夷羊折狱为其祖传之制,氐羌为牧羊部族,以羊折狱,因以为宗神之名。试言其证:

《国语·周语上》:"商之兴也,梼杌次于丕山,其亡也,夷羊在牧。"韦昭注:"夷羊,神兽。牧,商郊牧野也。"

《淮南子·本经训》:"夷羊在牧。"高诱注:"夷羊,土神。殷之将亡,见于商郊牧野之地。"

《逸周书·度邑解》:"王曰:'呜呼!旦惟天不享于殷,发之未生,至于今六十年,夷羊在牧,飞鸿遍野。"

《墨子·明鬼》:"齐庄君之臣,有所谓王里国、中里徼者,此二子者,讼三年,而狱不断。……乃使之人共一羊,盟齐之神社。……读王里国之辞,既已终矣,读中里徼之辞,未半也,羊起而触之,……殪之盟所。"

《竹书纪年》:"帝辛……四十八年,夷羊见。"

《说文》:"羠,骚羊也。"

明胡应麟云:"夷羊,盖商羊、羬羊之类。"(见陈逢衡《竹书纪年

集证》引）

徐文靖《竹书纪年统笺》："《史记·货殖传》：'其民羯羠不均。'徐广：'羠，音夷，一音囚几反，皆㹈羊名。'当即是夷羊也。"按羠即夷之本字，羯即羯之异文。

按夷羊为神兽之名，信而有征。齐为姜姓之国，以羊折狱，犹行其先世遗法。《诸蕃志》云占城人"若有欺诈诬害之讼，官不能明，令竞主过鳄鱼潭，其负理者，鱼即出食之，理直者，虽过十余次，鳄自避去"。初民相信冥冥之中，自有主宰，是非曲直，问神可知。初民的文化背景相同，他们便会有相同的神判法。《山海经·海内经》言："伯夷父生西岳。"盖西岳即岳神，亦即大岳、四岳。

《诗经·崧高》："崧高维岳，骏极于天；维岳降神，生甫及申。"

《国语·周语下》："祚四岳国，命以侯伯，赐姓曰姜，氏曰有吕。……申、吕虽衰，齐、许犹在。"

王引之《经义述闻》卷三："四岳为四人。……四岳分掌四方，犹周、召之主陕东西也。每岳一人，皆为方伯，故《周语》谓之四伯。若以四岳为一人，则何以不云一伯而云四伯乎？且一人而总四岳诸侯之事者帝也，方伯安得而僭之乎？"

《左传·隐公十一年》："夫许，大岳之胤也。"

又庄公二十二年："姜，大岳之后也。"

又襄公十四年：姜戎子支驹言："惠公蠲其大德，谓我诸戎是四岳之裔胄也。"

章炳麟《序种姓》云："羌者姜也。"

傅斯年《姜原》亦谓羌、姜本一字："地望从人为羌字，女子从女为姜字，犹卜辞鬼方之鬼或从人或从女。姜姓传为大岳之后（《左·庄二十年》），或四岳之后（《周语下》），姜戎亦谓'我诸戎是四岳之裔胄也'。"（《历史语言研究所集刊》一九三〇年第二本第一分）

按岳为羊群蕃息之地，龙能兴云致雨，必草木畅茂，然后羊群繁殖，故其族构成伯夷生西岳,西岳生先龙之神话。《诗经·崧高》言"维岳降神",与《山海经·海内经》言"伯夷父生西岳,西岳生先龙"同意。盖氐羌以夷羊为至上宗神,岳神犹在其次。龙为鳞虫之长,能兴云致雨,亦为神物。至《海内经》言"西岳",《国语·周语》言"四岳",《左传》言"大岳",盖氐羌蕃息于诸夏之西,故言西岳。"大"为形容词,古文"大"与"四"形近,故误。后世以四岳为官名,则由字误而生出的附会之说。

载籍中有皋陶作士之传说,兹述如次:

《尚书·舜典》:"帝曰:'皋陶!蛮夷猾夏,寇贼奸宄,汝作士。'"韦昭注:"皋陶亦作咎繇。"(《史记·五帝本纪》同)

《竹书纪年》:"命咎陶作刑。"(《北堂书抄》卷十七引)

《诗经·泮水》:"淑问如皋陶,在泮献囚。"

《大戴礼·五帝德》:"皋陶作士。"

《淮南子·主术训》:"故皋陶瘖而为大理,天下无虐刑,有贵于言者也。"

《汉书·百官公卿表上》:"咎繇作士,正五刑。"

又《刑法志》:"咎繇作士。"

又《东方朔传》:"皋陶为大理。"

《孔子家语·正论》:"《夏书》曰:'昏默贼杀。'咎陶之刑也。"

皋陶为掌刑狱之官,诸书所载,同一传说。我认为,皋陶即獬豸,亦神羊,亦即伯夷。

《墨子·尚贤中》:"然则天之所使能者,谁也?曰:'若昔者禹、稷、皋陶是也。'何以知其然也?先王之书,《吕刑》道之曰:'……乃名三后,恤功于民。伯夷降典,哲民维刑;禹平水土,主名山川,稷隆播种,农殖嘉谷,三后成功,维假于民。'"

《尚书·汤诰》:"古禹、皋陶久劳于外,其有功乎民,民乃有安,东为江,北为济,西为河,南为淮,四渎已修,万民乃有居。后稷降播,农殖百谷。三公咸有功于民,故后有立。"(《史记·殷本

纪》引）

《尸子》："舜举三后而四凶除。"（《太平御览》卷八一引）

《尸子·仁意篇》："治水潦者，禹也；播五谷者，后稷也；听狱折衷者，皋陶也；舜无为也，而天下以为父母。"（《群书治要》引）

按上书所述，禹、稷、皋陶之功，同为一事。舜所举之三后，即《尚书·吕刑》皇帝所命之三后，《吕刑》谓"伯夷降典，折民惟刑"，而《尸子》亦云"听狱折衷者，皋陶也"，则皋陶即伯夷，毋待烦言。我认为，皋陶即神羊，也即解廌。试言其证：

《说文》："廌，解廌，兽也。似山牛（按山牛二字疑羊字之误分），一角，古者决讼，令触不直。象形，从豸省。"

《汉书·司马相如传》："弄解廌。"（颜师古注："张揖曰：'解廌似鹿而一角，人君刑罚得中，则生于朝廷，主触不直者。'"）

《后汉书·舆服志下》："獬豸，神羊，能别曲直。"

《论衡·是应》："儒者说云：'觟䚦者，一角之羊也。性知有罪。皋陶治狱，其罪疑者，令羊触之，有罪则触，无罪则不触。斯盖天生一角圣兽，助狱为验。故皋陶敬羊，起坐事之。'"

梁任昉《述异记》："獬豸者，一角之羊也。性知人有罪，皋陶治狱，其罪疑者，令羊触之。"

《神异经》："东北荒中有兽，见人斗则触不直，闻人论则咋不正。名曰獬豸。"

按皋陶古读 kôg dóg，解豸古读 keg d'ǐeg，双声相转。其证一。皋陶为折狱之官，解豸为决讼之兽，由人而兽，与夷羊之为伯夷，演变正同。其证二。夷羊、解豸皆触不直，伯夷、皋陶皆主刑狱。其证三。至《论衡·是应》言"皋陶治狱，其罪疑者，令羊触之"，盖传说分化后，析人兽为二。载籍中又有尧、舜、禹举皋陶之传说，述之如次：

《墨子·尚贤下》："尧有舜，舜有禹，禹有皋陶。"

《论语·颜渊》："舜有天下选于众，举皋陶，不仁者远矣。"

《吕氏春秋·赞能》:"舜得皋陶而舜受之。"高诱注:"受,用也。"

《史记·夏本纪》:"舜曰:'嗟,然!'命禹:'女平水土,维是勉之。'禹拜稽首,让于契、后稷、皋陶。……帝禹立而举皋陶荐之,且授政焉,而皋陶卒,封皋陶之后于英、六,或在许。"

《帝王世纪》:"皋陶生于曲阜。曲阜,偃地,故帝因之而以赐姓曰偃。尧禅舜,命之作士。舜禅禹,禹即帝位,以皋陶最贤,荐之于天,将有禅之意,未及禅,会皋陶卒。"(《史记·夏本纪》《正义》引)

按偃、燕声转。皇甫谧附会为东夷民族,误。

而许由亦有辞让之传说:

《墨子·所染》:"舜染于许由、伯阳。"

《庄子·逍遥游》:"尧让天下于许由,……许由曰:'子治天下,天下既已治也,而我犹代子,吾将为名乎?名者,实之宾也。吾将为宾乎?……归休乎君?予无所用天下为!'"《释文》:"许由,隐人也,隐于箕山。司马云:'颍川阳城人。'简文云:'阳城槐里人。'李云:'字仲武。'"

又《徐无鬼》:"啮缺遇许由,曰:'子将奚之?'曰:'将逃尧。'"

又《外物》:"尧与许由天下,许由逃之。"

《荀子·成相》:"尧、舜尚贤身辞让,许由、善卷重义轻利行显明。"

《韩非子·说林下》:"尧以天下让许由,许由逃之,舍于家人,家人藏其皮冠,……是不知许由者也。"

又《外储说右下》:"人所以谓尧贤者,以其让天下于许由,许由必不受也,则是尧有让许由之名,而实不失天下也。"

《吕氏春秋·求人》:"昔者尧朝许由于沛泽之中,……请属天下于夫子,许由辞,……遂之箕山之下,颍水之阳,耕而食。"(高诱注:"箕山在颍川阳城之西,水北曰阳也。")

又《当染》:"舜染于许由、伯阳。"

《淮南子·原道训》:"夫许由小天下而不以己易尧者,志遗于天下也。"高诱注:"许由,阳城人也,箕山之隐士也,尧以其贤聘之,欲禅天下焉。不肯就,故曰忘遗于天下也。"

又《道应训》:"许由让天下而弗受。"

又《精神训》:"通许由之意,金縢豹韬废矣。……知许由之贵于舜,则不贪物。"

又《泛论训》:"许由让天下,终不利封侯。"

又《泰族训》:"舜、许由异行而皆圣。"

《史记·伯夷列传》:"说者曰尧让天下于许由,许由不受,耻之逃隐。"

又太史公曰:"余登箕山,其上盖有许由冢云。"

《论衡·逢遇》:"虞舜、许由俱圣人也,并生唐世,俱面于尧。虞舜绍帝统,许由入山林。"

《论衡·书虚》:"许由让天下,不嫌贪封侯。"

按皋陶、许由,实一人之分化,选举、辞让亦一事之演变。皋陶即伯夷,而许由亦即伯夷。其证有五:《淮南子·修务训》:"冶由笑。"高诱注:"冶由笑,巧笑。"《文选》木华《海赋》:"眇瞜冶夷。"李善注:"冶夷,妖媚之貌。"是冶由即冶夷,由、夷二字,双声通转。其证一。《史记·夏本纪》言:"封皋陶之后于英、六。"而许由之许,实由受封之邑得名。古者多以后嗣封邑逆称其先人,以其子姓封许而称伯夷曰许由,亦犹称契曰殷契,称稷曰周稷。其证二。《尚书·吕刑》言"伯夷",《汤诰》和《墨子·尚贤中》言"皋陶"。其证三。《尚书·尧典》虽为晚出之书,然其记载必有所本,中言四岳辞让与许由事同,而《左传·隐公十一年》言:"许,大岳之胤。"其证四。《诗经·小雅·鼓钟》:"忧心且妯。"《一切经音义》十二引作"忧心且陶"。《史记·秦本纪》、《韩非子·十过》、《吕氏春秋·不苟》之"由余",《汉书·古今人表》作"繇余"。颜师古注:"即由余。"由此可知,由、妯、陶、繇通用。其证五。据此五证,伯夷、皋陶、许由,实为一人,是不可怀疑的。

综上考证,列表如下:

羊 ── { 夷羊 ── 伯夷 / 解廌 ── 皋陶 } ── 许由

女魃　听訞

女魃,听訞,皆见《山海经》,述之如次:

《大荒北经》:"有人衣青衣,名曰黄帝女魃。蚩尤作兵,伐黄帝。黄帝乃令应龙攻之冀州之野,应龙畜水,蚩尤请风伯、雨师,纵大风雨,黄帝乃下天女曰魃,雨止,遂杀蚩尤。魃不得复上,所居不雨。叔均言之帝,后置之赤水之北,叔均乃为田祖,魃时亡之。所欲逐之者,令曰:'神,北行!先除水道,决通沟渎。'"

《海内经》:"炎帝之妻,赤水之子听訞生炎居。"

按魃之言炦,《说文》:"炦,火气也。从火,犮声。"《诗经·云汉》:"旱魃为虐。"《毛传》:"魃,旱神也。"《说文》:"魃,旱鬼也。从鬼,犮声。"魃为天女,能止雨,所居不雨。盖以火气象征天时亢旱,故司旱之神谓之魃。《海内经》言"炎帝之妻,赤水之子听訞",听訞当即旱魃。司马贞补《三皇本纪》云:"神农纳奔水氏之女曰听詙为妃,生帝哀,哀生帝克,克生帝榆,冈神农非炎帝。"说详专篇。其言奔水氏之女曰听詙,即《海内经》言:"赤水之子听訞。"奔与炦,一音之转,赤训大火,义与炦相会,是奔水即赤水也。詙因形近误为訞。《易林》:"复之革袄,社豐鼓,以除民疾。"注:"豐当作罋,袄当作祓。"是詙误为訞,犹袚误为袄也。又《大荒北经》言黄帝乃下天女曰魃,杀蚩尤后不得复上,帝置之赤水北。故《海内经》谓之赤水之子听詙。炎帝为火神,女魃为旱鬼,火与旱相因,故神话中配为夫妇,与舜妻登比氏恰相类似。

玄冥

玄冥神话,典籍所载,述之如次:

《左传·昭公二十九年》:"少皞氏有四叔,曰重、曰该、曰修、曰熙,实能金木及水。使重为句芒,该为蓐收,修及熙为玄冥。世不失职,遂济穷桑,此其三祀也。"

《国语·鲁语上》:"冥勤其官而水死。"韦昭注:"冥,契后六世孙,根围之子也。为夏水官,勤于其职,而死于水也。"

《吕氏春秋·孟冬纪》:"其神玄冥。"高诱注:"玄冥,官也。少皞氏之子曰循,为玄冥师,死祀为水神。"

《楚辞·九章·怀沙》:"玄文幽处兮(原文作"处幽",兹从《史记》改),朦谓之不章("朦"下"瞍"字从《史记》删);离娄微睇兮,瞽以为无明。"

按"玄文幽处"与"离娄微睇"文相偶,玄文当是人名,盖即玄冥。文与冥双声通转,北方幽暗,故云幽处。王逸注:"玄,墨也;幽,冥也。"失之。《左传》言"修及熙为玄冥。世不失职",是玄冥为水官之名。《国语·鲁语》言"冥勤其官而水死",是冥以水官为名,犹周弃为稷官,因名后稷。《吕氏春秋·孟冬纪》言"其神玄冥",盖由官名演变为神名。

《山海经·海外北经》:"北方禺强,人面鸟身,珥两青蛇,践两青蛇。"郭璞注:"字玄冥,水神也。……禺京,一本云北方禺强,黑身手足,乘两龙。"

又《大荒东经》:"东海之渚中,有神,人面鸟身,珥两黄蛇,践两黄蛇,名曰禺䝞。黄帝生禺䝞,禺䝞生禺京。禺京处北海,禺䝞处东海,是惟海神。"郭璞注:"言分治一海而为神也。"

又《大荒北经》:"有神,人面鸟身,珥两青蛇,践两赤蛇,名曰禺疆(《大宗师·释文》引无"曰"字,作"禺强")。"

《庄子·大宗师》:"夫道……禺强得之,立乎北极。"《疏》曰:"禺强,水神名也,亦曰禺京。人面鸟身,乘龙而行,与颛顼并轩辕之胤也。虽复得道,不居帝位,而为水神。水位北方,故位号北极也。"《释文》:"北海之神,名曰禺强,灵龟为之使。《归藏》曰:'昔穆王子筮卦于禺强。'"

《楚辞·天问》:"伯强安处(安原作'何',《太平御览》卷十五引作'安',兹据订)?惠气安在?"

《淮南子·坠形训》:"隅强,不周风之所生也。"高诱注:"隅强,天神也。乾为不周风。"

按禺强,海神也。郭璞注谓字玄冥,混海神与水神为一,非是。余谓玄冥之本身为鹜,始幻化为蛮,蛮继演变为玄冥,盖水鸟之神话。试言其证:

《尔雅·释鸟》:"舒凫鹜。"郭璞注:"鸭也。"

《说文》:"鹜,舒凫也。从鸟,敄声。"

《广雅·释鸟》:"鹜,鸊也。"

《尸子》:"野鸭为凫,家鸭为鹜。"(《本草拾遗》引)

按鹜为家禽,谓之舒凫,言其行舒迟,不畏人。《周礼·大宗伯》:"庶人执鹜。"郑玄注:"鹜,取其不飞迁。"盖庶人执鹜,取其易得,郑注望文生义,非也。古读喉牙不分,鸭与鹢,一音之转,鹜一名鸃,一作番鸃。

《说文》:"鸃,水鸟也。从鸟,蒙声。"

《史记·司马相如传》:"烦鹜鷛渠。"《集解》引徐广曰:"烦鹜,一作番鸃。"《索隐》引郭璞云:"烦鹜,鸭属。"

按鹜、鸃双声韵,亦侯东对转。徐、郭二说并得其实。鸃又转为蛮为虿。

《山海经·西山经》:"崇吾之山……有鸟焉,其状如凫而一翼一目,相得乃飞,名曰蛮蛮,见则天下大水。"

《博物志》:"崇丘山有鸟,一足一翼一目,相得而飞,名曰虽。"

按蛮与虽皆鹥之音转,其状如凫,见则天下大水,其为水鸟之神话,至为明显。

《山海经·海外南经》:"比翼鸟在其东,其为鸟青赤,两鸟比翼,一曰在南山东。"

《逸周书·王会》:"巴人以比翼鸟。"

《尔雅·释地》:"南方有比翼鸟焉,不比不飞,其名谓之鹣鹣。"
郭璞注:"似凫,青赤色,一目一翼,相得乃飞。"

《博物志》:"比翼鸟,一青一赤,在参隅山。"

按崇吾、参隅一音之转,蛮虽、比翼皆一目一翼,相得乃飞,是比翼为蛮虽之异名,毋待烦言。

冥即蛮虽之神化,其证有三:

一、冥、蛮、虽,一音之转。

二、冥人面鸟身,蛮虽皆水鸟。

三、冥为水神,蛮虽见则天下大水。

据此三证,我认为冥为蛮虽之演变,亦即鹥之幻化。至谓之玄冥者,盖北方属水,其色黑,故以玄形容之。

冥又转为昧:

《左传·昭公元年》:"昔金天氏有裔子曰昧,为玄冥师,生允格、台骀。"

按金天氏即少皞,昧即冥之转音。《广雅·释鸟》:"鹈,……鹥䳋也。"昧、鹈双声,是昧即鹈,亦即鹥矣。鹈又转为蔑,《方言》:"桑飞(即鹪鹩),自关而西谓之桑飞,或谓之懱爵。"《荀子·劝学》:"南方有鸟焉,名曰蒙鸠。"杨倞注:"蒙当为蔑。"《谷梁传·昭公二十九年》:"夏,曹公孙会自梦出奔宋。"《释文》:"梦,本或作蔑。"是其证。

综其演变之迹,列表如次:

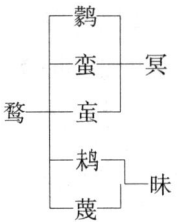

虞幕　句望

虞幕传说,典籍所载,述之如次:

《国语·鲁语上》:"幕能帅颛顼者也,有虞氏报焉。"

又《郑语》:"虞幕能听协风,以成乐物生者也。"(《储本》作"成物乐生"。)

《左传·昭公八年》:"陈氏……自幕至于瞽瞍,无违命。舜重之以明德,寘德于遂,遂世守之,及胡公不淫,故周赐之姓,使祀虞帝。"

《史记·五帝本纪》:"虞舜者,名曰重华,重华父曰瞽瞍,瞽瞍父曰桥牛,桥牛父曰句望,句望父曰敬康,敬康父曰穷蝉,穷蝉父曰帝颛顼,颛顼父曰昌意,以至舜七世矣。"

按据《国语·鲁语》,可见自幕至于瞽瞍,世为虞君,而《史记·五帝本纪》谓自舜先穷蝉以至帝舜,皆微为庶人,当系诬说。王应麟《困学纪闻》:"《左传》史赵云:'自幕至于瞽瞍,无违命。舜重之以明德,寘德于遂。'则幕在瞽瞍之先,非虞恩也。"黄模《国语补韦》:"按《周语》先立春五日,瞽告有协风至,此云能听协风,即无违命之实也。《左传》又云瞽史知天道。瞽,史官名,非即无目者,以虞氏世为瞽史,故《尚书·尧典》言舜曰瞽子,又曰父顽,瞽以举其职,顽以言其性也。"幕为虞之祖先,当即句望。考幕与望,古读同声韵,亦鱼阳对转。又《鲁语》以虞幕与杼、上甲微、高圉、太王并列,同为夏、商、周有功德之祖先,故祀典特隆。幕之功德,据《郑语》言,能听协风以成乐物生。盖农业社会,以风与植物生长有密切关系,而乐舞可以和风,使之应节而至。虞幕有此功德,故其祀典特隆。《史记·五帝本纪》说:"桥牛父曰句望。"句望即句芒。

句芒,即春神。典籍所载,述之如次:

《山海经·海外东经》:"东方句芒,鸟身人面,乘两龙。"郭璞注:"木神也,方面素服。《墨子》曰,'昔秦穆公有明德,上帝使句芒赐之寿十九年。'"

《尚书大传》:"东方之极,自碣石东至日出榑木之野,太暤神句芒司之。"

《淮南子·时则训》:"东方之极,自碣石山过朝鲜,贯大人之国,东至日出之次,榑木之地,青土树木之野。太暤句芒之所司者,万二千里。"

《墨子·明鬼下》:"昔者秦穆公(旧作"郑穆公",从孙诒让据《山海经》郭注及《玉烛宝典》引文,与《论衡·福虚篇》、《无形篇》校正)当昼日中处于庙,育神人门而左,鸟身,素服三绝,面状方正。秦穆公见之,乃恐惧奔。神曰:'无惧!帝享女明德,使予锡女寿,十年有九。使若国家蕃昌,子孙茂,毋失!'秦穆公再拜稽首曰:'敢问神名("名",据王校增)?'曰:'予为句望。'"

司马相如《大人赋》:"使句芒其将行兮。"《正义》引张云:"句芒,东方青帝之佐也,鸟身人面,乘两龙。"(见《史记·司马相如传》)

按东方属春,句芒为春神,主发育生长,故能锡寿,而使国家蕃昌,子孙茂盛。

《尔雅·释鸟》:"狂茅鸱。"郭璞注:"今鵅鸱也,似鹰而白。"

《广雅·释鸟》:"鸺鹠,鵅鸱,鵅也。"

按茅与鵅,一音之转。折言之为狂或鵅,若茅舍言之,则谓狂鵅或狂茅,声转为句望。鵅者,白色之名。《尔雅·释畜》:"面颡皆白惟駹。"駹与鵅,声义正同。秦穆公所皿之神,鸟身素服,正是狂鵅的形状。

夏启

夏启神话,典籍所载,述之如次:

《山海经·海外西经》:"大乐之野,夏后启于此舞《九代》。乘两龙,云盖三层。左手操翳,右手操环,佩玉璜。在大运山北,一曰:大遗之野。"

又《大荒西经》:"有人,珥两青蛇,乘两龙,名曰夏后开。开上嫔于天,得《九辩》与《九歌》以下。此天穆之野,高二千仞,开焉得始歌《九招》。"

《竹书纪年》:"启登后九年舞《九韶》。"(《路史》注引)

《归藏》:"昔夏后启筮享神于大陵而上钧台,枚占皋陶,曰:'不吉。'"(《太平御览》卷八二引)

《归藏》:"昔夏后启筮乘飞龙以登于天,皋陶占之曰:'吉。'"(《太平御览》九二九引)

《文选》张衡《西京赋》:"昔者大帝说秦缪公而觐之,飨以钧天广乐。帝有醉焉,乃为金策,锡用此土而鄜("鄜"读如践。践,居也,谓居之于鹑首之虚也。见王引之《读书杂志》十六)诸鹑首。"薛综注:"大帝,天也。"

《吕氏春秋·有始览》:"中央曰钧天。"高诱注:"钧,平也。为四方之主,故曰钧天。"

按《九代》即《九招》,亦即《九韶》。原为上天之乐舞。《史记·赵世家》:"赵简子疾,五日不知人,大夫皆惧。……居二日半,简子寤,语大夫曰:'我之帝所甚乐,与百神游于钧天,广乐九奏万舞,不类三代之乐,其声动人心。'"(《史记·扁鹊传》同)是其证也。夏后启三嫔于天,得之以下,歌舞于大乐之野,此为原始之神话。

邵瑞彭在《韶乐》一文中说:"虞舜之乐名《韶》,《书》曰:'箫韶九成。'盖乐之一章曰成,韶有九终,犹后世套曲之有九阕。古称九奏万舞,乐之最盛者也。韶、磬、招,声系相同,可以通假。窃疑春秋之世,齐国尚存《韶乐》,孔子得闻之。孟子所谓《徵招》、《角招》,当是就《韶乐》之遗声而为之歌词。楚国亦有《韶乐》,周穆王时,《祈招》之诗,原出有虞,而楚人能诵其文。……《楚辞》中有《招魂》、《大招》二篇,殆亦《韶乐》之遗声。宋玉、景差所为文,犹后人之按谱填词耳。"

按淮南招隐之歌,汉廷文始之舞,导源楚声,亦《韶乐》之支流。

《楚辞·天问》:"启棘宾帝("帝"原作"商",据朱骏声说校改),《九辩》《九歌》,何勤子屠母,而死分竟地?"

《孟子·万章下》:"舜尚见帝,帝馆甥于贰室,亦飨舜,迭为宾主。"

按此言启宾于上帝,得《九辩》、《九歌》以下,勤子似言禹向涂山女索子事,屠母似指石破北方而生启事,"死分竟地"谓身没之后,而境宇分裂。

《楚辞·离骚》:"启《九辩》与《九歌》兮,夏康娱以自纵。不顾难以图后兮,五子用夫家巷。"

《开筮》:"昔彼九冥,是与帝辩,同宫之序,是谓《九歌》。"(《山海经·大荒西经》郭璞注引)

按此言启得《九辩》、《九歌》后,康娱自纵,卒召五子家巷之祸。家巷,犹言家哄或家鬨(说见王引之《读书杂志·余篇下》)。即《天问》所谓"死分竟地"。

《墨子·非乐》:"于《武观》曰:'启乃淫溢康乐,野于饮食,将将铭苋磬以力,湛浊于酒,渝食于野,万舞翼翼,章闻于天,天用弗式。'故上者天鬼弗戒,下者万民弗利。"

按《武观》为《尚书》篇名,言启纵乐无度,其结果"天用弗式",谓五子内讧。

《逸周书·尝麦解》："其在启之五子,忘伯禹之命,假国无正,用胥兴作乱,遂凶厥国。皇天哀禹,赐之以彭寿,思正夏略。"

扬雄《宗正箴》："昔在夏时,少康不恭,有仍二女,五子家降。"（见《古文苑》卷十五）

按此言五子作乱,遂凶其国,幸皇天哀念禹之功劳,赐以拨乱反正之彭寿,卒能恢复旧物。

《国语·楚语上》："故尧有丹朱,舜有商均,启有五观,汤有太甲,文王有管、蔡,是五王者,皆有元德也,而有奸子。"

按五观即《墨子·非乐》之武观,武、五音近通假。五子为启子,五观亦启子,五子是作乱之徒,五观亦是奸子,五观自然是五子之异名了。启有五观,与尧有丹朱,舜有商均,汤有太甲,文王有管、蔡相同,是启为元德之贤士,而五观却为不肖之奸子。

赵一清《水经注释》："按所谓观扈是五观,《汉志》之畔观与有扈同。或曰即太康奸子五人。王应麟曰:'五子述大禹之戒以作歌,岂朱、均、管、蔡比,《水经注》本韦氏之说,非也。'"

王鸣盛《尚书后案》："按《五子之歌》,盖晚晋伪古文也。韦注确不可易。《墨子》所谓武观,武、五通,武观即五观,五观即五子,以其封于观,故称五观。《水经注》九卷《淇水》又北经顿丘县故城西,《古文尚书》以为观地矣,盖大康弟五君之号曰五观者也。《逸周书》卷六《尝麦解》曰:'其在夏之五子忘伯禹之命,假国无正,用胥兴作乱,遂凶其国,皇天哀禹,赐以彭寿,思正夏略。'五子,武观也。彭寿,彭伯也。《汲郡古文》云:'帝启十一年,放王季子武观于西河,十五年,武观以西河叛,彭伯寿帅师征西河,武观来归。'注云:'武观,五观也,国在今顿丘卫县。'……盖五子封观作乱,被伐来归,其后又导太康以淫乐,故王符《潜夫论·五德志篇》云:'夏后启子太康,仲康更

立,兄弟五人皆有昏德,不堪帝事,降须洛汭,是谓五观。'"(《皇清经解》卷四三四)

《韩非子·说疑》:"其在记曰:尧有丹朱,而舜有商均,启有五观,商有太甲,武王有管、蔡。五王之所诛者,皆父兄子弟之亲也。"

按此可证五观为启所诛。

《左传·昭公元年》:"虞有三苗,夏有观扈,商有姺、邳,周有徐、奄。"

扈、五音近。五观当即观扈之倒文。《国语·楚语》:"启有五观。"韦昭注:"《传》曰:'夏有观扈。'"观扈与三苗、姺、邳、徐、奄并举,遂由五子而演变为敌国。

《逸周书·史记解》:"弱小在强大之间,存亡将由之,则无天命矣,不知命者死,有夏之方兴也,扈氏弱而不恭,身死国亡。"

《淮南子·齐俗训》:"有扈氏为义而亡。"高诱注:"有扈,夏启之庶兄也,以尧、舜举贤,禹独与子,故伐启,启亡之。"

《汉书·地理志》东郡有畔观县,应劭曰:"夏有观扈,世祖更名卫国。"

《后汉书·郡国志》:"卫……本观故国。姚姓。"

按观扈再析为二:一为扈氏,一为畔观。《逸周书·史记解》言扈氏弱而不恭,身死国亡。《淮南子·齐俗训》言有扈氏为义而亡。盖随事立言,借以垂戒,所以各殊。至观谓之畔观,因其背叛,故有此名。

载籍中又有启代益作后之传说,述之如次:

《楚辞·天问》:"启代益作后,卒然离蠥。何启惟忧,而能拘是达!皆归射鞠,而无害厥躬。何后益作革,而禹播降?"

按启为夏代之宗神,益为嬴姓之宗神,启代益作后,由神话变为人话。人间有篡夺之事,反映宗神亦有之。

《韩非子·外储说右下》:"禹爱益,而任天下于益,已而以启人为吏,及老,而以启为不足任天下,故传天下于益,而势重尽在启也。已而启与友党攻益而夺之天下。"(《战国策·燕策》、《史记·燕世家》略同)

按此言益已受禹之天下,而又为启所夺,即《楚辞·天问》启代益作后传说之解释。

《竹书纪年》:"益干启位,启杀之。"(《晋书·束皙传》同)

按此言启已为天子,益拟夺其位,而为启所杀。

夷羿

夷羿神话,典籍所载,述之如次:

《山海经·海外南经》:"羿与凿齿战于寿华之野,羿射杀之,在昆仑墟东,羿持弓矢,凿齿持盾,一曰戈。"

又《海内西经》:"海内昆仑之虚在西北,帝之下都。昆仑之虚,方八百里,高万仞,……百神之所在,在八隅之岩,赤水之际,非仁羿莫能上冈之岩。"

又《大荒南经》:"大荒之中有山,名曰融天,海水南入焉。有人曰凿齿,羿杀之。"

又《海内经》:"帝俊赐羿彤弓素矰,以扶下国,羿是始去恤下地之百艰。"

《楚辞·天问》:"羿焉彃日?乌焉解羽?"

同上:"帝降夷羿,革孽夏民。胡射夫河伯,而妻彼洛嫔?冯珧利玦,封豨是射,何献蒸肉之膏,而后帝不若?浞娶纯狐,眩妻爱谋。何羿之射革,而交吞揆之?……惟浇在户,何求于嫂?何少康逐犬,而颠陨厥首?女歧缝裳,而馆同爱止,何颠易厥首,而亲以逢殆?汤谋易旅,何以厚之?覆舟斟寻,何道取之?"

同上:"白蜺婴茀,胡为此堂?安得夫良药,不能固臧?天式纵横,阳离爰死。大鸟何鸣,夫焉丧厥体?萍号起雨,何以兴之?撰体胁鹿,何以膺之?鳌戴山抃,何以安之?释舟陵行,何以迁之?"

又《离骚》:"羿淫游以佚畋兮,又好射夫封狐(闻一多《楚辞校补》疑狐当为猪字之误)。固乱流其鲜终兮,浞又贪夫厥家。浇身被服强圉兮,纵欲而不忍。日康娱而自忘兮,厥首用夫颠陨。……欲远集而无所止兮,聊浮游以逍遥。及少康之未家兮,留有虞之二姚。"

《左传·襄公四年》:"昔有夏之方衰也,后羿自鉏迁于穷石,因夏民以代夏政,恃其射也,不修民事而淫于原兽,弃武罗、伯因、熊髡、龙圉而用寒浞。寒浞,伯明氏之谗子弟也。伯明后寒弃之,夷羿收之,信而使之,以为己相,浞行媚于内而施赂于外,愚弄其民而虞羿于田,树之诈慝以取其国家,外内咸服。羿犹不悛,将归自田,家众杀而亨之,以食其子。其子不忍食诸,死于穷门。靡奔有鬲氏,浞因羿室,生浇及豷,恃其谗慝诈伪而不德于民。使浇用师,灭斟灌及斟寻氏。处浇于过,处豷于戈。靡自有鬲氏,收二国之烬,以灭浞而立少康。少康灭浇于过,后杼灭豷于戈,有穷由是遂亡,失人故也。昔周辛甲之为大史也,命百官,官箴王阙。于《虞人之箴》曰:'芒芒禹迹,画为九州。经启九道,民有寝庙,兽有茂草,各有攸处,德用不扰。在帝夷羿,冒于原兽,忘其国恤,而思其麀牡。武不可重,用不恢于夏家。兽臣司原,敢告仆夫。'《虞箴》如是,可不惩乎?"

又昭公二十八年:"昔有仍氏生女黰黑而甚美,光可以鉴,名曰玄妻。乐正后夔取之,生伯封,实有豕心,贪惏无餍,忿颣无期,谓之封豕。有穷后羿灭之,夔是以不祀。"

又哀公元年:"昔有过浇杀斟灌以伐斟鄩,灭夏后相。后缗方振,逃出自窦,归于有仍,生少康焉,为仍牧正。惎浇,能戒之。浇使椒求之,逃奔有虞,为之庖正,以除其害。虞思于是妻之以二姚,而邑诸纶,有田一成,有众一旅,能布其德,而兆其谋,以收夏众,抚其官职。使女艾谍浇,使季杼诱豷,遂灭过、戈,复禹之绩,祀夏配天,不失旧物。"

《淮南子·本经训》:"逮至尧之时,十日并出,焦禾稼,杀草木,而民无所食;猰貐、九婴、大风、封豨、凿齿(原文在"猰貐"下,兹从王校改)、修蛇,皆为民害。尧乃使羿诛凿齿于畴华之泽(据王校改),杀九婴于凶水之上,缴大风于青丘之野(据王校改),上射十日,而下杀猰貐,断修蛇于洞庭。禽封豨于桑林,万民皆喜,置尧以为天子,于是天下广狭、险易、远近,始有道里。"

又《修务训》:"羿左臂修而善射。"

又《诠言训》:"羿死于桃倍。"高诱注:"棓,大杖,以桃木为之,以击杀羿。由是以来,鬼畏桃也。"

又《说山训》:"羿死,桃部不给射。"高诱注:"桃部,地名。羿,夏之诸侯有穷君也。为弟子逢蒙所杀,不及摄已而射也。"

又《泛论训》:"羿除天下之害,而死为宗布。"高诱注:"羿,古之诸侯。河伯溺杀人,羿射其左目,风伯坏人屋室,羿射中其膝。又诛九婴、窫窳之属,有功于天下,故死托祀于宗布。祭星为布,宗布谓此也(原作祭田为宗布,谓出也,依孙校改)。一曰今人室中所祀之宗布是也。或曰司命傍布也。"孙诒让云:"《尔雅·释天》云:'祭星曰布。'即高所本,但高释宗布之义,并臆说难信,窃疑即《周礼·党正》之祭禜,族师之祭酺。郑注云:'禜谓雩禜水旱之神。''酺者为人物烖害之神也。'(禜宗酺布,声近字通,《礼记·祭法》云:"禜,禜示作宗。")禜酺并禳,除烖害之祭,羿能除害,故托食于彼,义亦正相应也。"

《灵宪》曰:"羿请无死之药于西王母,姮娥窃之以奔月。将往,枚筮之于有黄,有黄占之曰:'吉。'"(《后汉书·天文志上》引)

按夷羿为东夷所奉之宗神。《说文》:"夷,平也,从大,从弓。东方之人也。"又,"弓,以近穷远。"弓、穷同音,《释名·释兵》:"弓,穷也。张之穹隆然也。"《老子》:"天之道,其犹张弓乎?"盖夷为引弓之部族,射事为其特长,古代生息于青、徐境内,故谓之东方之人,而奉羿为其宗神。《水经注·河水》:"平原鬲县故城西,……故有穷后羿国。"鬲县,今山东德县境。考载籍中记述羿事,有全为神话者,有属传说而有史实为之素地者,兹分两项述之:

甲、神话

《山海经·海内经》言:"帝俊赐羿彤弓素矰,以扶下国,羿是始去恤下地之百艰。"《楚辞·天问》说:"帝降夷羿。"帝俊即帝,为天神之号。夷羿所用之弓矰,为天神所赐,以扶下国。下对上言,明从天上而下来。羿是始去恤下地之百艰,即《淮南子·本经训》言尧使羿诛凿齿,杀九婴,缴大风,杀猰貐,断修蛇,擒封豨。盖此数物皆为民害,羿能除之,有功于民,故《氾论训》言:"羿除天下之害,死而为宗布。"此虽全为神话,然实反映远古时代,草木畅茂,禽兽繁殖,东夷挟其弓矰利器,以与鸷鸟猛兽搏斗,卒克服之,食其肉而寝其皮,且利用其骨骼以作器具,毛羽以作装饰。抚今思昔,不忘旧劳,于是由幻想而构成神话。

《楚辞·天问》言:"羿焉彃日,乌焉解羽。"又言:"天式纵横,阳离爰死,大鸟何鸣,夫焉丧厥体。"《淮南子·本经训》言:"逮至尧之时,十日并出,焦禾稼,杀草木,民无所食,……尧乃使羿……上射十日。"考十日并出,羿射去九,盖由于神话之误解与附会。《山海经·大荒南经》言:"羲和者,帝俊之妻,生十日。"郭璞注:"言生十子,各以日名名之,故言生十日,日数十也。"此言十日,即十干,古代记日之名,传说中以为羲和所造。《尸子》"造历数者,羲和子也。"(《艺文类聚》卷五引)是其证。日为太阳,用以记时,因此演成羲和生十日之神话,再由记时之名,转为太阳,因附会为十日并出,但高悬天空仅一太阳,遂造出九日为羿射去之神话。

《楚辞·天问》言:"白蜺婴茀,胡为此堂?安得夫良药,不能固臧?"此盖月中阴影之神话。"白蜺婴茀,胡为此堂",似言月宫图画中形象如此。"安得夫良药,不能固臧",言姮娥盗药事。《淮南于·览冥训》:"譬若羿请不死之药于西王母,姮娥窃以奔月。"高诱注:"姮娥,羿妻。羿请不死之药于西王母,未及服之,姮娥盗食之,得仙,奔入月中为月精。"《后汉书·天文志》:"嫦娥窃羿不死药奔月,及之为蟾蜍。"

乙、传说

夷羿代夏,寒浞杀羿,及少康中兴,为古代夷夏交争一大事。《楚辞·天问》、《离骚》及《左传》记述,至为详悉,兹列二表如次,以资比较。

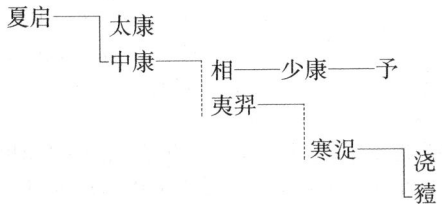

按太康、中康是启的化身,夷羿就是后益,传说化一事为二事,化一人为二人。启灭夷羿即启杀益,寒浞灭相,少康中兴。

事迹表

《天问》	《离骚》	《左传》
帝降夷羿革孽夏民。		襄公四年:昔夏之方衰也,后羿自鉏迁于穷石,因夏民以代夏政。
冯珧利决,封豨是射,何献蒸肉之膏,而后帝不若?	羿淫游以佚畋兮,又好射夫封狐。	同上:恃其射也,不修民事,而淫于原兽。
	固乱流其鲜终兮,浞又贪夫厥家。	同上:弃武罗、伯因、熊髡、龙圉而用寒浞。寒浞,伯明氏之谗子弟也。伯明后寒弃之,夷羿收之,信而使之,以为己相。浞行媚于内而施赂于外,愚弄其民而虞羿于田。树之诈慝以取其国家,外内咸服。羿犹不悛,将归自田,家众杀而亨之,以食其子。其子不忍食诸,死于穷门。靡奔有鬲氏:浞因羿室,生浇及豷。

续表

《天问》	《离骚》	《左传》
		同上:恃其谗慝诈伪而不德于民。使浇用师,灭斟灌及斟寻氏,处浇于过,处豷于戈。 哀公元年:昔有过浇杀斟灌,以伐斟鄩,灭夏后相。
		哀公元年:后缗方娠,逃出自窦,归于有仍,生少康焉,为仍牧正。 襄公四年:靡自有鬲氏,收二国之烬,以灭浞而立少康。
	欲远集而无所止兮,聊浮游以逍遥。及少康之未家兮,留有虞之二姚。	哀公元年:少康……惎浇能戒之。浇使椒求之,逃奔有虞,为之庖正,以除其害。虞思于是妻之以二姚,而邑诸纶。有田一成,有众一旅,能布其德,而兆其谋,以收夏众,抚其官职。
惟浇在户,何求于嫂?何少康逐犬,而颠陨厥首?女歧缝裳,而馆同爱止。何颠易厥首,而亲以逢殆?	浇身被服强圉兮,纵欲而不忍。日康娱而自忘兮,厥首用夫颠陨。	襄公四年:少康灭浇于过,后杼灭豷于戈,有穷由是遂亡。 哀公元年:使女艾谍浇,使季杼诱豷,遂灭过、戈,复禹之绩。祀夏配天,不失旧物。

互人国

互人国见《山海经》,述之如次:

《海内南经》:"氐人国,在建木西。其为人,人面而鱼身,无足。"

《大荒西经》:"有互人之国,炎帝之孙,名曰灵恝,灵恝生互人,是能上下于天。"

按氐人国之氐,为互之误字。郝懿行笺:"氐、互二字,盖以形近而讹,以俗氐正作互字也。"其说甚是。炎帝为天神,其孙灵恝。恝为鹅之假借,

《说文》:"鹬,鹬鵌,凫属。从鸟,矞声。"神之,故曰灵鹬,犹龟之言灵龟。互人人面鱼身无足,即《周礼》所谓"互物"。《周礼·天官》:"鳖人掌取互物。"郑司农云:"互物,谓有甲萌胡,龟鳖之属。"又《地官》:"掌蜃,掌敛互物蜃物。"郑玄注:"互物,蚌蛤之属。"灵恝生互人,盖物种变化之神话,嗣幻化为人,又幻化为国。考先民以互物为鸟类所化,载籍中犹有其征。

《大戴礼·夏小正》:"十月,……玄雉入于淮,为蜃。"

《逸周书·时训》:"立冬之日,水始冰。又五日,地始冻。又五日,雉人大水为蜃。"

《礼记·月令》:"孟冬之月,……雉入大水为蜃。"(《吕氏春秋·十月纪》、《淮南子·时则训》同)

《国语·晋语九》:"雉入于淮为蜃。"

《说文》:"蜃,雉入海化为蜃。从虫,辰声。"

同上:"盒,蜃属。有三,皆生于海,千岁化为盒,秦谓之牡厉。又云:百岁,燕所化。魁蛤,一名复累,老服翼所化也。从虫,合声。"

凡此皆言蜃蛤为鸟类所化。鹬鵌,凫属,生活水中,先民推求物种来源,由共同生活之物,横生误解,因谓互物为鹬鵌所化。而后世鸟类化蜃蛤之说,亦即由此脱化而出。

神农

神农传说,典籍所载,述之如次:

《庄子·胠箧》:"昔者容成氏、大庭氏、伯皇氏、中央氏、栗陆氏、骊畜氏、轩辕氏、赫胥氏、尊卢氏、祝融氏、伏羲氏、神农氏,当是时也,民结绳而用之,甘其食,美其服,乐其俗,安其居,邻国相望,鸡狗之音相闻,民至老死而不相往来。若此之时,则至治已。"

又《盗跖》篇:"神农之世,卧则居居,起则于于,民知其母,不知其父,与麋鹿共处,耕而食,织而衣,无有相害之心,此至德之隆也。"

然而黄帝不能致德,与蚩尤战于涿鹿之野,流血百里。"

《淮南子·修务训》:"神农……尝百草之滋味,水泉之甘苦,……一日而遇七十毒。"(《路史·后纪》三注引孔季彦说,及《帝王世纪》并以为伏羲事)

同上:"神农乃使教民播种五谷。"

又《原道训》:"神农之播谷也,因苗以为教。"

《商君书·画策》:"神农之世,男耕而食,妇织而衣,刑政不用而治,甲兵不起而王。神农既殁,以强胜弱,以众暴寡,故黄帝……内行刀锯,外用甲兵。"

《战国策·赵策》:"宓羲、神农,教而不诛;黄帝、尧、舜,诛而不怒。"

《易·系辞》:"包牺氏没,神农氏作。斲木为耜,揉木为耒,耒耨之利,以教天下,盖取诸益。"

《吕氏春秋·上德》:"为天下及国,莫如以德,莫如行义,……此神农、黄帝之政也。"

按神农为耕稼部族所奉之宗神。《说文》:"農,耕也。从晨,囟声。"《汉书·食货志》:"民有业辟土植谷曰农。"解释农义,至为精审。神之,故曰神农。《礼记·月令》:"季夏之月,……毋发令而待,以妨神农之事也,水潦盛昌,神农将持功举大事,则有天殃。"此以神农为德号,允符原义。至典籍所载,皆以神农为至治之世,乃周秦时代学者虚构之乌托邦,非实有之事。

神农史迹,典籍所载,述之如次:

《吕氏春秋·用民》:"夙沙之民,自攻其君而归神农。"高诱注:"夙沙,大庭氏之末世也,其君无道,故自攻之。神农,炎帝。"梁玉绳云:"《淮南·道应》作宿沙,古字通。《逸周书·史记解》作质沙。"

《战国策·秦策一》:"神农伐补遂。"

按夙沙在青齐境内,其民自归神农,则神农部族相距当不甚远。补遂所在,载籍无征,不可考矣。

《吕氏春秋·慎势》:"神农十七世有天下,与天下同之也。"高诱注:"神农,炎帝也。农植嘉谷,化养兆民,天下号之曰神农。"

《帝王世纪》:"神农氏……在位一百二十年而崩,纳奔水氏女曰听詙,生帝临魁、次帝承、次帝明、次帝直、次帝釐、次帝哀、次帝榆罔,凡八代及轩辕氏也。"(《易·系辞·正义》引)

按神农世系,二说各殊,然必有史实为之素地,未可概以子虚乌有目之。

《孟子·滕文公上》:"有为神农之言者许行,……其徒数十人,皆衣褐,捆屦,织席以为食。……陈相见孟子,道许行之言曰:'滕君则诚贤君也,虽然,未闻道也。贤者与民并耕而食,饔飧而治。今也滕有仓廪府库,则是厉民而以自养也,恶得贤?'"

按许行治神农言,以为贤者与民并耕而食,饔飧而治,并实行其遗教,"衣褐,捆屦,织席以为食"。此种君民平等,自食其力之情形,核之现代未开化之初民社会,甚相符合。是神农部族传至战国,旧俗遗风,犹未尽泯,宜乎,当时学者艳称之。

《国语·晋语四》:"昔少典娶于有蟜氏,生黄帝、炎帝。"韦昭注:"炎帝,神农也。"

按《史记·封禅书》言:"神农氏封泰山,禅云云。炎帝封泰山,禅云云。"是神农、炎帝显为二人,韦说殊非。

《春秋说》:"炎帝号大庭氏,下为地皇,作耒耜,摇百谷,曰神农。"(《礼记·月令》《正义》引)

按三国时谯周作《古史考》,以为炎帝与神农各是一人(《左传正义》引)。《庄子·胠箧》言结绳之世,历数十二帝名,大庭氏与神农氏分列,显非一人。

《礼记·郊特牲》:"伊耆氏始为蜡。"郑玄注:"伊耆氏,古天子号也。"《正义》:"伊耆氏神农也。"

按伊耆为尧姓,载籍分明,未可与神农混为一谈。

《左传·昭公十八年》:"梓慎登大庭氏之库以望之。"杜预注:"大庭氏,古国名,在鲁城内,鲁于其处作库。"《正义》:"先儒旧说皆云炎帝号神农氏,一曰大庭氏。"

《帝王世纪》:"神农氏,姜姓也。……初都陈,又徙鲁。又曰魁隗氏,又曰连山氏,又曰列山氏。"(《史记·五帝本纪·正义》引)

按先儒旧说,神农、炎帝、大庭氏混合为一,据《史记·封禅书》知神农、炎帝非一,据《庄子·胠箧》知大庭、神农非一,则此说不足辨。《帝王世纪》以列山为神农别号,《史记·人表》则列炎帝、神农氏于第一等,而厕烈山氏于少典后,实非为一。

燕乙　玄鸟

《尔雅·释鸟》:"燕乙。旧注齐曰燕,梁曰乙。"郭璞注:"一名玄鸟,齐人呼乙。"(《太平御览》卷九二三引)

《说文》:"燕,玄鸟也。籋口、布翄、枝尾,象形。"

同上:"乙,燕燕,玄鸟也。齐鲁谓之乙,取其名自呼,象形。鳦,乙或从鸟。"

《大戴礼·夏小正》:"二月……来降,燕乃睇。燕,乙也。降者,下也。言来者何也? 莫能见其始出也,故曰来降。言乃睇何也? 睇者,眄也。眄者,视可为室者也。百鸟皆曰巢室穴也,谓之室(原文作"突穴取与之室",今依王校改正),何也? 操泥而就家,人人内也。"

同上:"九月……陟玄鸟蛰。陟,升也。玄鸟者,燕也。先言陟而后言蛰者,何也? 陟而后蛰也。"

《礼记·月令》:"玄鸟至。"郑玄注:"燕以施生时来巢人堂宇而孚乳,嫁娶之象也。媒氏之官以为候。"

同上:"玄鸟归。"郑玄注:"归,谓去蛰也。"

按燕象全体形,乙象于飞形,音亦寒泰对转。燕燕,乙乙,盖肖其鸣自呼之声。其色黑,故谓之玄鸟。以春分时来巢人堂宇而孚乳,故先民以为嫁娶之象,乳子之征,是以立高禖之祠。

《庄子·山木》篇:"鸟莫知于鷾鸸。"郭庆藩注:"避祸之速。"《释文》:"鷾音意,鸸音而。或云:鷾鸸,燕也。"

同上:"东海有鸟焉,其名曰意怠。其为鸟也,翂翂翐翐,而似无能,引援而飞,迫胁而栖,进不敢为前,退不敢为后,食不敢先尝,必取其绪。是故其行列不斥,而外人卒不得害,是以免于患。"

《广韵·之韵》:"鸸,鷾鸸,玄鸟也。"

按玄鸟一名鷾鸸、意怠,盖其合音为 ie,与燕若乙双声通转。

《说文》:"禮,履也。所以祀神致福也。从示从豊,豊亦声。"

按禮,古文作𥛊,当是从示从乙,乙,玄鸟也。

《说文》:"肊,胸骨也(小徐本匈骨作匈肊)。从肉,乙声。臆肊或从意。"

按鷾即鳦之别构。鳦之作鷾,犹肊之或作臆,乙当为乙之形误。

《说文》:"婴,婉也。从女,賏声。"

同上:"婉,婴婉也。从女,兒声。"

《广雅·释亲》:"婉兒,姓子也。"

《释名·释长幼》:"人始生曰婴儿。胸前曰婴,抱之婴前,乳养之也。或曰嫛婗。嫛,是也,言是人也,婗,其啼声也。故因以名之也。"

《孟子·梁惠王》:"反其旄倪。"赵歧注:"倪,弱小。婴,倪者也。"

《礼记·杂记》:"中路婴儿失其母焉。郑玄注:"婴犹鹥弥也。"

《苍颉篇》:"男曰儿,女曰婴。"(《山海经·南山经》郝懿行《笺疏》引)

按鹥弥即婴儿之转音。人始生谓之婴儿,鹥婉即鹫鹎之转音。先民以玄鸟至之日,祀于高禖以请子,因谓子为玄鸟所生,故以其名名之。

郊禖　高禖

郊禖为生殖之神,典籍所载,述之如次:

《诗经·大雅·生民》:"克禋克祀。"《毛传》:"玄鸟至之日,以太牢祀于郊禖。"

同上:"以弗无子。"《毛传》:"弗,去也。去无子求有子,古者必立郊禖焉。"

《吕氏春秋·二月纪》:"是月也,玄鸟至,至之日,以太牢祀于高禖。(高诱注:"玄鸟,燕也。春分而来,秋分而去。《传》曰:'玄鸟氏司启者也。'《周礼·媒氏》以仲春之月,合男女于时也,奔则不禁。因祭其神于郊,谓之郊禖。郊音与高相近,故或言高禖。王者后妃以玄鸟至日,祈继嗣于高禖,三牲具曰太牢。")天子亲往,后妃率九嫔御。(高诱注:"王者一后,三夫人,九嫔,二十七世妇,但后夫人率九嫔祀高禖耳。御见天子于高禖中也。")乃礼天子所御,带以弓韣,授以弓矢于高禖之前。"(高诱注:"礼后妃之侍见于天子者于高禖祠之前。韣,弓韬也。授以弓矢,示服猛得男象也。")

《礼记·月令》:"仲春之月,……是月也,玄鸟至,至之日,以太牢祀于高禖。"郑玄注;"玄鸟,燕也,燕以施生时来巢入堂宇而孚乳,嫁娶之象也,媒氏之官以为候。高辛氏之出,玄鸟遗卵,娀简吞之而生契,后王以为媒官嘉祥而立祠焉。变媒言禖,神之也。"疏引《郑志》焦乔答王权云:"娀简狄吞凤子之后,后王以("以"字从段玉裁校增)为媒官嘉祥,祀之以配帝,谓之高禖。"

《周礼·地官》:"媒氏……以仲春之月,令会男女于是时也,奔者不禁。"

《说文》:"禖,祭也。从示,某声。"

同上:"乳,人及鸟生子曰乳,兽曰产。从孚,从乙,乙者,玄鸟也。《明堂》、《月令》:'玄鸟至之日,祠于高禖,以请子。'故乳从乙,请子必以乙至之日者。乙,春分来,秋分去,开生之候鸟,帝少昊司分之官也。"

同上:"孔,通也。从乙,从子,请子之候鸟也。乙至而得子,嘉美之也。古人名嘉字子孔。"

按禖之言媒,《说文》:"媒,谋也,谋合二姓。从女,某声。"《周礼·地官》:"媒氏。"郑玄注:"媒之言谋也,谋合异类,使和成者。"盖谋合男女以蕃育子姓谓之媒,神之,故言禖。祀之于郊,谓之郊禖。古读郊、高同音。《诗经·卫风·硕人》:"说于农郊。"郑玄注:"郊,读若高。"《周礼·地官》:"载师……任近郊之地,……任远郊之地。"郑玄注:"故书……郊或为蒿。杜子春曰:'蒿读为郊。'"《左传·文公三年》:"取王官及郊。"《史记·秦本纪》作"及鄗",《正义》:"鄗音郊。"故郊禖亦谓高禖。古代以玄鸟至之日,祀于郊禖以请子。盖春时,玄鸟巢人堂宇而孚乳,先民以为嫁娶之象,生子之征,故祀之。

昌意　伯益

昌意神话,典籍所载,述之如次:

《山海经·海内经》:"黄帝妻雷祖生昌意,昌意降处若水,生韩流,韩流擢首谨耳,人面豕喙,麟身渠股,豚止,取淖子曰阿女,生帝颛顼。"

《世本》:"黄帝生昌意,昌意生颛顼,颛顼生鲧。"(《山海经·海内经》郭璞注引)

《大戴礼·帝系篇》:"黄帝……娶于西陵氏之女,谓之嫘祖氏,产青阳及昌意。青阳降居泜水,昌意降居若水。"(泜,《史记·五帝纪》作"江",据王校改)

《史记·夏本纪》:"禹之父曰鲧,鲧之父曰帝颛顼,颛顼之父曰昌意,昌意之父曰黄帝。"

按昌意即燕,亦即玄鸟。黄帝生昌意,犹言天神生玄鸟也。《说文》:"昌,美言也。从日从曰,一曰日光也。"《广雅·释言》:"昌,光也。"考日光为本意,美言为引申意。字义发展,先实义后虚义,此定例也。意为本名,名上加昌,与禹言伯禹、益言伯益同。神之,故以光形容之意,即燕若乙之转音。其证有三:燕,一名鹦鹛,意即鹦鹛之合音。其证一。《说文》:"肊,匈骨也。从肉,乙声,臆肊或从意。"考乙为乞之误字,乞,玄鸟也,重文作意,盖双声通转。其证二。《史记·夏本纪》太史公曰:"禹为姒姓。"《古微书·礼纬》:"禹母修己吞薏苡而生禹,因姓姒氏。"又《礼含文嘉》:"夏姒氏祖以薏苡生。"考薏苡与意乞,古读同音,亦即意之合音,祖以吞薏苡生,与娀简吞燕卵生契同。禹祖昌意,故有此言。以薏苡为草实,盖因同音而误解。其证三。

《左传·昭公二十九年》:"少皞氏有四叔,曰重、曰该、曰修、曰熙,实能金木及水。使重为句芒,该为蓐收,修及熙为玄冥。世不失职,遂济穷桑。"杜预注:"地名,在鲁北。"《正义》:"土地名,穷桑缺,言在鲁北,相传云尔。"

按《左传·定公四年》:"命以伯禽,而封于少皞之虚。"《史记·鲁周公世家》亦云:"封周公旦于少昊之虚曲阜。"则以穷桑为在鲁,说自不误。

《山海经·东山经》:"东次二经之首,曰空桑之山,北临食水。"

又《北山经》:"有空桑之山。无草木,冬夏有雪。空桑之水出焉,东流注于滹沱。"

按空桑一在青、兖,一在赵、代。若水之"若",盖"桑"之误字。若水当作桑水。《史记·五帝本纪》:"昌意降居若水。"《索隐》《正义》皆以蜀地释之,实误。昌意所降,必古空桑之水,今《山海经》所载,虽注漙沱,然其始必在东次二经所载之山附近,后乃随民族迁徙而西移。

《国语·郑语》:"嬴,伯翳之后也。"

《史记·郑世家》:"秦,嬴姓,伯翳之后也。"

《汉书·地理志序》:"秦之先曰伯益。"

又《百官公卿表》:"益(古'益'字)作朕虞。"

按翳、繄即燕若乞之转音,燕若乞之转为翳、繄,犹鹢鶂之转为婴儿、嫛婗也。益即《吕氏春秋·音初》"鸣若嗌嗌"之嗌,亦即燕若乞之转音。益为嗌之镏文,《说文》:"嗌,咽也,从口,益声。"益,镏文嗌,上象口,下象颈脉理也。

《国语·郑语》:"嬴,伯翳之后也。……伯翳能仪百物,以佐舜者也。"

《孟子·滕文公上》:"舜使益掌火,益烈山泽而焚之,禽兽逃匿。"

《吕氏春秋·勿躬》:"伯益作井。"

《淮南子·本经训》:"伯益作井,而龙登玄云,神栖昆仑。"

《世本》:"化益作井。"宋衷注曰:"化益,伯益也。"(《易·井卦》《释文》引)

《吕氏春秋·求人》:"(禹)得陶、化益、真窥、横革、之交,五人佐禹,故功绩铭乎金石,著于盘盂。"高诱注:"《荀子·成相》:'禹得益、皋陶、横革、直成为辅。……此化益即伯益也。'"

《秦诗谱》:"伯翳舜虞官,掌上下草木鸟兽。"

《史记·秦始皇本纪》:"秦之先,伯翳佐禹。"

又《秦本纪》:"大费……佐舜,调驯鸟兽,鸟兽多驯服,是为伯翳,舜赐姓嬴。"

同上:"孝王曰:'昔伯翳为舜主畜,畜多息,故有土,赐姓嬴。'"

又《陈杞世家》:"柏翳之后,至周平王时,封为秦,项羽灭之。"

《后汉书·蔡邕传》:"昔伯翳综声于鸟语。"李贤注:"伯翳,即秦之先伯益也,能与鸟语。见《史记》。"

《潜夫论·志氏姓》:"伯翳……以佐舜、禹,扰驯鸟兽。"

据《国语·郑语》、《史记·秦本纪》是伯益佐舜安定百物,据《孟子》、《吕氏春秋》、《淮南子》是伯益驱除禽兽。我认为伯翳、伯益实玄鸟之幻化,为嬴姓所奉之宗神,嬴姓部族原居青、齐,以狩猎为生。所谓安定百物,驱除禽兽,一生一杀,皆狩猎生活之反映。又《说文》:"井,八家一井,象构韩形,䍏之象也。古者伯益初作井。"按井为阱之初文。《说文》:"阱,陷也。从阜从井,井亦声。"穿地陷兽为阱,故《淮南子》有"龙登玄云,神栖昆仑"之语。许氏以八家一井释之,非初始之义。

《山海经·大荒西经》:"颛顼生老童,老童生重及黎。帝令重献上天,令黎邛下地,下地是生噎,处于西极,以行日月星辰之行次。"

又《海内经》:"炎帝之妻,赤水之子听訞生炎居,炎居生节并,节并生戏器,戏器生祝融,祝融降处于江水,生共工,共工生术器,术器首方颠,是复土壤以处江水。共工生后土,后土生噎鸣,噎鸣生岁十有二。"郭璞注:"生十二子,皆以岁名名之,故云然。"

《世本》:"后益作占岁。"(《太平御览》卷十七引)

接噎亦燕若乙之转音。《方言》六:"瘖、嗑,噎也。楚曰瘖,秦、晋或曰嗑,又曰噎。"是嗑与噎,一音之转。一作噎鸣,即鸣若嗑嗑之义。噎鸣生岁十有二,即《吕氏春秋·勿躬》:"后益作占岁。"《说文》:"岁,木星也。越历二十八宿,宣遍阴阳,十二月一次。从步,戌声。《律历书》名五星为五步。"《尔雅·释天》:"夏曰岁。"郭璞注:"取岁星行一次。"星备岁,星一日行十二分度之一,十二岁而周天,夏曰岁者,主于占星记事。《大戴礼·夏小正》云"初岁祭耒"是也。考岁星十二月周天一次,当狩猎时代即已发现。噎鸣生岁十有二,与羲和生十日,常仪生月十有二同,后益作占岁,与羲和作占日,常仪作占月同,皆古人记载天文发现之史迹。

封豨　伯封

封豨神话,典籍所载,述之如次:

《楚辞·天问》:"冯珧利决,封豨是射。何献蒸肉之膏,而后帝不若？浞娶纯狐,眩妻爰谋。何羿之射革,而交吞揆之？"

《左传·昭公二十八年》:"昔有仍氏生女,黰黑而甚美,光可以鉴,名曰玄妻。乐正后夔取之,生伯封,实有豕心,贪惏无餍,忿颣无期,谓之封豕。有穷后羿灭之,夔是以不祀。"

《淮南子·本经训》:"尧乃使羿……禽封豨于桑林。"

《古文苑》扬雄《上林苑令箴》:"昔在帝羿,失(原作"共",从闻一多校改,"失"与佚通)田淫(原作"径")游,弧矢是尚,而射夫封猪,不顾于愆,卒遇后忧。"

按伯封是封豕神话的人化。夔即契,夔为乐正即契为司徒。《国语·周语下》:"玄王勤商,十四世而兴。"《荀子·成相》:"契玄王,生昭明,居于砥石迁于商。十有四世,乃有天乙是成汤。"契称玄王,故其配曰玄妻。夔生伯封,即契生昭明。伯封谓之封豕,封为本名,豕为所加之恶号,封豕即封豨。《说文》:"豕,彘也。竭其尾故谓之豕,象毛足而后有尾,读与豨同。"《方言》:"猪……关东西谓之彘,或谓之豕,南楚谓之豨。"是豕、豨一物之证。桑林为商之神山,是昭明居于砥石迁于商,即封豨居于桑林,故《左传》言后羿灭封豕,即《淮南子》言羿擒封豨。盖羿擒封豨,为民除害,原为神话,流传既久,以伯封当之,遂成史实了。又寒浞娶纯狐,眩妻爰谋,眩妻即玄妻,故事内容虽不可考,大约羿灭封豕,俘其母而占有之,及浞杀羿,玄妻又归于浞。谋之言媒(说见上),宫浞与纯狐匹配,玄妻实居中为之撮合。

吉量

吉量神话,典籍所载,述之如次:

《山海经·海内北经》:"犬封国曰犬戎国,状如犬,有一女子方跪进杯食,有文马缟身、朱鬣、目若黄金,名曰吉量,乘之寿千岁。"

《逸周书·王会》:"犬戎文马,文马赤鬣缟身,目若黄金,名吉黄之乘。"

《说文》:"䮳,马赤鬣缟身,目若黄金,名曰䮳恩䮳,吉皇之乘。周文王时,犬戎献之。从马从文,文亦声。《春秋传》曰:'文马百驷。'画马也,西伯献纣,以全其身。"

《史记·孔子世家》:"文马三十驷。"

按吉黄、吉皇,音同字通,一作吉量,一音之转。犬戎为游牧种族,奉马为宗神,名曰吉黄。

《说文》:"䮤,骏马,以壬申日死,乘马忌之。从马,敖声。"

按,忌日亦先民巫术之一。

《山海经·海内经》:"黄帝生骆明,骆明生白马,白马是为鲧。"郭璞注:"鲧即禹父也。"

按白马即缟身朱鬣之文马,鲧为犬之转音,犬之转为鲧,犹犬戎一作昆夷。故白马为鲧,犹言文马为犬戎。郭注失之。

《山海经·大荒北经》:"有人名曰犬戎,黄帝生苗龙,苗龙生融吾,融吾生弄明,弄明生白犬,白犬有牝牡,是为犬戎。"

按弄明生白犬,即《山海经·海内经》骆明生白马。盖以宗神言,谓之白马,以种姓言,谓之犬戎。其所奉之神为赤兽,赤,大火也,以火光之辉煌,象征宗神威灵之赫濯,故由白马幻化为赤兽。

吉黄又作吉光:

《山海经·海内经》:"帝俊生禹号,禹号生淫梁,淫梁生番禺,是始为舟。番禺生奚仲,奚仲生吉光,吉光是始以木为车。"

按造车者传说皆以为奚仲。

《墨子·非儒》:"奚仲作车。"(《吕氏春秋·君守》、《淮南子·修务训》、《世本》同)

《荀子·解蔽》:"奚仲作车乘。"

《淮南子·道应训》:"骅骝、鸡斯之乘。"高诱注:"鸡斯,神马也。"

《六韬》曰:"太公与散宜生……得犬戎文马,豪毛朱鬣,目如黄金,名鸡斯之乘。"(《艺文类聚》卷九三引)

奚仲时代,传说各异。

《左传·定公元年》:"薛之皇祖奚仲,居薛以为夏车正。"杜预注:"奚仲为夏禹掌车服大夫。"

《淮南子·齐俗训》:"故尧之治天下也,……奚仲为工。"

按奚仲时代,一以为夏,一以为尧,其说虽异,皆以为车之发明者或制造者。至《山海经·海内经》言奚仲生吉光,吉光始为车,盖古代以马驾车,吉光神马也,因谓车为神马所造,惟与古说相违,因附会奚仲为吉光所生,遂由神马变为制车之人了。

吉黄演为猲獢:

《尔雅·释畜》:"短喙猲獢。"

《说文》:"猲,短喙犬也。从犬,曷声。"

同上:"獢,猲獢也。从犬,乔声。"

又演为絜鉤:

《山海经·东山经》:"硬山……有鸟焉,其状如凫而鼠尾,善登木,其名曰絜鉤,见则其国多疫。"

按猲獢、絜鉤,从音韵学上可以和吉黄相通假,猲獢善走,絜鉤善登,其意义也与吉黄之乘相合。

吉黄一作乘黄:

《山海经·海外西经》:"白民之国,在龙鱼北,白身被发。有乘黄,其状如狐,其背上有角,乘之寿三千岁。"

《逸周书·王会》:"白民乘黄,乘黄者似狐,其背有两角。"孔晁注:"白民亦东南夷。"

《管子·小匡》:"昔人之受命者,龙龟假,河出图,洛出书,地出乘黄。"

《墨子·非攻》:"河出绿图,圯出乘黄。"

《穆天子传》:"柏夭既致河典,乃乘渠黄之乘,为天子先。"郭璞注:"先驱,导路也。"

同上:"天子之骏……渠黄……"

按吉黄一名乘黄,犹相土一作乘杜。《世本·作篇》:"相土作乘马。"《荀子·解蔽》:"乘杜作乘马。"杨惊注:"以其作乘马之法,故谓之乘杜。"吉黄可乘,乘之且可得寿,因谓之乘黄。

一名飞黄:

《淮南子·览冥训》:"青龙进驾,飞黄伏皂。"高诱注:"飞黄,乘黄也。出西方,状如狐,背上有角,寿千岁。"

一名腾黄:

《瑞应图》:"腾黄者,神马也。其色黄,一名乘黄,亦曰飞黄,或曰吉黄,或曰翠黄,一名紫黄。"

按飞黄言行走如飞,腾黄言其跳跃自如,皆形容神速之辞。

又名渠黄:

《穆天子传》:"柏夭既至河典,乃乘渠黄之乘,为天子先。"郭璞注:"先驱,导路也。……所乘马尽黄色,为先驱也。"

同上:"天子之骏……渠黄……。"

按《金楼子·兴王篇》云:舜时,"西王母使使献……乘黄之驷",实由《穆天子传》附会而出。

开明　麒麟

开明神话,典籍所载,述之如次:

《山海经·海内西经》:"海内昆仑之虚在西北,帝之下都。昆仑之虚,方八百里,高万仞。上有木禾,长五寻,大五围。面有九井,以玉为槛。面有九门,门有开明兽守之,百神之所在。在八隅之岩,赤水之际,非仁羿莫能上冈之岩。"

同上:"昆仑南渊深三百仞。开明,兽身大类虎而九首,皆人面,东向立昆仑上。"郭璞注:"天兽也,名曰开朗,为兽禀资干精,瞠视昆仑,威振百灵。"

按开明当作启明,汉人避景帝讳而改之。《尚书·金滕》:"启籥见书。"《史记·鲁周公世家》引作"开";《左传·僖公六年》:"微子启。"《史记·宋微子世家》引作"微子开",是其证。启为本名,明为附加之形容词,与鸒名鸒明,例正相同。启为天兽,他籍无征。以声类求之,当即麒麟。

《荀子·性恶》:"骅骝、骐骥、纤离、绿耳,此皆古之良马也。"杨倞:"骐,读为骐。"

《公羊传·哀公十四年》:"麟者,仁兽也。"何休注:"状如麇一角,而戴肉,设武备而不为害,所以为仁也。"

《孟子·公孙丑上》:"麒麟之于走兽……类也。"

《史记·孔子世家》:"刳胎杀夭,则麒麟不至郊。"

《尔雅·释兽》:"麐,麇身,牛尾,一角。"李巡曰:"麟,瑞应兽名。"孙炎曰:"灵兽也。"(《左传疏》引)

《说文》:"麒,仁兽也。麇身牛尾一角,从鹿,其声。"

《论衡·讲瑞》:"麒麟,兽之圣者也。"

按古音启读 $K'iei$,麒麟读 $g'i\ Lien$,其合音为 $gien$,两音极近,得相通转,启大概即麒麟。

并封

并封神话,典籍所载,述之如次:

《山海经·海外西经》:"并封,在巫咸东,其状如彘,前后皆有首,黑。"

又《大荒西经》:"大荒之中有山,名曰鏖鏊钜,日月所入者。有兽,左右有首,名曰屏蓬。"

《逸周书·王会》:"区阳以鳖封。鳖封者若彘,前后有首。"

按并封、屏蓬、鳖封,一音之转。状如彘而前后有首,盖并封即蜂之缓音。蜂腰中细,两头粗大,遂由昆虫幻化为两头之怪兽。

《山海经·中山经》:"缟羝山之首,曰平逢之山。……有神焉,其状如人而二首,名曰骄虫,是为螫虫,实惟蜂蜜之庐。"

按平逢即并封之转音。平逢之山,为蜂蜜之庐。盖平逢即蜂,蜂名平逢,犹蠓为蠛蠓。《说文》:"蠓,蠛蠓也。从虫,蒙声。"段玉裁注:"蔑之言末也,散也。"是蠓名蔑蠓,取细小之义。蜂名并封、平逢,取平衡之义,凡从并、从平得声诸字,皆含此义。

《说文》:"竝,并也。从二立。"考竝象二人并立地上之形,蜂名并封,盖由中腰细小、两头粗大而得名。闻一多云:"两头彘名曰并封(《海外西经》),一作屏蓬(《大荒西经》)。一种名骄虫的二首神所居的山,名曰'平逢之山'(《中山经》)。'并封'、'屏蓬'、'平逢'等名的本字当作'并逢'。'并'与'逢'都有含义。兽牝牡相合名曰'并逢',犹如人男女私合曰'姘'(《苍颉篇》)。《周颂·小毖》:'予其惩而毖后患,莫予荓蜂。'《毛传》曰:'荓蜂,掣曳也。'荓蜂字一作甹夆。《尔雅·释训》:'甹夆,掣曳也。'郭注曰:'谓牵挽。'荓蜂(甹夆)亦即并逢,交合与牵掣,只是一种行为中向心与离心两种动作罢了。盛弘之《荆楚记》描写武陵郡西的两头鹿为'前后有头,常以一头食,一头行',正是'并封'所含的'挈曳牵掣'之意的具体说明。"(闻一多:《伏羲考》,《闻一多全集》卷一,开明书店一九四八年版)

按《说文》云:"蠭,飞虫,螫人者。从䖵,逢声。"蜂古文省音,转为范。《礼记·檀弓》:"范则冠而蝉有緌。"郑玄注:"范,蜂也。"

并封即蜂,由昆虫化为巨兽,由常形变为奇状,故成为两首之并封。至平逢,山神名,为骄虫者,盖骄为蟜之借字。《说文》:"蟜,虫也。从虫,乔声。"《左传·襄公十四年》郑公孙蠆,字子蟜。则当是毒螫之虫,盖即蜂之异名。考蟜与桥同一语根,桥者桔槔之合音也。桔槔之制,为二木,木直者为桥直,木横者为桥横。桔槔合言之为桥也。桔槔为用甚广。《庄子·天运》:"且子独不见夫桔槔者乎?引之则俯,舍之则仰。"同上,《天地篇》云:"凿木为机,后重前轻,挈水若抽,数如泆汤,其名为桥(原作"槔",从《释文》改)。"《说苑·反质篇》曰:"卫有五丈夫俱负缶而入井灌韭,终日一区,邓析过,下车为教之曰:'为机,重其后,轻其前,命曰桥。'终日溉韭,百区不倦。"《淮南子·主术训》:"桥直植立而不动,俯仰取制焉。"高诱注:"桥,桔槔上衡也。(宋翔凤云:"按此说非桔皋合言为桥,长言之为桔皋,非桔皋为大名,而桥为上衡也。正以所利在衡,故言桥者,辄言衡尔。")植柱权衡者,行之俯仰,取制于柱也。以喻君也。此则言桥直也。"此井上辘轳,所以汲水也。盖樴楔槔为物,前仰则后俯,前俯则后仰,与细腰、土蠭首尾相应,恰相类似,凡形似之物例得同名,此蠭之所以名骄虫。

《尔雅·释地》:"北方……中有枳首蛇焉。"郭璞注:"岐头蛇也。或曰:今江东呼两头蛇,为越王约发,亦名弩弦。"

《华阳国志》:"云南县有神鹿两头,能食毒草。"(《后汉书·西南夷传》李贤注引)

按枳首蛇、两头鹿,皆并封神话之演变。

三苗　九黎

三苗史迹载诸《山海经》者,述之如次:

《海外南经》:"三苗国在赤水东,其为人相随,一曰三毛国。"

《大荒北经》:"西北海外,黑水之北,有人,有翼,名曰苗民。颛顼生驩头,驩头生苗民。苗民釐姓,食肉。"

按三苗、九黎(详见下文)异名同实,三九数名,言其众也,苗、黎为部族之名。苗之言猫,《诗经·大雅·韩奕》:"有猫有虎。"《毛传》:"猫似虎浅毛者也。"黎之言狸,《说文》:"狸,伏兽,似貙。从豸,里声。"二物大同,得相互称。《左传·襄公二十三年》:"获晏牦。"《释文》:"牦,力之切。徐音来。"《国语·鲁语》作"晏莱"。《汉书·郊祀志》:"杀一牦牛。"李奇曰:"音狸。"师古曰:"西南夷长尾牦之牛也。一音茅。"《庄子·秋水》:"骐骥骅骝,一日而驰千里,捕鼠不如狸狌。"《尸子》:"使牛捕鼠,不如猫狌之捷。"一言狸,一言猫,是其证。故苗民釐姓,釐即黎,亦即狸也。又《风俗通义》:"颛顼有子曰黎,为苗民。"黎亦即狸。至其地望,《海外经》位之南方,《大荒经》位之北方,盖在北以原居言之,在南以迁后言之。考九黎,见诸载籍者如次:

《尚书·西伯戡黎》:"西伯戡黎。"(《史记·周本纪》作"耆",《殷本纪》又作"饥"。)

《左传·宣公十五年》:晋宗伯数赤狄、鄮舒之罪云:"弃仲章而夺黎氏地。"杜预注:"黎氏,黎侯国,上党壶关县有黎亭。"

同上:"秋七月,……壬午,晋侯治兵于稷以略狄土,立黎侯而还。"杜预注:"狄夺其地,故晋复立之。"

《诗经·邶风·序》:"《式微》,黎侯寓于卫,其臣劝以归也。"

同上:"《旄丘》,责卫伯也。狄人迫逐黎侯,黎侯寓于卫,卫不能修方伯连率之职,黎之臣子以责于卫也。"

《史记·周本纪》："败耆国。"(《集解》引徐广曰："一作阮。"《正义》："即黎国也。")

《说文》："䣛，殷诸侯国，在上党东北。从邑，称声。"

《汉书·地理志》："上党壶关县。"颜师古注："有羊肠阪，沾水东至朝歌入淇。"应劭曰："黎侯国也，今黎亭是。"

《后汉书·郡国志》："壶关县，在黎亭，故黎国。"(李贤注："文王戡黎即此地。")黎在上党东北，去纣都不远，故《尚书》郑玄注："戡黎，入纣圻内。"

其地在今河北、山东、山西、河南四省交界处。

三苗地望，见诸载籍者如次：

《战国策·魏策》："三苗之居，左有彭蠡之波，右有洞庭之水，汶山在其南，衡山在其北。"(《韩诗》作"衡山在南，岐山在北"。)

《史记·五帝本纪》："三苗在江淮、荆州数为乱。"

《左传·昭公十六年》："楚子……诱戎蛮子嘉杀之。"(《公羊传》作"戎曼子"。刘昭注《后汉书·郡国志》作"鄤子"。)

《礼记·王制》："南方曰蛮，雕题交趾，有不火食者矣。"

《诗经·小雅·角弓》："如蛮如髦。"《毛传》："蛮，南蛮也。"

《广韵·删韵》："蛮，南夷名。"

《后汉书·郡国志·河南尹》新城："有鄤聚，古鄤氏，今名蛮中。"

《水经注·伊水》新城县南："故蛮子国也。县有鄤聚，今名蛮中是也。"

按鄤为蛮之假借，曼即鄤之省。苗、蛮一音之转。

古籍言三苗疆域者，《魏策》云："三苗之居，左有彭蠡之波，右有洞庭之水。汶山在其南，衡山在其北。"以殷纣之国，左孟门，右漳釜例之，左当在西，右当在东。《史记·吴起传》作"左洞庭，右彭蠡"。无汶山、衡山之文。《韩诗外传》则作"衡山在南，岐山在北"，显有改易之迹。《禹贡》：

"岷山之阳,至于衡山。"衡山者,《汉书·地理志》南阳郡雉县有"衡山"(雉县在今河南南召县南)。《水经注·汝水》谓之"雉衡山",在《禹贡》荆州之北,故曰:"荆及衡阳惟荆州。"《吴越春秋·吴太伯传》:"太伯仲雍……托名采药于衡山,遂之荆蛮。"亦即此。汶山者,《国语·齐语》:"桓公南征伐楚,济汝,逾方城,望汶山。"《管子》之《小匡》、《霸形》同。《淮南子·坠形训》:"汝水出猛山。"猛或即汶之声转。然则洞庭、彭蠡,殆非今之洞庭、鄱阳,彭蠡为水湍回之称,《吕氏春秋·爱类》谓禹"为彭蠡之障,乾东土"是也。(《淮南子·人间训》云:"修彭蠡之防。")洞则通达之称。《山海经·海内东经》云:"湘水出舜葬东南陬,西环之入洞庭下。"郭璞注云:"洞庭,地穴也,在长沙巴陵。今吴县南太湖中有包山,下有洞庭穴道,潜行水底,云无所不通,号为地脉。"《水经注·沔水》云:"太湖有苞山,春秋谓之夫椒山,有洞室,入地潜行,北通琅邪东武县(今山东诸城县),俗谓之洞庭。旁有青山,一名夏架山,山有洞穴,潜通洞庭。"《尔雅》、《说文》皆云:"荣,桐木。"《说文》又云:"桐,荣也。"东冬与耕青通转,桐即洞,荣即荥。《禹贡》:"济,入于河,溢为荥。"潜行复出与洞庭地穴意类。盖古大河两岸,水泉伏涌,随地成泽,皆称洞庭。故《淮南》谓:"尧乃使羿……断修蛇于洞庭。"(《本经训》)《庄子》亦谓:"黄帝张《咸池》之乐,于洞庭之野。"(《天运》)《尚书·牧誓》有"髳",《春秋》河东有茅戎,盖三苗之族。(参见钱穆《古三苗疆域考》,《燕京学报》,一九三二年第十二期)按三苗疆域,《魏策》所述甚为具体,经钱穆考定,在江之北,不在江南,其说为是。至《史记》言在江淮荆州盖约略言之。

三苗史迹,典籍所载,述之如次:

  《尚书·吕刑》:"王曰:'若古有训:蚩尤惟始作乱,延及于平民,罔不寇贼,鸱义奸宄,夺攘矫虔。苗民弗用灵,制以刑,惟作五虐之刑曰法,杀戮无辜,爰始淫为劓、刵、椓、黥,越兹丽刑,并制罔差有辞。民兴胥渐,泯泯棼棼,罔中于信,以覆诅盟,虐威庶戮,方告无辜于上。上帝监民,罔有馨香德,刑发闻惟腥。'皇帝哀矜庶戮之不辜,报虐以威,遏绝苗民,无世在下。(《正义》曰:"郑玄以为苗民即九黎之后,颛顼诛九黎,至其子孙为三国。高辛之衰,又复九黎之恶,尧兴,又诛之,尧末,又在朝,舜臣尧,又窜之,后禹摄位,又在洞庭逆命,禹又诛之。")乃命重黎,绝地天通,罔有降格。群后之逮在下,明明棐常,鳏寡无盖。皇帝清问下民,鳏寡有辞于苗,德威惟畏,德明惟明,乃命三后,恤功于民。伯夷降典,折民惟刑。禹平水土,主名山川,稷降播种,农殖嘉谷。三后成功,惟殷于民。士制百姓于刑之中,以教祗德。穆穆在上,明明在下,灼于四方,罔不惟德之勤,故乃明于刑之中,率乂于民棐彝。典狱,非讫于威,惟讫于富。敬忌,罔有择言在身,惟克天德,自作之命,配享在下。王曰:'嗟!四方司政典狱,非尔惟作天牧?今尔何监?非时伯夷播刑之迪?其今尔何惩?惟时苗民,匪察于狱之丽,罔择吉人,观于五刑之中,惟时庶威夺货,断制五刑,以乱无辜。上帝不蠲,降咎于苗,苗民无辞于罚,乃绝厥世。'"

《尚书·甘誓》:"有扈氏(有扈、有苗当是一传说之分化)威侮五行,怠弃三政,天用剿绝其命,今予惟恭行天之罚。"

《墨子·尚同中》:"昔者圣王制为五刑,以治天下,逮至有苗之制五刑,以乱天下。则此岂刑不善哉!用刑则不善也。是以先民之书,《吕刑》之道曰:'苗民否用练,折则刑,惟作五杀之刑,曰法。'则此言善用刑者以治民,不善用刑者以为五杀。"

又《尚贤中》:"先王之书,《吕刑》之道曰:'皇帝清问下民,有辞于苗曰:群后之肆在下,明明不常,鳏寡不盖,德威维威,德明维明,乃命三后,恤功于民。伯夷降典,哲民维刑。禹平水土,主名山川。稷降播种,农殖嘉谷。三后成功,维假于民。'则此言三圣人者,谨其言,慎其行,精其思虑,索天下之隐事遗利,以上事天,则天乡其德,下施之万民,万民被其利。"

《淮南子·修务训》:"舜……南征三苗,道死苍梧。"

《礼记·檀弓上》:"舜葬于苍梧之野。"郑玄注:"舜征有苗而死,因留葬焉。"

按《吕刑》为吕国遗书,其首句云"惟吕命王",命为令之后起字,令与灵同音通用。《华阳国·序志》:"荆人鳖灵死,尸化西土,后为蜀帝。"《后汉书·张衡传》:"鳖令殪而尸亡兮,取蜀禅而引世。"李贤注:"鳖令,蜀王名也。令音灵。"故"吕令王"即灵王。《逸周书·谥法》极知鬼事曰灵,又好祭鬼神曰灵。《汉书·郊祀志》:"甘泉河东之祠,非神灵所飨。"考谥法虽后起,然名灵王,义实取此。吕为姜姓之国,奉伯夷为宗神,巫术盛行,用羊折狱(说详《伯夷》篇),与苗黎之族宗教制度、礼仪风俗,格不相入。其云苗民弗用灵者,《说文》:"靈,靈巫,以玉事神。从玉、霝声。"又,"靈,靈或从玉。"《墨子·尚同中》引作"练",《礼记·缁衣》引作"命",命为令之后起字,灵、练、令,一声之转。谓苗民不用其巫术。其云"惟作五虐之刑曰法,……爰始淫为劓、刵、椓、黥"者,谓苗民作五刑,毁伤肢体,不用夷羊折狱之法。先民对于异教殊俗之部族,常怀深恶痛绝之情绪。其云"上帝监民,罔有馨香德,刑发闻惟腥"者,谓天神监观下民,无有善德,只闻腥刑,故哀矜庶戮无辜,乃遏绝苗民,无世在下,因此苗民无辞于罚,乃绝厥世。又《吕氏春秋·召类》言:"舜却苗民,更易其俗。"舜亦天神,更易其俗,谓改变其原有之信仰与制度,使之行羌族之巫术,用夷羊以折狱。

《国语·楚语下》:"昭王问于观射父曰:'《周书》所谓重、黎实使天地不通者,何也?若无然,民将能登天乎?'对曰:'非此之谓也。古者民神不杂。民之精爽不携贰者,而又能齐肃衷正,其智能上下比义,其圣能光远宣朗,其明能光照之,其聪能听彻之,如是,则明神降之,在男曰觋,在女曰巫,是使制神之处位次主,而为之牲器时服,而后使先圣之后之有光烈,而能知山川之号、高祖之主、宗庙之事、昭穆之世、齐敬之勤、礼节之宜、威仪之则、容貌之崇、忠信之质、禋絜之服,而敬恭神明者,以为之祝。使名姓之后,能知四时之生、牺牲之物、玉帛之类、采服之仪、彝器之量、次主之度、屏摄之位、坛场之所、上下之神、氏姓之出,而心率旧典者,为之宗。于是乎有天地神民类物之官,是谓五官,各司其序,不相乱也。民是以能有忠信,神是以能有明德。民神异业,敬而不渎,故神降之嘉生,民以物享,祸灾不至,求用不匮。及少皞之衰也,九黎乱德,民神杂糅,不可方物。夫人作享,家为巫史,无有要质。民匮于祀,而不知其福,烝享无度,民神同位。民渎齐盟,无有严威。神狎民则,不蠲其为。嘉生不降,无物以享。祸灾荐臻,莫尽其气。颛顼受之,乃命南正重,司天以属神,命火正黎,司地以属民,使复旧常,无相侵渎,是谓绝地天通。其后,三苗复九黎之德,尧复育重黎之后不忘旧者,使复典之,以至于夏、商。故重黎氏世叙天地,而别其分主者也,其在周,程伯休父,其后也。当宣王时,失其官守,而为司马氏。宠神其祖,以取威于民曰:"重实上天,黎实下地。"遭世之乱,而莫之能御也。不然,夫天地成而不变,何比之有?"

按观射父答楚昭王问绝地天通之理,观射父首言巫觋、祝宗之品德、智慧、才能、学识及职掌,至为明澈,可窥见古代宗教内容之一斑。民有忠信以奉事神,神降嘉生以养群生,上下相维,祸灾不至,此宗教之最大功用,先民所以虔诚信仰也。苗黎之族,其宗教异。其言九黎乱德,又云其后三苗复九黎之德,即《吕刑》所谓苗民弗用灵。其言颛顼受之,乃命南正重司天以属神,命火正黎司地以属民,即《吕刑》所谓"皇帝……乃命重黎,绝地天通"。盖重黎使天地不通,即革除苗黎民神杂糅之宗教,使之民神异业。至九黎、三苗,实为一族。颛顼与尧,实即皇帝,神话流传因地域之殊而析为二。

三苗"为政不善"、"德义不修"、"蠢动作乱",故载籍屡言征伐有苗,述之如次:

《六韬》:"尧与有苗战于丹水之浦。"(《文选》沈休文《应诏诗》注,今本《六韬》无此文,为伪书)

《吕氏春秋·召类》:"尧战于丹水之浦,以服南蛮。"(《淮南子·

兵略训》袭用上句)

《论衡·儒增篇》:"尧伐丹水。"

又《恢国篇》:"尧有丹水之师。"

《尚书·大禹谟》:"帝曰:'咨禹,惟时有苗弗率,汝徂征。'禹乃会群后,誓于师曰:'济济有众,咸听朕命,蠢兹有苗,昏迷不恭,侮慢自贤,反道败德,君子在野,小人在位,民弃不保,天降之咎,……'三旬,苗民逆命。益赞于禹曰:'……至诚感神,矧兹有苗?'禹……班师振旅,帝乃诞敷文德,舞干羽于两阶,七旬,有苗格。"

《战国策·赵策》:"肥义曰:'……昔舜舞有苗。'"(《史记·赵世家》同)

《淮南子·齐俗训》:"当舜之时,有苗不服,于是舜修政偃兵,执干戚而舞之。"

又《泛论训》:"舜执干戚而服有苗。"

《吕氏春秋·上德》:"三苗不服,禹请攻之,舜曰:'以德可也。'德行三年而有苗服。"

《韩诗外传》卷三:"当舜之时,有苗不服,……禹请伐之,而舜不许,……久喻教而有苗请服。天下闻之,皆薄禹之义,而美舜之德。"(《说苑·君道篇》略同)

《盐铁论·论功》:"文学曰:'有虞氏之时,三苗不服,禹欲伐之。舜曰:"是吾德未喻也。"退而修政,而三苗服。'"

《荀子·议兵》:"舜伐有苗。"(《淮南子·兵略训》同)

《战国策·秦策》:"舜伐三苗。"

《论衡·儒增篇》:"舜征有苗。"

《墨子·兼爱下》:"禹曰:'济济有众,……蠢兹有苗,用天之罚,若予既率尔群对诸群,以征有苗。'"

又《非攻下》:"昔者三苗大乱,天命殛之,日妖宵出,雨血三朝,龙生于庙,犬哭于市,夏冰,地坼及泉,五谷变化,民乃大振,高阳乃命禹于玄宫(原脱"命禹"二字,据王念孙说补)。禹亲把天之瑞令,以征有苗。雷电勃振(原作"四电诱祇",据《间诂》说改),有神人面鸟身,奉珪以待("奉珪"原作"若瑾",从《间诂》说改),摣矢有苗之将("将"原作"祥",从《间诂》说改),苗师大乱,后乃遂几。禹既克有三苗,焉历(原作"磨",从王念孙说改。历,离也)为山川,别物上下,乡制四极(原作"卿制大极",从《间诂》说改),而神明不违,天下乃静。"

《随巢子》、《汲冢纪年》云:"三苗将亡,天雨血,夏有冰,地坼及泉,青龙生于庙,日夜出,昼日不出。"(《通鉴外纪》一注)

《随巢子》:"昔三苗大乱,天命殛之,夏后受命于玄宫(《艺文类聚》无"殛之"及"后"字,"受"作"属",《太平御览》八百八十二卷无"于玄宫"三字,《海录碎事》引作"夏命夏禹于玄宫"),有大神,人面鸟身,降而福之(《太平御览》八十二卷作"辅之",八百八十二作"福之"),司禄益食而民不饥,司金益富而国家实(《太平御览》作"宝"),司命益年而民不夭(《太平御览》、《海录碎事》无"益食而民不饥,司金"八字,八十二卷无"司禄益食"二句),四方归之,禹乃克三苗,而神民不违(《太平御览》无此句),辟土以王(《艺文类聚》十引至"神民不违",《太平御览》八十二卷及八百八十二卷引至"四方归之")。"

按三苗不奉羌族宗教,以至大乱,颛顼命禹征之,句芒助战,卒克三苗,神民和洽,天下复静。《吕氏春秋·召类》:"禹攻曹、魏、屈骜、有扈,以行其教。"其攻三苗,亦所以行其教。

《逸周书·史记解》:"外内相间,下挠其民,民无所附,三苗以亡。"

按此言三苗之亡,由于上下不和,全无神话色彩。盖《逸周书·史记解》历述各国之亡,重人事而不言鬼神,用以垂戒后世。

《尚书·舜典》:"窜三苗于三危。"
《尚书·禹贡》:"黑水西河惟雍州,……三危既宅,三苗丕叙。"
《孟子·万章上》:"舜……杀三苗于三危。"
《大戴礼·五帝德》:"放勋……杀三苗于三危,以变西戎。"

《淮南子·修务训》:"尧……窜三苗于三危。"

《史记·五帝本纪》:"三苗在江淮、荆州数为乱。于是舜……言于帝,请……迁三苗于三危,以变西戎。"

按《尚书·尧典》为晚周之书,以三苗为四罪之一,而放逐之,与《左传·文公十八年》"流四凶族"同意。盖由驱逐恶鬼之巫术,演化为驱逐异教徒之史实。

《尚书·禹贡》孔氏《正义》:"《左传》称舜去四凶,投之四裔,《舜典》云'窜三苗于三危',是三危为西裔之山也。其山必是西裔,未知山之所在。"又言:"《地理志》杜林以为敦煌郡即古瓜州也。昭九年《左传》云:'先王居梼杌于四裔,故允姓之奸居于瓜州。'杜预云:'允姓之祖与三苗俱放于三危。瓜州,今敦煌也。'郑玄引《地记书》云:'三危之山在鸟鼠之西南,当岷山,则在积石之西南。'《地记》乃妄书其言,未必可信。要之,三危之山必在河之南也,禹治水末已窜三苗,灾既除,彼得安定,故云三危之山已可居,三苗之族大有次叙,记此事以美禹治水之功也。"关于三苗民族之考证,《尚书·舜典》孔氏《正义》最详:"昭元年《左传》说,自古诸侯不用王命者,'虞有三苗,夏有观扈',知三苗是国,其国以三苗为名,非三国也。杜预言'三苗地缺,不知其处'。三凶皆是王臣,则三苗亦应是诸夏之国,入仕王朝者也。"此处先断定三苗为国名,更进而论曰:"文十八年《左传》言:'缙云氏有不才子,贪于饮食,冒于货贿,侵欲崇侈,不可盈厌,聚敛积实,不知纪极,不分孤寡,不恤穷匮,天下之民以比三凶,谓之饕餮。'即此三苗是也。"由是则三苗即当为缙云氏之不才子饕餮。又曰:"知其然者,以《左传》说此事言:'舜臣尧,流四凶族浑敦、穷奇、梼杌、饕餮,投诸四裔,以御螭魅。'谓此驩兜、共工、三苗与鲧也。虽知彼言四凶,此等四人,但名不同,莫知孰是。惟当验其行迹,以别其人。《左传》说穷奇之行云'靖谮庸回',《尧典》言共工之行云'静言庸违'。其事既同,知穷奇是共工也。《左传》说浑敦之行'丑类恶物,是与比周',《尧典》言驩兜荐举共工,与恶比周,知浑敦是驩兜也。《左传》说梼杌之行言

'不可教训,不知话言,傲狠明德,以乱天常',《尧典》言鲧之行云'咈哉,方命圮族',其事既同,知梼杌即鲧也。惟三苗之行,《尧典》无文,郑玄具引《左传》之文乃云:'命驩兜举共工,则驩兜为浑敦也,共工为穷奇也,鲧为梼杌也,而三苗为饕餮亦可知。'是以先儒以《书》《传》相考,知三苗是饕餮也。"此是引郑玄之论以伸己说。按四凶皆动物,舜去四凶为游牧时代人类征服兽类神话的演化。

举父　夸父

举父神话,典籍所载,述之如次:

《山海经·西山经》:"崇吾之山,……有兽焉,其状如禺,文臂豹虎,而善投,名曰举父。"郭璞注:"或作夸父。"郝懿行曰:"举、夸声近,故或作夸父。"

又《中山经》:"夸父之山,……其北有林焉,名曰桃林。是广员三百里。"郭璞注:"桃林,今弘农湖县阌乡南谷中是也。"

又《海外北经》:"夸父与日逐走入日,渴,欲得饮,饮于河渭,河渭不足,北饮大泽。未至,道渴而死,弃其杖,化为邓林。"郭璞注:"夸父者,盖神人之名也。"

同上:"博父国,在聂耳东,其为人大,右手操青蛇,左手操黄蛇。邓林在其东,二树木,一曰博父。"郝懿行按:"即夸父。"

又《大荒北经》:"大荒之中有山,名曰成都载天。有人耳两黄蛇,把两黄蛇,名曰夸父,后土生信,信生夸父,夸父不量力,欲追日景,逮之于禺谷。将饮河,而不足也,将走大泽,未至,死于此。应龙已杀蚩尤,又杀夸父,及去南方处之,故南方多雨。"

《吕氏春秋·求人》:"禹……西至……夸父之野。"

《淮南子·坠形训》:"夸父弃其策,是为邓林。"高诱注:"夸父,神兽也。……策,杖也。其杖生木而成林,邓犹木也,一曰仙人也。"

按夸父即玃父。《尔雅·释兽》:"猱蝯善援,玃父善顾。"郭璞注:

"貑,玃也。似猕猴而大,色苍黑,能攫持人,好顾盼。"按蝯之言援,玃之言瞿,皆以其性能为名。《说文》:"瞿,鹰隼之视也。"又"䢷,走顾貌。"《文选·魏都赋》:"瞏焉相顾。"瞿、䢷、瞏,本一字,而与顾音近义通。玃即瞏字,犹蝯即援字,以其为兽名,故变从豸若从虫。郭璞注说玃父"能攫持人",似读玃为攫,失其意矣。《说文》:"玃,母猴也。从犬,矍声。《尔雅》云:'玃父善顾。'攫持人也。"《吕氏春秋·察传》:"狗似玃,玃似母猴,母猴似人。"高诱注:"玃,狙玃,兽名也。"一作貜,《尔雅·释兽》:"貜,迅头。"郭璞注:"今建平山中有貜,大如狗,似猕猴,黄黑色,多髯鬣,好奋迅其头,能举石擿人,玃类也。"一作猱蝯,《说文》:"蝯,善援,禺属。从虫,爰声。"《管子·形势解》:"坠岸三仞,人之所大难也,而猿猱饮焉。"盖夸父之性,善援、善投、好顾、好攫,盖感觉灵敏、动作矫健之动物。其逐日之神话,当由此幻化而生。世传猱蝯饮水,或自悬崖相接而下,饮毕连引而上。道渴而死之神话,当由此幻化而生。至云应龙杀夸父者,盖应龙蓄水,夸父渴死,故曰应龙杀夸父。邓林即桃林,一音之转。博父国、夸父野,皆禺谷之幻化。

《山海经·南山经》:"令丘之山……有鸟焉,其状如枭,人面四目,而有耳,其名曰颙(《玉篇》、《广韵》并作"鸆"),其鸣自号也,见则天下大旱。"

又《西山经》:"羭次之山……有兽焉,其状如禺,而长臂善投,其名曰嚣。"

同上:"崇吾之山……有兽焉。其状如禺,而文臂豹虎,而善投,名曰举父。"郭璞注:"或作夸父。"

又《北山经》:"梁渠之山……有鸟焉,其状如夸父(郭璞注或作"举父"),四翼一目,犬尾,名曰嚣。"

同上:"狱法之山……有兽焉,其状如犬而人面,善投,见人则笑,其名山𤟤。其行如风,见则天下大风。"

同上:"归山……有兽焉,其状如鹿羊,而四角,马尾,而有距,其名曰騨。善还,其鸣自訆。"

按颥、嚣,举、狪、騨,皆夸之音转。其云善投、善还,皆夸父之特性。因夸父道渴而死,故举父见则天下大旱,因夸父善走,故山狪见,则天下大风。

涂山女

禹娶涂山女生启,典籍所载,述之如次:

《楚辞·天问》:"禹之力献功,降省下出四方。焉得彼涂山女,而通之于台桑。闵妃匹合,厥身是继,胡维嗜同味,而快鼂饲?"(饲,原作"饱",据闻一多说校改。闻谓朝、鼂古今字,饲与食通,鼂饲即朝食。上文曰"通之于台桑",下文曰"快朝食",语气一贯,意指通淫。与《诗经·陈风·株林》"乘我乘驹,朝食于株"之朝食,意思相同。)

按此言禹治水得涂山女,在台桑而成婚。

《吕氏春秋·音初》:"禹行,窃(原作功,据许维遹校改)见涂山之女。禹未之遇,而巡省南土。涂山氏之女乃令其妾,候禹于涂山之阳。(高诱注:"涂山在九江,近当涂也。山南曰阳也。")女乃作歌:'候人兮猗!'实始作为南音。周公及召公取风焉,以为《周南》、《召南》。"高诱注:"娶涂山氏女,南音以为乐歌也。"

又《当务篇》:"尧有不慈之名,舜有不孝之行,禹有淫湎之意,汤武有放杀之事。"

《庄子·盗跖篇》:"尧不慈,舜不孝,禹偏枯,汤放其主,武王伐纣。"(马叙伦说"偏枯"是"淫湎"之误。)

《水经注·伊水》:"今水出陆浑县(今河南嵩县)之西南王母涧,涧北山上有王母祠,……即古三涂山。"

《读史方舆纪要》:"三涂山,在嵩县南十里。即古所谓涂山者,王母即涂山氏之女也。"

按此言禹治水，因便去见涂山之女，不曾相遇，而往省南土，涂山女亦思见禹，因使其妾候之于涂山之阳，并作歌以见意，此歌即南音之始。

《逸周书·世俘》："籥人奏《崇禹生开》，三终，王定。"

《尚书·益稷》："予创若时，娶于涂山，辛壬癸甲，启呱呱而泣，予弗子。"

按《崇禹生开》在周初成为乐名，当为古代一大故事。

《吕氏春秋》佚文："禹娶涂山氏女，不以私害公，自辛至甲，四日后复往治水，故江淮之俗，以辛壬癸甲为嫁娶日也。"（《水经注·淮水》引）

《说文》："嵞，会稽山，一曰九江当嵞也，民以辛壬癸甲之日嫁娶。从屾，余声。《虞书》曰：'予娶嵞山。'"

《水经注·江水》巴郡江州县，"江之北岸，有涂山，南有夏禹庙，涂君祠，庙名存焉。常璩，庾仲雍并言禹娶于此。余按群书，咸言禹娶在寿春当涂，不在此也。"

《史记·夏本纪》《索隐》引杜预云："涂山在寿春东北。"皇甫谧云："今九江当涂有禹庙，则涂山在江南也。"

《山海经·南山经》："会稽之山。"郭璞注："今在会稽郡山阴县南，上有禹冢及井。"

按辛壬癸甲为禹娶涂山所历之四日，江淮之俗，以为嫁娶之期，足证故事流传之久与影响之大。

《淮南子》佚文："禹治鸿水，通轘辕山，化为熊。谓涂山氏曰：'欲饷，闻鼓声乃来。'禹跳石，误中鼓。涂山氏往见，禹方作熊，惭而去，至嵩高山下，化为石。方生启，禹曰：'归我子！'石破北方而启生。"（《汉书·武帝纪》颜师古注引）

《随巢子》："禹娶涂山，治鸿水，通轘辕山，化为熊，涂山氏见之，

惭而去,至嵩高山下,化为石。禹曰:'归我子!'石破北方而生启。"(《绎史》十一引)

按此言禹化为熊,涂山女化为石,禹向涂山女索其子,石因破裂北方而生启,考禹为社神,古代以石为社,故神话中谓启为石所生。至《淮南子·修务训》言"禹生于石",高诱注:"禹母修已感石而生禹,折胸而出。"《山海经·中山经》郭璞注:"启母化为石而生启在此山。"此则因石为社神,因谓禹感石而生。

《汉书·武帝纪》:"元封元年……诏曰:朕用事华山,至于中岳,获驳麃,见夏后启母石。"

按此言中岳有启母石,今日犹存。盖古者神主则石,禹为社神,故有石主,因附会涂山氏化石生启而名之。

《隋书·礼仪志二》:"晋惠帝元康六年,禖坛石中破为二。诏问石毁,今应复不?……束晳议:'以石在坛上,盖主道也。祭器弊则埋而置新,今宜埋而更造,不宜遂废。'时此议不用。后得高堂隆故事,魏青龙中,造立此石,诏更镌石,令如旧,置高禖坛上。埋破石入地一丈。按梁太庙北门内道西有石,文如竹叶,小屋覆之,宋元嘉中修庙所得,陆澄以为孝武时郊禖之石。然则江左亦有此礼矣。"

《说文》:"䨲,读若闵。"又"幭,幦地以巾捆之也。""幦,涂地也。"䨲为幭之讹,即"以巾捆之"之捆字。捆训幭地,而幦训涂地,是捆亦涂也。《楚辞·天问》:"禹之力献功,降省下土四方,焉得彼涂山女,而通之于台桑?闵妃匹合,厥身是继,胡维嗜欲同味,而快鼌饱?"闵妃即涂山女也。(《文选·洞箫赋》:"夔妃准法。"夔亦夒之讹,夒妃即闵妃,亦即女娲氏,始作笙簧者也。闵字或讹作阌,唐时传女娲墓见于阌乡县,阌即闵妃之闵,盖地以人得名。女娲氏一曰闵妃,而《史记·夏本纪》《索隐》引《世本》"涂山氏名女娲",是闵妃即涂山女明矣。)(闻一多,《尔雅新义》,见《闻一多全集》,开明书店一九四八年版)

夙沙

夙沙，青齐境内之古国。典籍所载，述之如次：

《鲁连子》："古善渔者昔夙沙渠子，使渔山侧，虽十宿沙子不得鱼焉。宿沙非暗于渔道也，彼山者，非鱼之所生也。"（《后汉书·马融传》李善注引）

同上："古善渔者，宿沙瞿子。"（《困学纪闻》卷十引）

同上："夙沙瞿子善煮盐。（同上书引）

《说文》："鹽，鹹也。从卤，监声。古者夙沙初作鬻海鹽。"

按据《鲁连子》可知宿沙即夙沙。夙沙地望，书缺有间，虽不可考，然以善渔、煮盐二事证之，当滨大海。又其苗裔仕宦于齐（说详下文），故知其国，当在青齐境内。自后齐国承其遗业，擅鱼盐之利，凭借既厚，故能称雄于春秋战国时代。

《逸周书·史记解》："昔者质沙三卿朝而无理，君怒而久拘之，哗而弗加，三卿谋变，质沙以亡。"（孔晁注："哗，诛不服罪也。质沙即宿沙，始煮海为盐，此其后也。弗加诛戮，因久拘而谋叛。"）

《吕氏春秋·用民》："夙沙之民，自攻其君而归神农。"高诱注："夙沙，大庭氏之末世。"

《帝王世纪·炎帝神农氏纪》："诸侯夙沙氏叛，不用命，箕文谏而杀之。炎帝退而修德，夙沙之民，自攻其君而归炎帝。"

按质沙即宿沙，亦即夙沙。宿字《说文》作"㝛"，而质之古文作"貭"，两形相似，故孔晁注"质沙即宿沙"是也。夙沙之亡，一以为臣叛，一以为民离。至其时代，在大庭氏之末世。

《左传·襄公十八年》："夙沙卫，连大车以塞隧而殿。"

《广韵·麻韵》："麻沙……又汉复姓，《左传》齐有夙沙卫，神农时夙沙氏之后。"

按凤沙卫以国为姓,仕宦于齐,子姓蕃衍,汉代犹存,是其遗民同化于中夏。

《国语·晋语九》记晋既灭鼓,"令鼓人各复其所,非僚勿从。鼓子之臣,曰凤沙瘱,以其孥行,军吏执之。辞曰:'我君是事,非事土也。名曰君臣,岂曰土臣?今君实迁,臣何赖于鼓?……臣闻之,委质为臣,无有二心,委质而策死,古之法也。君有烈名,臣无叛质。'"

按韦昭注训僚为官,非是,僚者奴隶之一种。《左传·昭公七年》"舆臣隶,隶臣僚"是也。

肃慎

肃慎之古国,典籍所载,述之如次:

《山海经·海外西经》:"肃慎之国,在白民北。"
又《大荒北经》:"大荒之中有山,名曰不咸,有肃慎氏之国。"
《左传·昭公九年》:"肃慎、燕、亳,吾北土也。"

按肃慎所在不可考。《左传》昭公九年,王使詹桓伯辞于晋,言自武王克商以来,肃慎、燕、亳,吾北土也。考燕即南燕,今河南延津县,亳为殷代旧都,则肃慎所在当不甚远。杜预注:"肃慎,北夷。在玄菟北三千余里。"盖以后世地望言之。至《山海经·海外西经》移之于西方,又《大荒经》位之于大荒,均非实录。

《国语·鲁语下》:"武王克商,……肃慎氏来贡楛矢、石砮,其长尺有咫。"(《史记·孔子世家》略同)

《逸周书·王会》:"西面者正北方稷慎大麈。"(孔晁注:"稷慎,肃慎也。")

《书序》:"成王既伐东夷,肃慎来贺,王俾荣伯,作《贿肃慎之命》。"(《史记·周本纪》"肃慎"作"息慎","俾"作"赐"。《史记·五帝本纪》《集解》引郑玄曰:"息慎,或谓之肃慎,东北夷。")

按武王克商,通道于九夷八蛮,肃慎来贡方物,当为事实。《逸周书·王会》记成王时远方诸国各以方物献见之事,虽难认为实录,然鹿属动物产于东北,至今犹然。《书序》撰于卫宏,其言必有所本。揆之当时形势,肃慎朝贺,实属可能。

《括地志》:"靺鞨国,古肃慎也,亦曰挹娄。在京东北八千四百里,南去扶余千五百里,东及北各抵大海也。"(《史记·司马相如传》《正义》引)

《肃慎国记》:"肃慎,其地在夫余国东北,可六十日行。其弓四尺,强劲弩射四百步,今之靺鞨国方有此矢。"(《史记·孔子世家》《正义》引)

《后汉书·东夷传》:"及武王灭纣,肃慎来献石砮、楛矢。……康王之时,肃慎复至。"

同上:"挹娄,古肃慎之国也。"

《三国志·魏书·乌丸鲜卑东夷传》:"挹娄在夫余东北千余里,滨大海,南与北沃沮接,未知其所极。……古之肃慎氏之国也。"

按靺鞨之前身为肃慎,肃慎朝贡之史实,讫于北齐天保五年(见《册府元龟》)。肃慎于汉、曹魏时为挹娄,于元魏时为勿吉,北齐以后始称靺鞨,隋代以后称渤海、契丹、女真。

黄帝

黄帝传说,见诸载籍者甚多,如:

《山海经·大荒东经》:"东海之渚中,有神,人面鸟身,珥两黄蛇,践两黄蛇,名曰禺䝞。黄帝生禺䝞,禺䝞生禺京。(郭璞注:"即禺强也。")禺京处北海,禺䝞处东海,是惟海神。"郭璞注:"䝞,一本作号。"

又《大荒西经》:"有北狄之国。黄帝之孙曰始均,始均生北狄。"

又《大荒北经》:"大荒之中有山,名曰融父山,顺水入焉。有人,名曰犬戎。黄帝生苗龙,苗龙生融吾,融吾生弄(郭注:"一作下。")明,弄明生白犬,白犬有牝牡,是为犬戎,肉食。有赤兽,马状,无首,名曰戎宣王尸。"

又《海内经》:"黄帝妻雷祖,生昌意,昌意降处若水,生韩流,韩流擢首谨耳,人面豕喙,麟身渠股,豚止。取淖子,曰阿女,生帝颛顼。"

又《西山经》:"又西四百八十里,曰轩辕之丘。"郭璞注:"黄帝居此丘,娶西陵氏女,因号轩辕丘。"

又《大荒西经》:"王母之山,……有轩辕之台射者,不敢西向射,畏轩辕之台。"郭璞注:"敬难黄帝之神。"

又《海外西经》:"轩辕之国,……人面蛇身,尾交首上。"

《淮南子·说林训》:"黄帝生阴阳。"高诱注:"黄帝,古天神也。始造人之时,化生阴阳。"

又《天文训》:"中央土也,其帝黄帝。(高诱注:"黄帝,少典之子也。以土德王天下,号轩辕氏,死托祀于中央之帝。")其佐后土,……其兽黄龙。"

同上:"龙举而景云属。"高诱注:"龙,水物也。云生水,故龙举而景云属。属,会也。"

《左传·昭公十七年》:"昔者黄帝氏以云纪,故为云师而云名。"

《庄子·大宗师》:"夫道……黄帝得之,以登云天。"

《穆天子传》:"吉日辛酉,天子升于昆仑之丘,以观黄帝之宫,而封丰隆之葬。"

《吕氏春秋·荡兵》:"黄炎故用水火矣,共工氏故次作难矣,五帝故相与争矣,递兴废胜者用事。"

又《应同》:"凡帝王者之将兴也,天必先见祥乎下民。黄帝之时,天先见大螾、大蝼。(高诱注:"蝼,蝼蛄;螾,蚯蚓,皆土物。")黄帝曰:'土气胜。'土气胜,故其色尚黄,其事则土。"

《春秋合诚图》:"黄帝将亡,则黄龙坠。"(《开元占经·龙鱼虫蛇占篇》引)

同上:"轩辕主雷雨之神。"

《河图》:"黄帝以雷精起。"

《史记·天官书》:"轩辕,黄龙体。"

又《封禅书》:"黄帝得土德,黄龙、地螾见。"

按黄帝即皇帝,犹言惟皇上帝,皇皇上帝。皇,本字黄,通假也。《庄子·齐物论》:"长梧子曰:'是皇帝之所听荧也。'"《释文》:"皇帝,本又作黄帝。"又《至乐篇》曰:"吾恐回与齐侯言尧、舜、皇帝之道,……"《释文》:"皇帝,司马本作黄帝。"《易·系辞》:"黄帝、尧、舜,垂衣裳而天下治。"《风俗通义·音声篇》作"皇帝"。皆其证。襄公二十年《经》:"陈侯之弟黄,出奔楚。"《公羊传》、《谷梁传》作"弟光"。《尚书大传》:"黄者,光也。"《汉书·艺文志》:"中道者,黄道,一曰光道。"《风俗通》:"黄,光也。"《说文》:"炗,古文光。"又,"炎,古文黄。"《诗经·大雅·江汉》:"武夫洸洸。"《盐铁论·徭役篇》引《诗》作"武夫潢潢"。《庄子·至乐》:"昆仑之虚,黄帝之所休。"又《天地篇》:"黄帝游乎赤水之北,登乎昆仑之丘。"《穆天子传》:"吉日辛酉,天子升于昆仑之丘,以观黄帝之宫。"是昆仑为黄帝登临居处之地。而《山海经·西山经》则云:"昆仑之丘,是实惟帝之下都,神陆吾司之。"郭璞注:"天帝都邑之在下者也。"《西山经》又云:"是有玉膏,……黄帝是食是飨。……黄帝乃取峚山之玉荣,而投之钟山之阳,瑾瑜之玉为良,……天帝鬼神是食是飨。"天帝下都在昆仑,黄帝登临居处亦在其地,既曰黄帝是食是飨,又曰天地鬼神是食是飨,黄帝居天地鬼神之首席,是黄帝即天帝。又《淮南子·天文训》:"黄帝生阴阳。"高诱注:"黄帝,古天神也,始造人之时,化生阴阳。"是皇帝实天神,并非人王。《山海经·大荒北经》既言黄帝、女魃,又云黄帝乃下天女曰魃,足证黄帝本为天帝。

《山海经·大荒东经》言黄帝生禺䝞,禺䝞生禺京。《说文》:"禺,母猴属,头似鬼。从由,从内。"虢为号之或体,犹言叫号,命名取义与益名噎鸣相类(说详《伯益》篇)。京强同音通用。《说文》:"麠,大鹿也。牛尾一角,从鹿畺声。"又"麖或从京。""鱷,海大鱼也。从鱼,噩声。""鲸,或从京。《文选》扬雄《羽猎赋》:"骑京鱼。"李奇注:"京鱼,大鱼也。"禺京命名,盖取大意。《山海经·大荒西经》言:"黄帝之孙曰始均,始均生北狄。"始均即叔均。姬,周之祖。又《大荒北经》言:"黄帝生苗龙,苗龙生融吾,融吾生弄明,弄明生白犬,白犬有牝牡,是为犬戎。"与《海内经》言:"黄帝生骆明,骆明生白马,白马是为鲧。"二者同记一事,而详略互殊。弄明,郭璞注:"一作卞明。"盖弄为弁之误字,《说文》:"皃,冕也。周曰皃,殷曰吁,夏曰收:从皃,象形。"𥈠或皃字,弁为皃或体,𠑿之变卞,又隶变,俗字也。《战国策·秦策》:"卞随务光。"《诗经·周南·关雎序》疏作"弁随",亦其一证。弁明即骆明,白马即戎宣王尸,犬戎,图腾也。鲧为犬之转音谓犬戎。《海内经》又言黄帝生昌意,昌意生韩流,韩流生颛顼。昌意即伯益,韩流即少昊,皆颛顼所自出。

《大戴礼·帝系》:"少典产轩辕,是为皇帝。"

《国语·晋语四》:"昔少典娶于有蟜氏,生黄帝、炎帝。黄帝以姬水成,炎帝以姜水成,成而异德,故黄帝为姬,炎帝为姜,二帝用师以相济也,异德之故也。"

贾谊《新书·益壤》:"黄帝者,炎帝之兄弟也。炎帝无道,黄帝伐之。"

按三说为一家之言。

《白虎通·号篇》:"黄帝中和之色,自然之性,万世不易。黄帝始作制度,得其中和,万世常存,故称黄帝也。"

《国语·晋语四》:"黄帝之子二十五人,其同姓者,二人而已,唯青阳与夷鼓,皆为己姓。青阳,方雷氏之甥也;夷鼓,彤鱼氏之甥也。其同生而异姓者,四母之子,别为十二姓。凡黄帝之子,二十五宗,其得姓者十四人,为十二姓,姬、酉、祁、己、滕、箴、任、荀、僖、姞、儇、依,是也,唯青阳与苍林氏,同于黄帝,故皆为姬姓。"

《春秋命算序》:"黄帝一曰帝轩辕,传十世,二千五百二十岁。"(《礼记·祭法》《正义》引)

按《国语·晋语》司空季子言少典生黄帝、炎帝。黄帝、炎帝皆神祇之名,则少典一名,当为杜撰。古人重世系,尊祖宗,《礼记·祭法》载,上世祀典皆祖黄帝,无及少典者,其为虚构,可以推知。《说文》:"典,五帝之书也,从册在丌上,尊阁之也。"考典象册置丌上之形,许慎以三坟五典之典释之,殊非初义,少典谓典籍上所载之神或人。黄帝之子二十五宗,其得姓者十四人,为十二姓。考十二姓中,见于《山海经》者,如无肠国、儋耳国,皆任姓。大人国、苗民居,皆釐姓(即僖)。西周国姬姓,毛民国依姓。又朝云国为黄帝后,当亦在十二姓中。

黄帝传说,见诸载籍者,述之如次:

《国语·鲁语上》:"黄帝能成命百物,以明民共财,颛顼能修之;帝喾能序三辰以固民;尧能单均刑法以仪民;舜勤民事而野死。"

《大戴礼·五帝德》:"孔子曰:'黄帝,少典之子也,曰轩辕。……颛顼,黄帝之孙,昌意之子也,曰高阳。……帝喾,玄嚣之孙,蟜极之子也,曰高辛。……帝尧,……高辛之子也,曰放勋。……帝舜,……蟜牛之孙,瞽瞍之子也,曰重华。……'"(《史记·五帝本纪》同)

又《帝系》:"少典产轩辕,是为黄帝,黄帝产玄嚣,玄嚣产蟜极,蟜极产高辛,是为帝喾。帝喾产放勋,是为帝尧。黄帝产昌意,昌意产高阳,是为帝颛顼。颛顼产穷蝉,穷蝉产敬康,敬康产句芒,句芒产蟜年,蟜牛产瞽瞍,瞽瞍产重华,是为帝舜。"(《五帝本纪》略同)

按《大戴礼·五帝德》为战国时齐鲁间学者所撰集,离神权时代既已悠远,灼然于神话之非真实,故其记述神话少,而人事多。由此天神之黄帝,一变而为人王。其后,司马迁据之作《五帝本纪》,再删其言不雅驯者,如乘龙扆云、乘龙而至四海、春夏乘龙、秋冬乘马,由是,黄帝遂全为人王了。

黄帝传说,见于晚周彝器者,述之如次:

《陈侯因㟥錞》:"其惟因㟥,扬皇考绍綖(昭统),高祖黄帝,伕(迩)嗣桓文,朝问诸侯,合扬厥德。"

《铸公簠》:"铸公作孟妊车母滕簠。"

按"因㟥"即齐威王因齐,陈完十二世孙,陈胡公二十三世孙。田齐为陈后,系出黄帝,典籍所载,述之如次:

《国语·鲁语下》:"昔武王克商,……肃慎氏贡楛矢、石砮,其长尺有咫,……以分大姬,配虞胡公,而封诸陈。"

《左传·昭公八年》:"楚公子弃疾帅师……灭陈,……晋侯问于史赵曰:'陈其遂亡乎?'对曰:'未也。'公曰:'何故?'对曰:'陈,颛顼之族也。岁在鹑火,是以卒灭,陈将如之。今在析木之津,犹将复由。且陈氏得政于齐,而后陈卒亡,自幕至于瞽瞍,无违命。舜重之以明德,寘德于遂,遂世守之。及胡公不淫,故周赐之姓,使祀虞帝。"(《史记·陈杞世家》和《田敬仲完世家》,更有较详之世系。)

《国语·鲁语上》:"有虞氏禘黄帝而祖颛顼,郊尧而宗舜。"

是陈祖黄帝,故陈侯因㟥錞云然。

铸为黄帝之后,典籍所载,述之如次:

《吕氏春秋·慎大》:"武王胜殷,入殷,未下辇,命封黄帝之后于铸。"

《礼记·乐记》:"封帝尧之后于祝。"郑玄注:"祝,或为铸。"

《史记·周本纪》"武王追思先圣王,乃襃封……黄帝之后于祝。"

按铸与祝,古读同音。《左传·襄公二十三年》:"臧宣叔娶于铸。"杜预注:"铸国,济北蛇丘县。"《后汉书·郡国志》:"济北国蛇丘县有铸乡城。"李奇注:"周武王未及下车,封尧后于铸。"考铸公簠出于齐东,铸子叔黑臣所作鼎、簠，出于青州，战国时皆为齐地。

黄帝传说，原在中冀，秦人修祀典，与青、白诸帝并祀，述之如次：

《史记·秦本纪》："襄公于是始国，与诸侯通使聘享之礼，……祠上帝西畤。"《集解》徐广曰："《年表》云立西畤，祠白帝。"《索隐》曰："襄公始列为诸侯，自以居西（畤），西（畤），县名，故作西畤，祠白帝。畤，止也，言神灵之所依止也。亦音市，谓为坛以祭天也。"

同上："（宣公）四年，作密畤。"《正义》引《括地志》云："汉有五畤。在岐州雍县南，则鄜畤、吴阳上畤、下畤、密畤、北畤。秦文公梦黄蛇自天而下，属地，其口止于鄜衍，作畤。郊祭白帝，曰鄜畤。秦宣公作密畤于渭南，祭青帝。秦灵公作吴阳上畤，祭黄帝，作下畤，祠炎帝。"

又《封禅书》："秦襄公既侯，居西垂，自以为主少皞之神，作西畤，祠白帝。……文公梦黄蛇自天而下属地，其口止于鄜衍。文公问史敦，敦曰：'此上帝之征，君其祠之。'于是作鄜畤，用三牲郊祭白帝焉。……秦宣公作密畤于渭南，祭青帝。……秦灵公作吴阳上畤，祭黄帝，作下畤，祭炎帝。"

按黄帝原为皇帝，时至秦代，与青、白诸帝并祀，转为色名，其传说亦由中冀而移于雍州。

《史记·封禅书》："申公曰：'黄帝时万诸侯，而神灵之封居七千。天下名山八，而三在蛮夷，五在中国。中国华山、首山、太室、泰山、东莱。此五山黄帝之所常游，与神会。黄帝且战且学仙。患百姓非其道者，乃断斩非鬼神者。百余岁然后得与神通。黄帝郊雍上帝，宿三月。鬼臾区号大鸿，死葬雍，故鸿冢是也。其启黄帝接万灵明廷。明廷者，甘泉也。……黄帝采首山铜，铸鼎于荆山下。鼎既成，有龙垂胡髯下迎黄帝。黄帝上骑，群臣后宫从上者七十余人，龙乃上去。余小臣不得上，乃悉持龙髯，龙髯拔堕，堕黄帝之弓。百姓仰望黄帝既上天，乃抱其弓与胡髯号，故后世因名其处曰鼎湖，其弓曰乌号。'"

按方士传说之黄帝,盖为人王能与神通,卒成仙而上天。

《史记·五帝本纪》太史公曰:"余尝西至空桐,北过涿鹿,东渐于海,南浮江淮矣,至长老皆各往往称黄帝、尧、舜之处,风教固殊焉,总之不离古文者近是。"

按黄帝传说,至汉时已遍中土。司马迁脚迹所至,长老皆往往言黄帝、尧、舜遗迹,因风教之殊,而传说各异。齐东野语多不雅驯,司马氏以为不离古文者近是,貌虽矜慎,实亦非黄帝之真象。

《文选》张衡《思玄赋》李善注:"黄帝葬于西海桥山。……应劭云:'上郡阳周县有黄帝冢。'"

《世本·帝系篇》、《大戴礼》之《帝系》和《五帝德》及《史记·五帝本纪》述黄帝之世系,略如下表:

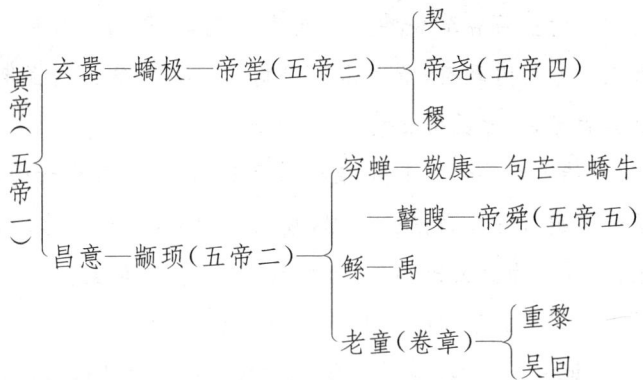

《管子·轻重戊》:"黄帝之王,童山竭泽。"

又《揆度》:"至于黄帝之王,谨逃其爪牙,不利其器,烧山林,破增薮,焚沛泽,逐禽兽,实以益人,然后天下可得而牧也。"

又《五行》:"昔者黄帝得蚩尤而明于天道,得大常而察于地利,得奢龙而辩于东方,得祝融而辩于南方,得大封而辩于西方,得后土而辩于北方。黄帝得六相而天地治神明至。蚩尤明乎天道,故使为当时;大常察乎地利,故使为廪者;奢龙辩乎东方,故使为士师;祝融辩乎南方,故使为司徒;大封辩于西方,故使为司马;后土辩乎北方,故使为李。"

同上:"昔黄帝以其缓急作五声,以政五钟(《北堂书抄》一〇八引作"作立五声,以正五钟")。令其五钟,一曰青钟大音,二曰赤钟重心,三曰黄钟洒光,四曰景钟昧其明,五曰黑钟隐其常。五声既调,然后作立五行,以正天时。五官以正人位,人与天调,然后天地之美生。"

《大戴礼·五帝德》:"宰我问于孔子曰:'昔者予闻诸荣伊令,黄帝三百年。请问黄帝者人邪,抑非人邪?何以至于三百年乎?'……孔子曰:'黄帝,少典之子也,曰轩辕。生而神灵,弱而能言,幼而彗齐,长而敦敏,成而聪明。治五气,设五量。抚万民,度四方。教熊羆貔豹虎以与赤帝战于版泉之野,三战然后得行其志。黄帝黼黻衣,大带,黻裳。乘龙扆云,以顺天地之纪,幽明之故,死生之说,存亡之唯。时播百谷草木,故教化淳鸟兽昆虫,历离日月星辰,极数土石金玉。劳心力耳目,节用水火财物。生而民得其利百年,死而民畏其神百年,亡而民用其教百年,故曰三百年。'"

《左传·昭公十七年》:"昔者黄帝氏以云纪,故为云师而云名。"服虔云:"黄帝受命得景云之瑞,故以云纪事,以云名官。盖春官为青云氏,夏官为缙云氏,秋官为白云氏,冬官为黑云氏,中官为黄云氏。"(《史记·五帝本纪》《正义》引应劭说同。)

《史记·五帝本纪》:"举风后、力牧、常先、大鸿以治民。"

又《封禅书》:"鬼臾区号大鸿,死葬雍,故鸿冢是也。"

又《历书》太史公曰:"神农以前尚矣!盖黄帝考定星历,建立五行,起消息,正闰余。于是有天地神祇物类之官,是谓五官。各司其序,不相乱也。民是以能有信,神是以能有明德。民神异业,敬而不渎,故神降之嘉生,民以物享,灾祸不生,所求不匮。"

《世本》:"黄帝使羲和占日,常仪占月,臾区占星气,伶伦造律吕,大挠作甲子,隶首作算数,容成综此六术,而著调历也。"(《史记·历书》《索隐》云《系本》及《律历志》,按《索隐》所引,今《汉志》无此文,殆全出《世本》。)

按黄帝作五声,考定星历,羲和占日,常仪占月等,皆先民之发明创造。

炎帝

炎帝之传说,见诸载籍者,述之如次:

《楚辞·离骚》:"高阳之苗裔兮,朕皇考曰伯庸。"(王逸注:"高阳,颛顼有天下之号也。")按:伯庸即祝融,是高阳即炎帝。

《庄子·马蹄》:"夫赫胥氏之时,民居不知所为,行不知所之,含哺而熙,鼓腹而游,民能以此矣。"《释文》:"赫本或作荔,呼白反。胥氏,司马云:赫胥氏,上古帝王也。一云有赫然之德,使民胥附,故曰赫胥,盖炎帝也。"

《白虎通义》:"炎帝者,太阳也。"

《山海经·北山经》:"发鸠之山……有鸟焉,其状如乌,文首、白喙、赤足,名曰精卫,其鸣自詨,是炎帝之少女,名曰女娃。女娃游于东海,溺而不返,故为精卫。常衔西山之木石,以堙于东海。"

又《大荒西经》:"有互人之国,炎帝之孙,名曰灵恝。灵恝生互人,是能上下于天。"

又《海内经》:"炎帝之孙伯陵,伯陵同吴权之妻阿女缘妇,缘妇孕三年,是生鼓、延、殳,始为侯。鼓、延是始为钟,为乐风。"

同上:"炎帝之妻,赤水之子听訞,生炎居,炎居生节并,节并生戏器,戏器生祝融。祝融降处于江水,生共工,共工生术器,术器首方颠,是复土穰以处江水,共工生后土,后土生噎鸣,噎鸣生岁十有二。"郭璞注:"生十二子,皆以岁名之,故云然。"

《史记·三皇本纪》:"炎帝,神农氏,姜姓,母曰女登,有娲氏之

女,为少典妃,感神龙而生炎帝,人身牛首,长于姜水,因以为姓。"(司马贞补)

《帝王世纪》:"炎帝,神农氏,姜姓也。母曰任姒。有蟜氏之女,名女登,为少典妃,游于华阳,有神龙首,感女登于常羊,生炎帝,人身牛首,长于姜水,因以姓焉。有圣德。"

《路史·炎帝神农氏纪》:"炎帝,神农氏,姓伊耆。……母安登,感神于常羊,生神农于烈山之石室。"

《春秋元命苞》:"少典妃安登,游于华阳,有神龙首,感之于常羊,生神子,人面而龙颜,好耕,是为神农。"

按炎帝为天神之号,义与黄帝相同。《说文》:"炎,火光上也。从重火。"盖以火焰上腾之形,象征天神之光明。《左传·哀公九年》:"炎帝为火师,姜姓其后也。"炎帝为羌族所奉之宗神,犹姬姓之祖黄帝。《山海经·北山经》言炎帝少女精卫填海,当为鸟类之神话,他籍无征。又《大荒西经》言灵恝生互人。《左传·昭公二十年》:"昔爽鸠氏始居此地,季荝因之,有逢伯陵因之,蒲姑氏因之,而后太公因之。"《国语·周语下》:"我姬氏出自天鼋,及析木者,有建星及牵牛焉。则我皇妣大姜之侄,伯陵之后,逢公之所凭神也。"是伯陵为炎帝之后,信而有征。至《山海经·海内经》所列世系,与他族相混,讹文脱简,不可详究。

帝尧

帝尧为唐所奉之宗神。《说文》:"堯,高也,从垚,在兀上,高速也。""𡵂,古文尧。"按尧字上所从之三土,当为🜨之讹变。🜨为火字,金文可证。尧从🜨、从兀,会意,兀即元字首。先民以火光象征宗神之赫濯,故尧之本意,当为光辉四照之神人。

《韩非子·显学》:"孔子、墨子,俱道尧、舜,而取舍不同,皆自谓真尧、舜,尧、舜不复生,将谁使定儒、墨之诚乎?"

《墨子·节葬下》:"二子者,言则相非,行即相反,皆曰吾上祖述尧、舜、禹、汤、文、武之道者也。”

按尧舜事迹，经东周学者各以已意大加文饰之后，已非真象，然其史影据传说所载，尚能窥知一二，兹述之如次：

《礼记·明堂位》：“土鼓、蒉桴、苇箫，伊耆氏之乐也。”郑玄注：“蒉，当为击声之误也。籥如笛三孔。伊耆氏，古天子有天下之号也。今有姓伊耆氏者。”

《周礼·秋官·司寇》：“伊耆氏。”郑玄注：“古王者号。……后王识伊耆氏之旧德，而以名官，今姓有伊耆氏。”

《吕氏春秋·古乐》：“帝尧立，乃命质（高诱注：“质当为夔。”）为乐，质乃效山林、溪谷之音以作（“作”据《艺文类聚》卷四三引增）歌。乃以麋鞈冒（原作“置”，据孙诒让校改）缶而鼓之，乃拊石击石，以象上帝玉磬之音，以致舞百兽。瞽瞍乃拌五弦之瑟，作以为十五弦之瑟，命之曰大章，以祭上帝。”

按古代祭祀、宴飨，必用音乐，以乐和人。土鼓、苇籥为伊耆氏之乐，后世犹沿用之。《周礼·春官·宗伯》：“籥章掌土鼓豳籥。”杜子春云：“土鼓瓦为匡，以革为两面，可击也。”马瑞辰云：“豳乐即苇籥，不言苇而言豳，盖豳人习之。犹商人识之谓南，齐人识之谓齐也。”考《周礼》成于晚周，土鼓、苇籥盖采用相传帝尧之乐。

《礼记·郊特牲》：“伊耆氏始为蜡。”郑玄注：“伊耆氏，古天子号也。耆，巨夷反，或云即帝尧是也。”《正义》谓伊耆即神农，司马贞补《史记·三皇本纪》“神农始作蜡”，即沿此误。

《说文》：“腒，北方谓鸟腊曰腒。从肉，居声。《传》曰：‘尧始腊，舜始腒。’”

按伊耆氏始为蜡，蜡之为言昔也。昔，老也，息老物也。盖岁终普祭百神之名，传说中以为创始于尧。至《传》言“尧始腊，舜始腒”，腊即蜡之误字，因附会尧先以兽为腊，舜始以鸟为腒。

《淮南子·坠形训》:"晋出结绌。"高诱注:"结绌山,一名龙山。"(原文作"晋出龙山、结绐",兹据王校改。)

《水经注·晋水》《晋书·地道记》及《十三州志》并言:"晋水出龙山,一名结绌山,在(晋阳)县西北。"

《郡国志》:"悬瓮山,一名龙山,亦名结绌山,……晋水出焉。"(《太平御览》卷四五引)

《诗含神雾》:"庆都与赤龙合婚,生赤帝伊祁尧也。"(《初学记》九引)

《汉碑·成阳灵台碑》:"厥后尧求祖统,庆都告以河龙。"(《八琼室金石补正》卷五引)

按尧为蛇图腾。

《史记·货殖传》:"唐人都河东。"

《汉书·地理志》太原郡:"晋阳,故《诗》唐国。"

同上:"河东郡平阳。"应劭曰:"尧都也,在平河之阳。"

皇甫谧云:"尧初封唐,在中山唐县,后徙晋阳,及为天子居平阳。"

《汉书·地理志》中山国唐县,注云:"尧山在南。"应劭曰:"故唐国也。"

《括地志》:"尧陵在濮州雷泽县。"(《史记·五帝本纪》《正义》引)

同上:"故尧城在濮州鄄城县东北十五里。"(同上引)

《史记·周本纪》:"褒封……帝尧之后于蓟。"

《左传·襄公二十九年》记季礼聘鲁观乐,为之歌《唐》,曰:"思深哉!其有陶唐氏之遗民乎?"

《论衡·正说》:"唐、虞、夏、殷、周者,土地之名。尧以唐侯嗣位,舜从虞地得达,禹由夏而起,汤因殷而兴,武王阶周而伐,皆本所兴昌之地。重本不忘始,故以为号,若人之有姓矣。说《尚书》谓之有天下之代号。唐、虞、夏、商、周者,功德之名,盛隆之意也。故唐之为言荡荡也,虞者乐也,夏者大也,殷者中也,周者至也。……其立义美也。其褒五家大矣,然而违其正实,失其初意。唐、虞、夏、商、周,犹秦之为秦,汉之为汉。秦起于秦,汉兴于汉中,故曰犹秦、汉。"

按唐尧都邑,诸说纷歧。盖奉尧为宗神之苗裔,迁徙各处,立庙以奉其祖先,故晋阳、平阳、唐县,皆有其遗迹。皇甫谧谓初封唐,徙晋阳,都平阳,此盖调和混合诸家之说。

《大戴礼·五帝德》:"宰我曰:'请问帝尧?'孔子曰:'高辛之子也,曰放勋。其仁如天,其知如神。就之如日,望之如云。富而不骄,贵而不豫。黄黻黼衣,丹车白马。伯夷主礼,龙夷教舞。举舜、彭祖而任之,四时先民治之。流共工于幽州,以变北狄;放驩兜于崇山,以变南蛮;杀三苗于三危,以变西戎;殛鲧于羽山,以变东夷。其言不贰,其德不回,四海之内,舟舆所至,莫不悦夷。"

《逸周书·史记解》:"久空重任者危,昔有共工自贤,自以无臣,久空大官,下官交乱,民无所附,唐氏伐之,共工以亡。"孔晁注:"君凶于上,臣乱于下,民无所依,尧遂之。"

同上:"文武不行者亡。昔者西夏性仁非兵,城郭不修,武士无位,惠而好赏,财屈而无以赏,唐氏伐之,城郭不守,武士不用,西夏以亡。"孔晁注:"唐氏,尧帝。"

按唐尧伐共工、伐西夏,皆亡其国,可证其部落之强。

帝舜

帝舜神话,典籍所载,述之如次:

《山海经·大荒东经》:"有困民国,勾姓黍食。有人曰王亥,两手操鸟,方食其头。王亥托于有易、河伯仆牛,有易杀王亥,取仆牛,河念有易,有易潜出,为国于兽,方食之,名曰摇民。帝舜生戏,戏生摇民。"

又《大荒南经》:"有载民之国。帝舜生无淫,降载处,是谓巫载民。巫载民盼姓,食谷,不绩不经服也,不稼不穑食也。爰有歌舞之鸟,鸾鸟自歌,凤鸟自舞,爰有百兽,相群爰处,百谷所聚。"

同上:"大荒之中……有渊四方,四隅皆达。北属黑水,南属大荒。北旁名曰少和之渊,南旁名曰从渊,舜之所浴也。"

又《海内南经》:"苍梧之山,帝舜葬于阳,帝丹朱葬于阴。"

又《海内经》:"南方苍梧之丘,苍梧之渊,其中有九嶷山,舜之所葬,在长沙零陵界中。"

按帝舜为虞所奉之宗神。《说文》:"䑞,艸也,楚谓之葍,秦谓之蔓,蔓地连华,象形,从舛,舛亦声,……烾,古文舜。"考烾为本字,会意,舜为后起字,形声。其字《汉简》从尸从烾。《说文》所载古文其上从🝽,盖尸之讹变。唐碧落碑"徒微"二字,正当作"遲犀",其所从之尸夺误作🝽,是其证。尸与人原是一字,所以从尸犹从人。烾为赤之古文,《说文》:"赤,南方色也,从大从火。""烾,古文,从炎土。"炎从重火,会火光上腾之意,土为⛐之讹变,⛐即火之本字。俊,从人从烾,会意。盖以火之炽盛,象征宗神威灵,这与帝俊之原义若合符节。章炳麟《文始》:"舜,秦谓葍,舜可读如俊,夐亦可读如洵,《毛诗》'吁嗟洵兮',《韩诗》作'夐'。"杨宽云:"舜、俊音近,故义亦相通。《礼记·中庸》:'其斯以为舜乎。'郑注:'舜之为言允也。'("允"本作"充",朱骏声《说文通训定声》云:"按充者允之误字。")'允'、'浚'古音义俱同,《洪范》'俊民用章',《史记·宋世家》引作'畯',《盂鼎》'畯正厥民',《秦公簋》'畯疐在天','畯'即'畯',夋,《说文》云:'行夋夋也。从夂允声。'《中庸》郑注言'舜之犹言允',犹谓'舜之为言夋'也。《说文》:'夋,行夋夋也。''夋夋'犹言'僻舜'。《白虎通》云:'舜犹僻僻也,言能推行尧道而行之。'又《说文》:'挨,推也。'《广雅·释诂》说:'舜,推也。'《风俗通·皇霸篇》引《书大传》云:'舜者,推也。'《方言》十二：'逡，遁也。'《风俗通·皇霸篇》云：'舜者，循也。'"至舜字上从之匚，其匚疑为尸之讹变，舛为声符，许慎训为舜华，误以假借为本义，且曰象形，实是大误。又《史记·五帝本纪》："虞舜者，名曰重华。"亦由此附会。《诗经·郑风》："有女同车，颜如舜华。"《毛传》："舜，木槿也。"《说文》："蕣，木堇朝华暮落也，从艸，舜声。"

《山海经·大荒东经》言："有易潜出为国，……名曰摇民，帝舜生戏，戏生摇民。"有易即北狄。摇民无考。又《大荒南经》言："帝舜生无淫，降载处，是为巫载民。"载即禹铁。

《世本》："舜姓姚氏。"

《史记·陈杞世家》："昔舜为庶人时，尧妻之二女，居于妫汭，其后因为氏姓，姓妫氏。"

又《赵世家》："吴广闻之，因夫人而内其女娃嬴，孟姚也。"《索隐》："孟姚，吴广女也。广，舜之后，故上文云'余思虞舜之勋，故命其胄女孟姚以配而七代之孙'是已。然舜后封虞，在河东大阳山西上虞城是，亦曰吴城。虞、吴音相近，故舜后亦姓吴，非独太伯、虞仲之裔。"

又《周本纪》："武王追思先圣王，乃褒封……帝舜之后于陈。"《正义》引《括地志》云："陈州宛丘县在陈城中，即古陈国也。帝舜后遏父为周武王陶正，武王赖其器用，封其子妫满于陈，都宛丘之侧。"即今河南虞城。

又《秦本纪》：昭襄王五十三年，"秦使摎伐魏，取吴城"。《正义》引《括地志》云："虞城故城在陕州河北县东北五十里虞山之上，亦名吴山，周武王封弟虞仲于周之北故夏虚吴城，即此城也。"即今山西平陆县。

《后汉书·郡国志·河东郡》："大阳有吴山，上有虞城。"杜预曰："虞国也。"《帝王世纪》曰："舜嫔于虞，虞城是也。"虞城亦谓吴城，《史记》秦昭王伐魏，取吴城，即此城。

《说文》:"姚,虞舜居姚虚,因以为姓。从女,兆声。"

同上:"妫,虞舜居妫汭,因以为氏。从女,为声。"

《帝王世纪》:"瞽瞍妻曰握登,陶唐之世,握登见大虹,意感而生舜于姚虚,故得姓姚氏。"

《诗含神雾》:"握登见大虹,意感而生舜于姚虚。"(《太平御览》卷八一引)

《括地志》:"姚虚,在濮州雷泽县东十三里。"

《风土记》:"舜,东夷之人,生于姚丘。……旧说言舜上虞人,虞即会稽县。"旧记舜上虞人,去虞三十里有姚丘,舜所生也。

按舜姓姚氏,妫,因居地得名。

《楚辞·天问》:"舜闵在家,父何以鳏?尧不姚告,二女何亲?"

《尸子》:"尧妻舜以娥皇,媵之以女英。"

《尚书·尧典》:"釐降二女于妫汭,嫔于虞。"

《史记·陈杞世家》:"陈胡公满者,虞帝舜之后也。昔舜为庶人时,尧妻之二女,居于妫汭,其后因为氏姓,姓妫氏。"

《墨子·尚贤中》:"古者舜耕历山,陶河濒,渔雷泽,尧得之服泽之阳,举以为天子,与接天下之政,治天下之民。"(《尚贤下》略同)

《孟子·离娄》:"舜生于诸冯,迁于负夏,卒于鸣条,东夷之人也。"("泽"字古文作"臭",夏即"臭"之误字,负、服声近,是负夏即服泽。)

《韩非子·难一》:"历山之农者侵畔,舜往耕焉,期年,甽亩正;河滨之渔者争坻,舜往渔焉,期年,而让长;东夷之陶者器苦窳,舜往陶焉,期年,而器牢。"

《淮南子·原道训》:"昔舜耕于历山。"高诱注:"历山在沛阴城阳也,一曰沛南历城山也。"

《水经注·济水》:"城南对历山,……《书》:'舜耕历山。'亦云即此。"

《左传·昭公八年》:"舜重之以明德,寘德于遂,遂世守之,及胡公不淫,故周赐之姓,使祀虞帝。"

《大戴礼·五帝德》:"宰我曰:'请问帝舜?'孔子曰:'蟜牛之孙,瞽瞍之子也,曰重华。好学孝友,闻于四海。陶家事亲,宽裕温良。教敦而知时,畏天而知时,畏天而爱民,恤远而亲亲,承受大命,依于倪皇,睿明通知,为天下王。使禹敷土,主明山川,以利于民。使后稷播种,务勤嘉谷,以作饮食。羲和掌历,敬授民时。使益行火,以辟山莱。伯夷主礼,以节天下。夔作乐,以歌籥舞,和以钟鼓。皋陶作士,忠信疏通,知民之情。契作司徒,教民孝友。敬政率经,其言不惑,其德不慝。举贤而天下平。南抚交阯、大、教、鲜支、渠廋、氐羌、北山戎、发、息慎、东长鸟夷、羽民。舜之少也,恶悴劳苦。二十以孝闻乎天下,三十在位,嗣帝所,五十乃死,葬于苍梧之野。"

《孟子·万章上》:"万章问曰:'舜往于田,号泣于旻天,何为其号泣也?'……长息问于公明高曰:'舜往于田,则吾既得闻命矣,号泣于旻天,于父母则吾不知也。'公明高曰:'是非尔所知也。'夫公明高以孝子之心,为不若是恝,我竭力耕田,共为子职而已矣,父母之不我爱,于我何哉?帝使其子九男二女,百官牛羊仓廪备,以事舜于畎亩之中,天下之士多就之者,帝将胥天下而迁之焉。为不顺于父母,如穷人无所归。天下之士悦之,人之所欲也,而不足以解忧;好色,人之所欲,妻帝之二女,而不足以解忧;富,人之所欲,富有天下,而不足以解忧;贵,人之所欲也,贵为天子,而不足以解忧。人悦之、好色、富贵,无足以解忧者,惟顺于父母,可以解忧。人少,则慕父母,知好色,则慕少艾;有妻子,则慕妻子;仕则慕君,不得于君则热中。大孝终身慕父母,五十而慕者,予于大舜见之矣。"

《史记·五帝本纪》:"舜冀州之人也。舜耕历山,渔雷泽,陶河滨,作什器于寿丘,就时于负夏。""雷泽"依《集解》引郑玄说:"雷夏,兖州泽,今属济阴。"《正义》引《括地志》云:"雷夏泽在濮州雷泽县郭外西北。《山海经》云:'雷泽有雷神,龙身人头,鼓其腹则雷也。'"

"河滨"依《集解》引皇甫谧说:"济阴定陶西南陶丘亭是也。"《正义》按:"于曹州滨河作瓦器也。""丘寿"依《集解》引皇甫谧曰:"在鲁东门之北。""负夏"依《集解》引郑玄曰:"负夏,卫地。"

按历山、雷泽、河滨、寿丘、负夏,皆在今山东一带,惟《集解》引郑玄说,以历山在河东,相去至远,非是也。曾巩《齐州二堂说》云:"以予考之,耕稼陶渔,皆舜之初,宜同时,则其地不宜相远。……《图记》皆谓齐之南山为历山,舜所耕处,故其城名历城,盖信然也。"《墨子·尚贤上》称:"尧举舜于服泽之阳。"毕沅注云:"服与蒲,音之缓急,或作蒲泽,今蒲州府。"《水经注·沁水》、《元和郡县志》、《太平寰宇记》引《墨子》并作"濩泽"。舜都蒲坂之说,疑即由此附会而出,乃以春秋之虞,臆度虞舜之虞,《汉书·地理志》列濩泽于蒲坂之后,其牵合之迹显然。《史记·五帝本纪》说舜为冀州人,此说不知所本。

《吕氏春秋·安死》:"舜葬于纪市。"
《礼记·檀弓上》:"舜葬于苍梧之野。"
《山海经·大荒南经》:"苍梧之野,舜与叔均之所葬也。"
王应麟《困学纪闻》卷五:"苍梧山在海州界,近吕之纪城。"

按舜葬苍梧,苍梧即崇吾,皆嵯峨之转音。《说文》:"嵯,山貌。从山,差声。"又:"峨,嵯峨也。从山,我声。"《尔雅·释山》作"厜㕒",盖苍梧为高山参差上出之名。《山海经·海内经》谓在长沙零陵界中,乃神话传播南方后,所形成之史迹。

西王母(存目)

朱芳圃先生年谱

1895 年

农历 6 月 25 日,出身于湖南省醴陵县(今株洲县)渌口镇。

1906 年

就读于株洲县渌口镇初级小学。

1909 年

转入长沙明德小学。

1912 年

考入湖南长郡中学。

1915 年

考入湖南高等师范学校文史专修科。

1917 年

高师毕业,回乡闭门自修。

1919 年

经易培基介绍,任湖南第一师范文牍员;旋即辞去,转任长郡中学国文教员。

1923 年

春,任醴陵县立渌江中学国文、历史教员。

1926 年

夏,考入清华学校国学研究院,师从王国维、赵元任、梁启超、陈寅恪、李济等学界宗师,系统地研习训诂学、音韵学、古文字学、史学、梵文、考古学。

入校,与王耘庄、谢念灰、陶国贤同住,后由王耘庄介绍,加入中国共产党。

12 月 24 日,发表《新丰轮遇险记》于《清华周刊》1926 年第 26 卷第 20 期。

1927 年

4 月 22 日,发表《陇西行新释》于《清华周刊》1927 年第 27 卷第 10 期。

6 月 2 日,王国维自沉于颐和园昆明湖。

10 月 10 日,发表《述先师王静安先生治学之方法及国学上之贡献》于《东方杂志》1927 年第 24 卷第 19 号。

1928年

3月1日,发表《训诂释例》于《民铎杂志》1928年第9卷第3期。

5月25日,发表《佛经原本与翻译》于《东方杂志》1928年第25卷第10期。

夏,清华学校研究院毕业。

秋,经国学院学长余永梁(四川忠县人,时任中山大学教授)介绍,任中央研究院历史语言研究所助理员。该所设在广州东山,草创时期,无事可做,待了半年。

11月,发表《联绵字概说》于《民铎杂志》1928年第9卷第5期。

12月19日,发表《评卫聚贤古史研究》于《国立中山大学语言历史研究所周刊》1928年第5卷第59—60期。

1929年

春,中山大学教授杨筠如因病请假,托朱芳圃代课。

2月13日,翻译日本满田新照《评珂罗倔伦Karlgren中国古韵研究之根本思想》,发表于《国立第一中山大学语言历史学研究所周刊》1929年第67—68期。

2月27日,发表《释佚》于《国立第一中山大学语言历史学研究所周刊》1929年第70期。

3月6日,发表《潘耒音论》于《国立第一中山大学语言历史学研究所周刊》1929年第71期。

8月,经王耘庄介绍,任浙江省立第十中学国文教员,在温州任教两年。

11月10日,发表《珂罗倔论谐声原则与外国学者研究古声母之结论》于《东方杂志》1929年第26卷第21期。

1931年

2月20日,发表《晋代方言考》于《东方杂志》1931年第28卷第3号。

发表《雁荡记游》于《时事月报》1931年第4卷第1—6期。

发表《雁荡记游(续完)》于《时事月报》1931年第4卷第4期。

夏,同学刘节(浙江永嘉人)介绍赴河南大学国文系、历史系任教,开设文字学、训诂学、甲骨学、国学概论等课程。

与张邃青、马非百及尹达、石璋如、许敬参等学生参加殷墟考古,尹、石、许三人与北大七名参与殷墟发掘的学生,被称为"殷墟发掘十君子"。

发表《述王国维之考证学》于《两周评论》1931年第1卷第2期。

发表《汉时今文本诸经传考》于《两周评论》1931年第1期第13期。

1932年

7月回湘,任湖南省立第一中学教员及湖南大学国学专修馆等校教授,至1936年冬。

发表《汉时今文本诸经传考》(续)于《两周评论》1931年第1卷第14期。

发表《汉时今文本诸经传考》(续)于《两周评论》1931年第1卷第15期。

1933年

由上海商务印书馆出版《甲骨学文字编》,集可识之字834个,较罗振玉《增订殷虚书契考释》增274字,商承祚《殷虚文字类编》增43字。

12月,《王静安的贡献》由上海商务印书馆出版,为《东方文库续编》之一种。

1934年

由上海中华书局出版《甲骨学商史编》。

由上海商务印书馆出版《孙诒让年谱》。

6月30日,戴家祥《评朱芳圃〈孙诒让年谱〉》发表于《天津大公报图书副刊》。

8月4日,戴家祥《评朱芳圃〈甲骨学文字编〉》,发表于《天津大公报图书副刊》。

1937年

春,经高亨介绍,受东北大学之聘,任教授。该校初由北京迁到开封,万事草创,勉强开课。七七事变后,迁到西安。

发表《照穿神审禅古读考》于《国立武汉大学文哲季刊》1937年第6卷第4期。

抗战至中华人民共和国成立前,与丁乃通、张长弓、张邃青、任访秋等学者一起在河南大学开展民俗学研究。

1938年

夏,随校再迁四川三台县。

1939年

冬,经高亨介绍,赴河南大学任教。时开封已沦陷,学校迁到河南西部嵩县潭头。

1941年

2月,发表《殷契卜暵考》于《河南大学文学院学术丛刊》第1卷第1期。

1942年

阖族五修家谱,父老盼其回乡主修家谱,奈何受困于河南伏牛山中,未能返乡,每每登高南望故乡,深为怅惋!

1943 年

4月,发表《镫锭考》《程瑶田年谱初稿》于《国立河南大学学术丛刊》1943年第1期。

1944 年

5月,潭头沦陷,随校迁到河南西南部淅川荆紫关。

1945 年

1945年3月,日寇攻占南阳,河南大学难以在荆紫关存留,又西迁陕西宝鸡武成寺。

12月,随校返回开封。

1946 年

发表《楚公逆镈铭跋》于《国立河南大学学术丛刊》1946年第1期。

1月,发表《阳甲考》于《儒效月刊》1946年第2卷第1期。

6月1日,发表《曹圉考》于《儒效月刊》1946年第2卷第2—3期。

7月1日,发表《女娲考》于《儒效月刊》1946年第2卷第4期。

发表《周代铸器所用金属考》于《东方杂志》1946年第42卷第18期。

杨子固作诗《朱师芳圃华山归来歌此奉呈》以赠,发表于《儒效月刊》1946年第2卷第6—7期。

1947 年

2月16日,发表《殷卜辞中所见先公先王再续考》于《新中华》1947年第5卷第4期,其中"矢"一节之内容即前所发表《曹圉考》一文。

洪焕椿《评朱芳圃〈孙诒让年谱〉》,发表于《读书通讯》1947年第129期。

1948 年

春,随河南大学迁往苏州。

6月16日,发表《王皇名号溯源》于《新中华》1948 年第6卷第12期。

1949 年

5月,随河南大学迁回开封,兼任的河南大学国文系主任,旋辞职。

1951 年

1月31日,任中华人民共和国成立后最早的一份史学刊物《新史学通讯》(《史学月刊》前身)创刊,朱芳圃任编委并题写刊名,当时参加编委编辑工作的还有郭晓棠、张邃青、宋泽生、刘绍盈、孙海波、孙作云、毛健予、史苏苑、郭人民、王存华、王云海等专家教授。

3月2日,发表《耒耜答问》于《新史学通讯》1951 年第3 期。

1957 年

6月15日,发表《西王母考》于《开封师范学院学报》1957 年第2 号。

8月20日,参加九三学社,选为开封市政协委员。

1958 年

4月,调任河南历史研究所研究员。

8月,"古籍整理出版规划小组"征询河南历史研究所意见,朱芳圃覆信,建议整理出版陈逢衡《穆天子补注》、金正炜《战国策补释》、王先谦《诗三家义集疏》、《汉书补注》、毕沅《山海经校注》、江有诰《音学十书》、杨筠如《尚书覈诂》及燕京大学出版的各种引得。

1961 年

12月1日,写成《殷周文字释丛》三卷,共释181 个字,其中新识之字,甲骨文41个,金文18个,余皆纠正旧说,另创新解。

1962年
由中华书局出版《殷周文字释丛》,采用王国维提倡的"二重证据法",集十余年研究甲骨吉金文字之心得而成,收录了朱芳圃在甲骨文考释方面的不少成果。该书问世后受到学界好评,而且还被翻译成日文介绍到日本。
5月1日,发表《土方考》于《开封师范学院学报》1962年第2期。

1963年
任山西省土木建筑学会第三届理事长。
发表《名原述评》于杭州大学语言文字研究室编《孙诒让研究》(上海:中华书局,1963年)。

1965年
参与鉴定越王勾践剑,当时参与鉴定的共有12位国内知名专家:郭沫若、于省吾、唐兰、容庚、商承祚、徐中舒、夏鼐、陈梦家、胡厚宣、苏秉琦、朱芳圃、史树青。

1966年
3月21日,任中国建筑学会第四届理事。

1968年
患白内障、气喘病,回故土养病,仍时刻不忘计划研究考证的《殷墟卜辞丛考》《山海经补注》《古史新铨》等。

1971年
秋,在湖南医学院做眼科手术。

1973 年

9月,病重住进株洲县人民医院。24日,因脑溢血辞世,终年七十八岁。

1974 年

藏书、遗稿捐赠河南历史研究所。

1981 年

3月2日,《殷顽辨》发表于《中州学刊》1981年第1期。

1982 年

弟子王珍整理出版遗著《中国古代神话与史实》,但后继乏人,其"穷四十年之功所著"的遗著至今仍是草稿,未能整理出版。

2005 年

朱芳圃诞辰110周年之际,河南省社会科学院组织召开了"朱芳圃与甲骨学殷商史研究学术座谈会",四方学者汇集中原,以纪念这位饮誉海内外的甲骨学、殷商史大家。

启　　事

　　20世纪初短暂存在过的清华国学院，已成为令后学仰视与神往的学术丰碑。而三年前本院浴火重生，继续秉承"独立之精神，自由之思想"，且更强调"中国主体"与"世界眼光"的平衡，亦广受海内外关注与首肯。

　　本院从复建之日起，即以"清华国学书系"为"院史工程"，亟欲缀集早期院友之研究成果，通过分册整理，真切展示昔年历程之艰辛与辉煌。现据手头之不完备资料，本套"书系"中分册出版文存四十九种，以整理下述前贤之著述：

　　梁启超、王国维、陈寅恪、赵元任、李济、吴宓、梁漱溟、钢和泰、马衡、林志钧、梁廷灿、赵万里、浦江清、杨时逢、蒋善国、王力、姜亮夫、高亨、徐中舒、陆侃如、刘盼遂、谢国桢、吴其昌、刘节、罗根泽、蓝文徵、姚名达、朱芳圃、王静如、戴家祥、周传儒、蒋天枢、王庸、冯永轩、徐景贤、卫聚贤、吴金鼎、杨筠如、冯国瑞、杨鸿烈、黄淬伯、裴学海、储皖峰、方壮猷、杜钢百、程憬、王耘庄、何士骥。

　　本"书系"拟另辟汇编本两册，收录章昭煌、余永梁、张昌圻、汪吟龙、黄绶、门启明、刘纪泽、颜虚心、闻惕生、王竞、赵邦彦、王镜第、朱右白、陈守实等先贤之著述。

　　本"书系"已被列入国家"十二五"重点出版规划。为使其中收入的每部文存,皆成为有关该作者的"最佳一卷本",除本院同仁将殚精竭虑外,亦深盼各界同好与贤达,不吝惠赐"书系"所涉之资料、线索,尤其是迄未付梓或散落民间的文字资料、照片、遗物等。此外,亦望有缘并有志之士,能够以各种灵活之形式,加入此项工程,主动承担某部文存的汇集与研究。如此,则不光是清华国学院之幸,更会是中国学术文化之幸。

惟望本"书系"能继先贤之绝学,传大师之薪火,为创造中国文化的现代形态,收到守先待后之功。

清华大学国学研究院
2012 年 8 月 11 日